KB071723

보통의 교양

3,000년간 축적된
모든 지식을
짧지만 우아하게
말하는 법

보통의 교양

니혼지츠교출판사
편집부 지음

모기 겐이치로 감수
김영택 옮김

추수밭

한 그루의 나무가 모여 푸른 숲을 이루듯이
청림의 책들은 삶을 풍요롭게 합니다.

"인간이 본래의 인간인 것은
정녕 교양에 의해서이다."
_헤겔 Georg Wilhelm Friedrich Hegel

감수자의 말

나를 업그레이드하는 교양의 힘

'교양'이란 무엇일까?

우리를 둘러싼 환경은 옛날과는 비교할 수 없을 정도로 변하고 있습니다. 인터넷의 발달, 스마트폰의 보급 등으로 알고 싶은 정보를 즉시 얻을 수 있으며 해외의 정보 역시 거의 실시간으로 들어옵니다. 전문가의 논문도 구글 학습 검색Google Scholar과 같은 서비스를 활용하면 누구나 접해볼 수 있고, 심지어 초등학생이라도 최첨단 학술정보를 찾아서 읽을 수 있습니다.

이를 바탕으로 오늘날 필요한 '교양'이 어떤 것이 있는지 생각해 봅시다.

먼저 '언어능력'이 있습니다. 모국어는 물론이고 영어실력을 갖추는 게 필수입니다. 세계 최상위 '지식'은 영어를 통해 소통되기 때문입니다.

다음은 '수학'입니다. 여기서 말하는 수학이란 어려운 수식을 푸는 능력을 말하는 것이 아닙니다. 현대 문명을 지탱하는 IT 기술과 컴퓨터의 구조와 이론을 이해하는 섬세하고 논리적인 사고 능력을 말합니다.

'네트워크에 대한 지식과 감성' 또한 중요합니다. 전 세계를 무대로 불특정 다수의 인간이 이어지고, 정보가 유통되고, 이를 걸러내어 축적하는 네트워크의 기본 구조와 이론을 이해하고 실천할 수 있도록 감각을 키워야 합니다. 동시에 '정보문자 해독능력'이 필요합니다. 정보가 어떻게 만들어지고 가공되며 유통되는지를 이해하고 올바른 정보를 판단할 수 있어야 합니다. 각종 미디어에서 다루는 정보를 있는 그대로 받아들이지 않고, 인터넷 특유의 적의敵意와 잘못된 정보를 냉정하게 구별하여 스스로 근거를 확인할 때까지 판단을 유보하는 것 등은 무척 중요한 의미를 가집니다.

이밖에도 다양한 가치관을 이해하고, 타인에게 공정하며, 자신을 과신하지 않고 의심하는 자세를 유지하며, 공정한 커뮤니케이션 룰을 선택하는 등 많은 능력이 요구됩니다.

이러한 현대의 '교양' 요소를 하나하나 따지면 무척 방대합니다. 그리고 학점과 시험으로 측정할 수 있는 지식은 무의미하다는 사실을 알 수 있을 것입니다. 현대는 소위 '종합적 능력'과 '인간적 능력'이 중요해지는 시대입니다.

학문의 영역을 넘나든다는 것

현대처럼 변화가 심하고 앞날이 불투명한 시대에는 특정한 전문영역만 공부하는 것으로는 순식간에 시대에 뒤처질 가능성이 큽니다.

환경의 변화에 적응하기 위해서는 약간 멀리 돌아가는 것 같아도 기초부터 '교양'을 쌓고, 일상생활에서 '진실한 것'을 접해서 사물의 본질을 파악하는 눈을 키울 필요가 있습니다. 이른바 '리버럴 아츠liberal arts'가 중요해졌습니다.

그런 점에서 '배움'은 특정 학문을 넘어 여러 분야를 폭넓게 추구해야 한다는 뜻으로 확장하고 있습니다. 가령 많은 대학 학부가 '문과'와 '이과'로 나뉘어 있으나 이렇게 양분하는 것은 전 세계에서 일본과 한국뿐입니다. 이른바 '문과형 인간'이 숫자와 로직을 모르고, '이과형 인간'이 자신의 연구가 사회적으로 어떤 의미가 있는지 모른다는 것은 난센스입니다. 문과와 이과 구분 없이 폭넓게 학문을 넘나드는 공부를 하지 않으면 의미가 없습니다.

개인적인 경험을 덧붙이자면, 저는 도쿄대학 물리학부를 졸업한 후, 다시 도쿄대학 법학부에 학사 입학했습니다. 대학에 들어갔을 때는 과학을 공부하고 싶다는 마음이 가득했으나, 다양한 사람과 만나고 여러 경험을 거친 후 과학자도 사회성을 가져야 한다는 생각에 이르게 됐습니다.

저는 뇌과학자입니다. 뇌의 본질을 이해하는 데 필요한 학문 분야는 무척 넓으며, 물리학과 수학은 물론이고 생물학, 대뇌생리학, 인지과학, 정보과학 나아가 경제학과 사회학까지 배울 필요가 있습니다. 그렇지 않으면 '본질'에 도달할 수 없습니다.

정보와 연구 결과는 매일같이 새롭게 올라오고 있으므로 계속해서 공부하지 않으면 제일선에서 버틸 수 없습니다. 이것은 어떤 분야의 직업인이라도 마찬가지일 것입니다.

유명 대학의 졸업증서가 있으면 평생 걱정할 필요 없이 살던 시대는 이미 지나갔습니다. 지금은 대학에서 배우는 것만으로는 충분하지 않으며, 폭넓은 교양을 평생 동안 스스로 익혀야 합니다. 우리는 지금 영역을 뛰어넘어서 배우지 않으면 현실감을 가질 수 없는 시대에 서 있습니다.

'비전형적인 지성'이 가치를 낳는 시대

21세기는 틀림없이 '지성', 즉 '인텔리전스'가 세계를 선도하는 시대입니다. 인텔리전스가 리스크를 회피하고, 재화를 만들어내며 경제를 움직이고 있습니다.

여기서 말하는 '지성'이란 IQ 테스트로 측정하는 '전형적인 지성'과는 정반대인 '비전형적인 지성'입니다. 글로벌하게 펼쳐지는 경쟁 속에서 전형적인 지성은 점점 정형화되면서 가치를 잃어가고 있습니다.

가령 일본인 중 최초로 MIT(매사추세츠 공과대학) 미디어연구소 소장이 된 이토 조이치伊藤穰一는 대학을 두 번이나 중퇴했습니다. 그의 최종 학력은 고졸입니다. 하지만 매우 폭넓은 지식을 가지고 있는 그는 끊임없이 참신한 아이디어를 만들어냅니다. 뉴욕 타임스와 소니의 이사로도 근무하고 있습니다. 그는 '비전형적인 지성'의 전형인 사람입니다. 스티브 잡스Steve Jobs, 구글의 창업자 래리 페이지Larry Page와 세르게이 브린Sergey Brin도 '비전형적인 지성'을 대표하는 사람이기는 마찬가지입니다. 어느 정도 전문성을 가지고 폭넓은 교양을 갖추는 것이 현대의 인텔리전스입니다. 지금은 그런 인재가 혁신을 일으키고 활약하는 시대입니다.

인간의 뇌는 아무리 배워도 끝이 없다

지성은 태어나면서 정해지는 것이 아닙니다. 지성의 기준 중 하나인 IQ는 유전적 영향이 50% 정도라고 합니다. 나머지는 후천적 환경과 학습을 통해서 결정됩니다. 그리고 인간의 뇌는 배움에 제한이 없습니다. 인간은 배우면 배울수록 지성을 면밀히 개발하려는 욕구가 생깁니다. 무언가를 이루고 기쁨을 느끼면 뇌 속에 '도파민'이라는 물질이 방출됩니다. 그리고 그때 활동했던 신경세포의 연결이 강화됩니다. 이것을 '강화학습'이라고 합니다.

저는 다행히 어렸을 때부터 꾸준히 '배움의 즐거움'을 느끼고 살아왔습니다. '배움'이 강화학습이 되어 '더욱 배우는' 일에 열중했고 사이클을 반복하면서 뇌는 점차 단련됐습니다. 강화학습의 사이클은 돌리면 돌릴수록 강해집니다. 가령 역사책을 읽으며 '도파민 방출'이 되면 역사책을 읽는 행동이 강화됩니다. 역사책을 보는 속도와 강도가 높아지면 다시 도파민 방출이 활발해지고 이해의 수준 또한 깊어집니다. 반대로 '역사가 서툴다'는 사람은 역사를 이해 못하는 것이 아니라 단지 강화학습 사이클을 작동시키지 않고 있을 뿐입니다.

여러분에게도 잘하고 못하는 분야가 있으리라 생각됩니다. 그러나 잘하고 못하는 것은 유전적으로 결정되는 것이 아니라 강화학습 사이클이 돌고 있느냐 그렇지 않느냐에 달려 있습니다.

장애를 조금씩 높이면 더욱 강화된다

뇌의 학습과 관련하여 또 한 가지 흥미로운 사실이 있습니다. 전력으로 달려서 간신히 넘을 수 있을 정도의 장애를 극복했을 때 더욱 양질의 도파민이 나옵니다. 그리고 그때 강화학습 사이클이 가장 잘 돌게 됩니다. 가령 수학 문제를 풀 때는 조금 어려운 편이 양질의 도파민을 나오게 해서 기쁨과 성취감을 두 배로 느끼게 합니다. 도파민은 너무 쉬워도, 너무 어려워도 나오지 않습니다. 너무 쉬우면 뇌에 자극을 주지 못하며 너무 어려우면 무력감만을 느낄지도 모릅니다. 하지만 때로는 '무모하게' 도전해보는 것도 좋은 자극이 됩니다.

지금 자신에게 벅찰 것 같은 난제에 달려들어 때로는 '무모하게' 극복함으로써 커다란 성취감을 얻게 되면 강화학습의 선순환이 생겨납니다.

자신을 업그레이드한다

저의 배움에 대한 태도는 어릴 때부터 일관적이었습니다.

"학습의 난이도는 스스로 조절한다. 자신에 대한 부담은 자신이 진다."

이런 자세는 지금도 변함이 없습니다. 연구자로서 일선에 있으려면 자신을 업그레이드하는 일에 진심으로 몰두해야 합니다.

'배움'이라는 것은 뇌에 무척 기쁜 일입니다. 책을 읽고 감동하거나, 무언가에 흥미를 느끼거나, 지식을 쌓아올리면 그것들은 부엽토처럼 발효해서 뇌 속에 좋은 토양을 만듭니다. 가령 어떤 학문 분야에서 전 세계적으로 계속해서 읽히는 명저는 해당 분야의 지식을 알기에 가장 적절하며 누구나 수긍하는 통찰을 담고 있을 때가 많습니다.

《보통의 교양》은 문과 · 이과의 틀을 없애고 폭넓게 '학문'의 세계를 내려다보는 것을 목적으로 편집됐습니다. 인류의 수많은 지식을 포괄하고 압축하여 어떤 학문이 어느 위치에 있는지를 보여주고 그 성립부터 전개, 최근의 흐름 그리고 획기적인 실적을 남긴 학자의 발자취까지 알기 쉽고 간결하게 해설했습니다. 장르를 넘어 다양한 학문을 접함으로써 지금까지와는 다른 관점과 새로운 조합을 깨닫게 될 수 있을 것입니다.

이 책이 '지식의 세계'를 여행하는 흥미를 돋우고 탐구의 열정을 불러일으켜서 현대 사회를 살아갈 많은 독자들에게 '교양'과 '지성'을 선물했으면 합니다.

2016년 3월

모기 겐이치로

"교양이란
'세상에서 이야기되고 사색되어온
가장 훌륭한 것을 아는 것'이다."
_매슈 아널드 Matthew Arnold

—CONTENTS

3부 - 자연과학 NATURAL SCIENCE

4부 - 문화예술 ART&CULTURE

학문의 성립

학문의 기원

고대 그리스인은 고대 오리엔트 문명의 경험적 지식을 이어받으면서도 자연과는 분리된 자율적인 사고를 획득함으로써 학문의 기초를 확립했다.

학문이란 무엇일까? 인류는 어떤 목적을 가지고 배우려 하는 걸까? 무엇을 배우려 할까? 아니, 애초에 인간에게 무언가를 알고자 하는 욕망이란 무엇일까?

이런 의문은 다시 '학문이란 무엇일까'라는 첫 번째 질문으로 되돌아가게 한다.

그렇다면 학문은 '학문이란 무엇일까'를 탐구하는 것이라는 알쏭달쏭한 결론에 이르게 된다. 하지만 이렇게 스스로 되돌아가는 질문을 가능하게 하는 것이야말로 학문 자체이며, 고대 그리스에서 시작된 서양 학문의 역사이다.

고대 그리스 이전 '학문'은 고대 이집트의 측량술이나 의술과 마찬가지로 자연과 인간의 직접적인 관계 속에서 생긴 소위 '생활의 지혜'라고 할 만한 것이었다. 마르크스Karl Marx(독일 1818~1883)가 말한 것처럼 인류와 다른 동물을 구분하는 기준이 '생산수단의 생산', 즉 자연을 가공 · 변화시키는 것이라면 그런 지혜는 이미 고대 오리엔트 문명에서부터 고대 그리스에 이르기까지 준비되어 있었다고 할 수 있다.

하지만 고대 그리스에 이르러서 처음으로 인간은 자연을 대상으로 하는 의식을 더욱 확대하여 '사고의 자율성'을 획득했다.

분명히 고대 오리엔트 문명은 경험적 지식 축적에서 고대 그리스를 훨씬 능가하고 있었다. 그러나 고대 그리스 이전과 이후에 자연과 인간의 관계에는 명백한 단절이 있다.

고대 그리스 이전 문명의 지식은 어디까지나 자연 질서에 입각한 경험이 축적된 것이었다. 종교 역시 자연과 인간의 관계에서 '경이'를 표현한 것일 뿐 자연의 질서에 지배되는 것이었다. 하지만 고대 그리스인은 자연의 질서를 현실의 자연에서 독립시켜서, 자신의 사고 속에 자연의 질서를 자율화했다. 가령 최초의 철학자이자 학문 실천자라고 불리는 이오니아의 자연철학자들은 세계의 아르케arche(시원)를 탐구했다. 여기서 우리의 흥미를 끄는 것은 이오니아 자연철학자들이 무엇을 아르케라고 생각했느냐가 아니라, 그들이 아르케를 탐구하도록 만든 사고 자체이다.

왜냐하면 이오니아 자연철학자들이 신화적 · 종교적 세계에 구속되어 있었다면 아르케를 탐구하는 일은 없었을 것이며, 아르케를 탐구했다고 해도 그것은 신화적·종교적 표현에 지나지 않았을 것이기 때문이다.

문화사 연구가 야코프 부르크하르트Jacob Burckhardt(스위스 1818~1897)는 그의 명저《그리스 문화사Griechische Kulturgeschichte》(1897)에서 고대 그리스인에게 철학적 사색을 가져다준 것은 '다양한 사물에서 완전히 분리된 언어 세계'였다고 했다. 즉 고대 그리스인은 분리된 언어 세계 속에서 자연을 자율적으로 사고하게 된 것이다.

이런 자연(세계)과 인간의 관계를 이론적으로 체계화해서 사유의 세계를 불변이라 여기고 '이데아idea'라고 부른 사람이 플라톤Platon(그리스 BC 427~347)이었다. 플라톤은 '이데아'야말로 진실한 존재이며, 지각의 대상인 각각의 존재물은 '이데아'의 모방·가상에 지나지 않는다고 이야기했다.

하지만 여기서 중요한 것은 플라톤이 주장한 이데아론의 옳고 그름이 아니다. 플라톤을 통해서 사물과 사유를 분리하는 이론이 만들어졌다는 것이 중요하다. 여기서 서양 학문의 기초가 구축됐다고 해도 과언이 아니다.

이런 실재와 관념의 이원론으로 인해 서양 학문은, 나아가 서양 문명은 크게 비약했다. 그리고 동시에 여기에는 많은 모순과 문제가 내포되어 있었다. 사물과 사유의 분리는 자연을 객관적으로(사물의 질서 자체 속에서) 보는 것을 가능하게 했으나 한편으로 이성을 절대화함으로써 인간을 '자연을 지배하는 독재자'로도 만들어버렸기 때문이다.

서양 학문이 플라톤에 의해서 시초가 확립되었다고 한다면 그

뒤를 이어서 아리스토텔레스Aristoteles(그리스 BC 382~322)는 여러 분야로 갈라지는 각각의 학문 대상에 대한 기초를 만들었다고 할 수 있다. 즉 아리스토텔레스는 플라톤이 확립한 사고의 틀을 활용해서 자연을 다양하게 대상화하고 학문을 체계화시켰다고 할 수 있다.

각각의 존재물을 이데아의 모방·가상으로 파악한 플라톤과 달리 아리스토텔레스는 '이데아=형상'을 각각의 존재물에 내재하는 것으로 파악했다. 즉 사물을 형상과 질료가 통일된 것으로 파악함으로써 사물의 생성 과정을 이해하려고 했다.

이런 식으로 자연을 인식하는 방법은 자연에 대한 관심을 크게 넓힘과 동시에 자연(세계)을 몇 개의 영역으로 구분해서 형상화하는 것을 가능하게 했다. 실제로 아리스토텔레스는 그때까지의 고대 그리스 지식을 '윤리적 지식'과 '실천적 지식'으로 나누고, 전자에 신학과 수학 그리고 자연철학을, 후자에 정치학과 윤리학을 위치시키며 처음으로 '지식의 체계화'를 시도했다.

여기서 현재 학문의 뿌리라고도 할 수 있는 모든 학문이 시작됐다.

학문의 전개

근대적 학문이 확립해가는 과정은 기독교의 속박에서 벗어나, 언어에서 표상 질서와 자연 질서를 분리하고 사물의 세계를 분류하며 질서를 구축해가는 것이었다.

고대 그리스에 뿌리를 두는 많은 학문은 헬레니즘 시대, 로마 시대,

그리고 기독교를 중심으로 한 중세 시대를 거치면서 근대적 학문을 형성했다. 하지만 일반적으로 고대 그리스 이후의 학문은 커다란 진척을 보이지 않으며 오히려 쇠퇴의 길을 걸었다. 분명히 고대 그리스 학문의 전통은 알렉산더 대왕을 통해 이집트와 알렉산드리아에 계승되면서 수학과 의식에서 나름대로 진전을 보였다. 하지만 로마제국에서는 특별히 이야기할 만한 커다란 변화가 보이지 않았다. 역사가들은 다양한 이유를 들어서 그 원인을 설명한다. 가령 로마인은 원래 이론적인 학문에 관심이 적었으며 로마제국 붕괴와 동시에 도시가 파괴되어 학문 발전을 이룩할 만한 사회기반이 없어졌다는 것 등이다. 3세기경 등장한 기독교로 인해 학문의 쇠퇴가 더욱 빨라졌다고 보는 경우도 있다.

하지만 이런 견해는 이성을 '진보의 과정'으로 보는 관점일 뿐이다. 오히려 학문의 흐름은 진보의 과정이 아니라 '사물과 그것들을 구별해서 지식으로 도출하는 질서에 대한 존재 양상의 변화'라고 파악해야 하지 않을까? 쉽게 말하자면 학문의 흐름을 '세계를 바라보는 방식의 변화'라고 보는 것이다.

이렇게 '세계를 바라보는 방식'으로서의 사고를 지탱하는 장소 또는 질서를 '에피스테메episteme(지식의 무의식적 대좌)'라고 부르며, 이를 최초로 언급한 사람이 미셸 푸코Michel Foucault(프랑스 1926~1984)이다.

푸코는 《말과 사물Les mots et les choses》(1966)에서 르네상스 후기에 해당하는 16세기 말까지 서양의 '지식의 질서'를 지탱하던 것은 '유사類似(말이 사물과 그대로 일치한다는 관념-편집자 주)'였다고 했다. 즉 당시 세계는 모두 '유사'를 기반으로 질서가 만들어지고 있었던 것이다. 여기서 옛말과 사물은 동일 레벨, 즉 같은 지층에 있었다. 하지만 16세기 말을 경계로 고전주의 시대로 들어서면서 언어는 표상이었던 사물의 세계에서 자율성을 가지게 된다. 즉 표상 질서와 자연 질서가 분리된 것이다.

하지만 16세기부터 18세기 말에 걸친 고전주의 시대에서 표상 질서와 자연 질서는 완전히 동떨어진 것이 아니었다. 여기서의 표상은 사물세계의 투명한 반영이었다. 즉 말로 어떤 사물을 지명했을 때 그것은 정확하게 그 사물을 표상하는 것이었다. 그 결과 객관적인 사물 세계를 말로 분류하고 질서를 구축하는 것이 가능했다. 이러던 중에 박물학이 생물학으로, 부에 대한 분석이 경제학으로, 언어 연구가 문헌학으로 발전했다.

실제로 17세기 전후에 다양한 학문이 근대적 기초를 구축했다는 것은 각 학문의 성립과정을 보면 알 수 있다. 르네상스에서 근대에 걸친 학문의 흐름은 고대 오리엔트 문명의 지식을 계승해서 학문의 기초를 구축했던 고대 그리스에 이르는 흐름과 거의 유사하지 않을까? 그런 점에서 근대적 학문의 성립과정은 소위 그리스 사고로 회귀하는 것이기도 했다.

실제로 근대적 학문의 기초를 세웠다고 여겨지는 데카르트René Descartes(프랑스 1596~1650)의 철학은 플라톤과 아리스토텔레스의 사고방식과 매우 가깝다. 데카르트의 이성과 감성, 주관과 객관이라는 이원론은 각각의 질서를 독립된 것으로 분리한 후 객관적으로 사물 세계의 법칙성을 추구하는 것을 가능하게 했다. 그 결과 근대적 과학 발전에 크게 이바지했다.

한편 근대적 학문이 형성되는 과정은 학문이 각각의 영역으로 세분화되는 과정이기도 했다. 즉 학문의 대상이 명확해지고 연구 방법이 확립되어 가는 과정이기도 했다. 이런 사고를 가능하게 한 것은 데카르트 철학의 상징인 '사물의 세계'를 자율적으로 파악하는 사고방식이었다.

물론 각 학문에 따라 근대적 학문으로 출현하는 시기는 다르다. 예를 들어 물리학과 화학의 근대적 학문 출현 시기는 1세기나 차이가 난다. 무엇을 근대적 학문이라고 할 것인가 하는 문제는 일단 제쳐놓고 '학문의 방법론적 확립'이라는 관점으로만 보자면, 화학에서 물리학의 뉴턴 같은 인물이 등장한 것은 18세기에 이르러 앙투앙 라부아지에Antoine Lavoisier(프랑스 1743~1764)가 출현하면서부터였다.

하지만 학문 전체를 큰 강의 흐름으로 보고 이것이 어떻게 변해왔는지를 살펴보면 다양한 학문이 통합되거나 분리됨으로써 새로운 학문이 만들어지고 나아가 오래된 학문 또한 새로운 모습으로 변신했다는 것을 알 수 있다. 그리고 이런 변화의 조건을 만드는 것은 어떤 관념이 출현하거나 학문이 구성되거나 하는 인식론적인 장소, 푸코가 말한 '에피스테메'라고 할 수 있다.

현대의 학문

근대적 학문이 '인간'을 중심으로 전개해왔다면, 21세기를 맞이한 지금은 새로운 틀을 구축하는 학문의 재편성이 요구된다.

푸코는《말과 사물》에서 르네상스적 사고를 단절시켜버린 불연속성을 18세기 말에서 찾아내고, 오늘날까지 이어지는 현대적 사고란 여기서부터 시작되었음을 강조했다.

푸코에 따르면 고전주의 시대에는 말과 사물의 관계가 '투명성'에 있었지만 18세기 말을 경계로 말과 사물의 관계는 '불투명성'을 띄게 된다. 즉 말은 그것이 표상하는 사물에서 분리되고, 말 자체가 존재감을 가지게 되었다. 이런 말과 사물 관계의 어긋남, 균열에서 나타난 것이 욕망하는 신체를 가진 '인간'이었다.

가령 이것은 고전주의 시대 철학자 데카르트와 18세기 말 철학자 칸트Immanuel Kant(독일 1734~1804)를 비교하면 알기 쉬울 것이다. 데카르트는 "나는 생각한다, 그러므로 나는 존재한다Cogito, ergo sum"라는 말을 통해서 '나는 생각한다'와 '나는 존재한다'를 분리했다. 하지만 '나는 존재한다'라는 현실 세계는 '나는 생각한다'라는 투명한 표상으로 인해 도출된 것이었다.

반면에 칸트는 '나는 존재한다'라는 현실적 세계를 '나는 생각한다'라는 표상 공간 밖으로 내보냈다. 왜냐하면 '나는 존재한다'라는 현실적 세계에 욕망하는 신체를 가진 '인간'이 들어서면서 이미 표상 공간에는 집어넣을 수 없게 되었기 때문이다.

물론 여기서 말하고자 하는 것은 18세기가 되자 갑자기 욕망하는 신체를 가진 '인간'이 나타났다는 것이 아니다. 고전주의 시대에는 사물의 세계가 말에 의해서 투명하게 묘사되었던 것에 비해 18세기 말에는 그것이 불가능해졌다. 왜냐하면 우리는 거기에서 말로 파악할 수 없는 '인간'이라는 존재를 찾아냈기 때문이다. 즉 세계와 그것을 모사하는 말 사이에 '인간'이라는 과잉 존재가 끼어 있게 된 것이다.

그 결과 현대 학문은 '인간'이라는 유한성을 가진 존재의 분석을 통해서 전개된다.

실제로 18세기 말부터 19세기 초에 걸쳐 많은 학문은 '인간'이 가진 유한성과 모든 한계를 인식하면서 재편성되고 있었다. 여기서 말하는 인간의 유한성이란 현실 세계의 경험과 그것에 관계된 주체가 서로 한정 짓고, 제약하고, 모순되는 것을 말한다. 그것은 인간을 자연 속의 하나의 객체, 소위 '역사적 존재'로 자각하는 것이기도 했다.

뇌의 해부와 생산비용의 메커니즘, 인도-유럽어족의 체계화 등에서 지식의 구성은 '인간이 유한하다'는 인식에서 요구된 것이었다. 여기에는 학문 각각의 역사성과 그 고유의 여러 법칙성을 추구하는 과제가 있었다. 실제로 19세기에서 20세기에 걸쳐 모든 학문의 중심 주제가 된 것은 역사였으며 법칙을 하나의 구조로 파악하는 것이었다.

헤겔Georg Wilhelm Friedrich Hegel(독일 1770~1831)에서 마르크스, 사르트르Jean-Paul Sartre(프랑스 1905~1980)에 이르기까지 중심 과제는 역사에서 인간이라는 존재였다. 또한 경제학, 언어학, 문화인류학, 심리학, 정신분석학, 물리학 등은 모든 대상을 하나의 구조로 인식함으로써 새로운 학문을 전개해갔다. 천체물리학의 세계에서는 인류는 물론이고 우주의 탄생까지도 설명함으로써 우주 전체의 역사성을 밝히려 한다. 컴퓨터 등의 과학기술 역시 인간의 유한성을 인식함으로써 인간의 능력을 외부에서 나타나게 하는 것에 지나지 않는다.

한편으로 근대적 학문은 '인간'을 중심으로 하기에 자연을 과도하게 지배하게 됐다고 할 수 있을지도 모른다. 21세기는 새로운 사고 형태 아래에서 학문의 재편성을 꾀하기 위해 근대적인 사고 자체를 반성적으로 극복해야 한다. 이를 위해서는 고대 그리스부터 현재에 이르기까지 학문의 흐름을 '이성의 진보'라는 관점이 아니라, 각 시대에 따라 세계가 어떻게 보이고 분류되고 체계와 질서가 잡혀 왔는지를 살펴볼 필요가 있다. 나아가 서양 학문 이외의 흐름도 검토되어야 한다.

이 책에서는 서양 학문을 중심으로 다루겠으나 두말할 필요도 없이 학문의 흐름은 서양에만 있는 것이 아니다. 서양 밖의 학문 흐름도 시야에 넣을 필요가 있다.

지금 시대는 커다란 변화를 맞이하고 있다. 이런 시대일수록 다양한 학문의 흐름을 더듬어봄으로써 세계를 하나의 관점만이 아닌 다양한 시선에서 바라보아야 할 것이다.

학문의 성립

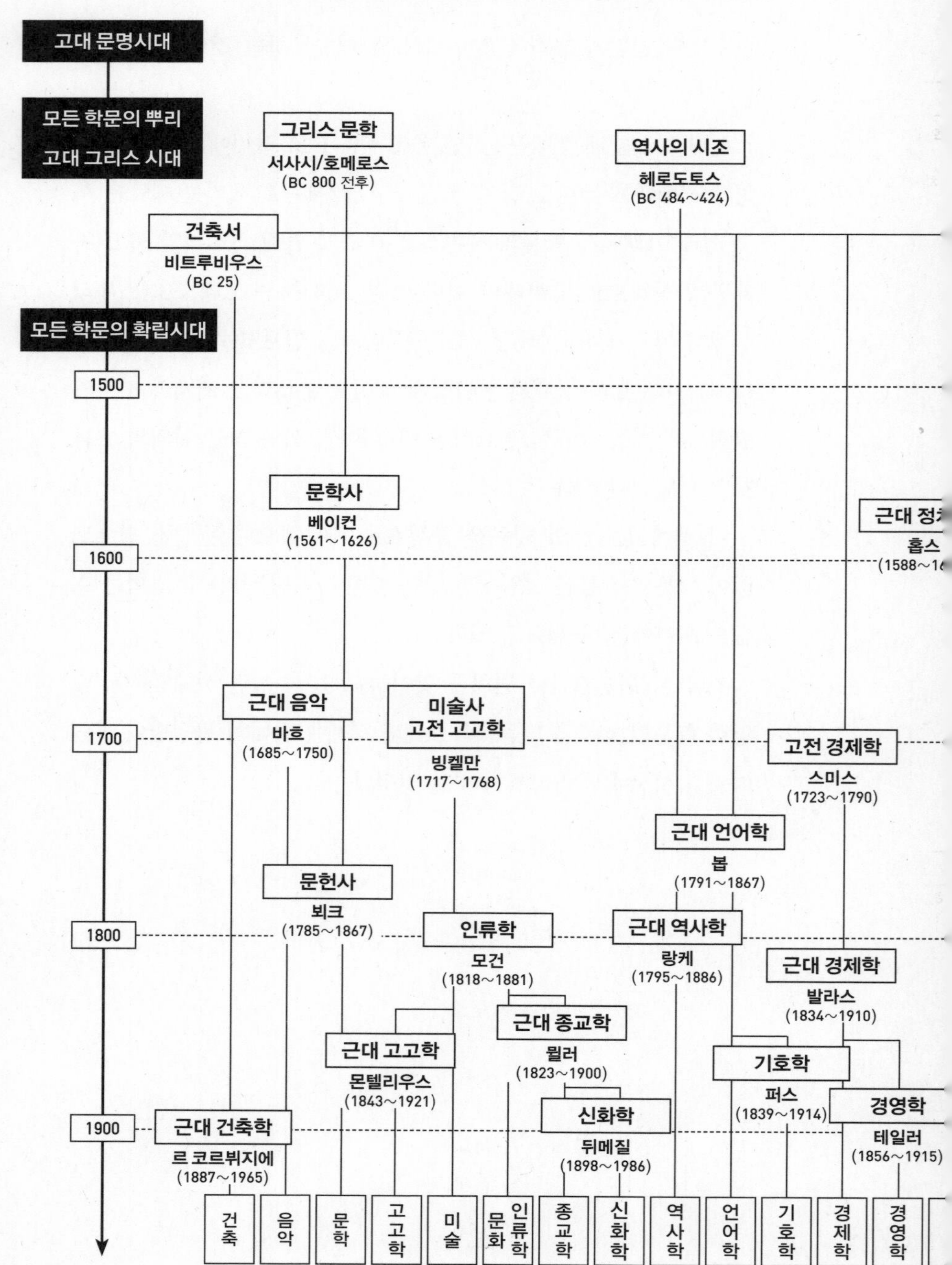

고대 문명시대
모든 학문의 뿌리
고대 그리스 시대
그리스 문학
서사시/호메로스
(BC 800 전후)
역사의 시조
헤로도토스
(BC 484~424)
건축서
비트루비우스
(BC 25)
모든 학문의 확립시대
1500
문학사
베이컨
(1561~1626)
근대 정치
홉스
(1588~16
1600
근대 음악
바흐
(1685~1750)
미술사
고전 고고학
빙켈만
(1717~1768)
1700
고전 경제학
스미스
(1723~1790)
근대 언어학
봅
(1791~1867)
문헌사
뵈크
(1785~1867)
인류학
모건
(1818~1881)
근대 역사학
랑케
(1795~1886)
1800
근대 경제학
발라스
(1834~1910)
근대 종교학
뮐러
(1823~1900)
근대 고고학
몬텔리우스
(1843~1921)
기호학
퍼스
(1839~1914)
신화학
뒤메질
(1898~1986)
경영학
테일러
(1856~1915)
1900
근대 건축학
르 코르뷔지에
(1887~1965)
건축
음악
문학
고고학
미술
문화 인류학
종교학
신화학
역사학
언어학
기호학
경제학
경영학

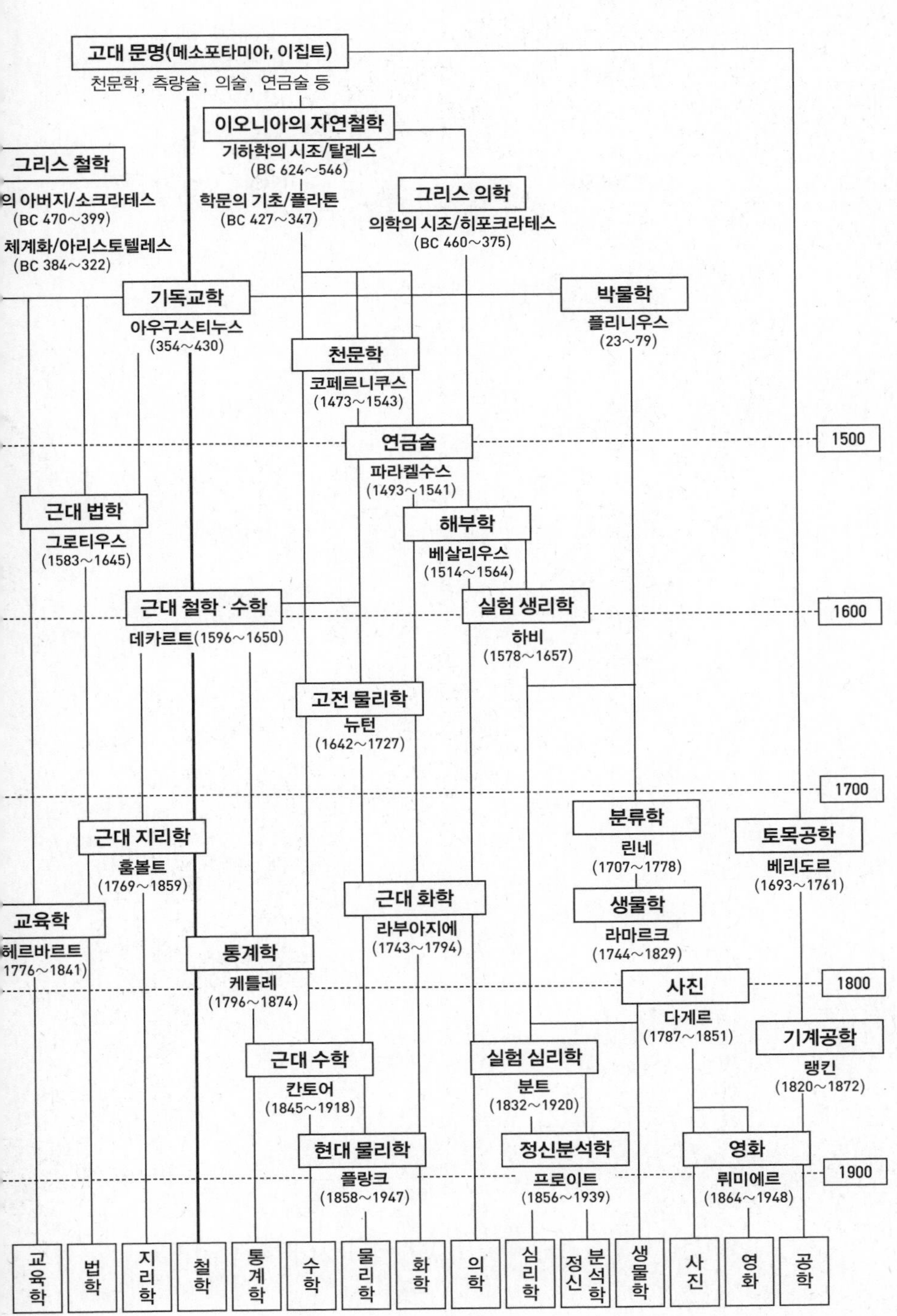

고대 문명(메소포타미아, 이집트)
천문학, 측량술, 의술, 연금술 등
이오니아의 자연철학
기하학의 시조/탈레스
(BC 624~546)
그리스 철학
의 아버지/소크라테스
(BC 470~399)
학문의 기초/플라톤
(BC 427~347)
체계화/아리스토텔레스
(BC 384~322)
그리스 의학
의학의 시조/히포크라테스
(BC 460~375)
기독교학
아우구스티누스
(354~430)
박물학
플리니우스
(23~79)
천문학
코페르니쿠스
(1473~1543)
연금술
파라켈수스
(1493~1541)
1500
근대 법학
그로티우스
(1583~1645)
해부학
베살리우스
(1514~1564)
근대 철학·수학
데카르트(1596~1650)
실험 생리학
하비
(1578~1657)
1600
고전 물리학
뉴턴
(1642~1727)
1700
분류학
린네
(1707~1778)
토목공학
베리도르
(1693~1761)
근대 지리학
훔볼트
(1769~1859)
생물학
라마르크
(1744~1829)
근대 화학
라부아지에
(1743~1794)
교육학
헤르바르트
1776~1841)
통계학
케틀레
(1796~1874)
사진
다게르
(1787~1851)
1800
기계공학
랭킨
(1820~1872)
근대 수학
칸토어
(1845~1918)
실험 심리학
분트
(1832~1920)
현대 물리학
플랑크
(1858~1947)
정신분석학
프로이트
(1856~1939)
영화
뤼미에르
(1864~1948)
1900
교육학
법학
지리학
철학
통계학
수학
물리학
화학
의학
심리학
정신분석학
생물학
사진
영화
공학

1부

인문과학

HUMANITY

철학 Philosophy

철학의 기원

신화의 세계에서 로고스를 통해 합리적인 세계로 이행한 고대 그리스 철학은 모든 학문의 기원이기도 하다.

철학을 나타내는 '필로소피Philosophy'의 어원은 그리스어 '필로소피아philosophia'에서 유래한다. 소피아sophia는 '지혜'를, 필레인philein은 '사랑하다'를 의미한다. 즉 철학은 원래 '지혜를 사랑한다'는 것이었다. 따라서 그리스에서는 모든 학문이 철학이었다.

고대 그리스에서 최초로 학문이 성립된 것은 기존의 신화적이고 정서적인 세계 해석보다 합리적이고 통일적인 해석을 구축하려는 시도에서 비롯됐다. 고대 그리스에서는 이런 합리성과 통일성을 '로고스logos'라고 불렀다. 로고스는 원래 '하나로 모으다'라는 뜻이며, 이는 세계를 하나의 합리적인 질서 아래에서 파악하려는 시도였다. 나중에 로고스라는 말은 논리와 논리학을 의미하게 된다.

신화적이고 정서적인 속박에서 벗어난 고대 그리스인은 자연을 '변하는 것'과 '변하지 않는 것'이라는 대립 속에서 인식했다. 최초의 철학자라고 불리는 이오니아(현재의 터키)의 자연철학자 탈레스Thales(BC 621?~546?)는 '변하지 않는 것', 즉 '물水'이야말로 자연을 이루는 '아르케(만물의 근원)'라고 했다. 이런 생각을 철학의 탄생으로 보는 이유는 '만물의 근원을 물로 보았다'는 사실 때문이 아니라 '만물의 근원이란 무엇인가'라는 질문을 던졌기 때문이다.

피타고라스Pythagoras(BC 582~496)는 '수數(수적 질서, 로고스)'야말로 아르케라고 주장했다. 여기에 이르자 비로소 만물과 사유가 완전히 분리되고, 사유는 '변하지 않는 것(진실)'이라는 서양철학의 기초가 싹텄다. 나아가 헤라클레이토스Heraclitus(BC 540?~480?)는 '만물은 유전한다'고 생각했다. 이것은 소피스트의 등장으로 이어졌다. 변론술을 활용한 소피스트들과 같은 시대를 산 소크라테스Socrates(BC 469?~399)는 '논박적 대화elenchos'를 사용한 "선善이란 무엇인가"라는 질문을 통해 '무지의 지'를 역설함으로써 철학이 소크라테스의 등장 이전과 크게 달라지는 계기를 만들었다.

이런 세계(자연)의 '불변'과 '변화'의 모습을 가장 논리적으로 체계화한 사람이 소크라테스의 제자이며 그리스 최대의 철학자였던 플라톤과 그의 제자 아리스토텔레스였다. 플라톤은 생성·변화하는 사물에 대한 반대 개념으로 불변의 존재인 '이데아'를 주창했으며, 아리스토텔레스는 그것을 더욱 단순화시켜서 '에이도스(형상)'를 불변의 본질이라고 했다. 이로부터 서양철학을 지배한 '사물과

서양철학의 성립 – ① 고대 그리스 철학

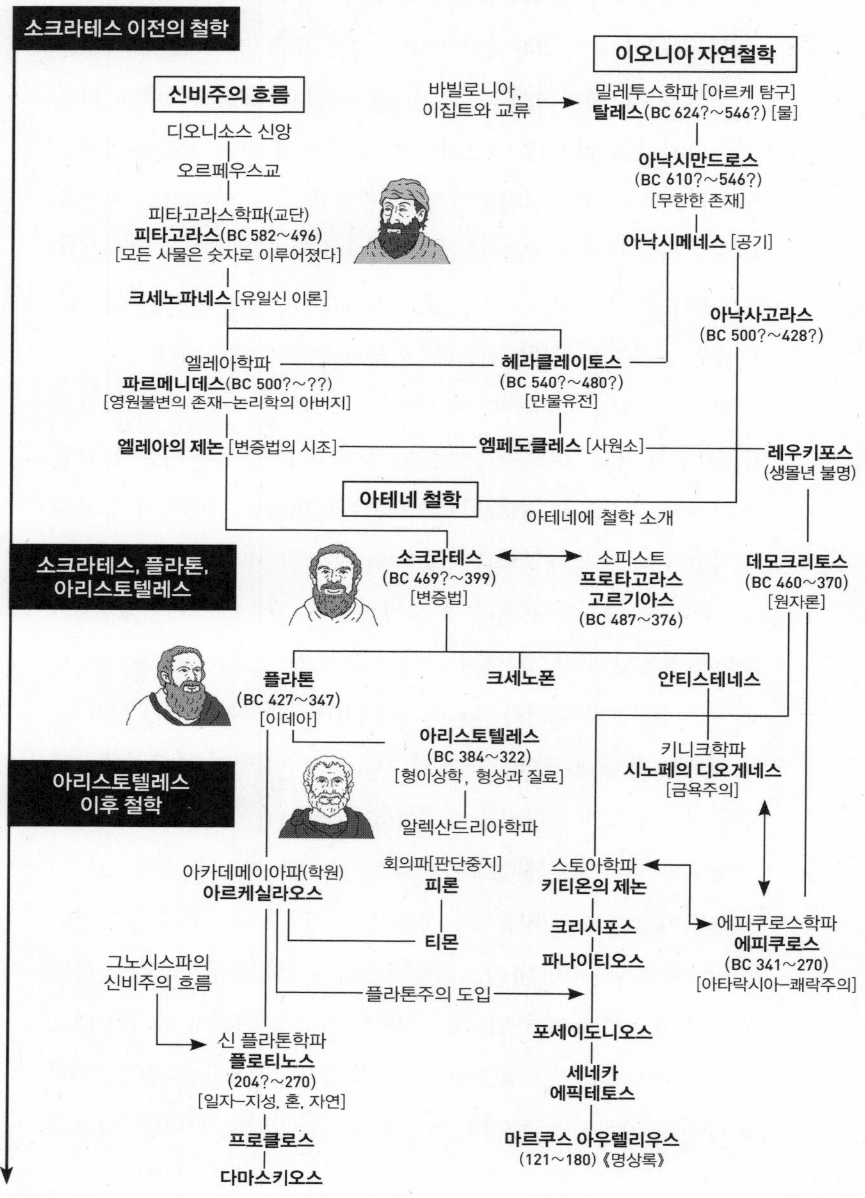

사유', '실재와 관념', '감성과 이성'이라는 이원론이 성립되고 철학사상 가장 커다란 문제를 형성하게 됐다. 하지만 플라톤의 이데아, 아리스토텔레스의 에이도스도 소크라테스가 질문을 던졌던 '선', 즉 세계를 '이성적으로 파악하는' 방법이었음을 잊어서는 안 된다.

고대 그리스 철학에서 중세 철학으로

그리스 철학은 기독교 사상과 통합함으로써 중세 철학(신학)을 형성했다.

고대 그리스 철학은 헬레니즘 시대, 로마제국 시대를 거친 후 기독교를 주축으로 한 중세 철학으로 통합되어 갔다. 그리스 철학에서 인식론상의 '이성의 절대성'이 기독교에서 '신의 초월성'으로 바뀌면서 신이야말로 이데아의 근거가 되었고, 헤브라이즘과 기독교 사상은 서양철학에서 또 하나의 중요한 원류를 형성하게 됐다.

헬레니즘 시대부터 로마 시대까지 대표적인 철학자 및 학파는 에피쿠로스Epicurus(BC 341~270)와 스토아학파였다. 이 시대의 철학은 고대 그리스 이오니아의 자연철학과 가까운 점이 있었다. 에피쿠로스는 쾌락주의를 주창하고, 스토아학파는 신의 섭리(로고스)에 따르는 생활을 이상으로 삼았다.

기독교가 로마제국 전역에 퍼지고 동방에서 그노시스gnosis라고 불리는 신비주의가 전해지면서 기독교에 절대적 가치를 부여한 것이 플로티노스Plotinus(204?~270)로 대표되는 신플라톤주의였다. 플로티노스는 그리스 철학이 로고스로 신비화한 것을 합리화하고 세

서양철학의 성립 – ② 중세 철학

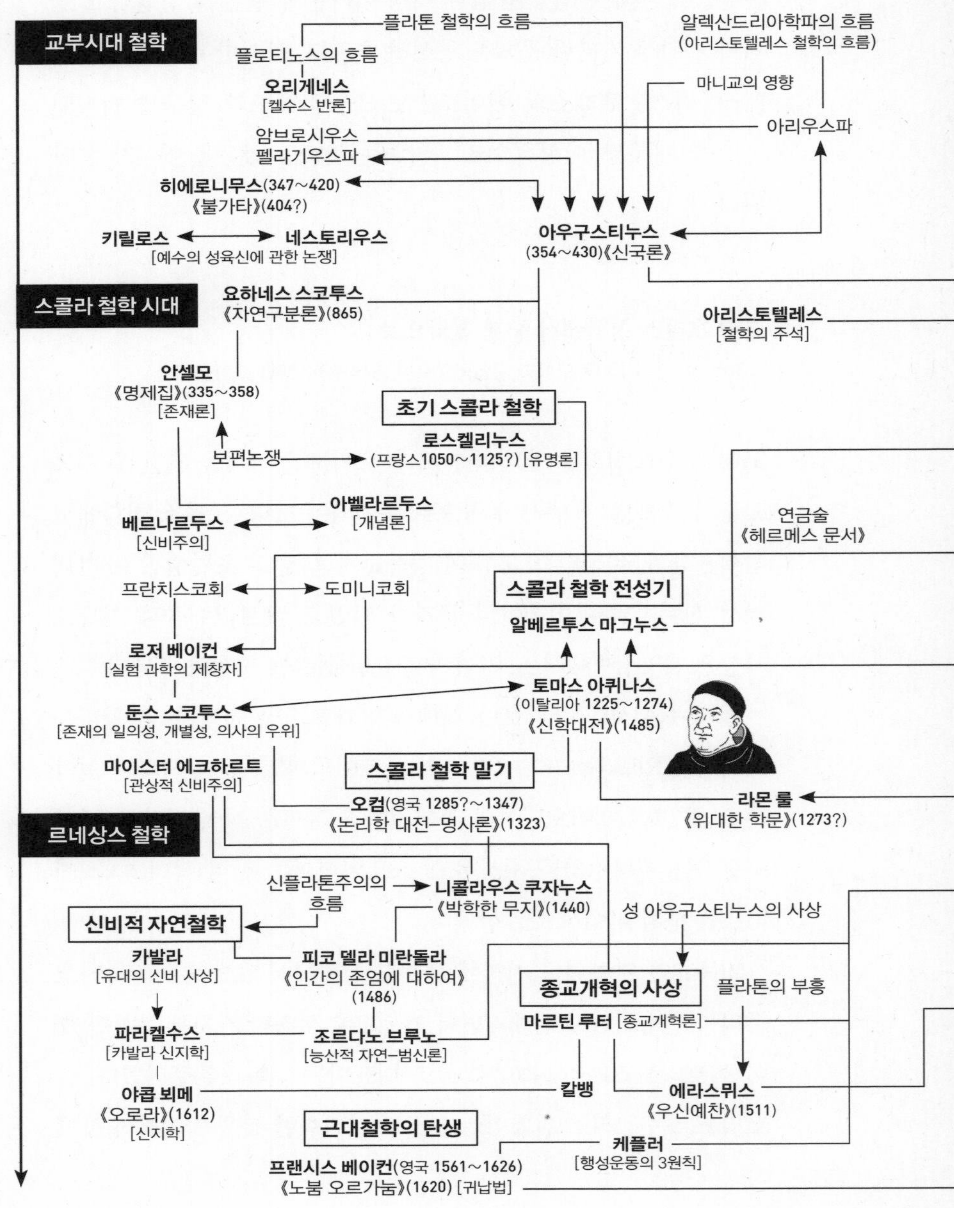

계의 근원이 되는 신을 '일자一者'라고 불렀다. 이러한 흐름 속에서 중세 시대에 이르러 철학은 문자 그대로 '신학의 시대'를 맞이하게 됐다.

중세의 신학을 확립한 사람은 초기 교회의 성직자들로 이들의 사상을 '교부철학'이라 부른다. 아우구스티누스Augustinus(이탈리아 354~430)는 교부철학의 기초를 닦았으며, 나중에 정통이 되는 가톨릭의 교의를 확립했으나 기독교 신학의 완성자로 불리는 사람은 이슬람 문화권에 보존되어 있던 고대 그리스 철학과 기독교의 교의를 통합한 토마스 아퀴나스Thomas Aquinas(이탈리아 1225?~1274)였다.

토마스 아퀴나스로부터 비롯된 신학 체계는 '스콜라 철학'이라고도 불리며 이후의 중세 철학을 지배한다. '스콜라schola'라는 단어는 원래 '여가'를 뜻했으나 중세에는 학교에서 연구하는 '신학'을 의미하게 되었다. 스콜라 철학은 신앙과 이성을 대립시키지 않고 신의 존재를 증명하기 위한 이론으로 나아간다.

하지만 스콜라 철학은 자신의 이론을 철저히 하는 중에 커다란 모순에 부딪혔다. 그것이 실재론과 유명론의 '보편 논쟁'이었다. 유명론자 오컴의 윌리엄William of Ockham(영국 1285?~1347)은 감각적 · 직관적 인식의 진리성을 역설하였고, 불필요한 것을 잘라낸다는 그의 발상은 '오컴의 면도날'이라 불리며 훗날 근대 철학의 '영국 경험론'으로 계승된다.

아우구스티누스

보이티우스
《철학의 위안》(525)

아라비아 철학

킨디
[이슬람 철학의 기초]

이븐 시나

이븐 루시드
(스페인 1126~1198)
[위대한 주석가]

유대 철학

마이모니데스
아리스토텔레스 철학

이슬람교와 대립

자연철학

코페르니쿠스
(폴란드 1473~1543)
[지동설 가설]

사회철학

토머스 모어
(영국 1478~1535)
《유토피아》(1516)

마키아벨리
《군주론-정치철학》(1532)

캄파넬라
《태양의 도시》(1602)

서양철학의 성립 – ③ 근대 철학

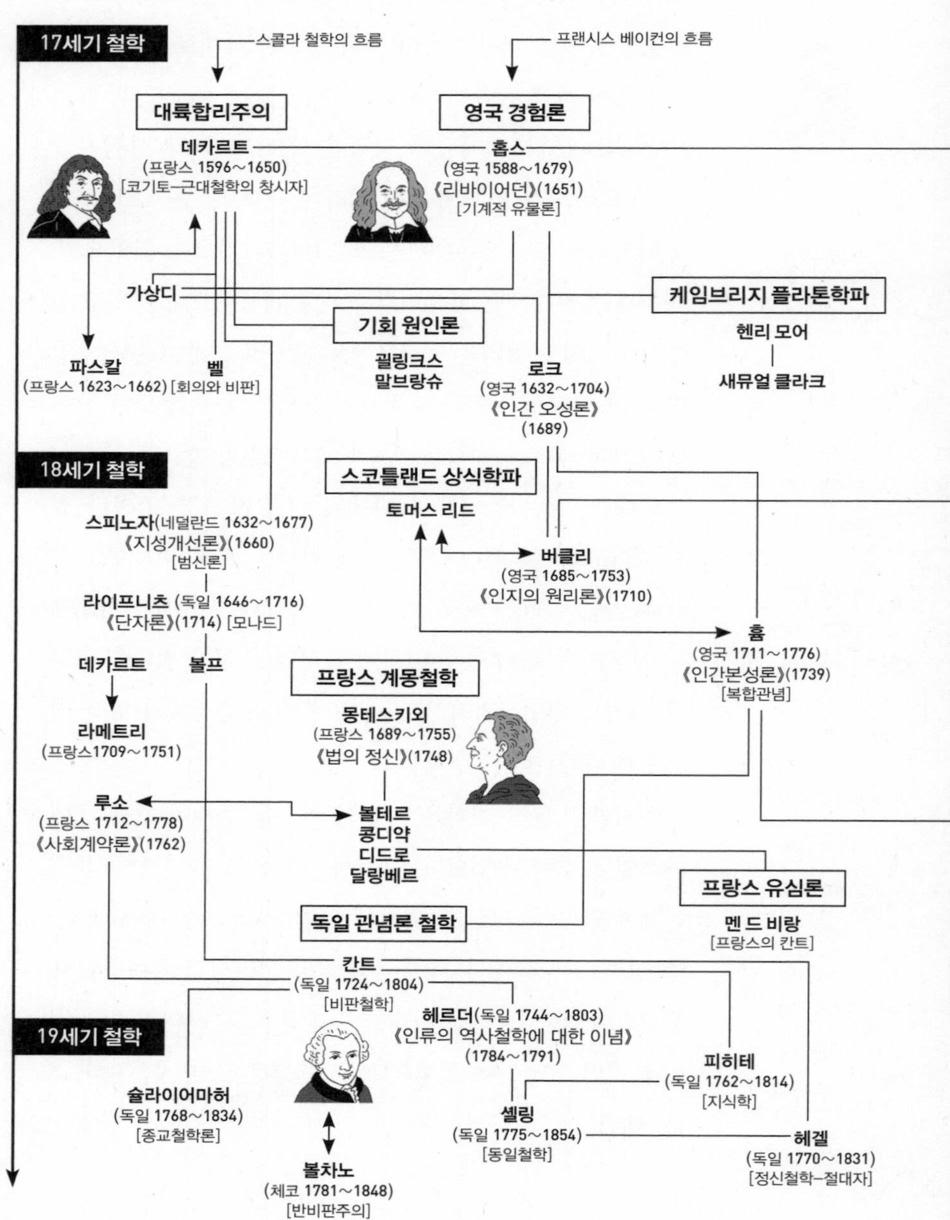

케플러의 흐름

자연과학 사상

갈릴레이
(이탈리아 1564~1642)
[자유낙하 법칙]

뉴턴
(영국 1642~1727)
《프린키피아》(1687)
[만유인력의 법칙]

근대과학으로

영국 공리주의

벤담
(영국 1748~1832)
[최대 다수의 최대 행복]

밀
(영국 1806~1873)
《논리학 체계》(1843)

칼라일
(영국 1795~1881)
《의상철학》(1836)

근대 철학의 성립과 전개

데카르트의 이원론은 근대 철학의 기초를 구축하고 동시에 근대적 세계관을 형성시켰다.

근대 철학의 선구자로 불리는 사람은 프랜시스 베이컨Francis Bacon(영국 1561~1626)이었으나, 데카르트야말로 '근대 철학의 아버지'였다. 데카르트를 파스칼Blaise Pascal(프랑스 1623~1662)이 비판한 시대는 종교개혁이 일어남과 동시에 코페르니쿠스Nicolaus Copernicus(폴란드 1473~1543), 요하네스 케플러Johannes Kepler(독일 1571~1630), 갈릴레이Galileo Galilei(이탈리아 1564~1642) 등의 뛰어난 자연과학자들이 등장한 시기이기도 했다.

근대 자연과학은 '개별 사물 속에 있는 고유의 성질'을 보는 아리스토텔레스의 자연관에서 벗어나 물체 간의 관계 속에서 하나의 법칙성을 끌어내려고 했다. 데카르트의 철학은 말 그대로 이런 자연과학에 '철학적 기초'를 구축하려는 시도이기도 했다. 데카르트가 확립한 근대 철학의 틀이 '물심이원론'이었다. 데카르트는 '사물'과 '정신'을 서로 독립된 영역으로 구분하고 물체 간의 관계를 구축하는 명석한 인식이야말로 수학적·물리적인 과학적 사고라고 생각했다.

하지만 사물과 정신이 각각 독립된 것이라고 한다면 이 두 영역이 서로 어떻게 관여하는지에 대한 문제가 남게 된다. 말할 것도 없이 사물과 정신을 잇는 것은 '감각'이다. 나중에 영국 경험론이 이런 감각의 중요한 역할을 지적했으나, 데카르트는 오히려 감각을 애매한 것으로 생각하고 제외해 버렸다. 따라서 데카르트의 이원론은 어디까지나 철저한 '주지주의主知主義(진리는 이성에 의하여 얻어진다고 설명하는 합리주의의 철학-편집자 주)'라는 입장에 선 인식론상의 문제로서 성립된 것이었다.

대륙 합리론 철학에서 데카르트의 뒤를 이은 스피노자Baruch Spinoza(네덜란드 1632~1677)와 라이프니츠Gottfried Wilhelm Leibniz(독일 1646~1716)는 기본적으로는 같은 주지주의라는 입장에 서면서도 데카르트의 이원론에 반대했다. 스피노자는 '자연에 내재한 능동적인 일자一者'가 유일한 실체이고 사물과 정신은 그 현상이라는 '물심평행론物心平行論'을 주장했으며, 라이프니츠는 세계는 더는 나눌 수 없는 무수한 실체(모나드)로 이루어졌고 우리 눈에 비치는 세계의 변화는 그 표상이며 모나드가 하나의 세계를 구성할 수 있는 것은 '예정조화豫定調和(신이 만든 우주의 조화로운 질서-편집자 주)' 때문이라고 생각했다.

이성을 전제로 한 소위 대륙 합리론과 달리 지식의 기초가 '경험'에 있다고 생각한 것은 영국 경험론이었다. 존 로크John Locke(영국 1632~1704)와 흄David Hume(영국 1711~1776)은 데카르트 등이 전제로 삼은 이성보다 경험의 구체성과 연결된 '오성'을 문제로 생각했다. 하지만 감각적인 차원을 중시하면 이번에는 이론적 지식이 가진 진리성을 보증할 수 없다는 모순도 생겨났다.

이런 대륙 합리론과 영국 경험론을 통합한 것이 칸트의 '비판철학'이었다. 칸트는 '사물'과 '정신'의 문제를 다시 인식론상의 문제로 파악함으로써 이성의 구조를 분석했다.

근대 철학의 완성과 20세기

헤겔이 완성한 근대 철학은 20세기 역사의 격동, 그 자체를 준비했다.

18세기에서 19세기 전반에 걸쳐 칸트의 유산을 계승하고 극복하려고 한 것이 피히테Johann Gottlieb Fichte(독일 1762~1814), 셸링Friedrich Wilhelm Joseph Schelling(독일 1775~1854), 그리고 헤겔로 대표되는 독일 관념론이었다.

그들은 인식론상의 문제였던 칸트의 주관을 존재 자체에 전개하고, 이성의 근거를 주관성 속에서 찾으려 했다. 이것을 철저하게 체계화하고 근대 철학을 완성한 사람이 헤겔이었다.

헤겔이 자연(사물)과 정신이라는 대립, 또는 객체와 주체라는 대립을 극복하기 위해 도입한 것이 '변증법'이었다. 즉 대립을 변증법적으로 통일하는 것이 주체를 완성해가는 자기 운동이라고 생각했으며, 자기 전개를 통해서 자신의 역사를 이루어나가는 과정 자체가 역사라고 생각했다. 이렇게 헤겔 철학은 주관성을 절대화해서 모든 것이 주관성을 바탕으로 전개, 규정되는 완결된 시스템을 만들어냈다. 이를 통해 진행 중인 현실(역사)이 완성되어가는 과정이며 긍정해야 할 것이라고 인식했다.

이러한 헤겔의 닫힌 사후적 세계관과 변증법적 방법을 비판적으로 계승해서 현재 진행 중인 세계 속의 모순을 찾으려고 한 사람이 마르크스였다. 그 모순의 분석 대상이 된 것이 바로 '자본주의'라는 경제체제였다. 마르크스는 인간의 주관이라는 의식이야말로 생산의 모든 관계를 바탕으로 한 '사회적 존재'로부터 규정되는 것이라 말하며 이를 "인간이란 사회적 관계의 총체이다"라는 문장으로 요약했다. 하지만 마르크스의 생각을 마음(주체)이 먼저인지, 사물(객체)이 먼저인지를 나누는 '유심론'과 '유물론'이라는 틀 속에서 인식하고자 하면 오류를 범하게 된다. 마르크스는 오히려 개념과 실재에 따라다니는 '틈'을 직시했다고 할 수 있다. 이 틈을 역사 속에서 철저하게 찾고, 그 모순을 명확히 하려는 시도의 집대성이 자본주의 구조를 해명한 《자본론Das Kapital》(1867)이었다. 20세기 역사는 마르크스가 제창한 사상을 축으로 전개되었다고 해도 과언이 아니다. 마르크스의 철학은 계승의 대상 또는 비판의 대상이 되어 학문 전역에 걸쳐 커다란 영향을 미쳤다.

한편 기존의 종교관과 인간의 이성에 철저하게 의심의 눈초리를 보낸 니체Friedrich Nietzsche(독일 1844~1900)에서 시작된 '현대 철학'은 현대 사상이라고도 불리며 20세기에 차례차례 등장했다. 딜타이Wilhelm Dilthey(독일 1833~1911)와 베르그송Henri-Louis Bergson(프랑스 1859~1941) 등의 '생生의 철학', 실존주의의 시조라고 불리는 키르케고르Søren Kierkegaard(덴마크 1813~1855)와 실존의 철학을 설파한 야스퍼스Karl Jaspers(독일 1883~1969), 후설Edmund Husserl(오스트리아 1859~1938)의 '현상학', 20세기 최대 철학가로 불리는 하이데거Martin Heidegger(독일 1889~1976)의 《존재와 시간Sein und Zeit》(1927), 그리고 실존을 정의한 사르트르 등의 등장은 자본주의 발전 속에 나타난 역사의 모순과 결코 동떨어져 있지 않았다. 오히려 20세기 철학은 헤겔이 준비한 '역사=자기 역사'라는 개념의 자각 속에서 전개되었다고도 할 수 있다.

서양 중심주의에서 탈피

전쟁을 거치면서 '세계에는 다양한 사고방식과 입장이 있다'는 것을 실감하게 되었으며, 이 때문에 서양 중심의 철학이 흔들렸다.

사르트르의 실존주의가 '자유로운 주체적 인간'이라는 서양을 중심으로 한 선진국적 발상에 지나지 않는다는 의문을 가진 레비스트로스Claude Lévi-Strauss(프랑스 1908~2009)의 '구조주의'가 등장하면서 다양한 문화와 사회현상이 철학의 대상이 됐다. 가령 푸코는 지식과 권력에 구조주의를 응용해서 《지식의 고고학L'Archéologie du savoir》(1969)을 발표했다. 또한 구조주의가 내세운 문제를 계승하면서 서양철학 내부에서 비판을 시도한 '포스트구조주의'는 후설의 현상학을 비판한 데리다Jacques Derrida(프랑스 1939~2004)가 '탈구축deconstruction'이라는 말로 표현했으며, 헤겔의 변증법에 있는 모순을 지적했던 들뢰즈Gilles Deleuze(프랑스 1925~1955) 역시 이러한 노선을 대표한다.

플라톤부터 헤겔에 이르기까지 서양철학에 대한 근본적인 비판을 시도한 구조주의와 포스트구조주의 철학은 메이지유신 이후 제2차 세계대전을 거치며 서구화됐던 일본에도 영향을 미쳤다. 리오타르Jean-François Lyotard(프랑스 1924~1998)가 《포스트모던적 조건La Condition postmoderne》(1979)에서 주창한 '포스트모던'은 프랑스에서 번성하며 일본으로 수입됐으나 이 때문에 옛 철학이 설득력을 잃어버린 '철학의 종언'을 맞이했다. 진리, 국가, 과학 등의 '거대한 이야기'는 신용을 잃고, 개개인의 취미와 기호, 다양한 민족의 다른 가치관 등이 설득력을 가지는 '작은 이야기'가 부상하여 가치관의

서양철학의 성립 – ④ 현대 철학

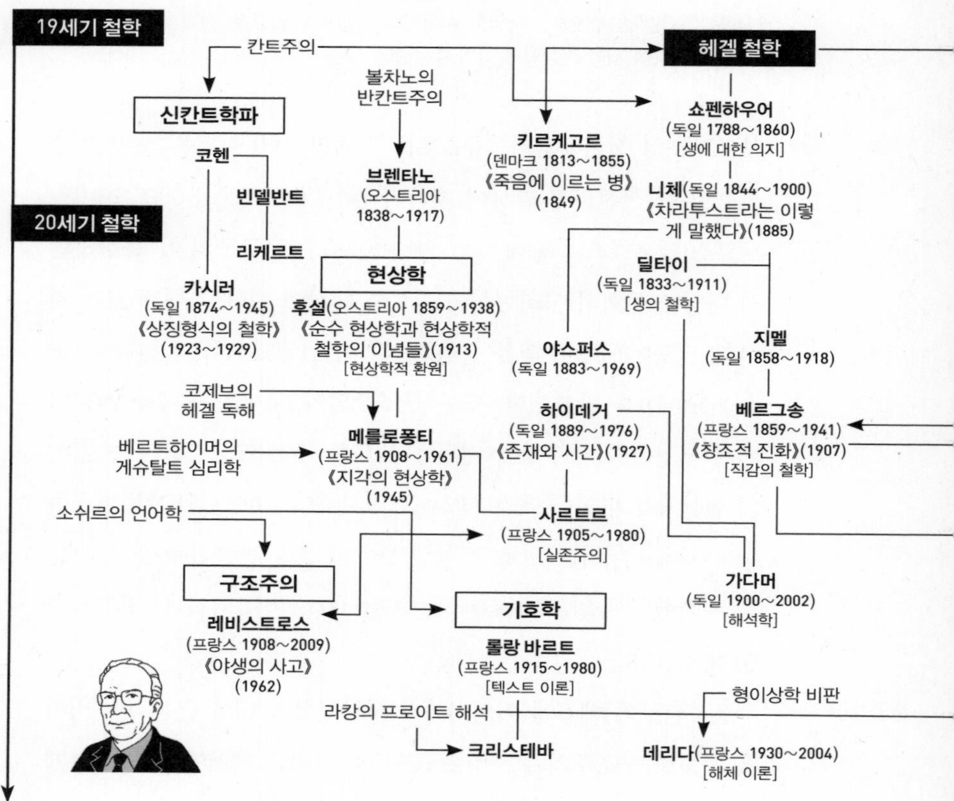

다양성을 중시하는 상황이 됐다.

2001년 9월 11일에 미국에서 발생한 동시다발 테러의 충격과 함께 종교와 전쟁, 민족분쟁, 여성문제, 교육, 생명과학, 환경문제 등이 부각되자 안토니오 네그리Antonio Negri(이탈리아 1933~)와 마이클 하트Michael Hardt(미국 1960~)는 "새로운 네트워크상의 사회 권력

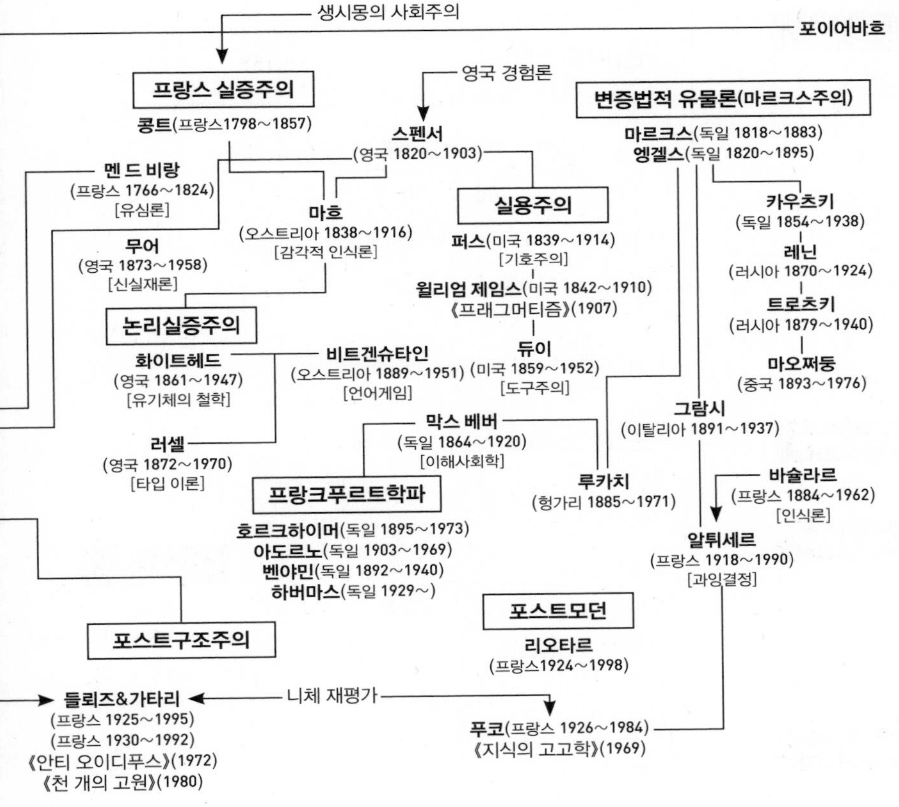

으로서 '제국'이 모습을 드러내고 있다"라고 선언했고, 이러한 흐름 속에서 윤리와 철학, 서양철학과 동양철학이 융합하는 시대가 도래하고 있다.

철학의 필드

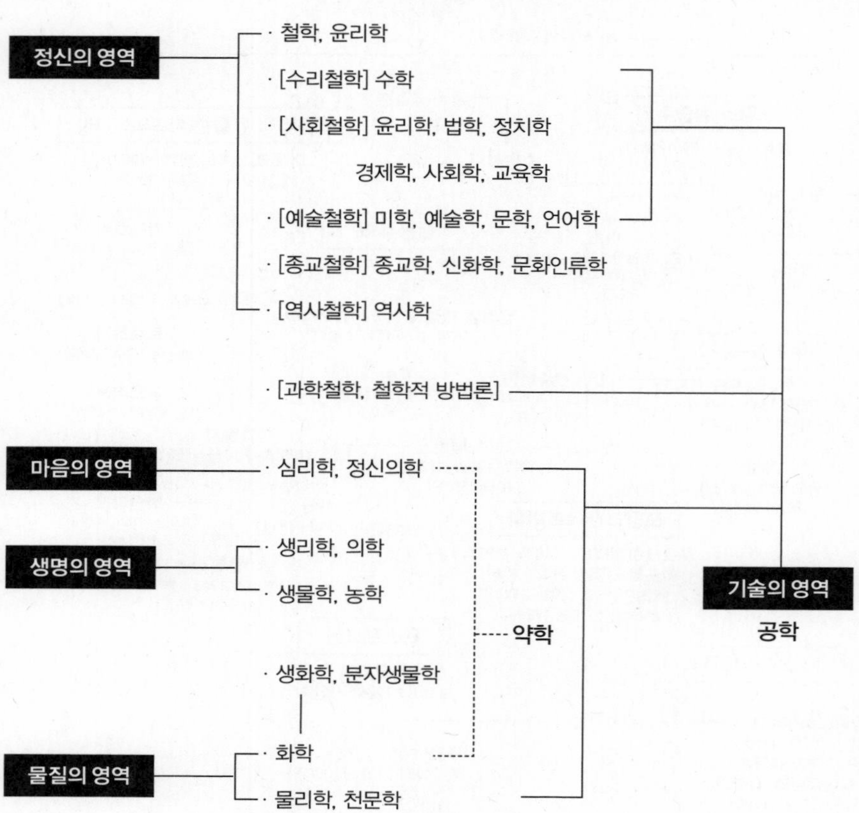
정신의 영역
· 철학, 윤리학
· [수리철학] 수학
· [사회철학] 윤리학, 법학, 정치학
경제학, 사회학, 교육학
· [예술철학] 미학, 예술학, 문학, 언어학
· [종교철학] 종교학, 신화학, 문화인류학
· [역사철학] 역사학
· [과학철학, 철학적 방법론]
마음의 영역
· 심리학, 정신의학
생명의 영역
· 생리학, 의학
· 생물학, 농학
약학
· 생화학, 분자생물학
물질의 영역
· 화학
· 물리학, 천문학
기술의 영역
공학

앞으로 철학을 공부하고 싶은 사람이 알아야 할 기초 지식

공리주의

영국 법학자 제러미 벤담이 제창한 이론. 벤담은 모든 것을 합리적으로 계산할 수 있다고 생각했으며 '최대 다수의 최대 행복'을 사회원리로 삼았다. 벤담의 공리주의에서 핵심은 행복이 객관적인 것 속에 있다는 생각이었다. 벤담의 공리주의는 미국 실용주의pragmatism의 사상적 원천이 되기도 했다.

합리주의

이성을 중시하고 세계를 이성적 사유로 파악하려는 입장. 즉 개별성과 우연성을 배제하고 하나의 보편적 법칙 아래에서 세계를 바라보려는 태도이며 근대 이후 서양사상의 커다란 특징 중 하나가 됐다.

실증주의

19세기 프랑스 철학자 오귀스트 콩트가 제창한 철학. 콩트는 추상적 형이상학이 아니라 사실을 바탕으로 한 지식으로 사회의 지적 동일성이 이루어진다고 주장했다. 존 스튜어트 밀과 스펜서 등의 영국 경험주의자에게도 많은 영향을 주었으며 근대 과학적 발전의 이론적 배경이 됐다.

신의 죽음

독일 철학자 니체가 그의 저서 《차라투스트라는 이렇게 말했다》 속에서 한 말. 니체는 서양의 사상·문화를 지배해온 기독교를 부정하기 위해 신의 죽음을 주창했으나 그것은 또한 신이 없는 시대의 도래를 알리는 것이기도 했다. 실제로 니체 이후 모든 현대 철학은 신의 죽음을 출발점으로 하고 있다고 해도 과언이 아닐 것이다.

현상학

오스트리아 출신 철학자 후설이 주창한 철학. 후설은 논리적 사고를 경험적인 심리작용으로 환원해버리는 심리주의를 비판하고, 순수 논리학의 전제로 현상학을 구상했다. 후설은 먼저 대상의 본질을 파악하기 위해 모든 단정과 확실을 바구니에 넣는 '현상학적 환원'이라는 방법을 역설했다. 이를 통해 펼쳐지는 의식현상을 검증함으로써 존재의 의미를 해명하고자 했다. 후설의 현상학은 사르트르와 하이데거 등의 철학에도 중요한 역할을 하고, 메를로퐁티 등을 거쳐서 현대 사상에도 큰 영향을 미치고 있다.

실존주의

제2차 세계대전 이후 유럽에 큰 영향을 준 사상. 넓은 의미로는 하이데거와 야스퍼스 등의 철학도 실존주의라고 불릴 수 있으나 일반적으로는 사르트르의 철학을 가리킬 때가 많다. 사르트르는 실존이란 자신의 밖에 자신을 던짐으로써 미래를 향해서 현재를 극복해가는 시도라고 주장했다. 실존주의는 휴머니즘을 중심으로 삼은 최후의 철학이기도 했다.

구조주의

스위스의 언어학자 페르디낭 드 소쉬르의 일반언어학에 대한 사고를 바탕으로 전개된 사상. 1960년대 후반부터 프랑스를 중심으로 유행했다. 실존주의가 인간의 실존을 문제로 삼는 것에 비해 구조주의는 '구조'라는 개념을 중시하고 인간이라는 개념 또한 하나의 역사적인 것에 지나지 않는다고 보았다.

포스트구조주의

구조주의가 역사와 종교를 가볍게 보는 것에 대한 반발로 등장한 사상. 포스트구조주의는 구조주의가 개척한 '구조'라는 개념을 계승하면서, 거기에 역사적 요소를 도입함으로써 정적인 구조가 아니라 역동적인 구조를 분석 대상으로 보았다.

포스트모던

이성을 통한 계몽을 바탕으로 하는 근대적 사회제도, 사상 등의 일원적 원리를 비판하면서 소비사회와 정보사회에 대응하고 지식과 실천에 관한 본연의 자세를 모색하고자 하는 사상적 · 문화적 경향과 개념.

과잉결정

원래는 지그문트 프로이트의 정신분석학에서 사용하던 언어였으나 프랑스의 마르크스주의자 알튀세르가 마르크스의 사회이론에 적용했다. 알튀세르는 사회구조와 역사적 사건은 단순한 인과관계가 아니라 중층적으로 결정된다고 보았다. 다만 하나의 사건을 결정하는 요인은 결코 균질하지 않으며 거기에는 하나의 히에라르키Hierarchie(계층)가 있다고 했다. 그는 역사분석의 과제는 결정 요인인 히에라르키 구조의 특성을 해명하는 데 있다고 했다.

"나는 철학을 가르치지 않는다.
나는 철학하는 것을 가르칠 뿐이다."
_이마누엘 칸트 Immanuel Kant

역사학 Historical Science

역사 서술의 발전

역사 서술은 그리스 · 로마에서 시작됐으며, 중세에는 신학적 역사관이 지배했다.

서양 역사 서술의 기원은 고대 그리스까지 거슬러 올라갈 수 있다. 헤로도토스Herodotus(BC 484?~424?)는 BC 5세기 아케메네스 왕조 페르시아 제국과 아테네 · 스파르타 등 그리스 도시국가 연합군의 전쟁을 설화적으로 서술한 《역사Historias》를 남겨 '역사의 아버지'라 불린다. 투키디데스Thucydides(BC 460?~400?)는 BC 431년에 벌어진 아테네와 스파르타 사이의 그리스 패권을 건 펠로폰네소스 전쟁의 전황을 차례대로 기록한 《펠로폰네소스 전쟁사History of the Peloponnesian War》(《역사》라고도 한다)를 저술했다. 투키디데스는 이 책에서 서술 대상을 정치와 군사 역사로 한정하였고, 사실을 객관적으로 전하는 것에 중점을 두고 엄밀하고도 냉정하게 서술했다는 점을 강조했다. 하지만 당시 그리스에서 역사는 인식의 대상이 아니었으며 세계사라는 관념도 존재하지 않았다.

고대 로마에서는 기원전·후로 리비우스Titus Livius(BC 59?~AD 17?)가 로마 건국 후 7세기에 이르는 과정을 전 142권(현재 35권)의 《로마사Ab Urbe Condita》로 써냈으며, 로마제국의 부패에 분노했던 타키투스Tacitus(55~120)는 야만인들 중에서도 강건하고 고결한 정신을 가지고 있다 하며 게르만족을 치켜세운 《게르마니아Germania》를 98년에 써냈다.

4~5세기 기독교 사상가 아우구스티누스는 신이 6일 만에 천지를 창조했다는 이야기를 바탕으로 인간의 역사를 여섯 시대로 구분했다. 그리스도의 탄생으로 시작된 '제6시대'는 마지막 심판으로 끝이 나고, 이후에는 영원한 죄와 지복의 시대가 찾아온다고 생각했다. 유럽 중세에는 이런 기독교적 역사관이 오랫동안 지배했으며 게르만 국가들의 건국 이후 6세기에는 투르의 그레고리우스Grégoire de Tours(프랑스 538?~594?)가, 7~8세기에는 베다Bede(영국 673?~735) 등 많은 성직자가 신학적 관점에서 국가의 역사(연대기)를 남겼다. '중세 최대의 연대기 작가'로 불린 12세기의 오토 폰 프라이징Otto Von Freising(독일 1111?~1158)과 14~15세기 프랑스 연대기 작가 프로아사르Jean Froissart(1337?~1405?)는 백년전쟁 기록으로 중요한 《연대기Chronicle》를 각각 저술했다.

한편 중국에서는 진, 한 제국이 성립되자 기원전 2세기부터 기원전 1세기에 걸쳐서 '중국 역사가의 아버지'라 칭송받는 사마천司馬遷(BC 145?~86?)이 상고 황제의 시대부터 전한 무제의 시대까지 약

역사 서술의 발자취

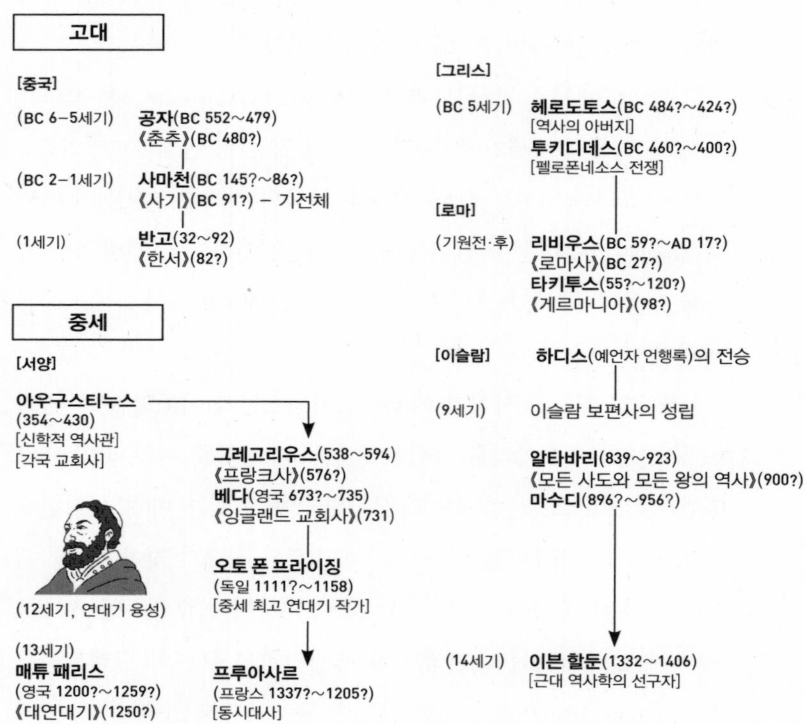

2,000여 년의 통사를 종합하여 《사기史記》를 썼다. 1세기에 반고班固(32~92)는 전한 1대에 한해서 서술한 《한서漢書》를 썼다. 이런 형식은 이후 중국에서는 정사의 모범으로 여겨졌다.

이슬람 세계에서는 아바스 왕조가 등장하면서 9세기에 알타바리al-Tabari(839~923) 등의 많은 역사가를 배출했고, 이들은 종파, 지역, 인종이라는 편견에서 자유로운 역사를 써냈다. 14세기의 이븐 할둔Ibn Khaldun(1332~1406)은 《무깟디마Muqaddimah(역사서설)》에서 사막의 생활은 인간을 연대로 이끌지만, 도시화하면 연대가 옅어지면서 새로운 집단에 정복된다며 왕조흥망의 역사에 법칙성이 있다고 주장했다.

근대 역사학의 성립과 전개

19세기 독일에서는 사료 비판을 바탕으로 근대 역사학이 시작되고 발전했다.

신대륙이 발견되고 유럽 세계가 확장된 것을 배경으로 르네상스(인문주의)는 역사를 신학 사관에서 해방시켰다. 이탈리아의 마키아벨리Niccolò Machiavelli(1469~1527)는 당시 이탈리아 정치의 혼란을 수습하려면 강력한 군주의 독재정치가 필요하다며 《군주론The Prince》(1513)을 저술했다. 종교개혁 시대 프랑스의 마비용Jean Mabillon(1632~1707)은 역사 신학과 고문서 연구의 대표적 역사가로 그의 저서 《고문서론De re diomatica》(1681)은 서구에서 고문서학의 기초가 됐다. 절대주의 융성기 이탈리아의 잠바티스타 비코Giambattista Vico(1668~1744)는 《새로운 학문The New Science》(1725)에서 발전적 역사관을 제시했다.

군주를 비판하기 위해 민중의 계몽을 이끌던 프랑스와 영국의 '계몽주의'는 역사 속에서 인간 정신의 진보를 추구했다. 18세기 프랑스의 몽테스키외Montesquieu(1689~1755)는 《로마인의 흥망성쇠 원인론》(1734)을 저술하면서 역사의 흐름을 일반적인 인과관계로 설명했다. 마찬가지로 프랑스의 콩도르세Marquis de Condorcet(1743~1794)는 《인간 정신의 진보에 관한 역사적 개요》(1795)에서 인간 진보의 법

근대 역사학의 성립과 발전

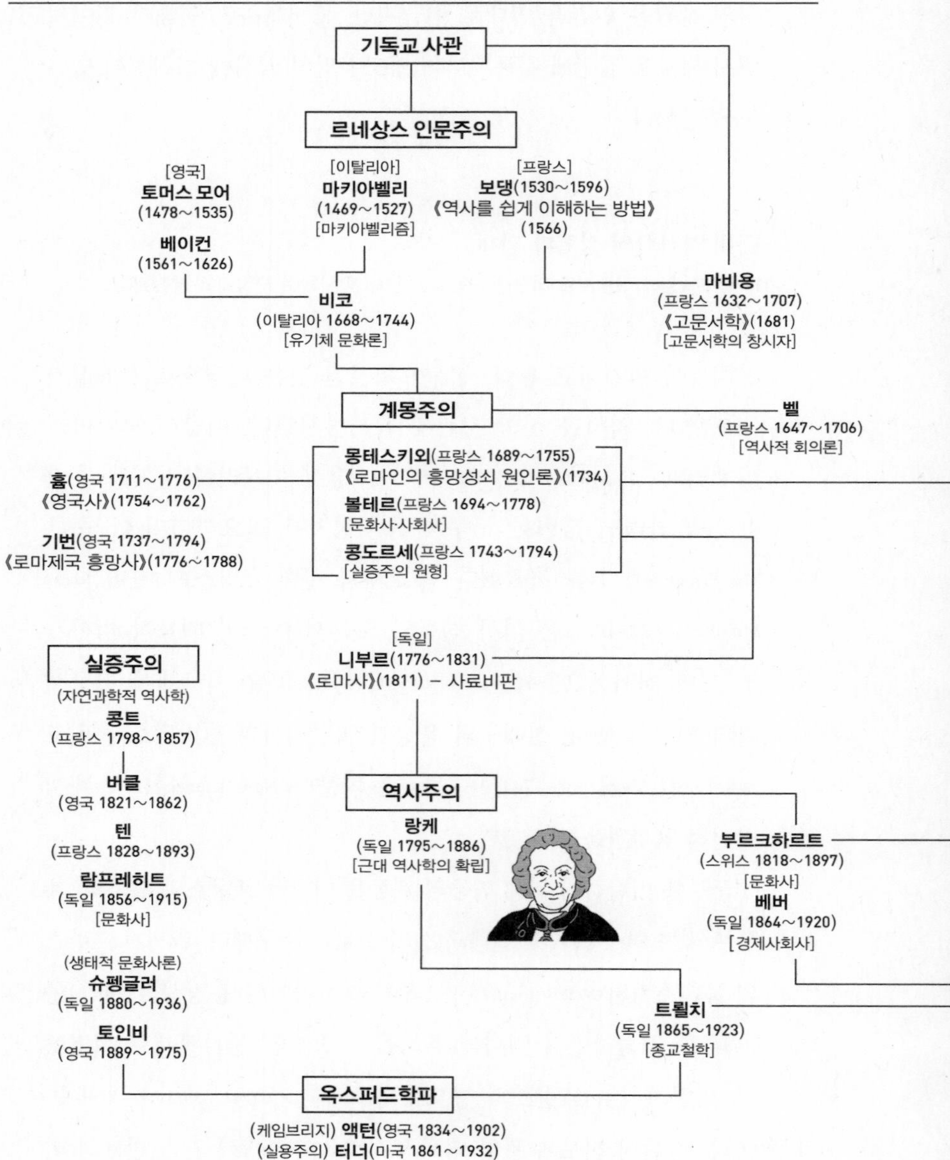

칙을 제시하고 교육과 정치개혁, 도덕의 형성에 따라서 역사가 진보한다고 생각했다.

유럽의 후진 지역이었던 독일에서는 계몽주의에 반발해서 이성적 인식보다 감성을 중시하고, 개성적인 것을 통해서 보편적인 것을 파악하려는 '낭만주의'가 생겨났다. 18세기 후반 헤르더Johann Gottfried Herder(1744~1803)가 이런 경향으로 나아가는 한편 19세기에는 '역사주의의 시조'라 불리는 레오폴트 폰 랑케Leopold von Ranke(1795~1886)가 등장했다. 그는 역사란 자유 이념의 불가변적인 확장 과정이며 세계 역사는 이성적으로 진보한다는 헤겔의 역사철학을 비판하고 인류사의 진보를 부정하면서 각 시대와 민족의 개성적 특질을 중시했다(역사주의). 여기서 '근대 역사학'이 성립됐다.

다른 한편으로 근대 자연과학을 모범으로 삼아 역사 연구에 자연과학의 방식을 적용하려는 오귀스트 콩트Auguste Comte(1798~1857)의 실증주의 역사학이 출현했다. 이런 흐름 속에서 19세기 말에는 역사의 대상을 정치사에서 문화사로 확장할 것을 주장한 독일의 람프레히트Karl Gotthard Lamprecht(1856~1915)가 등장했다. 독일의 마르크스는 헤겔의 변증법을 받아들여서 역사 과정에는 생산관계가 결정적 역할을 한다는 '유물사관'을 주창했다.

랑케 이후 독일 역사학이 전문 분야로 바뀌면서 뛰

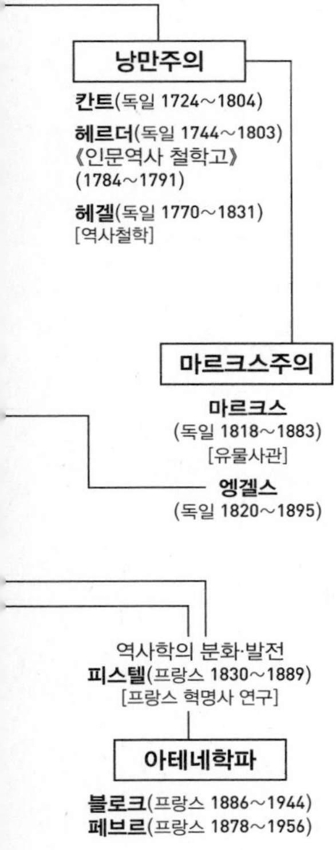

낭만주의

칸트(독일 1724~1804)
헤르더(독일 1744~1803)
《인문역사 철학고》
(1784~1791)
헤겔(독일 1770~1831)
[역사철학]

마르크스주의

마르크스
(독일 1818~1883)
[유물사관]
엥겔스
(독일 1820~1895)

역사학의 분화·발전
피스텔(프랑스 1830~1889)
[프랑스 혁명사 연구]

아테네학파

블로크(프랑스 1886~1944)
페브르(프랑스 1878~1956)

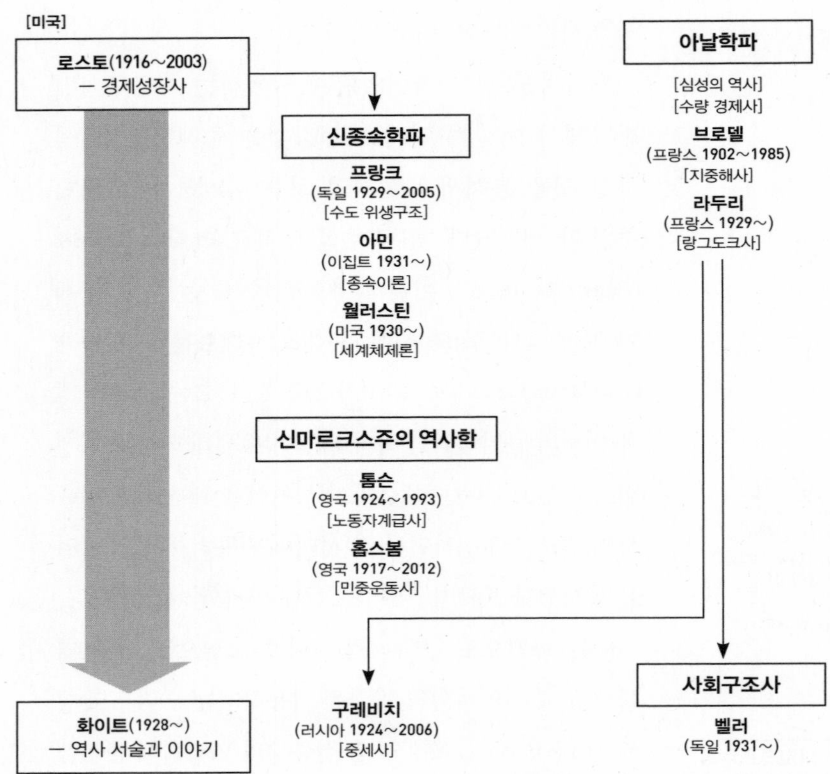

어난 역사가들이 출현했다. 그중에서도 20세기 초의 막스 베버Max Weber(1864~1920)는 정책 목적을 위한 역사학을 비판했다. 나아가 역사적 현상을 설명하기 위해 추상화를 거부하던 역사주의에 '이념형'이라는 개념을 도입했다.

현대의 역사학

정치사 편중에서 벗어나 사회학을 중시하는 방향으로 전개됐으며 유럽 중심 사관에서 해방됐다.

20세기에 들어서며 서양이 공업화되고 대중사회로 변모하면서 역사학은 정치사와 외교사 중심에서 벗어나 대중의 생활과 사회과정을 분석하고자 했다. 또한 객관적인 역사현상이 존재하는 것이 아니라 역사는 역사가의 주관적인 문제, 즉 서적에 의존해서 모습을 나타낸다는 것을 인식하게 되었다. 나아가 유럽문화의 우위성과 역사의 직선적 발전에 의문이 제기됐다.

제2차 세계대전 후 세계사를 재검토하려는 움직임이 생기면서 아시아, 아프리카, 라틴아메리카에 대한 연구를 통해 서양 근대화는 비유럽 지역의 식민지화와 궤를 같이 한다는 것을 밝혀낸 사람들이 나타났다. '종속이론'을 주장한 독일의 안드레 군더 프랑크Andre Gunder Frank(1929~2005)와 이집트의 사미르 아민Samir Amin(1931~)이 그들이었다. 미국의 이매뉴얼 월러스틴Immanuel Wallerstein(1930~)은 종속이론을 발전시켜 세계 중핵, 반주변, 주변의 지배종속 관계를 '근대세계체제론'으로 전개했다.

'아날학파'는 1960년대 이후 전 세계적으로 커다란 영향을 끼치고 있는 역사가들이다. 이들은 권력자들의 정치사에 편중되어 있던 지금까지의 역사보다 민중의 생활과 의식을 중시한 사회사를 강조했다.

제1세대인 프랑스의 뤼시앵 페브르Lucien Febvre(1878~1956)와 마르크 블로크Mark Bloch(1886~1944)는 역사의 종합적 인식을 목표로

'전체사'를 지향했다. 제2세대인 프랑스의 페르낭 브로델Fernand Braudel(1902~1985)은 역사의 심층에 있는 변하지 않는 것에 주목하고, 잡사雜史는 장기적으로 현실의 지표가 된다는 생각을 가지고 비근대적이고 비유럽적인 세계를 복원하고자 문화인류학적 관점으로 접근했다. 사료도 이전의 문헌 중심에서 벗어나 도구, 그림과 조각, 구전자료 등 광범위하고 다양한 것이 이용됐다. 마르크스주의 역사학파 중에서도 아날학파의 영향을 받아서 사회경제사적 접근 방법의 편중에서 벗어나 구조적 · 총체적 파악을 위해 정신사 · 문화사적 접근법을 채용하는 새로운 경향이 생겨났다.

영국의 에릭 홉스봄Eric Hobsbawm(1917~2012)은 변혁 주체의 형성을 중시하면서 민중 운동사를 썼으며, 에드워드 파머 톰슨Edward Palmer Thompson(1924~1993)은 《영국 노동계급의 형성The Making of the English Working Class》을 통해 영국의 근대 자본주의 확립과정에서 노동자가 형성하고 있던 계급의식을 아래로부터의 역사로 그린 사회 연구를 제창했다. 또한 소련과 동유럽 내부의 지식인들이 주목받으며 떠오른 아론 구레비치Aaron Gurevich(1924~2006)의 '중세민중 문화연구'는 서양학회에도 영향을 미쳤다.

20세기 후반 특히 21세기에 들어서면서 경제의 세계화가 진행되었고 역사학에서도 '글로벌 히스토리'가 주목을 받았다. 세계를 통합적으로 이해하려는 시도이며 장래성은 있으나 현 단계에서는 아직 방법론이 확립되지 않은 상태이다.

앞으로 역사학을 공부하고 싶은 사람이 알아야 할 기초 지식

오토 폰 프라이징

서양 중세 최고의 연대기 작가. 신성 로마제국 잘리어 왕조 황제 하인리히 4세를 외조부로 두었고 호엔슈타우펜 왕조의 황제 콘라트 3세가 종형제였으며 프리드리히 1세의 숙부에 해당한다. 파리에서 공부한 후 독일 프라이징의 주교가 되어 제국 정치에도 깊게 관여했다. 모두 8권으로 이루어진 저서《연대기, 또는 두 나라에 대하여》(1143)는 서양 중세의 전형적인 '세계 연대기' 스타일로 쓰였으며 중세 기독교적 역사 서술의 최고봉으로 일컬어지고 있다.

종속이론

안드레 군더 프랑크는 라틴 아메리카가 유럽에 정복당한 이후 선진자본주의 국가의 위성 지역으로 항상 착취를 받아왔으므로 지금까지 저개발이 재생산됐다고 주장했다. 이렇게 경제발전과 저개발은 동전의 양면이라고 주장하는 이론이 종속이론이다. 월러스틴은 오늘날의 세계 시스템은 15세기 말 유럽을 중심으로 생긴 자본주의적인 국제분업체제가 전 세계를 아우르는 역사 과정에 있다고 했다. 이런 '세계체제론'의 특징은 국가 단위로 세계를 파악하는 것이 아니라 전체를 하나의 시스템으로 파악하는 것이다.

세계사

지구 위 모든 지역의 역사를 총체적으로 파악하고, 그 구조와 의미를 의식하려는 체계가 '세계사'이다. 고대 중국과 로마에서 세계사는 자신들 문화권의 역사라는 무언의 전제가 있었다. 유럽인은 신대륙을 발견하고 오랫동안 식민지를 지배하면서 유럽의 눈으로 세계를 보고 자신들이 세계의 중심이라고 믿어 의심치 않았다. 세계사가 성립된 상황과 의식은 인류를 공포에 떨게 만든 핵병기가 개발되고, 세계적으로 교통과 무역이 발달하고 식민지국들이 독립한 제2차 세계대전 후에 비로소 나타난 것에 지나지 않는다.

일본은 제2차 세계대전 이후인 1949년 고등학교에 '세계사'라는 과목이 생겨났으나 전쟁 전의 서양사와 동양사를 합치고, 이슬람 세계의 역사를 약간 집어넣은 것에 지나지 않아서 세계사로 성립하지 못한다는 지적을 받았다. 영국의 아널드 J. 토인비가 시도한 것처럼 특정 역사가가 일정한 관점에서 세계사 전체를 해명하는 것이 바람직하다. 다만 현실적으로는 역사학이 무척 세분화되어 있기에 곤란하다. 역사가들의 협동 작업에 기대를 걸어볼 만하다.

단계발전설과 다계발전설

마르크스주의는 역사를 생산관계를 기준으로 해서 원시공산제, 고대 노예제, 봉건제, 자본주의, 사회주의라는 발전단계를 거치는 것으로 보았다. 이렇게 사회의 발전 방향이 한 가지밖에 없다고 보는 입장을 '단계발전설'이라고 한다. 다만 마르크스는 이것은 서양에만 해당하는 도식이라고 미리 이야기했다. 동서냉전 시대에 등장한 미국의 월트 휘트먼 로스토는 마르크스주의를 비판하고 경제성장을 기준으로 전통적 사회, 과도기 사회, 이륙(테이크 오프), 성숙단계, 고도 대중 소비사회로 나누고 그중에서 근대 사회로의 '이륙'을 중시한 '발전단계론'을 제창했으나 이것도 단계발전설이다.

단계발전설을 비판하고 사회발전에는 여러 가지 방향이 있다고 주장하는 것이 '다계발전설'이다. 하지만 다계발전설은 대부분 정리된 세계 사상을 그리지 못했으며 미래에 대한 전망도 제시하지 못한다는 비판을 받는다.

역사학과 역사 서술

역사학은 자연과학이 아니라 경험적 과학으로 연구해야 한다. 역사학은 그 성과가 '역사 서술(역사책)'이라는 형태로 발표되므로 객관성과 함께 역사가의 독자적인 주관성을 빼놓을 수 없다. 하지만 이 주관성은 개인의 아집이 아니라 객관적인 근거를 가지고 다른 사람이 공감할 수 있어야 한다. 객관적 근거가 없으면 그 역사 서술은 뛰어난 역사 서술이라고 할 수 없으며 후세까지 전해지지 않는다.

사료 연구의 중요성을 강조한 랑케는 스스로 모습을 드러내는 사실에서 주관성을 배제한 것이 역사라고 생각했다. 하지만 이탈리아의 베네데토 크로체는 역사 서술에 정확함을 기하는 것만으로는 역사라고 할 수 없다고 랑케를 비판하며 '역사는 자유의 실현'이라는 역사관을 부활시켰다.

인
문
과
학

사
회
과
학

자
연
과
학

문
화
예
술

아널드 J. 토인비

토인비는 영국에서 태어나 옥스퍼드 대학에서 고전 고대사를 배웠다. 20세기 최고의 역사가 중 한 명이다. 외교관으로 파리평화회의에도 참여했다. 그 후 런던 대학에서 교수로 근무한 후 국제문제를 연구했다. '산업혁명'이라는 개념을 처음으로 확립한 경제학자 아널드 토인비의 조카에 해당한다. 토인비는 실증주의적 방법으로 한 명의 역사가가 일정한 시점에서 세계사 전체를 해명해야 한다고 역설했다. 모든 인류사를 21개 지역의 문명권으로 나눠서 세계사를 포괄적으로 파악하려고 한《역사의 연구(전 12권)》(1934~1961)는 토인비 필생의 저작으로 알려졌다.

아날학파

프랑스의《사회경제사 연보》를 거점으로 삼은 역사가들 중심의 학파로 '사회사'를 연구했다. 그 발단은 프랑스에 지배적이었던 정치 중심의 개별적 역사 서술을 비판하고 역사학에 다른 사회과학과 마찬가지로 분석과 종합이 필요하다고 생각한 앙리 베르가 1900년에 창간한《역사종합평론》이었다. 이 잡지의 협력자였던 뤼시앵 페브르는 역사적인 한 지방의 과학, 예술, 종교, 공업, 상업, 계급, 사회집단의 발전 전체에 관심을 가졌으며, 마르크 블로크는 쓰인 기록의 해석보다 유물을 통한 고고학적 방법으로 사회를 재구성하려고 했다. 이 두 사람이 1929년에 창간한《사회경제사 연보》는 경제 · 사회구조와 '멘탈리티(심성)'의 연결을 강조했다.
제2차 세계대전 후에 아날학파는 거점을 파리의 고등연구원 제6부문(현 사회과학 고등연구원)으로 옮기고 프랑스의 레비스트로스, 자크 라캉, 롤랑 바르트 등 인류학자, 정신분석학자, 기호학자 등과 활발히 교류하는 한편 '콩종크튀르conjoncture(경제, 사회, 인구, 정치의 정세)'를 수량적으로 파악하는 방법을 도입했다. 아날학파는 정치적 요인을 너무 무시하고 역사가 없는 과거를 추구하며 공업화 사회를 거의 다루지 않는다는 비판을 받고 있으나, 인간이 영위하는 모든 것에 관심을 가지는 점은 1960년대 이후 동유럽을 포함해서 유럽, 미국 등 세계 역사가에게 많은 영향을 주고 있다.

종교학 Religious Studies

종교학의 성립

대항해 시대를 거치면서 다른 종교와의 만남을 계기로 학문으로서의 종교학이 시작됐다.

종교학의 원류는 고대 그리스에서 시작됐으나 근대 학문 중 하나로 성립된 것은 1873년에 "단 하나의 종교밖에 모르는 사람은 종교를 모르는 사람이다"라는 명언을 남긴 막스 뮐러Max Müller(독일 1823~1900)의 《종교학 입문Introduction to the Science of Religion》에서부터였다. 그는 1879년부터 《동방성전 총서The Sacred Books of the East》(전 50권)의 간행을 통해 불교, 도교, 자이나교 등 아시아 모든 종교 성전을 영어로 번역해서 세상에 선보이는 등 종교학의 기초 자료를 정비했다.

종교학은 처음부터 '비교'가 중요했다. 기독교가 확고한 신조이자 인간사회의 규범이었던 중세 또는 근대 이전의 유럽에서는 어떤 고유의 종교를 상대화하는 학문은 성립하지 않았다. 가령 르네상스 시대의 가톨릭 신앙 비판으로 유명한 마르틴 루터Martin Luther(독일 1483~1546)의 주장은 어디까지나 일방적인 기독교 신학이었다. 그러나 에라스뮈스Desiderius Erasmus(네덜란드 1466~1536)의 《우신예찬Moriae Encomium》(1511)은 신적인 존재로부터 자유로워지려는 유럽 종교학의 미래에 대한 전조였다.

종교학 성립의 가장 큰 계기는 15~16세기의 대항해 시대였다. 유럽인들은 전 세계를 돌아다니며 기독교 이외의 토착 종교와 만나고 '이교(기독교가 아닌 다른 종교를 배제할 때 붙이는 이름)' 연구에 눈을 뜨게 됐다.

그리고 18세기 이후 종교학과 경계를 접하고 있던 신화학, 인류학, 언어학 등의 성과와 함께 종교학의 대상이 고대 종교에도 미치게 되면서 수평적인 동시에 수직적인 종교학 발전이 이루어졌다. 특히 제임스 프레이저James George Frazer(영국 1854~1941)의 《황금가지The Golden Bough》(1890)는 고대부터 근대에 이르는 종교현상이 '죽음과 재생으로 자아낸 영원한 삶'이라는 공통된 구조를 이루고 있다는 것을 광범위한 자료로 밝혔다.

인도학이 전문이었던 뮐러는 종교학이라는 말을 최초로 사용한 책을 썼으며 세계의 종교를 비교 연구함으로써 '종교학의 시조'라 불리게 됐다.

종교학의 흐름

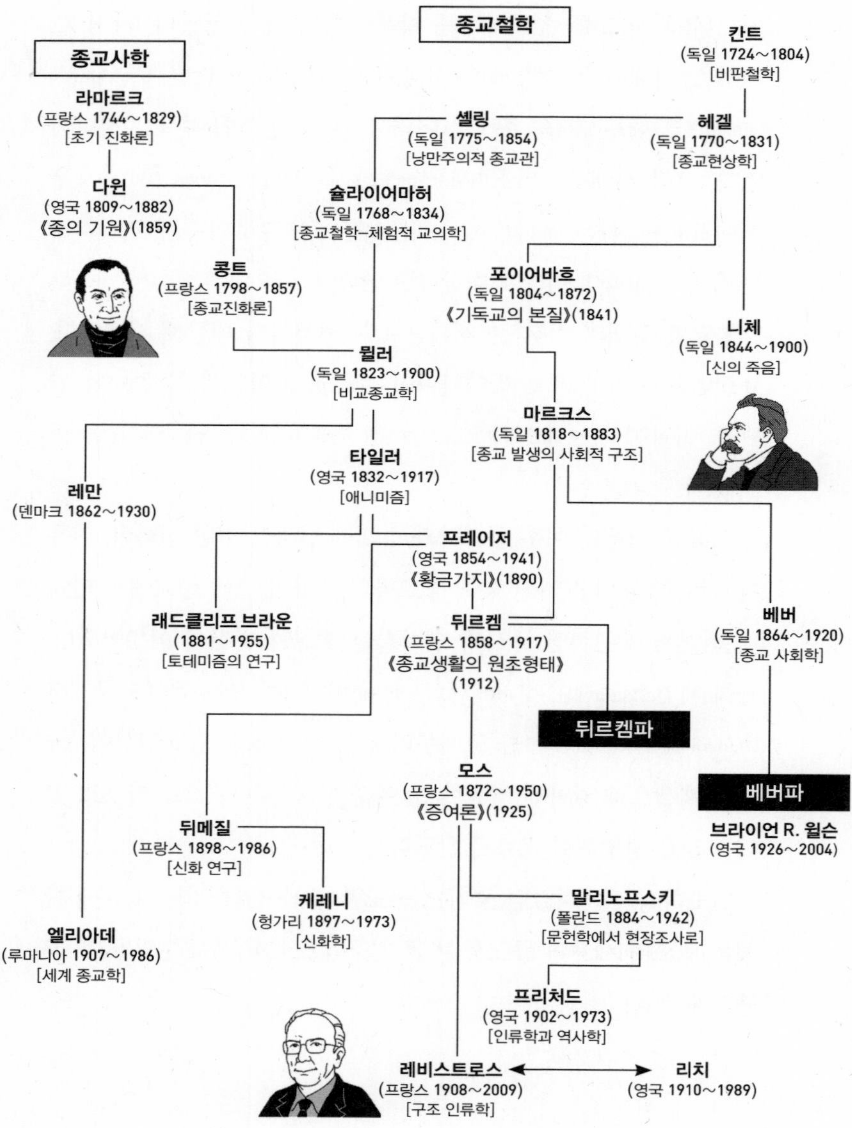

종교철학
종교사학
칸트
(독일 1724~1804)
[비판철학]
라마르크
(프랑스 1744~1829)
[초기 진화론]
셸링
(독일 1775~1854)
[낭만주의적 종교관]
헤겔
(독일 1770~1831)
[종교현상학]
다윈
(영국 1809~1882)
《종의 기원》(1859)
슐라이어마허
(독일 1768~1834)
[종교철학-체험적 교의학]
콩트
(프랑스 1798~1857)
[종교진화론]
포이어바흐
(독일 1804~1872)
《기독교의 본질》(1841)
니체
(독일 1844~1900)
[신의 죽음]
뮐러
(독일 1823~1900)
[비교종교학]
마르크스
(독일 1818~1883)
[종교 발생의 사회적 구조]
타일러
(영국 1832~1917)
[애니미즘]
레만
(덴마크 1862~1930)
프레이저
(영국 1854~1941)
《황금가지》(1890)
래드클리프 브라운
(1881~1955)
[토테미즘의 연구]
뒤르켐
(프랑스 1858~1917)
《종교생활의 원초형태》
(1912)
베버
(독일 1864~1920)
[종교 사회학]
뒤르켐파
모스
(프랑스 1872~1950)
《증여론》(1925)
베버파
브라이언 R. 윌슨
(영국 1926~2004)
뒤메질
(프랑스 1898~1986)
[신화 연구]
케레니
(헝가리 1897~1973)
[신화학]
말리노프스키
(폴란드 1884~1942)
[문헌학에서 현장조사로]
엘리아데
(루마니아 1907~1986)
[세계 종교학]
프리처드
(영국 1902~1973)
[인류학과 역사학]
레비스트로스
(프랑스 1908~2009)
[구조 인류학]
리치
(영국 1910~1989)

종교학의 전개

문헌학에서 문화인류학을 통한 현장조사의 시대로 나아갔다.

종교학 안에는 신학, 종교철학, 종교사학, 종교현상학, 종교민속학(인류학), 종교사회학, 신화학 등 다양한 학문체계가 포함된다. 그러나 어떤 고유 종교의 교의와 의미에 한해서 고찰하는 '신학'과 '종교철학'은 포함될 수 없다는 의견도 있다.

종교현상학과 종교사회학의 시조로는 정신현상학의 헤겔과 후설, 종교 발생의 사회적 구조를 고찰한 마르크스 등을 꼽을 수 있으며, 종교사학에서는 진화론의 다윈Charles Darwin(영국 1809~1882)이나 기독교 문화를 근저에서 비판한 니체, 《기독교의 본질The Essence of Christianity》(1841)을 쓴 포이어바흐Ludwig Feuerbach(독일 1804~1872) 등 철학자의 이름도 등장한다.

또한 마르크스의 사회학 계보에서 이어지는 흐름으로 뒤르켐Émile Durkheim(프랑스 1858~1917)의 《종교 생활의 원초적 형태The Elementary Forms of the Religious Life》(1912)가 대표적이다. 한편 막스 베버가 종교현상의 사회학적 연구 분야를 개척하고 난 후 종교사회학의 두 가지 흐름이 만들어졌다. 뒤르켐의 조카인 마르셀 모스Marcel Mauss(프랑스 1872~1950)가 창안한 뒤르켐학파는 에반스 프리처드E. E. Evans-Pritchard(영국 1902~1973)를 배출했다. 베버학파에서는 브라이언 R. 윌슨Bryan R. Wilson(영국 1926~2004) 등이 학파를 계승했다.

인류학 범주에서는 그때까지의 종교학이 거의 문헌학이었던 것에 비해 현장조사를 중시하는 종교학이 파생됐다. 기능주의적 인류학의 시조인 브로니스와프 말리노프스키Bronisław Malinowski(폴란드 1884~1942)는 남태평양 섬들의 촌락을 조사해서 섬 주민의 종교생활을 해명하고, 문헌 수집으로만 종교를 고찰했다고 비판받는 제임스 프레이저의 분석방법에 새로운 흐름을 불러일으켰다. 그밖에도 남미의 미발전지역을 조사한 구조주의의 레비스트로스 등이 펼친 인류학적 종교 고찰은 종교학에 대한 중요한 접근방식으로 활용됐다.

종교학의 근현대

미르체아 엘리아데의 종교현상학과 클로드 레비스트로스의 구조주의적 접근방식이 등장했으며 종교학의 현대적 과제가 부각됐다.

20세기에서 가장 중요한 종교학자로는 미르체아 엘리아데Mircea Eliade(루마니아 1907~1986)를 들 수 있다. 그는 인도에서 불교와 힌두교를 연구했으나 점차 전 세계의 종교를 시야에 두고 종교현상에 대한 다양한 관점을 추려냈다. 가령 종교현상 중 '신성'에 관해서는 뒤르켐과 루돌프 오토Rudolf Otto(독일 1869~1937)의 《성스러움의 의미The Idea of the Holy》(1917)를 계승하면서 신성과 세속에 관해서 고찰하고, 일상적인 공간이 제의 속에서 어떤 신성을 띠는 모습을 '히에로파니hierophany(신성의 현현)'라고 이름 붙였다. 그리고 많은 사회에서 세계는 부정하다는 관념을 가지고 신화 이전의 성스러운 세계로 회귀하려는 '영혼회귀'의 종교사상이 보인다고 지적했다.

인도-유럽어족의 종교를 연구한 뒤메질Georges Dumézil(프랑스

종교학의 필드

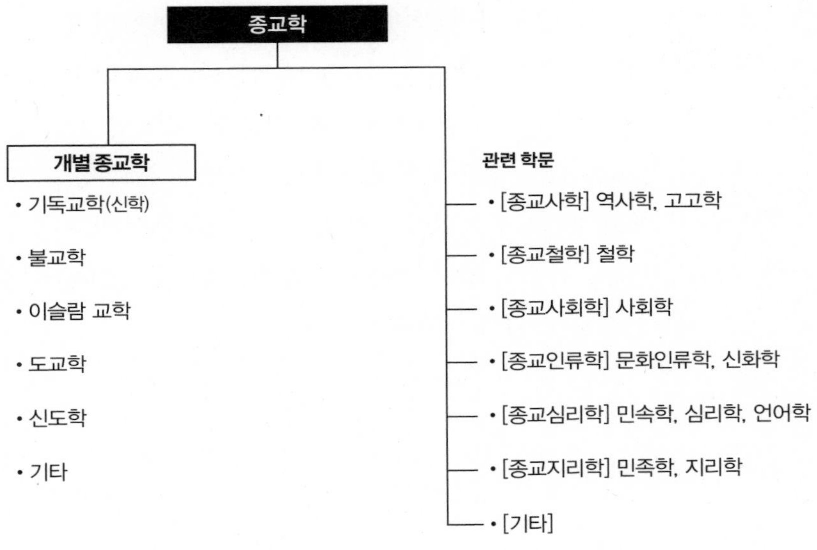

1898~1986)과 신성을 핵심으로 삼아 종교를 분석한 카를 케레니 Károly Kerényi(헝가리 1897~1973) 등과 함께 가장 중요한 연구자 중 한 명이 레비스트로스였다. 그는 뒤메질 등의 영향을 받아서 유럽의 새로운 철학인 구조주의를 전개하는 동시에 남미의 현장조사를 통해서 구조주의적 인류학의 길을 개척했다. 그 방법은 자연과 문화, 카스트와 토테미즘 같은 이항 대립의 도식을 명확히 하는 것이었다.

그의 공적은 종교학의 범주를 넘어서 언어학, 문화인류학, 철학 등을 통합하고, 현대 사상의 한 영역을 개척한 것이다. 하지만 레비스트로스의 이원론적 분석에 대한 비판이 인류학자인 에드먼드 리치Edmund Leach(영국 1910~1989년) 등에 의해서 이루어졌다.

현대의 종교학은 '종교'와 '컬트'의 차이도 포함해서 현실 사회와 종교의 접점에서 제기되는 인식론적 질문을 과제로 삼고 있다. 종교학이 연구대상으로 하는 종교는 종래의 '지금까지 있었던 것'의 제도와 역사에 머물지 않고 근현대 지도자의 정책과 사회환경, 학술적 인식에도 영향을 주고 있다. 또한 종교는 교단의 전승 과정을 통해서 형성된 '현재형'으로 인식해야 하며 현대사회를 포함한 모든 문제에 연관된 영역으로 이해해야 한다.

앞으로 종교학을 공부하고 싶은 사람이 알아야 할 기초 지식

그리스도 실재론

사회주의자 고토쿠 슈스이의 《기독말살론》(1911)은 예수 그리스도 및 초기 기독교를 고찰하면서 그리스도의 비현재성을 역설했다. 제임스 프레이저의 《황금가지》는 어느 젊은이를 거짓된 왕으로 옹립한 후 1년간 마음껏 살게 한 뒤 그해가 끝나는 날 죽이는 지중해 지방의 풍속을 소개하면서, '유대의 왕'이라 자칭하고 골고다 언덕에서 죽임을 당한 그리스도에게는 이런 국왕 살해의 의례가 반영되고 있다고 지적했다.

히에로파니

미르체아 엘리아데가 제시한 관념이다. 일본 민속학에서는 비일상(축제)과 일상(일상생활)을 개별적으로 나눠 생각하는 신성과 세속이라는 개념이 있으나 현재는 거기에 '죄'라는 관념이 추가되어 삼중구조로 인식되고 있다. 엘리아데는 '신성과 세속'이라는 이분법이 본질에서는 일원적인 것이라 생각했다. 즉 제의와 종교의식이라는 시공간 속에서 일상적인 어떤 존재가 신성을 띄게 되며 제의가 끝나면 다시 일상적인 존재로 돌아간다는 것이다.

속죄양론 scapegoat

양에게 죄를 짊어지게 한 후 황야에 풀어놓는 유대교 성서에 쓰인 전승이나, 제의가 끝난 후 인형을 바다에 흘려보내는 일본의 풍습과 같은 구조를 말한다. 미르체아 엘리아데가 말한 것처럼 인간사회는 내버려두면 점점 더러워진다(엔트로피의 확대). 그래서 어떤 의례를 통해서 일거에 정화해야 한다. 노아의 방주 신화(대홍수) 등도 이런 더러워진 세계의 정화를 의미한다. 하지만 현대 사회에서는 '배제'의 논리로도 활용된다.

주술, 종교

《황금가지》에서는 주술에서 종교가 탄생했다고 고찰하고 있다. 현재 주술과 종교는 개별적인 것이라 생각되며 이런 이론은 비판을 받고 있다. 가령 어느 개인의 머리카락과 손톱을 태워서 그를 죽일 수 있다고 생각하는 것이 주술이라고 하면(비합리), 종교는 '농경→풍요'와 같이 어떤 종류의 합리적 구도를 신과 같은 존재로 상정하고 이를 강화 · 증폭하는 것을 목적으로 삼고 있기 때문이다.

샤머니즘①

미르체아 엘리아데에게는 《샤머니즘》(1951)이라는 명저가 있다. 동북아시아의 샤머니즘에서는 유목민의 족장, 즉 남자가 샤먼(종교인이나 주술가)이며 그들은 단순히 종교적 활동만이 아니라 의료와 야금기술 등 다양한 기술을 지도한다. 이런 존재로서 그리스 신화에서 인간에게 불을 주고 벌을 받는 신 '프로메테우스'가 상정된다. 고대 그리스의 비극작가 아이스킬로스에 따르면 그는 야금, 의료 등의 기술을 가진 만능 신이다. 샤먼의 종교의례는 천에 휩싸여 격렬하게 위아래로 흔들리며 황홀경에 빠지면 예언 등을 하는 식으로 이루어진다.

《신학대전》

유럽 중세 최고의 스콜라 철학자 토마스 아퀴나스의 주요 저서이다. 아퀴나스는 철학의 인식론, 존재론에 대해서 아리스토텔레스와 같은 논리를 전개했다. 신, 영혼, 도덕, 법과 국가까지 깊이 언급하면서 신학지식을 논증을 통해 체계화했다. 중세부터 오늘날에 이르기까지 기독교 세계에서 가장 가치 있는 신학의 기초 서적으로 여겨진다. 이 책은 3부로 구성되어 있으며 제1부는 신에 관하여, 제2부는 인간의 행위에 관하여, 제3부(미완)는 그리스도에 관하여 논하고 있다.

샤머니즘②

북방아시아 유목민의 샤먼은 남자이나 한반도, 오키나와, 오소레잔의 무당 등은 여성이 샤먼이 된다. 격렬한 신체운동으로(마약과 알코올도 병용된다) 공수나 신내림으로 불리는 특수한 정신 상태가 되어 사자의 말과 신의 말을 대변한다. 고대 그리스에서도 엘레우시스 등 성지의 무녀가 비슷한 상태가 됐다고 전해진다.

일신교와 다신교

유대교, 기독교, 이슬람교 등은 일신교라고 하며 범신론적 세계와 구분된다. 유일신은 '아버지가 되는 신'이며 유목이동민족이나 남성중심인 세계의 신이다. 그러나 미국의 언어학자 고든은 기독교도 원래는 다신교였다고 주장했다. 그 흔적이 유대교의 구약성서에서 '주님'과 '하나님'을 구분해서 사용하는 점에서 보인다. 신을 철저하게 추상화했을 때 일신교가 나타난다고 볼 수 있다. 애니미즘과 다신교는 '미개한 사회의 종교'이며 기독교는 '진화한 종교'라는 생각, 더욱 간략히 이야기해서 '애니미즘→다신교→일신교'라는 흐름으로 사고하는 것은 근대 사회 서양인의 모습을 투영하여 자기 입맛에 맞춘 결론이라 할 수 있다.

《우신예찬》

르네상스 시기의 인문학자 에라스뮈스의 저서이다. 인간사회를 광기와 어리석음의 무대로 보고, 경쾌하고 묘하게 풍자했다. 특히 교황, 교회, 권력자, 왕후, 귀족 등 교회 관계자를 통렬하게 조롱했다. 에라스뮈스는 그들의 행동이 우신의 지시에 의한 것으로 생각해서 우신을 예찬하는 어리석은 인간의 저열한 행동을 비판하고, 반대로 우신에게 조종당하지 않는 인간을 예찬함으로써 종교의 진정한 모습을 전하려 했다. 즉 종교는 물질적 · 육체적인 것을 거부하고 순수하게 정신적으로 살아가는 영혼의 문제라고 역설했다. 이런 가톨릭 교회 비판과 인간 구제의 사상은 현대 유럽인이 가진 비판정신의 기초가 되었다.

죽음과 부활

그리스 신화에서 풍요의 여신 데메테르의 딸 페르세포네는 명부(지하)의 신에게 납치되어 1년의 반을 명부에서 지내게 된다. 페르세포네는 대지에 뿌려져서 봄이 되면 싹이 트는 식물의 상징이다. 이것은 한 번 죽은 후 다시 태어난다는 '죽음과 재생'이라는 모티브가 신화가 된 것이다.

《종교 생활의 원초적 형태》

프랑스 사회학자 뒤르켐의 저서. 이 책에서는 주로 오스트리아 토착민족의 토테미즘(주술종교 현상으로 인간에게 두려움을 주는 힘을 가지고 있다고 생각되는 마나를 신앙하고, 토템 동물을 신성화한다)에 관한 자료를 바탕으로 종교와 집단생활의 관계를 분석했다. 의례와 교회, 상징으로 이루어진 단순한 종교생활에 머물지 않고 언어, 도덕, 예술이라는 인간의 문화 전체가 종교와 관련 있다는 것을 인식하고 그것들을 사회집단의 집합적 표상이라고 해석한 독자적인 학설을 전개했다.

영성spirituality

종교적이지만 종교단체와 전통에 구속되지 않는 개인적 · 비제도적인 종교의식을 말하며 '정신성'이라고도 번역된다. 세계보건기구(WHO)의 건강에 대한 정의에 영성이 들어가는 논의가 이루어지면서 주목을 받고 있다. 동일본 대지진을 계기로 영성 케어를 위한 인재 육성도 시작되는 등 종교학의 새로운 혁신이라고도 할 수 있는 개념이다.

언어학 Linguistics

언어학의 기원

유럽의 어학 연구는 철학과 함께 시작되었으며, 보편적인 문법 확립을 목표로 발전했다.

유사 이래 어느 민족이나 언어에 관하여 깊은 관심이 있었던 것은 틀림없으나 관심을 가지는 방식은 시대와 사회적 조건에 따라 매우 달라졌다.

종교가 중요한 사회적 역할을 하던 고대와 중세에는 사람들의 언어에 대한 흥미도 종교문서를 정확하게 해석하기 위한 것이었다. 힌두교의 산스크리트 문법, 중세 기독교의 라틴어 연구, 유대인의 히브리어 연구 등이 그러했으며 아랍인은 코란을 바르게 읽기 위해 문법센터를 설립하기도 했다.

이런 실용적인 목적에서 벗어나 언어 자체에 최초로 관심을 보인 이들이 그리스인들이었다. 비교적 종교의 영향력이 약했던 고대 그리스에서는 철학적인 견해의 기초를 구축하기 위해 언어에 대한 연구가 시작됐다. 언어의 기원, 의미와 음성의 관계, 문법 형식 등 현재의 언어학으로 이어지는 다양한 문제가 제기됐다.

고대 그리스인 중에서 언어학 사상 최고의 인물은 아리스토텔레스였다. 고전 유럽 문법의 창시자로도 불리는 아리스토텔레스는 처음으로 언어의 품사를 분류한 것으로 알려졌다. 고대 그리스인의 언어연구는 그 후 그리스어의 기본 문법을 연구하기 위해 만들어진 알렉산드리아학파가 이어받아 유럽 언어연구의 규범이 되었다. 이후로 유럽에서 언어연구는 규범 문법의 연구를 중심으로 발전했다.

로마의 문법가 바로Marcus Terrentius Varro(BC 116~27)는 알렉산드리아학파의 언어연구에 충실히 따르며 《라틴어론On the Latin language》을 저술했다. 바로의 라틴 문법은 당시 가장 높은 평가를 받으며 오랜 시간에 걸쳐서 중세 언어 연구자들에게 모범이 됐다. 그다음 중세 문법에 영향을 끼친 이들이 스콜라학파였다. 그중에서도 라이문두스 룰루스Ramon Llull(스페인 1232~1315)는 라틴어를 기반으로 보편적이고 철학적인 언어의 형태를 생각해냈다. 논리주의적인 룰루스의 생각은 현대의 일반언어학에 가까운 것이기도 했다.

문법연구의 정점을 이룬 것이 프랑스의 앙투안 아르노Antione Arnauld(1612~1694)와 클로드 랑슬로Claude Lancelot(1616~1695)가 저술한 《일반이성문법Port-Royal Grammar》(1660)이었다. 프랑스 문법 연구의 중심지 포르루아얄에서 탄생한 이 문법은 소위 유럽의 보편문

언어학의 흐름 ①

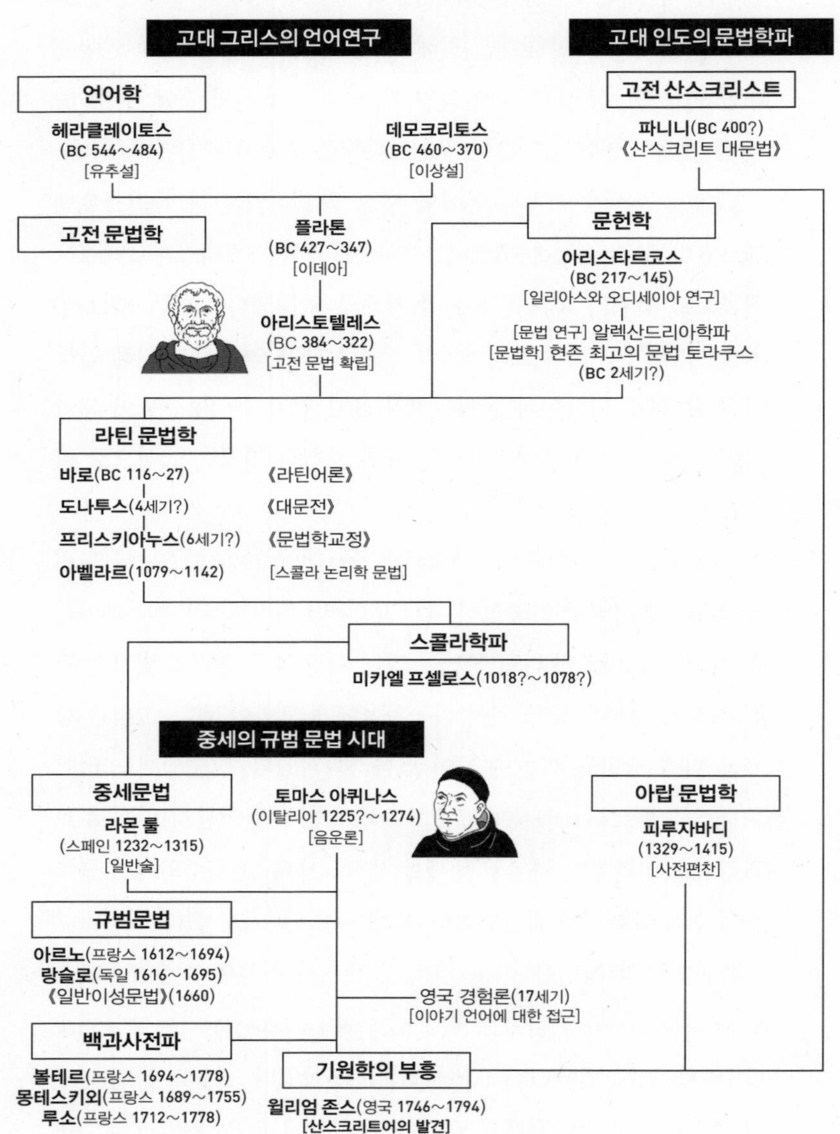

고대 그리스의 언어연구
고대 인도의 문법학파
언어학
헤라클레이토스
(BC 544~484)
[유추설]
데모크리토스
(BC 460~370)
[이상설]
고전 산스크리스트
파니니(BC 400?)
《산스크리트 대문법》
고전 문법학
플라톤
(BC 427~347)
[이데아]
문헌학
아리스타르코스
(BC 217~145)
[일리아스와 오디세이아 연구]
[문법 연구] 알렉산드리아학파
[문법학] 현존 최고의 문법 토라쿠스
(BC 2세기?)
아리스토텔레스
(BC 384~322)
[고전 문법 확립]
라틴 문법학
바로(BC 116~27)
《라틴어론》
도나투스(4세기?)
《대문전》
프리스키아누스(6세기?)
《문법학교정》
아벨라르(1079~1142)
[스콜라 논리학 문법]
스콜라학파
미카엘 프셀로스(1018?~1078?)
중세의 규범 문법 시대
중세문법
라몬 룰
(스페인 1232~1315)
[일반술]
토마스 아퀴나스
(이탈리아 1225?~1274)
[음운론]
아랍 문법학
피루자바디
(1329~1415)
[사전편찬]
규범문법
아르노(프랑스 1612~1694)
랑슬로(독일 1616~1695)
《일반이성문법》(1660)
영국 경험론(17세기)
[이야기 언어에 대한 접근]
백과사전파
볼테르(프랑스 1694~1778)
몽테스키외(프랑스 1689~1755)
루소(프랑스 1712~1778)
기원학의 부흥
윌리엄 존스(영국 1746~1794)
[산스크리트어의 발견]

법으로 불렸다.

하지만 18세기에 들어서면서 그리스, 라틴어 이외의 문헌연구가 이루어진다. 19세기가 되자 그때까지의 언어학을 크게 바꾼 '산스크리트어의 발견'이 이루어지고, 비교언어학이 융성하면서 '형태론'의 분석에 머물지 않고 '통사론(통어론)'도 다루어지고, 언어 사이의 차이를 뛰어넘는 인간의 일반적인 사고 수준까지 다루게 된다. 이성의 관점에서 해명하려 했던 점 등이 노엄 촘스키Noam Chomsky(미국 1928~)가 제창한 '생성문법'과 비교적 공통되는 면이 보이기에 이는 최근 다시 주목을 받고 있다.

근대 언어학의 성립

언어학의 새로운 시대는 산스크리트어의 발견으로 성립된 비교언어학으로 말미암아 시작됐다.

1816년 독일의 프란츠 봅Franz Bopp(1791~1867)은 산스크리트어와 다른 인도-유럽어를 비교한 서적을 출판했다. 봅의 서적은 그때까지 언어연구의 전통을 극복한 근대 언어학의 시작이기도 했다.

산스크리트어는 이미 18세기 말에 윌리엄 존스William Jones(영국 1746~1794)의 연구로 알려졌으나, 여러 인도-유럽어와 독립시켜 비교가 가능한 학문 연구대상이 되도록 처음 제시한 사람은 봅이었다. 19세기의 언어학은 언어의 보편적·논리적 구조를 구하던 18세기의 학문 전통을 부정하고 구체적인 언어 자료를 바탕으로 더욱 실증적인 연구를 하게 됐다.

언어학의 흐름 ②

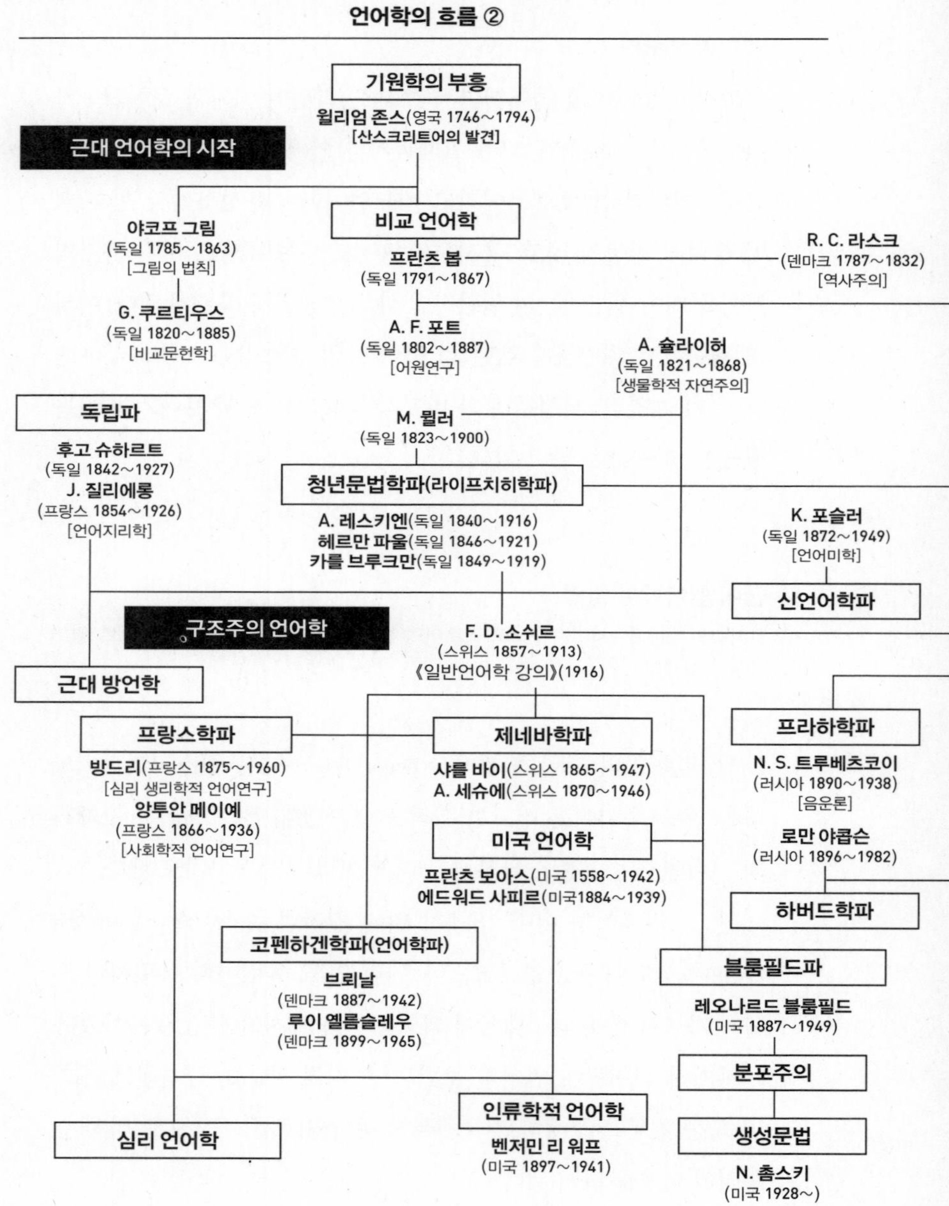

기원학의 부흥
윌리엄 존스(영국 1746~1794)
[산스크리트어의 발견]
근대 언어학의 시작
비교 언어학
야코프 그림
(독일 1785~1863)
[그림의 법칙]
G. 쿠르티우스
(독일 1820~1885)
[비교문헌학]
프란츠 봅
(독일 1791~1867)
R. C. 라스크
(덴마크 1787~1832)
[역사주의]
A. F. 포트
(독일 1802~1887)
[어원연구]
A. 슐라이허
(독일 1821~1868)
[생물학적 자연주의]
독립파
후고 슈하르트
(독일 1842~1927)
J. 질리에롱
(프랑스 1854~1926)
[언어지리학]
M. 뮐러
(독일 1823~1900)
청년문법학파(라이프치히학파)
A. 레스키엔(독일 1840~1916)
헤르만 파울(독일 1846~1921)
카를 브루크만(독일 1849~1919)
K. 포슬러
(독일 1872~1949)
[언어미학]
신언어학파
구조주의 언어학
F. D. 소쉬르
(스위스 1857~1913)
《일반언어학 강의》(1916)
근대 방언학
프랑스학파
방드리(프랑스 1875~1960)
[심리 생리학적 언어연구]
앙투안 메이예
(프랑스 1866~1936)
[사회학적 언어연구]
제네바학파
샤를 바이(스위스 1865~1947)
A. 세슈에(스위스 1870~1946)
프라하학파
N. S. 트루베츠코이
(러시아 1890~1938)
[음운론]
로만 야콥슨
(러시아 1896~1982)
미국 언어학
프란츠 보아스(미국 1558~1942)
에드워드 사피르(미국1884~1939)
하버드학파
코펜하겐학파(언어학파)
브뢰날
(덴마크 1887~1942)
루이 옐름슬레우
(덴마크 1899~1965)
블룸필드파
레오나르드 블룸필드
(미국 1887~1949)
분포주의
생성문법
N. 촘스키
(미국 1928~)
인류학적 언어학
벤저민 리 워프
(미국 1897~1941)
심리 언어학

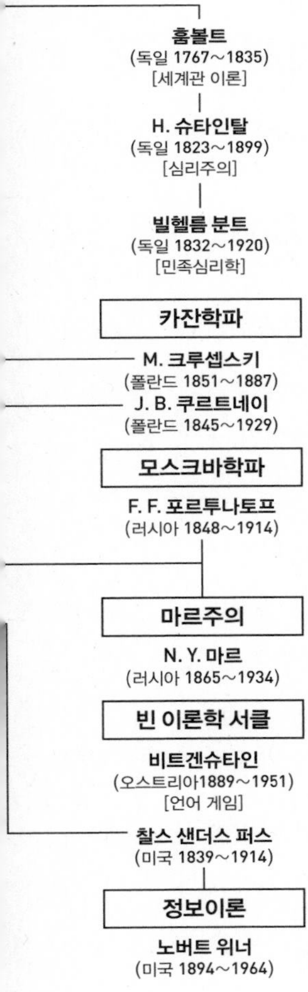

훔볼트
(독일 1767~1835)
[세계관 이론]

H. 슈타인탈
(독일 1823~1899)
[심리주의]

빌헬름 분트
(독일 1832~1920)
[민족심리학]

카잔학파

M. 크루셉스키
(폴란드 1851~1887)

J. B. 쿠르트네이
(폴란드 1845~1929)

모스크바학파

F. F. 포르투나토프
(러시아 1848~1914)

마르주의

N. Y. 마르
(러시아 1865~1934)

빈 이론학 서클

비트겐슈타인
(오스트리아1889~1951)
[언어 게임]

찰스 샌더스 퍼스
(미국 1839~1914)

정보이론

노버트 위너
(미국 1894~1964)

실제로 19세기 초에는 뛰어난 비교언어학자가 많이 나타났다. '계통수설'을 주창한 아우구스트 슐라이허August Schleicher(독일 1821~1868)도 그중 한 명이었다. 또한 언어의 발전도 생물학적 진화법칙으로 규정된다는 '그림의 법칙'을 주장한 야코프 그림Jacob Grimm(독일 1785~1863)은 게르만의 여러 언어를 비교해서 게르만어학을 만들었다.

19세기 실증주의적 비교연구는 위대한 언어 이론가도 탄생시켰다. 바로 최고의 언어 이론가라고 불리는 빌헬름 폰 훔볼트Wilhelm von Humboldt(독일 1767~1835)였다. 훔볼트는 다양한 개별 언어의 자료를 바탕으로 언어 현상을 해명함으로써 '일반언어학의 시조'라고도 불린다. 훔볼트는 고전적이고 스콜라적인 일정한 형태에 맞춰서 만들어진 보편문법이 아니라, 각각의 언어에서 귀납적으로 문법법칙을 구하려고 했다. 또한 언어를 그 민족의 세계에 대한 특정 관점을 반영한 것으로 보는 '세계관 이론'을 제창했다.

나아가 19세기 후반의 언어학에는 '심리주의'와 '역사주의'라는 새로운 접근방식이 등장했다. 전자를 대표하는 사람이 하이만 슈타인탈Heymann Steinthal(독일 1823~1899)이었다. 슈타인탈은 과학적 교육학의 창시자로도 알려진 헤르바르트Johann Friedrich Herbart(독일 1776~1841)의 이론을 바탕으로 심리학적 관점에서 문법 사실을 기술하려 했다. 이런 언어 현상의 심리학적 해석은 20세기에 들어서 크게 발전한다.

역사주의야말로 과학적 언어에 가장 잘 어울리는 방법론이라고 주장한 이들이 독일의 '청년문법학파(라이프치히학파)'였다. 이 학파를 대표하는 이론가가 헤르만 파울Hermann Paul(독일 1846~1921)이었다. 하지만 역사주의는 20세기에 들어서 커다란 비판에 직면한다.

현대 언어학의 흐름

20세기 언어학은 언어를 체계로 파악해서 학문 전체에 커다란 영향을 미치고 있다.

19세기 언어학의 이론적 입지를 대표하고 있던 것은 실증주의를 기반으로 한 역사주의였으나 20세기에 들어서 구체적인 사실만을 중시하는 사고방식에 대한 커다란 변화가 일어나게 된다. 그런 흐름 속에서 형성된 것이 '체계'에 대한 관심이었다.

언어학뿐 아니라 20세기 과학적 사고를 특징하는 이런 '체계'에 대한 관심은 구체적 사실의 집합 속에서 하나의 질서를 도출하려는 것이기도 했다. 물리학의 양자론과 심리학의 게슈탈트 또한 '체계의 구조'를 연구대상으로 하여 그곳에서 관계성의 법칙을 찾으려는 시도였다.

언어학에서 이런 '구조주의적' 입장을 최초로 명확히 한 사람이 '근대 언어학의 아버지'라고 불리는 언어학자 페르디낭 드 소쉬르 Ferdinand de Saussure(1857~1913)였다. 소쉬르의 강의록을 바탕으로 출

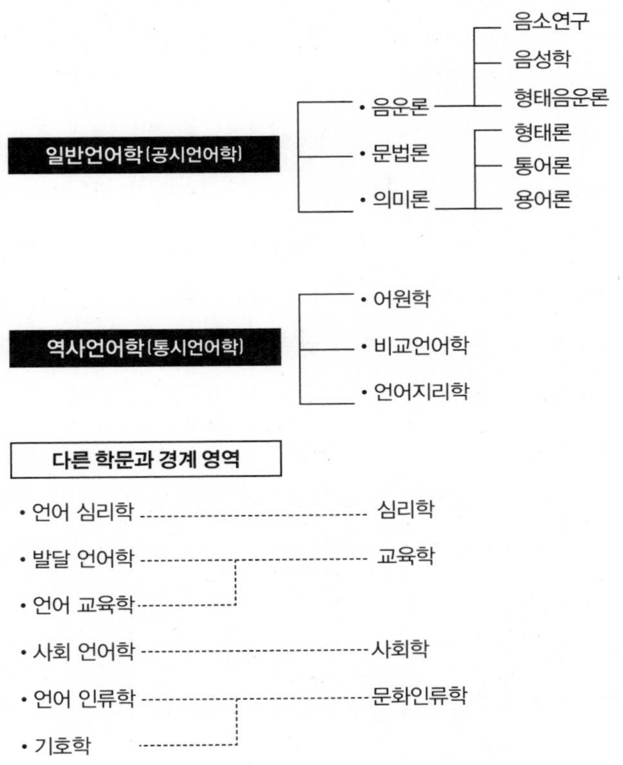

판된 《일반언어학 강의Course in General Linguistics》(1916)는 그 후 언어학뿐만이 아니라 20세기 사상에 커다란 영향을 끼쳤다.

언어를 '특유의 사회적 기능을 가지는 조직체계'로 파악한 소쉬르는 언어학의 연구대상을 '공시'와 '통시'라는 두 가지 국면으로 나눌 것을 주장했다. '공시적' 연구는 한 시점에서 언어 형태를 파악하는 것이며 '통시적' 연구는 언어의 발전을 다루는 것이다. 전자는 소위 언어의 조직 자체에 시선을 돌리고 언어의 본질적 기능을 찾는 학문이며, 후자는 어원학도 포함된 역사적 언어학 범주에 해당한다.

소쉬르가 개척한 '구조주의적' 언어학은 그 후 유럽에서 제네바학파와 프라하(프라그)학파, 코펜하겐학파로 계승되어 발전해갔다. 제네바학파에서는 샤를 바이Charles Bally(스위스 1865~1947)와 알베르 세슈에Albert Sechehaye(스위스 1870~1946), 프라하학파에서는 로만 야콥슨Roman Jakobson(러시아 1896~1982), 코펜하겐학파에서는 루이 옐름슬레우Louis Hjelmslev(덴마크 1899~1965) 등 20세기를 대표하는 수많은 언어학자를 배출했다.

미국 최초의 구조주의학파는 분포주의적 분석방법을 사용했던 레오나르도 블룸필드Leonard Bloomfield(1887~1949)에 의해 창설됐다. 분포주의의 흐름을 이어받은 사람이 생성문법 이론의 제창자 노엄 촘스키이다. 현대 언어학을 이야기할 때 촘스키 등의 언어 이론을 피해갈 수 없으며, 자연언어 연구뿐만이 아니라 컴퓨터언어와 철학, 수학 분석에도 영향을 주었다.

한편 생성문법은 철저하게 연역적 방식과 언어의 자율성을 중시하는 것에 비해 '인지언어학'은 인간의 뇌 속에 자율적으로 언어를 관장하는 모듈이 존재한다는 생성문법의 가설을 비판했다.

앞으로 언어학을 공부하고 싶은 사람이 알아야 할 기초 지식

언어신수설

인류가 신에게서 언어를 받았다고 하는 설이다. 언어기원설 중에서 가장 오래되었다. 지금까지 다양한 기원설이 존재했으나 아직 확정된 설은 없다. 기독교와 힌두교 등 많은 종교 속에서 신이 언어를 전해주는 이야기가 존재한다.

음성학

언어 음성의 특징을 연구하는 학문이다. 음성학에는 언어음을 음파로 파악하고 그 세부적 성질을 연구하는 '음향음성학', 이야기 언어가 귀를 통해서 어떻게 지각되는지를 조사하는 '지각음성학', 그리고 언어가 어떻게 나와서 만들어지는지를 연구하는 '조음음성학'이 있다.

음운론

음성학이 물리적 측면을 다룬다면 음운론은 언어 음성의 기능이 연구 대상이며 추상적이다. 따라서 음운론에서는 이야기 언어의 체계와 형태의 기술이 중심이 된다. 음운론을 확립한 사람은 프라하학파의 트루베츠코이였다. 트루베츠코이는 언어의 소리가 상호 관련이 있으며 하나의 체계를 이룬다고 생각했다. 여기서 음소를 언어기호로 보는 음운론 연구가 시작됐다.

형태론

어형의 변화, 구성을 연구대상으로 하는 언어학의 한 영역이다. 전통적 문법학에는 언어의 배열과 용법을 다루는 통어론, 음운론, 그리고 형태론이라는 세 가지 커다란 분야가 있다. 구조언어학에서 형태론은 형태소(의미를 가진 가장 작은 언어단위)의 배열 · 구조를 다루는 영역을 말한다. 나아가 형태소의 결합을 통한 음성 변화를 연구하는 형태음소론, 그리고 통어 현상을 형태소의 배열과 그 상호관계로 보는 형태소 배열론이 있다.

일반언어학과 역사언어학

언어학은 크게 두 가지 영역으로 나뉘며 그중 하나가 일반언어학으로 공시언어학, 구조언어학, 기술언어학 등으로 불린다. 일반언어학은 각각의 언어 구조를 탐구함으로써 인간 언어의 일반적인 모습을 해명하는 것이 최대 과제이다.
두 번째는 언어의 변화를 연구하는 역사언어학이다. 통시언어학, 사적 언어학이라고도 불리며 문자 그대로 언어의 변화를 음운, 문법, 어휘 의미 등 다양한 측면에서 연구한다. 역사언어학의 최대 과제는 언어의 변화가 어떻게 일어나는지 그 일반 법칙을 해명하는 것이다.

통어론

언어를 구성하기 위한 문법상의 규칙 · 구조 등을 연구하는 언어학의 한 영역으로 구문론, 통사론이라고도 불린다. 미국의 언어학자 촘스키가 1950년대에 '생성문법이론'을 제창한 후 활발해진 통어론은 급속한 진보를 이루었다. 현재도 '생성문법이론'을 통한 통어론이 중심이 되고 있다.

인지언어학

1980년대 이후에 발전해온 새로운 언어연구 분야. 조지 레이코프 등의 인지의미론, 로날드 랭액커의 인지 문법도 포함하는 무척 넓은 분야를 대상으로 하는 학제적인 연구라고 할 수 있다. 인지언어학이란 쉽게 말하면 인지의 주체인 인간이 외부세계를 어떻게 인식하고 있는지를 언어의 형태로 해명하는 것이다. 즉 이성이란 주체의 신체성으로부터 비롯되는 것으로 여겨지며, 서양 근대과학 이후 사고방식의 근본에 있는 객관주의적인 과학관을 재검토하도록 요구하는 학문 분야라 할 수 있다.

의미론

언어 표현에서 의미를 연구하는 분야. 의미론은 스위스 언어학자 소쉬르가 등장할 때까지는 언어가 가진 의미의 역사적 변천 연구가 중심이었다. 하지만 소쉬르를 통해서 언어연구가 통시적인 것과 공시적인 것으로 구분된 후부터는 의미론도 공시적 연구, 즉 역사적인 요인을 배제하고 언어구조 자체가 가진 의미를 연구하는 것이 주류가 됐다.

생성문법

1950년대에 촘스키가 제창한 문법이론. 촘스키는 문법에는 문법적으로 올바른 글을 만들어내는 규칙의 체계가 있다는 생각에 그 보편적인 구조를 추구했다. 문법을 만들어내는 것을 '생성'이라고 하고 그런 문법을 '생성문법'이라고 불렀다.

또한 촘스키는 언어 사용자가 자각하지 않아도 잠재적 지식으로 이미 규칙을 갖추고 있다고 보았다. '생성문법'은 긴 문법 연구의 역사 속에서도 획기적인 것으로 이후 통어론 연구는 진정한 과학적 학문이 됐다고 할 수 있다.

노엄 촘스키

1928년 미국 필라델피아에서 태어났으며 현재 매사추세츠 공과대학 언어학 및 언어 철학 연구소 교수 겸 명예교수이다. '현대 언어학의 아버지'라고도 불리는 촘스키는 "언어란 무엇인가를 생각하는 것은 인간이란 무엇인가를 생각하는 것"이라고 이야기한 바 있다. 1950년대 젊은 나이에 '한 언어는 그 언어에 내재한 규칙에 의해 다양한 문장들을 생성해 낸다'는 '생성문법이론'을 제창해서 언어학에 혁명을 일으켰다. '수학적 언어학'이라고도 불리는 그의 생성문법 이론은 수학과 심리정보학 등에도 영향을 주고 있다.

페르디낭 드 소쉬르

스위스의 언어학자. 사후 그의 강의록을 바탕으로 제자들의 손으로 출판된《일반언어학 강의》의 언어이론은 근대 언어학의 분석방법을 명확히 했기에 현대 구조주의이론의 원형으로도 여겨지고 있다. 역사언어학의 헤르만 파울과 나란히 언어학에 끼친 영향이 크며, 오늘날도 이 흐름을 이어받은 학자는 많다. 또한 철학자로도 높은 평가를 받고 있다.

기호론

넓은 의미로는 인간과 문화의 형태를 기호를 통해서 해명하려는 문화기호론을 말한다. 그 이론의 모델로 생각되는 것이 구조언어학이다. 기호론의 시조로 불리는 소쉬르는 언어학을 기호론의 한 분야로 자리매김하도록 했으며, 기호론의 모든 법칙을 언어학에 적용할 것을 주장했다. 하지만 프랑스의 문화비평가 롤랑 바르트는 기호론이야말로 언어학 속에 자리매김해야 한다고 주장했다. 현대 기호론의 창시자라고 불리는 사람은 논리학자 찰스 샌더스 퍼스이다. 퍼스는 기호를 형상기호, 유사기호, 지표기호로 분류한 후 기호의 다양한 형태를 연구했으며 현재 기호론 분야에서 재평가를 받고 있다.

심리학 Psychology

심리학의 성립

철학과 생리학의 만남을 통해 마음을 객관적으로 파악하는 탐구가 시작됐다.

마음이란 무엇이며 어떻게 움직일까? 인간이라면 누구나 한 번쯤 품는 의문이다. 당연히 이 질문은 인류의 생활이 시작된 태고 시대부터 존재했음이 분명하다. 가령 신화는 이런 인간의 마음이 움직이는 문제를 집대성한 이야기이다. 실제로 심리학Psychology의 어원은 그리스 신화 속 여신 프시케에서 유래했다.

심리학의 기원 또한 고대 그리스 철학자들에서 시작됐다. 이데아론을 주창한 플라톤과 《영혼론On the Soul》(BC 350?)을 저술한 아리스토텔레스는 '영혼'의 존재를 설명함으로써 오늘날의 심리학으로 이어지는 문제를 다루었다.

인간의 마음에 대한 관심은 아우구스티누스 등 고대 기독교 신학을 통해서 신에 대한 신앙이라는 관점을 띠며 더욱 순수해졌다. 이런 흐름은 중세 신학자를 거치고 근세의 과학혁명을 통해서 철학자 프랜시스 베이컨에게 계승되었으며, 철학자이자 수학자인 데카르트가 《정념론Passions of the Soul》(1640)에서 주장한 심신의 분리는 심리학에 크게 이바지했다. 그리고 경험론의 대표적 주자인 존 로크와 데이비드 흄 등의 경험론 철학자에게 계승되어 마침내 존 스튜어트 밀John Stuart Mill(영국 1806~1873)로 대표되는, 마음을 객관적인 존재로 파악하려는 연합심리학이 만들어졌다.

철학적인 심리학에서 과학적인 심리학으로 이끈 사람이 실험심리학 최초의 책인 《감성지각설 공헌Contributions to the Theory of Sense Perception》(1858~1862)을 저술하고 '실험심리학의 아버지'라고도 불리는 빌헬름 분트Wilhelm Wundt(독일 1832~1920)였다. 철학자이며 생리학자이기도 했던 분트는 마음의 세계가 감각과 단순 감정 같은 단위로 구성된 것이라 생각하고 직접 실험과 관찰로 발견하고 법칙을 명확히 하려고 했다.

분트의 실험심리학은 물리적 자극과 감각의 관계를 측정하려는 아이디어와 기존의 학문 영역을 다양하고 폭넓게 연구대상으로 삼으면서 생긴 감각생리학의 성과였다. '정신물리학'이라는 학문을 창시해서 실험심리학에 커다란 영향을 준 물리학자이자 철학자인 구스타프 페히너Gustav Fechner(독일 1801~1887)와 생리학자이며 해부학자인 헤르만 폰 헬름홀츠Hermann von Helmholtz(독일 1821~1894) 등을 교차한 것이 그의 학문적 바탕이 되었다.

심리학의 흐름 ①

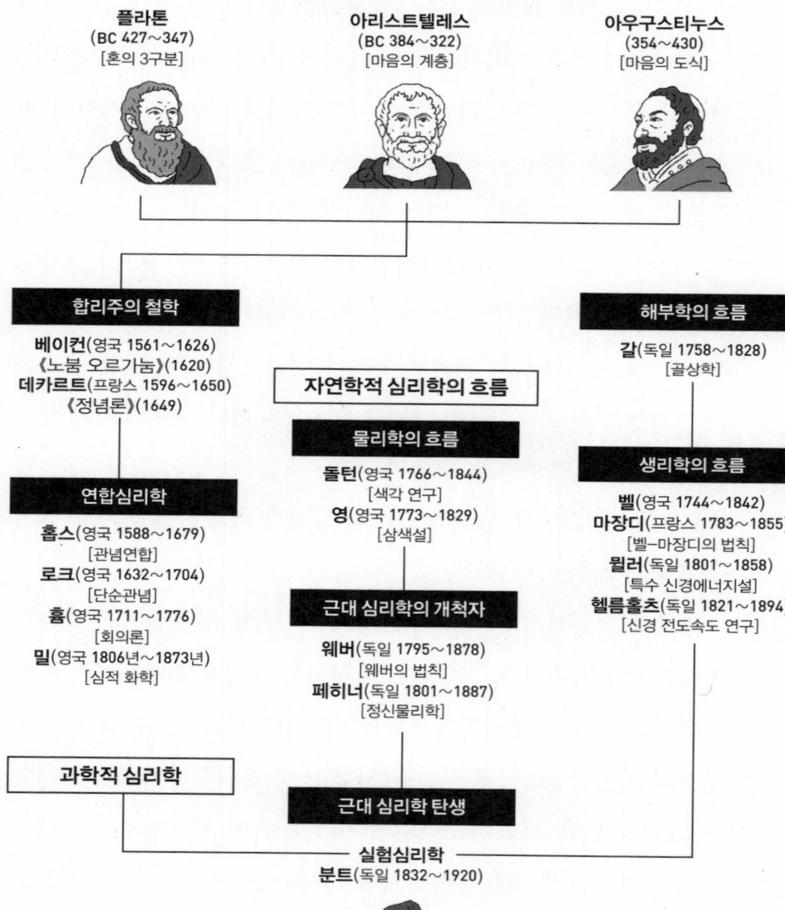

철학적 심리학의 흐름
학문으로서의 기원(그리스·중세 시대)
플라톤
(BC 427~347)
[혼의 3구분]
아리스토텔레스
(BC 384~322)
[마음의 계층]
아우구스티누스
(354~430)
[마음의 도식]
합리주의 철학
베이컨(영국 1561~1626)
《노붐 오르가눔》(1620)
데카르트(프랑스 1596~1650)
《정념론》(1649)
해부학의 흐름
갈(독일 1758~1828)
[골상학]
자연학적 심리학의 흐름
물리학의 흐름
돌턴(영국 1766~1844)
[색각 연구]
영(영국 1773~1829)
[삼색설]
생리학의 흐름
벨(영국 1744~1842)
마장디(프랑스 1783~1855)
[벨–마장디의 법칙]
뮐러(독일 1801~1858)
[특수 신경에너지설]
헬름홀츠(독일 1821~1894)
[신경 전도속도 연구]
연합심리학
홉스(영국 1588~1679)
[관념연합]
로크(영국 1632~1704)
[단순관념]
흄(영국 1711~1776)
[회의론]
밀(영국 1806년~1873년)
[심적 화학]
근대 심리학의 개척자
웨버(독일 1795~1878)
[웨버의 법칙]
페히너(독일 1801~1887)
[정신물리학]
과학적 심리학
근대 심리학 탄생
실험심리학
분트(독일 1832~1920)

심리학의 전개

실험심리학을 비판하는 형태로 현대 심리학의 원류가 되는 세 가지 학파가 형성됐다.

분트의 실험심리학은 19세기 말부터 20세기 초에 걸쳐 유럽과 미국을 시작으로 세계 각국의 대학에 심리학 실험실이 개설되면서 순식간에 확대되었다. 독일에서는 심리학의 주제에 대해서 엄격하고 과학적이며 실험적으로 접근했으나, 미국에서는 이론적이고 철학적으로 접근했다. 일본에서도 1903년 도쿄대학에 최초의 심리학 실험실이 개설됐다.

그러나 분트의 실험심리학은 만들어질 당시부터 많은 비판을 받았다. 실제로 현대 심리학의 원류가 되는 20세기 초의 여러 학파인 정신분석학, 형태심리학, 행동주의 심리학은 모두 분트의 실험심리학을 비판하면서 등장한 것이었다. 한편 파리에서는 신경생리학자인 장 마르탱 샤르코Jean-Martin Charcot(프랑스 1825~1893)가 히스테리 치료에 최면술을 도입했다. 프랑스의 심리학자이며 정신의학자인 피에르 자네Pierre Janet(1859~1947)는 샤르코의 밑에서 최면요법 연구에 종사한 후 독립, 트라우마에 관하여 연구했다. 그 후 무의식의 관념을 발견하여 지그문트 프로이트Sigmund Freud(오스트리아 1856~1939)의 정신분석학에 선구적 역할을 했다.

정신과 의사인 프로이트가 제창한 정신분석학은 의식의 자기관찰이라는 소위 '의식주의意識主義 심리학'이었으며, 실험심리학과 반대로 인간의 심리와 행동을 지배하는 무의식 메커니즘의 중요성을 역설했다.

심리학의 흐름 ②

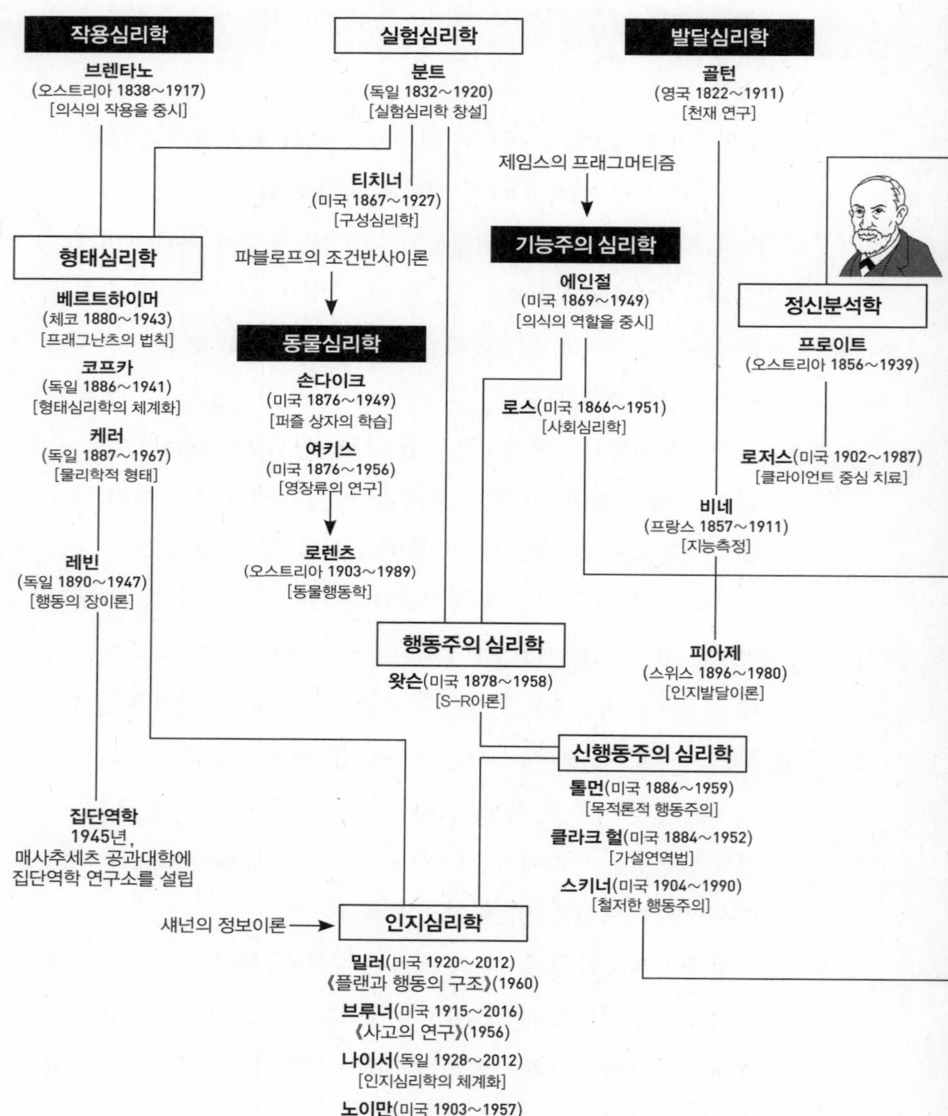

작용심리학
브렌타노
(오스트리아 1838~1917)
[의식의 작용을 중시]
실험심리학
분트
(독일 1832~1920)
[실험심리학 창설]
발달심리학
골턴
(영국 1822~1911)
[천재 연구]
티치너
(미국 1867~1927)
[구성심리학]
제임스의 프래그머티즘
기능주의 심리학
에인절
(미국 1869~1949)
[의식의 역할을 중시]
형태심리학
베르트하이머
(체코 1880~1943)
[프래그난츠의 법칙]
코프카
(독일 1886~1941)
[형태심리학의 체계화]
케러
(독일 1887~1967)
[물리학적 형태]
파블로프의 조건반사이론
동물심리학
손다이크
(미국 1876~1949)
[퍼즐 상자의 학습]
여키스
(미국 1876~1956)
[영장류의 연구]
로렌츠
(오스트리아 1903~1989)
[동물행동학]
정신분석학
프로이트
(오스트리아 1856~1939)
로스(미국 1866~1951)
[사회심리학]
로저스(미국 1902~1987)
[클라이언트 중심 치료]
비네
(프랑스 1857~1911)
[지능측정]
레빈
(독일 1890~1947)
[행동의 장이론]
행동주의 심리학
왓슨(미국 1878~1958)
[S-R이론]
피아제
(스위스 1896~1980)
[인지발달이론]
신행동주의 심리학
톨먼(미국 1886~1959)
[목적론적 행동주의]
클라크 헐(미국 1884~1952)
[가설연역법]
스키너(미국 1904~1990)
[철저한 행동주의]
집단역학
1945년,
매사추세츠 공과대학에
집단역학 연구소를 설립
섀넌의 정보이론
인지심리학
밀러(미국 1920~2012)
《플랜과 행동의 구조》(1960)
브루너(미국 1915~2016)
《사고의 연구》(1956)
나이서(독일 1928~2012)
[인지심리학의 체계화]
노이만(미국 1903~1957)
[인지시스템의 기초요소]

프랑스 정신병리학

장 샤르코
(프랑스 1825~1893)

리보
(프랑스 1839~1916)
[병태심리학]

자네
(프랑스 1859~1947)
[역동정신의학]

한편 철학자이며 심리학자인 프란츠 브렌타노Franz Brentano(오스트리아 1838~1917)의 작용심리학을 이어받은 막스 베르트하이머Max Wertheimer(체코 1880~1943) 등은 운동지각은 오히려 각각의 심적 요소에서 분해할 수 없는 전체로 인식해야 한다고 주장하며 지각은 감각이 아니라 형태로 구성된다는 '형태심리학'을 구축했다.

또한 미국의 심리학자 존 왓슨John B. Watson(1878~1958)은 저서《행동주의자 입장에서 본 심리학Psychology From the Standpoint of a Behaviorists》(1919)에서 의식이라는 주관적인 것을 연구대상으로 삼는 심리학은 진정한 과학일 수 없다며 행동을 연구대상으로 관찰해서 행동법칙을 수립하는 것이 중요하다고 주장했다.

20세기 전반의 심리학은 이런 학파들이 중심이 됐으나 유럽의 정신분석학자와 형태심리학자 대부분은 나치의 박해가 두려워 미국으로 망명했고, 이후 행동주의 심리학이 아카데미즘academism의 주류가 됐다.

매슬로
(미국 1908~1970)
[인간성 심리학]

생리학/뇌외과학

생리심리학

현대의 심리학

현대 심리학에 주류는 없다. 각각의 문제 영역에 맞는 접근방식이 이루어지고 있다.

현대 심리학은 이전처럼 학파와 견해차로 성립하는 것이 아니라 지각과 기억, 학습, 임상이라는 각각의 전문

영역과 연구 분야 차이에 따라 이전 학파의 영향과 이론을 계승하는 사례가 많다.

물론 행동주의 심리학 이후 몇 가지 명확한 이론적 입장을 세운 학파가 형성되지 않았던 것은 아니다. 가령 왓슨의 고전적 행동주의를 비판적으로 계승했던 미국에서는 목적론적 행동주의의 에드워드 톨먼Edward C. Tolman(1886~1959), 가설연역법의 클라크 헐Clark L. Hull(1884~1952), 급진적 행동주의의 버러스 스키너B. F. Skinner(1904~1990) 등이 '신행동주의'를 이어갔다.

왓슨은 행동을 자극과 반응의 결과로 생각하고 자극에 대한 근육과 샘(생물체 내부에서 분비작용을 하는 기관)의 반응을 연구대상으로 했다. 이에 비해 신행동주의는 자극과 반응 사이의 요구와 유기적 요인을 중시하고 행동을 능동적·거시적으로 파악할 것을 주장했다.

한편으로 심리학을 행동과학이 아니라 생물과학의 한 분야로 자리매김하려는 것이 '생물심리학'이다. 생물심리학은 생리학과 심리학 사이에 있고 과학적 측정법을 활용한다는 점에서 다양한 심리학의 생리학적 지표를 측정하는 방법으로 인식되고 있으며 신경과학이라는 광대한 연구 영역의 한 부분이라 여겨진다.

과학기술의 진보와 컴퓨터 및 정보과학의 발전을 배경으로 형태심리학의 영향을 받아서 등장한 것이 '인지심리학'이다. 인지심리학은 뇌를 컴퓨터와 같은 하나의 정보처리 계통으로 파악하고 정보처리모델을 활용해서 지각, 기억, 사고 등의 메커니즘을 탐구한다. 최근에는 '표정은 보편적이고 생물학적'이라는 감정심리학의 폴 에크먼Paul Ekman(미국 1934~)과 기억에 관한 연구를 전개한 대

현대 심리학의 구조

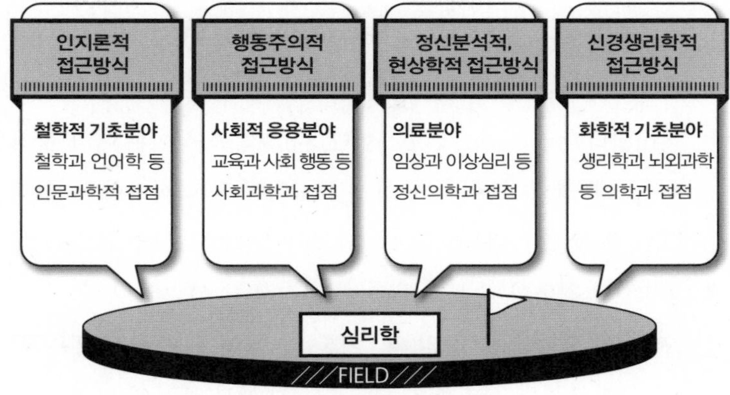

니얼 샥터Daniel Schacter(미국 1952~) 등이 활약하고 있다.

이처럼 행동주의는 학습심리학의 영역에서, 인지심리학은 지각, 기억, 사고 분야에서 성과를 거두는 등 현대 심리학은 과거의 학파와 이론의 절충을 통해 각각의 문제에 따라 다양한 방식으로 접근하는 것이 최근의 흐름이다. 그리고 정신분석학은 '심리요법'으로서 독자적인 방식으로 나아가고 있다.

'타자가 실제로 존재하든지, 상상 속에서 존재하든지, 존재하는 것의 암시로 인해 개인의 사고, 감정, 행동이 어떤 영향을 받는지를 이해하고 설명하는 시도'라고 고든 올포트Gordon Allport(미국 1897~1967)가 정의한 '사회심리학'은 이그나시오 마틴 바로Ignacio Martín-Baró(스페인 1942~1989)의 '해방심리학' 등으로 발전했다.

1950년에 에릭 에릭슨Erik Erikson(미국 1902~1994)이 심리사회적

발달의 8단계론을 제시한 이래 인간의 노화에 따른 변화를 연구하는 '발달심리학'은 '자폐증 연구', '마음의 이론'으로 알려진 사이먼 바론 코헨Simon Baron-Cohen(영국 1958~) 등이 계승 · 발전시켜 오늘날에 이르렀다. 최초로 인격을 주제로 해서 체계적으로 다룬 올포트는 '퍼스널리티personality'에 주목했다. 나중에 '특성이론'이라 불리는 인격심리학과 지능이라는 인지를 도입한 '차이심리학'은 정서심리학의 니코 프리다Nico Frijda(네덜란드 1927~2015) 등에 의해서 더욱 연구가 발전했다.

21세기의 심리학은 '주의'와 '이론'을 통한 대립구조 혹은 단일한 학문으로서의 심리학을 넘어 연구대상과 목적에 따라 연구자가 자유롭게 고르는 다양한 학문으로 나아가고 있다. 분야를 넘나드는 학술 연구로서 임상에 머물지 않고 '마음의 과학'으로 진화, 발전을 계속할 것이다.

심리학의 필드

연구 영역에 따른 분류

- **임상심리학** – 실제의 치료를 목적으로 한 심리학.
- **행동심리학** – 마음의 움직임을 행동에서 연구한다.
- **지각심리학** – 지각의 메커니즘을 해명한다.
- **학습심리학** – 동작의 습득 과정과 메커니즘을 탐구한다.
- **인지심리학** – 지적 정보처리의 구조를 연구한다.
- **지능심리학** – 지능이란 무엇인가를 탐구한다.
- **성격심리학** – 성격을 심리학적 측면에서 고찰한다.
- **발달심리학** – 자아의 발달 메커니즘을 탐구한다.

정신분석학
정신의학
신경생리학
생물학
언어학
문화인류학
민속학 등

연구대상에 따른 분류(응용분야)

- **교육심리학** – 인간의 성장, 발달과 교육의 관계를 탐구한다.
- **동물심리학** – 동물을 대상으로 한 심리학.
- **아동심리학** – 놀이와 발달 등 아동을 대상으로 연구한다.
- **청년심리학** – 청년의 심리를 연구한다.
- **가족심리학** – 가족구성원을 대상으로 한 심리학.
- **범죄심리학** – 범죄 심리를 연구한다.
- **사회심리학** – 인간의 사회적 행동을 심리학적으로 해명한다.
- **경영심리학** – 직장에서 일하는 사람의 마음과 행동을 연구한다.
- **산업심리학** – 비즈니스 사회의 인간관계, 작업능률 등을 탐구한다.
- **환경심리학** – 인간과 환경과의 더욱 바람직한 관계를 찾는다.
- **재해심리학** – 재해와 인간행동의 관련을 연구한다.
- **교통심리학** – 교통사고의 발생 메커니즘을 해명한다.
- **피해자의식 심리학** – 피해자의 심리를 해명하고 치료를 시행한다.
- **스포츠심리학** – 신체능력을 최대한으로 발휘하기 위한 심리학.
- **건강심리학** – 심신의 건강을 좌우하는 조건을 탐구한다.
- **음악심리학** – 음악에 관한 심리학적 연구.
- **예술심리학** – 미술(조형)에 관한 심리학적 연구.
- **광고심리학** – 광고를 사회적 커뮤니케이션으로 고찰한다.
- **종교심리학** – 인간의 종교해독, 종교현상을 연구한다.
- **복지심리학** – 복지 현장에서 심리학의 응용분야.

앞으로 심리학을 공부하고 싶은 사람이 알아야 할 기초 지식

기능심리학

19세기 말부터 20세기 초에 걸쳐서 미국을 대표하는 철학자이자 심리학자인 윌리엄 제임스와 철학자 및 사회사상가인 존 듀이 등이 제창했다. 이들은 의식 자체의 연구보다 의식의 역할을 명백히 밝히려 했으며, 현상 기술과 상호관계의 법칙을 파악하는 것이 목표였다. 비슷한 무렵 유럽에서 발생한 프란츠 브렌타노의 작용심리학과 비슷한 면이 있다.

감각생리학

외부의 자극으로 생기는 의식현상을 생리학적으로 해명하려는 학문이다. 감각생리학을 최초로 집대성한 사람이 생리학자이며 물리학자였던 헬름홀츠였다. 헬름홀츠 등이 개척한 감각과 지각의 연구가 근대적 학문으로서 심리학을 구축했다.

정신물리학

독일의 페히너가 창시한 학문체계. 페히너는 정신과 신체, 마음과 사물의 관계를 실험과 측정으로 해명하려고 했다. 자극과 감각을 로그함수 관계로 풀어낸 '페히너의 법칙'은 그때까지 모호했던 심리학의 세계를 경험과 사실을 통한 수학적 결합으로 제시한 점에서 획기적이었다.

형태이론

체코의 심리학자 베르트하이머가 주창한 심리학. 베르트하이머는 심적 현상을 고립된 부분의 기계적 연합이 아니라 구조화된 전체성으로 인식해야 한다고 역설했다. 이런 구조화된 법칙을 '형태'라고 불렀다. 형태심리학은 심리학뿐만이 아니라 지각, 인식문제 등을 다루며 다른 학문 분야에도 커다란 영향을 주었다.

인지심리학

지적 정보처리의 메커니즘을 탐구하는 것이 인지심리학이다. 현재의 인지심리학에 크게 공헌한 것이 미국의 인지과학자이자 인지공학자인 도널드 어서 노먼이다. 노먼은 《정보처리 심리학 입문》(1977)을 쓰고 인지시스템의 기본적 요소를 고찰했다. 인지심리학은 정보이론과 밀접한 연관을 가지는 영역으로 현재는 넓게 '인지과학'이라고도 한다.

발달심리학

인간의 정신기능과 구조가 고도화되어가는 것을 심리학에서는 '발달'이라고 부른다. 당연하지만 '정신발달'의 과정은 신체, 특히 대뇌와 밀접한 연관이 있으며 생활양식과 문화의 모습과도 깊게 관련되어 있다. 이런 '발달'을 연구 대상으로 하는 것이 발달심리학이다.

사회심리학

여러 가지 사회적 조건 속에 있는 인간의 심리와 행동을 연구하는 학문을 말한다. 사회적 조건과 심리, 행동 사이의 법칙이나 연결고리를 해명하려는 것이다. 사회심리학은 크게 나누면 개인의 심리나 행동을 해명하고자 하는 입장과 집단적인 심리현상에 관심을 가지는 입장으로 나뉜다.

차이심리학

개인, 성, 나이, 인종 등 인간 특징의 차이를 질적인 차이가 아니라 양적인 차이로 파악하고 비교 연구를 하는 심리학 분야의 총칭. 지능과 성격, 그 밖의 심리학적 특성을 조사할 때는 각각의 능력을 개별적으로 측정하고, 개인 혹은 집단 속의 변동이나 개인 간 혹은 집단 간 변동을 비교할 때는 통계학적 방법을 많이 사용한다.

CLOSE UP!

정신분석학 Psychoanalysis

프로이트의 '무의식' 메커니즘 해명은 인간 존재를 바라보는 시각에 커다란 변혁을 가져왔다.

지그문트 프로이트의 정신분석학은 카를 마르크스의 경제학, 소쉬르의 언어학과 함께 20세기 지성사에 커다란 영향을 준 학문 중 하나이다. 그 최대의 이유는 정신분석학이 서양 학문의 중심점이기도 한 '나=주체'라는 자명성을 뿌리부터 뒤엎었기 때문이다.

빈의 정신과 임상의였던 프로이트는 신체적으로는 아무런 문제가 없는 히스테리 환자와 신경증 환자를 진찰하던 중에 마음의 병을 만들어내는 원인이 마음 자체에 있다는 것을 파악했다. 이런 진찰 과정에서 개발한 것이 '자유연상법'이라는 치료법이었다. 프로이트는 우리의 마음에는 겉으로 드러나지 않는 부분이 있다는 것을 자유연상법으로 발견한 후 요제프 브로이어Josef Breuer(오스트리아 1842~1925)와 공저 《히스테리 연구Studies in Hysteria》(1895)를 간행했다. 프로이트의 생각은 행동주의와 달리 실험적 증거보다 관찰과 증례 보고에 기초를 두고 있었다.

'무의식'의 메커니즘

한편으로 프로이트는 자기 자신의 꿈을 분석하면서 꿈은 의식 아래에서 추구하던 것이 어그러진 형태로 표면화되는 것이라 생각했으며, 1900년에 최초의 단독 저작《꿈의 해석Die Traumdeutung》을 통해 꿈 해석 방법과 이론을 체계적으로 정리하고 '정신분석의 열쇠가 되는 개념'을 도입했다.

이렇게 프로이트는 정신분석학의 기본 개념 중 하나인 '무의식'의 존재를 가정하고 있었다. 프로이트는 무의식의 복잡한 기능을 고찰함으로써 과학적 · 심리학적 연구대상으로 삼았으며 인간 마음의 움직임을 알기 위해서는 의식된 과정만이 아니라 무의식의 기본 메커니즘을 해명해야 한다고 생각했다.

프로이트 이후의 정신분석학

정신분석학은 프로이트 이후 여러 후계자가 비판, 수정, 해명하면서 발전을 거듭했다. 그중에는 성을 중시하는 프로이트와 달리 사회성을 중시한 오스트리아 출신의 정신의학자이자 심리학자, 사회이론가인 알프레드 아들러Alfred Adler(1870~1937)와 인류의 공통적이고 보편적인 무의식(집합적 무의식)의 존재에 관심을 가졌던 스위스의 정신의학자이자 심리학자인 카를 구스타프 융Carl Gustav

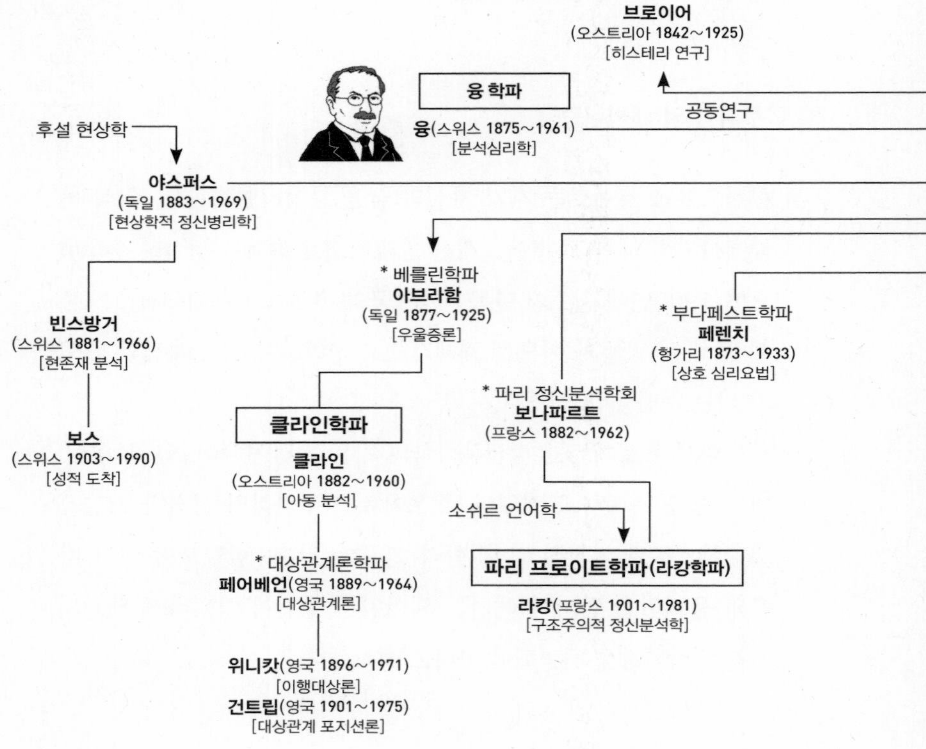

Jung(1875~1961) 등 프로이트의 기본적 업적을 토대로 하면서도 이의를 제기하며 떠난 사람들도 많다.

프로이트의 이론을 둘러싸고 이론과 영역, 방법 등의 차이로 오랜 기간 격론이 벌어졌다. 가령 1950년대까지 구조주의적 · 기호론적 시점으로 프로이트를 새롭게 이해하려고 시도한 프랑스의 라캉학파도 있었다. 그 후 더욱 과학적인 인지심리학을 바탕으로

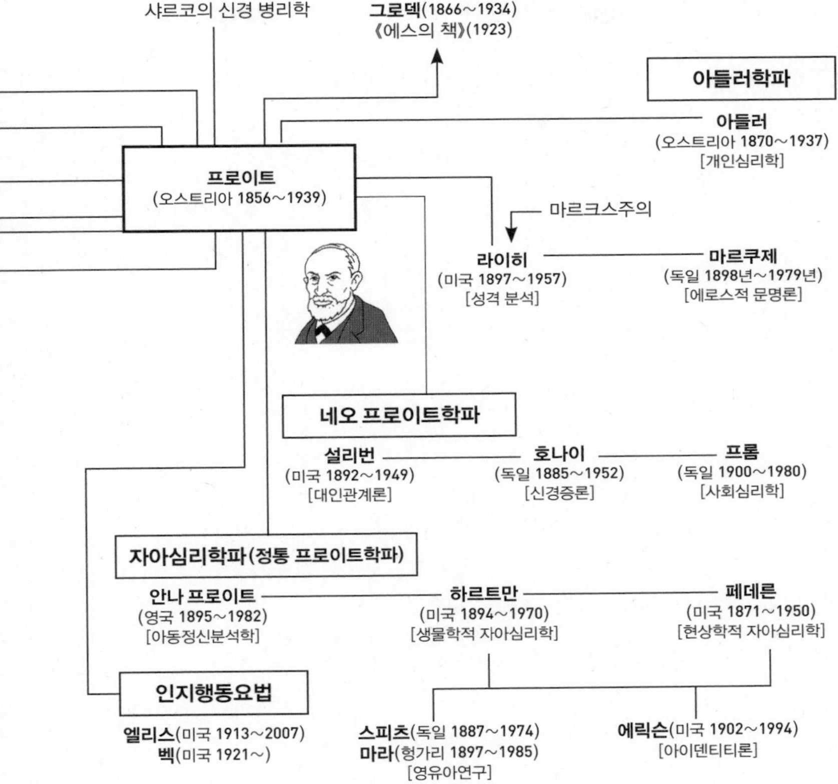

앨버트 엘리스Albert Ellis(미국 1913~2007)의 합리적이고 정서적인 행동치료와 아론 벡Aaron T. Beck(미국 1921~)의 '인지요법'이라는 심리치료가 제시됐다.

이처럼 프로이트는 몇 번이나 비판에 노출되었으나 정신분석을 바탕으로 한 치료 분야인 인지요법과 심리학 발전에 커다란 역할을 했다.

앞으로 정신분석학을 공부하고 싶은 사람이 알아야 할 기초 지식

무의식

프로이트의 정신분석학에서 가장 기본적인 개념. 프로이트는 실제의 치료경험을 통해 심적 현상에는 의식으로 끌어낼 수 없는 영역이 있다는 것을 발견하고, 초기에는 그런 심적 장치를 무의식, 전의식, 의식으로 구분했다. 그러나 후기에는 이것들을 에스(이드), 초자아, 자아라는 형태로 수정했다.

초자아

초자아는 자아에 대한 재판관, 검열관, 감시인 같은 역할을 하는 무의식 영역이다. 부모로 인한 금기와 명령이 내재화된 것이라고 하나, 그것은 현실의 부모라기보다 사회적 규범, 전통적 규범과 가치관을 이어받은 것으로 여겨진다.

오이디푸스 콤플렉스

동성인 부모를 살해하려는 욕망과 이성인 부모에 대한 성적 욕망. 아이가 부모에게 품은 양면적ambivalent(같은 대상에 상반된 감정이 동시에 발생하는 것)인 욕망(사랑과 증오)과 심적 메커니즘을 그리스 비극인 '오이디푸스 왕' 이야기에 비유해서 해석한, 다양한 문화에서 볼 수 있는 보편적인 심적 현상을 말한다.

에스(이드)

에스는 본능적이며 완전한 무의식 영역이다. 유전적 요소가 가장 크지만, 의식화된 것이 억압으로 인해서 다시 무의식이 된 후천적 요소도 포함된다.

꿈

프로이트의 정신분석학에서 꿈은 중요한 위치를 차지한다. 프로이트는 꿈이 형성하는 심적인 움직임을 '꿈의 생애'와 '내용의 변용'이라는 두 가지로 나눠서 내용 자체보다 변용 과정과 변용 작업을 중시했다. 프로이트는 이런 변용이 '압축, 치환, 형상성의 배려, 이차 가공'이라는 네 가지 메커니즘으로 일어난다고 생각했다.

임상심리학

임상이란 문자 그대로 의료의 대상이 될 가능성이 있는 사람에 대한 심리학적인 도움을 목적으로 한 학문 분야이다. 문제가 없더라도 정신적 건강 유지, 증진, 교육을 위한 예방의학적 역할도 중요한 목적 중 하나이다. 심리검사, 심리면접, 지역원조, 조사연구 등 네 가지 영역으로 크게 나뉘고 정신의학, 정신병리학과 관련이 깊다. 연구자를 임상심리학자, 지식의 실천자를 심리임상가라고 부르며 임상심리학을 학문적 기본으로 하는 심리 전문가로 '임상심리사'가 있다.

칼 로저스

내방자(인간) 중심 요법을 창시한 임상심리학자. 심리상담의 연구방법으로 현재는 당연해진 면접 내용의 기록·축어화를 시도했으며, 최초로 심리상담의 대상자를 환자가 아니라 '클라이언트'라고 불렀다. 1982년 미국 심리학회에서 조사한 '20세기 가장 영향력이 컸던 심리요법가'에서 1위(2위는 앨버트 엘리스, 3위는 지그문트 프로이트)로 뽑혔다.

문화인류학 Cultural Anthropology

문화인류학의 기원

문화인류학은 미개척 지역의 사회 및 문화를 연구하는 학문으로 시작됐다.

문화인류학이란 미개척 지역의 생활, 풍속, 종교, 습관 등을 연구하고 인류의 문화 전개와 변용을 고찰하는 학문에서 시작됐다.

이전에는 민족학ethnology이라고도 불렀으며 일본에서는 발음도 비슷한 민속학folklore과의 차이를 진지하게 검증했던 때가 있었으나, 후자는 일본 국내만을 시야에 두는 반면 전자는 전 세계를 시야에 두고 있다는 견해가 많다.

문화인류학 연구는 많은 학문 영역에서 중심적 역할을 한 근대 유럽인이 그들 이외의 아시아나 신대륙의 신화와 종교, 생활습관을 다양한 정보로 알게 된 시대부터 시작되어, 19세기에 학문으로 정리된 형태를 이루었다.

초기에 우세했던 것은 자연과학자 찰스 다윈이 1859년에 발표한《종의 기원On the Origin of Species》의 영향을 받은 진화론적 견해였다. 가령 변호사이자 미국 원주민 거주지 보호에 힘을 쏟았던 루이스 헨리 모건Lewis H. Morgan(미국 1818~1881)은 미국 원주민 사회의 혼인과 친족제도를 관찰해서《고대사회Ancient Society》(1877)를 발표하고, 인류의 진화과정을 '야만'과 '미개', '문명'이라는 말로 나타내는 한편 일부다처제 성립 이전에 '난혼'의 시대가 있었다고 주장했다.

나중에 프리드리히 엥겔스Friedrich Engels(독일 1820~1895)는 같은 책에 커다란 영향을 받고《가족, 사유재산, 국가의 기원The Origin of the Family, Private Property and the State》(1884)을 저술했다. 또한 문화인류학의 선구자, 창시자라고도 할 수 있는 에드워드 버넷 타일러Edward Burnett Tylor(영국 1832~1917)는《원시문화Primitive Culture》(1871)에서 애니미즘(만물에 영혼이 깃들어 있다고 생각하는 신앙)을 종교의 전 단계라고 주장하고, 다신교, 나아가 일신교로 진화한다고 주장했다.

하지만 1880년대 이후가 되면서 이런 진화론적 견해와 다른 방향성을 가진 연구가 생겨났다. 그중 하나는 '미국 문화인류학의 아버지'라고 불리는 독일 출신 문화인류학자 프란츠 보아스Franz Boas(1858~1942)의 연구였다. 그는 시베리아 아무르 강에서 미국 컬럼비아 강까지 북태평양 지역을 조사한 후 문화의 형성 및 발전에서 '모방'과 '발명'이 가지는 중요성을 강조했다. 또한 다양한 문화는 각각 독자적 가치를 가진 대등한 것이라는 문화상대주의적 입장에 섰으며, 이것이 향후 문화인류학의 기본 입장이 됐다.

한편 독일의 레오 프로베니우스Leo Frobenius(1873~1938)는 동남아시아에서 일본까지 종자가 전파되어 벼농사 문화가 퍼진 것처럼 문화의 발전에서 '접촉'과 '전파'를 중시하는 '전파주의'를 만들어 내고 '문화권'이라는 개념을 확립했다.

또한 영국의 제임스 프레이저는 실제 조사를 하지 않고 문헌학적으로 주술, 종교, 의례, 토테미즘 등을 연구해서 이후의 문예·예술작품 등에 커다란 영향을 준《황금가지》를 저술했다. 그의 '국왕 살해' 이론은 현재 왕권론에도 인용되고 있다.

문화인류학의 전개

20세기의 문화인류학은 '진화'와 '전파'라는 이론의 비판 혹은 수정이 진행됐다. 그리고 현장조사 도입을 통해 학문적인 것으로 변화했다.

1922년은 문화인류학에 커다란 전환이 일어난 해였다. 이 해에 폴란드 출신 영국의 인류학자인 브로니스와프 말리노프스키는 태평양의 트로브리안드 군도에서 장기간 현장조사를 한 결과를 바탕으로《서태평양의 항해자들Argonauts of the Western Pacific》을 발표했다. 그는 현지생활에 뛰어들어 주민과 현지어로 이야기하면서 체계적으로 수집한 데이터를 분석했으며 이러한 방법은 나중에 문화인류학에서 하나의 표준이 됐다. 이 책에서는 조개로 만든 목걸이와 팔찌를 섬 부족끼리 교환하는 '쿨라Kula'라고 불리는 의례적 교환제도를 소개하고 있으며 이후 비슷한 주제의 많은 문화인류학자의 글에서 이는 단골 소재가 되었다.

또 다른 영국 인류학자인 래드클리프 브라운Alfred Radcliffe-Brown(1881~1955)은 같은 해에 《안다만 제도인The Andaman Islanders》을 발표함으로써 개인의 행동을 규정하는 사회구조를 분석하고 구조기능주의 인류학의 길을 열었다.

말리노프스키, 래드클리프 브라운이라는 두 사람의 학자에 의해서 확립된 영국의 인류학은 '사회인류학'이라 불리며 에드워드 에번스 프리처드 등에게 계승됐다. 프리처드는 《아잔데인 세계의 요술, 신탁, 주술Witchcraft, Oracles and Magic Among the Azande》(1937)에서 모든 사회제도는 사회 구성원의 신앙과 가치관에서 해석해야 한다는 의미론적 해석을 전개했다.

한편 프랑스에서는 사회학자 에밀 뒤르켐의 조카이며 제자이기도 했던 마르셀 모스가 《증여론Essai sur le don》(1925)을 발표했다. 급부와 반대급부의 교환체계를 이야기함으로써 프랑스 인류학에서 실증주의를 향한 길을 열고, 나중에 구조주의 인류학 탄생에 커다란 영향을 끼쳤다.

또한 프란츠 보아스가 지도한 미국 인류학은 문화사적 연구에서 문화와 개인의 상호관계에 대한 동태적 연구로 눈을 돌렸다. 가령 문화인류학에 심리학적 경향을 도입한 《문화의 유형Patterns of Culture》(1934)을 통해서 프란츠 보아스의 문화상대주의를 이어받은 루스 베네딕트Ruth Benedict(미국 1887~1948)는 1946년에 일본 문화론 《국화와 칼The Chrysanthemum and Sword》을 발표했다. 인류학 대부분이 미개척 지역을 대상으로 하는 데 비해 그녀는 일본이라는 동양사회를 대상으로 하고, 그 사회의 문화형태인 의리와 충의 등에 대

문화인류학의 흐름

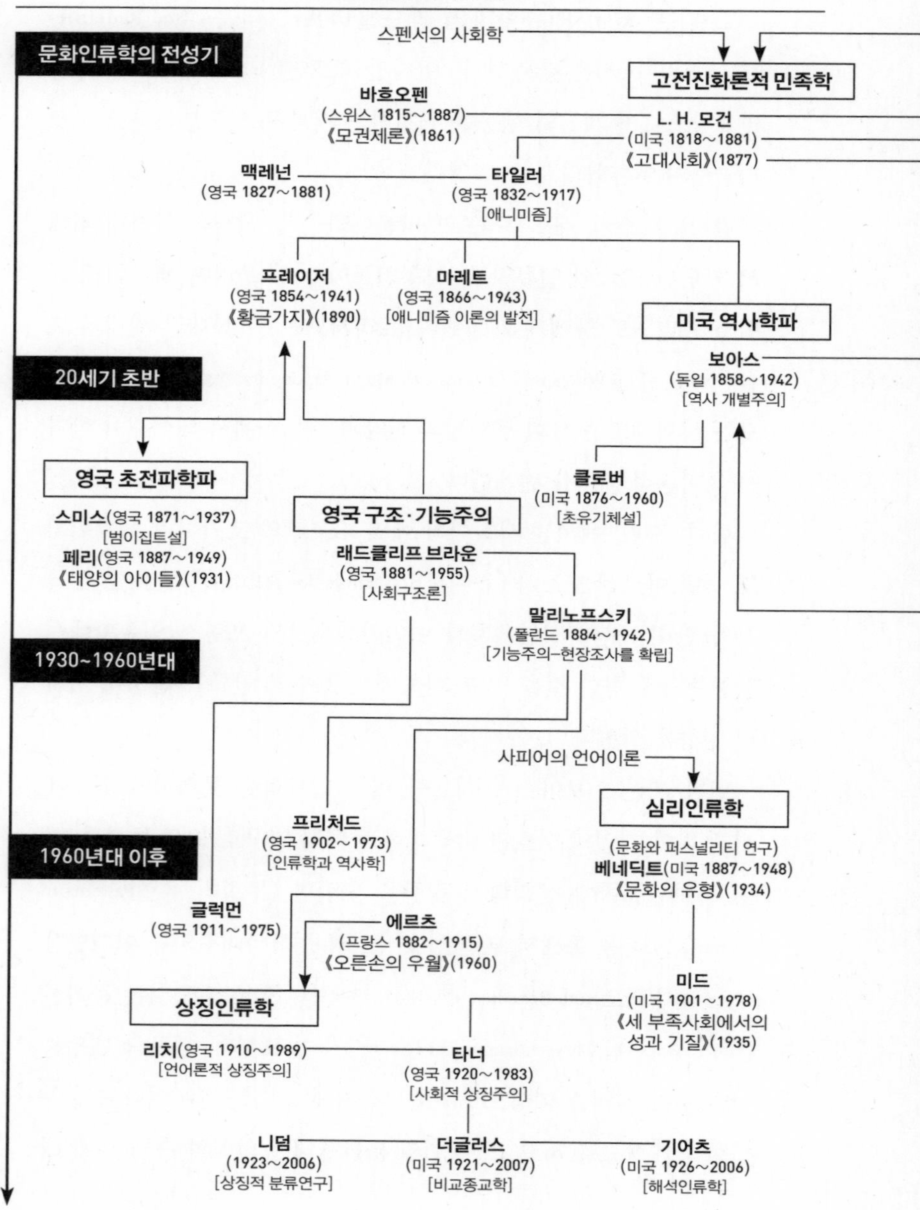

문화인류학의 전성기
스펜서의 사회학
고전진화론적 민족학
바흐오펜
(스위스 1815~1887)
《모권제론》(1861)
L. H. 모건
(미국 1818~1881)
《고대사회》(1877)
맥레넌
(영국 1827~1881)
타일러
(영국 1832~1917)
[애니미즘]
프레이저
(영국 1854~1941)
《황금가지》(1890)
마레트
(영국 1866~1943)
[애니미즘 이론의 발전]
미국 역사학파
보아스
(독일 1858~1942)
[역사 개별주의]
20세기 초반
영국 초전파학파
스미스(영국 1871~1937)
[범이집트설]
페리(영국 1887~1949)
《태양의 아이들》(1931)
영국 구조·기능주의
래드클리프 브라운
(영국 1881~1955)
[사회구조론]
클로버
(미국 1876~1960)
[초유기체설]
말리노프스키
(폴란드 1884~1942)
[기능주의–현장조사를 확립]
1930~1960년대
사피어의 언어이론
심리인류학
(문화와 퍼스널리티 연구)
베네딕트(미국 1887~1948)
《문화의 유형》(1934)
프리처드
(영국 1902~1973)
[인류학과 역사학]
1960년대 이후
글럭먼
(영국 1911~1975)
에르츠
(프랑스 1882~1915)
《오른손의 우월》(1960)
상징인류학
미드
(미국 1901~1978)
《세 부족사회에서의
성과 기질》(1935)
리치(영국 1910~1989)
[언어론적 상징주의]
타너
(영국 1920~1983)
[사회적 상징주의]
니덤
(1923~2006)
[상징적 분류연구]
더글러스
(미국 1921~2007)
[비교종교학]
기어츠
(미국 1926~2006)
[해석인류학]

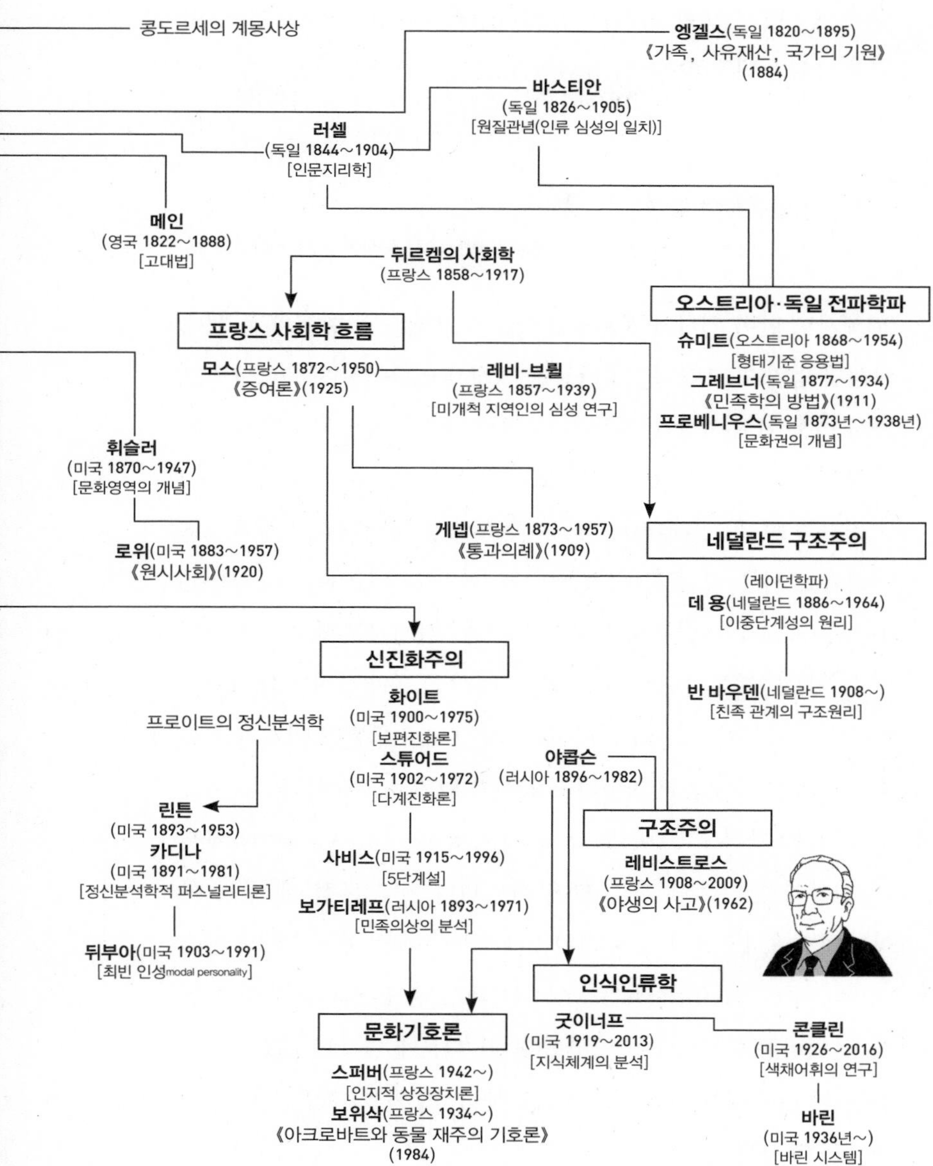
콩도르세의 계몽사상
엥겔스(독일 1820~1895)
《가족, 사유재산, 국가의 기원》
(1884)
바스티안
(독일 1826~1905)
[원질관념(인류 심성의 일치)]
러셀
(독일 1844~1904)
[인문지리학]
메인
(영국 1822~1888)
[고대법]
뒤르켐의 사회학
(프랑스 1858~1917)
오스트리아·독일 전파학파
프랑스 사회학 흐름
슈미트(오스트리아 1868~1954)
[형태기준 응용법]
그레브너(독일 1877~1934)
《민족학의 방법》(1911)
프로베니우스(독일 1873년~1938년)
[문화권의 개념]
모스(프랑스 1872~1950)
《증여론》(1925)
레비-브륄
(프랑스 1857~1939)
[미개척 지역인의 심성 연구]
휘슬러
(미국 1870~1947)
[문화영역의 개념]
게넵(프랑스 1873~1957)
《통과의례》(1909)
네덜란드 구조주의
로위(미국 1883~1957)
《원시사회》(1920)
(레이던학파)
데 용(네덜란드 1886~1964)
[이중단계성의 원리]
신진화주의
반 바우덴(네덜란드 1908~)
[친족 관계의 구조원리]
화이트
(미국 1900~1975)
[보편진화론]
프로이트의 정신분석학
스튜어드
(미국 1902~1972)
[다계진화론]
야콥슨
(러시아 1896~1982)
린튼
(미국 1893~1953)
카디나
(미국 1891~1981)
[정신분석학적 퍼스널리티론]
구조주의
사비스(미국 1915~1996)
[5단계설]
레비스트로스
(프랑스 1908~2009)
《야생의 사고》(1962)
보가티레프(러시아 1893~1971)
[민족의상의 분석]
뒤부아(미국 1903~1991)
[최빈 인성modal personality]
인식인류학
문화기호론
굿이너프
(미국 1919~2013)
[지식체계의 분석]
콘클린
(미국 1926~2016)
[색채어휘의 연구]
스퍼버(프랑스 1942~)
[인지적 상징장치론]
보위삭(프랑스 1934~)
《아크로바트와 동물 재주의 기호론》
(1984)
바린
(미국 1936년~)
[바린 시스템]

해서 연구했다. 또한 마거릿 미드Margaret Mead(미국 1901~1978)는 다수의 사회를 현지조사해서 문화와 인간의 관련성을 고찰했다.

구조주의 인류학의 등장

구조주의적 접근방식으로 문화인류학은 20세기 학문에서 중심적 존재가 되었다.

20세기도 반이 지나자 문화인류학은 종교학과 민속학, 혹은 현대 사상의 영역과 교차하면서 다양한 전개가 이루어진다. 그중에서도 특히 이후 현대 사상에 커다란 영향을 끼친 한 명이 구조주의 인류학의 대가 클로드 레비스트로스였다.

초기의 《슬픈 열대Tristes Tropiques》(1855)는 남아메리카 대륙으로 여행과 조사를 한 문학적 저작이다. 《야생의 사고The Savage Mind》(1962)는 구조주의 연구의 산물인 동시에 "미개척 지역은 야만적이지도, 비문화적이지도 않다. 그곳의 '지식'은 문명사회에 대립하는 항목으로 되돌아온다"라는 사상을 바탕으로 '미개'라 여겨지던 사회의 사유를 재발견한 귀중하고 암시가 넘치는 저작이다.

《친족의 기본구조The Elementary Structures of Kinship》(1949)에서는 친족이 근친혼 금지와 함께 성립된다는 '외혼성'에 대해 이야기했으며, 《오늘날의 토테미즘Totemism》(1962)과 《신화의 논리Mythologiques(전 4권)》(1964~1971)에서는 제도, 종교, 신화를 수학과 언어론, 의미론을 구사하며 설명했다. 이 때문에 클로드 레비스트로스는 '가장 위대한 인류학자'라고도 불리며 20세기 학문 영역에 걸쳐 거장이 됐다.

문화인류학의 필드

문화인류학의 위치

문화인류학의 연구분류

- 현장조사/방법론/학설사
- 민족사/민족문화사
- 언어인류학 – 언어학적 접근방식
- 자연환경/생업/의식주/민예품/기술/예술 등의 연구
  –생물학적 · 사회학적 · 기술학적 · 예술학적 접근방식
- 혼인제도/가족 · 친족의 구조/사회 · 정치 · 경제의 구조/집단성/습관 · 제도 등의 연구
  –정치인류학 · 법인류학 · 경제인류학적 접근방식
- 종교/주술/의례/제례 등의 연구 – 종교적 접근방식
- 신화/전승/민화 등의 연구 – 신화학적 · 민속학적 접근방식
- 민요 · 음악 · 무도 등의 연구 – 문학 · 음악 · 신체론적 접근방식
- 도시문화 · 문명의 연구 – 도시인류학
- 교육/인격형성/민족성/문화와 심리/정신위생 등의 연구 – 심리인류학
- 기타 – 의료인류학/영상인류학/인식인류학 등

현대의 문화인류학

문화인류학은 연구대상과 기록방식 등의 범위를 넓혀가는 동시에 조사 방법론과 '문화를 기술한다'는 근본적인 행위에 있어 재평가받고 있다.

먼저 1940년대 연구대상이 문자를 가지지 않는 '미개척 지역'에서 아시아나 유럽 농어촌의 일반 가정생활까지 확대됐다. 나아가 1950년대 이후에는 선진국 도시도 대상으로 다루면서 1970년대에 처음으로 '도시인류학'이라는 말도 등장했다.

기록방식에서도 변화가 일어나 콜린 턴불Colin Turnbull(영국 1924~1994)은 기존의 객관적 서술과 달리 기술자의 주관이 드러나는 방식으로 수많은 민족지ethnography를 발표했다. 또한 1980년대에 들어서자 이름을 가진 개인에 초점을 맞춘 민족지도 늘어났다.

연구방법론에서도 1970년대에는 문화인류학의 조사가 식민주의 및 군사행동과의 관련 속에서 진행됐던 것을 비난하는 목소리가 높아지고 조사자의 윤리가 문제시됐다. 또한 팔레스타인 출신 미국 영문학자 에드워드 사이드Edward Said(1935~2003)는 《오리엔탈리즘Orientalism》(1978)에서 부당하게 일그러진 비서양사회의 이미지가 식민지 지배로 이어졌다고 비판하며 인류학 본연의 자세에 대한 반향을 일으켰다. 1980년대에는 '조사자가 다른 사회를 방문해서 현장조사를 한 후 기록한다'는 문화인류학 자체의 의미를 되물었던 제임스 클리포드James Clifford(1945~) 등의 《문화쓰기Writing Culture》(1986)도 출판됐다.

유럽인의 비유럽인에 대한 흥미를 기점으로 시작된 인류학은 인류, 생명과학, 세계화, 환경 등의 현실문제와 마주하고, 그 범위를 넓히면서 계속 발전 중이다.

앞으로 문화인류학을 공부하고 싶은 사람이 알아야 할 기초 지식

현장조사

현지에 오랫동안 거주하면서 주민과 행동을 함께하며 체계적으로 조사하는 것을 말한다. 장기 참여 관찰형 현장조사를 바탕으로 한 실증적인 연구는 문화인류학의 가장 큰 특징이다.
문화인류학의 정체성이라고도 할 만한 이러한 방법론은 1922년에 《서태평양의 항해자들》을 발표한 브로니스와프 말리노프스키가 확립했다. 이후 현장조사를 기초로 삼는 연구가 문화인류학에서 기본적 방법이 됐다.

기능주의 인류학

사회와 문화를 하나의 유기체로 인식하고, 그것을 구성하는 요소가 각각 어떤 관련이 있으며, 전체 속에서 어떤 역할을 하는지를 명확히 하려는 것으로 알프레드 래드클리프 브라운이 제창했다. 그의 이런 생각은 뒤르켐의 이론과 분석 작업에서 영향을 받은 것이었다.

싱크리티즘syncretism

원래 별개였던 종교가 절충하는 것을 말한다. 말의 기원으로는 고대 그리스 저술가 플루타르코스가 '크레타'에 대한 이야기를 할 때 "크레타 섬 사람들은 내분과 다툼이 잦았으나 외적이 침입하면 일치단결했다"는 내용으로 '신크레티스모스synkretismos'라고 부른 것에서 유래했다.

우상숭배

우상이란 나무와 흙, 금속으로 만든 신상을 말한다. 유대교가 우상숭배를 철저히 금지한 것은 유명하지만, 초기 기독교도 우상금지운동 '이코노클래즘iconoclasm'을 전개한 시기가 있다.

문화전파주의

문화를 한 민족에서 독자적으로 발전하는 것이 아니라 다른 곳에서 전파되는 것으로 보는 이론이다. 19세기 말부터 20세기 초까지 인류학에 문화전파라는 주제가 등장할 때까지 진화론의 영향을 짙게 받은 인류학자들은 어느 민족이나 기본적으로 같은 길을 더듬으면서 문화를 형성해간다고 생각했다. 이런 생각에 의문을 가진 사람이 영국의 인류학자 타일러였다. 그는 통계학의 방법을 사용해서 문화현상에는 상관관계가 있다는 것을 입증했다. 또한 인문지리학자인 프리드리히 라첼도 문화 요소의 분포를 지도에 표시하고, 문화는 민족 이동에 따라서 분산된다고 역설했다. 현재 문화전파는 문화사 연구의 일부로 여겨지고, 문화 형성의 모든 것을 그것만으로 설명할 수 없다고 보고 있다.

통과의례

고대와 미개척 지역 사회에서 소년소녀가 성년이 되기 위해, 즉 성인으로 인정받기 위해 어느 일정 시기에 어떤 곤란한 시련의 극복을 요구받을 때가 있다. 그런 시련을 통과의례initiation라고 한다.

《모모타로의 어머니》

1956년에 간행된 이시다 에이치로의 저작이다. 모모타로와 킨타로 등 소년 영웅에게는 어째서 어머니가 없을까? 이런 의문에서 이시다는 그리스의 에로스와 아프로디테 등 모자신과 이와 유사한 고대 지중해 대지모신으로 시작해서 피에타라는 이름으로 죽은 그리스도를 껴안고 있는 성모 마리아상에 이르기까지 '모자신'에 대해서 고찰했다.

트릭스타

트릭스타란 세계의 신화나 민간전승에 등장하는 책략과 사기 등을 사용하면서 활약하는 우스운 장난꾸러기를 말하며, 파괴적인 면과 창조적인 면을 모두 가지고 있다. 이것은 유럽의 '어릿광대'에 가까운 존재라고도 할 수 있다.

야마구치 마사오가 《어릿광대의 민속학》(1975) 등에서 이야기하면서 일반에서도 트릭스타, 즉 '어릿광대'에 대한 관심이 확대됐다. 야마구치의 '중심과 가장자리' 이론에서 가장자리 존재인 어릿광대는 중심 세계, 즉 보통 인간의 세계를 끊임없이 활성화하는 존재이다.

제임스 조지 프레이저

1854년 스코틀랜드 상인이자 장로교회파의 경건한 크리스천인 아버지 밑에서 태어나 글래스고 대학교에서 공부하고 나중에 케임브리지 대학에서 민속학과 신화학을 전공했다. 1890년부터 간행한 대작 《황금가지》가 세계에 미친 영향은 크고, 오늘날에도 수많은 문학, 영화 등에 영감을 주고 있다.

유목민

유목과 농경이 동시에 시작된 것인지 아니면 이 두 가지 다른 생활 형태를 취하는 사람들이 유라시아 대륙의 내륙부 초원지대와 해안부 농경 지대에 따로 살고 있었는지에 대해 이시다 에이치로는 진지하게 몰두했다. 이시다의 결론은 농경 사회에서 양등을 끌고 초원지대로 이동한 것이 유목민의 시작이라는 것이다.

포틀래치potlatch

카를 마르크스의 '교환'이라는 개념 이후 모스의 《증여론》에서 고찰을 시작한 인간 사회의 교환, 교역 혹은 증여 문제는 항상 입에 오르내리는 주제였다. 말리노프스키의 '쿨라'에서는 귀중한 장식품이 섬과 섬 사이로 유통되고 교환되면서 사회적 소통을 안정시킨다고 했다. 하지만 모스가 보고한 포틀래치에서는 어떤 사람들 사이에서 증답(선물 등을 서로 주고받음) 경쟁이 격렬해지면 최후에는 자신이 소유한 최고의 것을 파괴함으로써 더욱 높은 증여 형태를 보인다고 했다. 포틀래치는 이처럼 경쟁적인 교환 대결을 말한다.

CLOSE UP!

신화학 Mythology

신화 연구는 그리스 · 로마 신화를 비롯하여 고대 민족부터 미개척 지역 신화까지 대상을 확장하고, 다른 학문 분야의 방식을 받아들이며 범위를 넓혀왔다.

"옛날 옛적에…"라는 상투적인 말로 시작하여 오락적인 요소가 더해진 '전래동화'와 실제로 일어났던 일에 바탕을 둔 이야기 '전설'. 이것들과 비교해 봐도 우주의 탄생과 인류의 기원을 이야기하는 '신화'는 너무나 비합리적이고 신비주의적이며 비밀스럽고 종교적인 것으로 보이는 경우가 많다. 신화의 기원과 본질에 관하여 해명하는 것은 무척 곤란한 일이었으며 고대 그리스 이후로 수많은 시도가 있었으나 체계적인 학문으로 성립된 것은 18세기에 들어선 후였다.

비교신화학적 방법

19세 후반이 되자 막스 뮐러 등의 자연신화학파가 나타나 비교언어학 방식을 활용한 연구로 신은 태양과 태풍 등 자연현상을 토대로 등장한 것이라고 주장했다.

하지만 모든 신화의 기원을 자연현상에서 구하는 것은 무리가 있기에, 자연신화학파는 앤드루 랭Andrew Lang(영국 1844~1912) 등에게 혹독한 비판을 받았다. 랭은 그리스 신화 등 고대 민족 신화와 미개척 지역의 민족 신화를 비교하면 해석의 실마리를 얻을 수 있다는 '비교신화학적 방법론'을 전개해서 후세의 학자에게 많은 영향을 주었다.

가령 조르주 뒤메질은 인도-유럽어족의 여러 신화와 종교를 각각 비교·분석해서 '사제, 전사, 생산자'라는 세 가지 단계의 구조를 공유하는 것을 발견했다. 이것을 '삼기능 가설'이라고 이름 지었다.

나아가 19세기 후반이 되자 심리학 분야에서 신화를 언급하기 시작했다. 정신의학자 지그문트 프로이트는 동시대 인간사회 심리현상의 뿌리에 그리스 신화 등의 이야기가 존재한다고 생각했다. 가령 오이디푸스 콤플렉스는 아버지를 살해하고 어머니와 결혼한 그리스 신화의 오이디푸스 이야기를 바탕으로 만들어진 학설로, 유아가 어머니와의 일체화라는 욕망을 실현하기 위해 아버지를 증오하는 경향이 있다고 설명한다.

그리고 카를 구스타프 융은 인류가 공통으로 가지는 집합적 무의식이 신화와 꿈에 반영된다고 생각하며 심리학 입장에서 신화연구를 한 후, 헝가리 태생 그리스 고전연구자인 카를 케레니와 공저로 신화학 저작도 발표했다.

신화학의 흐름

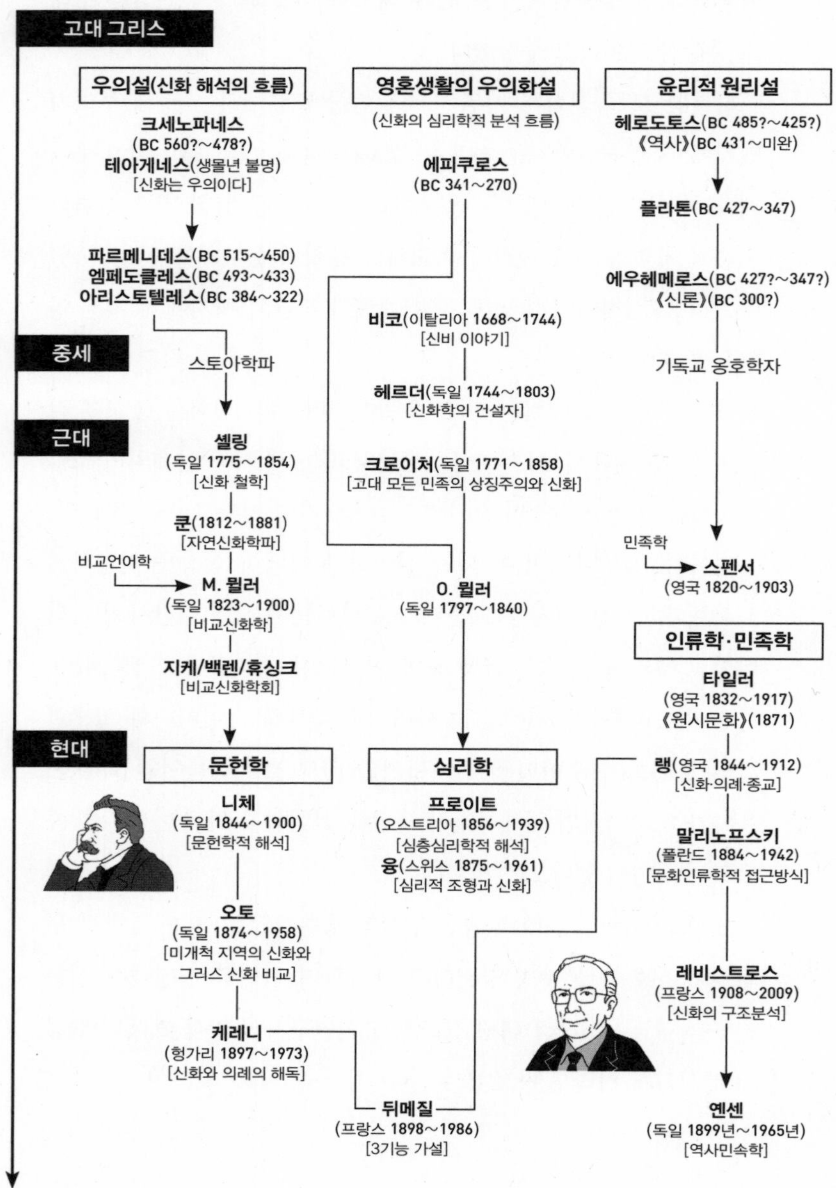

고대 그리스
우의설(신화 해석의 흐름)
크세노파네스
(BC 560?~478?)
테아게네스(생몰년 불명)
[신화는 우의이다]
파르메니데스(BC 515~450)
엠페도클레스(BC 493~433)
아리스토텔레스(BC 384~322)
영혼생활의 우의화설
(신화의 심리학적 분석 흐름)
에피쿠로스
(BC 341~270)
윤리적 원리설
헤로도토스(BC 485?~425?)
《역사》(BC 431~미완)
플라톤(BC 427~347)
에우헤메로스(BC 427?~347?)
《신론》(BC 300?)
비코(이탈리아 1668~1744)
[신비 이야기]
중세
스토아학파
기독교 옹호학자
헤르더(독일 1744~1803)
[신화학의 건설자]
근대
셸링
(독일 1775~1854)
[신화 철학]
크로이처(독일 1771~1858)
[고대 모든 민족의 상징주의와 신화]
쿤(1812~1881)
[자연신화학파]
비교언어학
M. 뮐러
(독일 1823~1900)
[비교신화학]
O. 뮐러
(독일 1797~1840)
민족학
스펜서
(영국 1820~1903)
인류학·민족학
지케/백렌/휴싱크
[비교신화학회]
타일러
(영국 1832~1917)
《원시문화》(1871)
현대
문헌학
심리학
랭(영국 1844~1912)
[신화·의례·종교]
니체
(독일 1844~1900)
[문헌학적 해석]
프로이트
(오스트리아 1856~1939)
[심층심리학적 해석]
융(스위스 1875~1961)
[심리적 조형과 신화]
말리노프스키
(폴란드 1884~1942)
[문화인류학적 접근방식]
오토
(독일 1874~1958)
[미개척 지역의 신화와
그리스 신화 비교]
레비스트로스
(프랑스 1908~2009)
[신화의 구조분석]
케레니
(헝가리 1897~1973)
[신화와 의례의 해독]
뒤메질
(프랑스 1898~1986)
[3기능 가설]
옌센
(독일 1899년~1965년)
[역사민속학]

문화인류학적 신화학

20세기 신화학 특징 중 하나는 문화인류학과 관련이 깊다는 것이다. 현장조사를 통해서 미개척 지역 민족의 '현재까지 살아 있는' 신화를 수집하여 현지 문화를 포괄적으로 이해한 다음에야 신화를 해석하는 것이 가능해졌다.

문화인류학의 거장 클로드 레비스트로스는 신화의 각 요소가 아니라 등장하는 신들과의 관계 등에서 전체의 논리적 구조를 해명하는 방법으로 미 대륙의 다양한 신화의 구조를 분석했다.

또한 신화와 제사 등의 연구를 통해서 세계종교사상을 비교 연구한 루마니아 종교학자이자 문학자인 미르체아 엘리아데는 1949년《영원회귀의 신화The Myth of the Eternal Return》를 썼으며, '영웅 신화론'을 통해서 영화 〈스타워즈〉 등 많은 작품에 영향을 준 조지프 캠벨Joseph Campbell(미국 1904~1987)도 같은 해《천의 얼굴을 가진 영웅The Hero with a Thousand Faces》을 쓰는 등 20세기 신화학의 논의를 보다 풍성하게 했다.

고대 민족의 신화에서 세계의 미개척 지역 신화까지 비교 · 대조하는 비교신화학 연구도 활발하다. 민족 이동과 문화의 전파를 고찰할 때 세계 각지에 남은 홍수 신화 등 지역을 넘어서 공유되는 신화는 중요한 가치를 지니며 학자들에게도 주목을 받고 있다.

앞으로 신화학을 공부하고 싶은 사람이 알아야 할 기초 지식

하이누웰레Hainuwele 신화

하이누웰레라는 소녀가 살해당하고 땅속에 묻히자 그곳에서 음식물과 보물이 출현했다는 이 신화는 동남아시아 전역에 퍼져 있다. 일본 신화에도 《고사기》(712)와 《일본서기》에 같은 형태의 이야기가 존재한다.

삼기능 가설

인도-유럽어족의 신화를 연구한 뒤메질은 신화와 종교의 뿌리에 인간사회 세 가지 계급인 사제(왕과 사제), 전사(귀족), 생산자(농민)가 짙게 반영되어 있다고 생각했다. 이 세 가지 계급은 인도의 카스트제도에서도 볼 수 있으며, 네 가지 카스트 중 바라문이 사제, 크샤트리아가 전사, 바이샤와 수드라가 생산자(평민과 노예)에 해당한다.

여장한 영웅

신화 속 영웅(신과 인간의 중간적 존재로 사후 신으로 모셔졌다)이 여장하고 적대하는 상대에게 승리한다는 이야기가 적지 않다. 게르만 신화에서는 토르라는 천둥신이 여신으로 변장해서 도둑질하려는 상대와 결혼하는 척하고 상대를 살해한다. 일본 신화에서도 야마토 타케루가 쿠마소 타케루라는 규슈의 족장을 죽였을 때 여장을 했다.

조르주 뒤메질

프랑스의 언어학자이자 신화학자. 비교언어학적 연구로 막스 뮐러 등의 자연신화학, 비교신화학과는 다른 관점에서 연구했다. 뒤메질은 신들이 맡은 역할과 구조에 착안해서 사회구조와 관련하여 신화를 파악했다. '삼기능 가설'은 이 연구에서 얻어진 것이다.

에로스와 프시케

에로스는 큐피드 등으로 통하는 젊은 남신이다. 고대 농경사회의 성적인 힘을 상징하며 어둠 속에서 프시케와 교합한다. 덧붙이자면 프시케ψυχή는 그리스어로 '나비'와 '혼'을 의미한다. 케레니는 이 신화를 분석해서 나비와 혼이 이승과 저승을 왕복하는 존재라고 생각했다.

대장장이 신의 계보

그리스 신화에서 영웅 오디세우스는 '키클롭스'라는 눈이 하나밖에 없는 괴인의 눈을 부수고, 그 아버지인 해신 포세이돈에게 벌을 받는다. 일본 신화에서도 아메노마히토츠노카미天目一箇神라는 대장장이, 야금의 신이 있었다('마히토츠'는 한 개의 눈이라는 의미). 또한 그리스 신화에서 불과 대장장이의 신인 헤파이스토스는 발이 불편하다. 엘리아데는 농경의 신 이전에는 대장장이 신이 있었으며 그들이 폄하되는 과정에서 이런 불편한 몸을 얻게 됐다고 생각했다.

홍수신화

과거 대홍수가 있었고 거기서 살아남은 소수 생존자의 자손이 현재의 인류로 이어졌다는 신화. 구약성서 속 '노아의 방주'와 같이 타락한 인류에 대한 징벌로 홍수가 일어났다는 등 홍수신화는 세계 각지에 다양한 형식으로 존재하며 각각 일맥상통하는 의미가 있다. 덧붙여 인도 신화에서는 인간의 시조라는 '마누'가 세수를 할 때 손 안에 들어온 한 마리의 물고기를 보살펴준 덕분에 대홍수 때 살아남을 수 있었다는 일화가 있다.

켈트 신화

아일랜드를 중심으로 남아 있는 켈트 민족의 신화. 켈트 민족은 그리스어로 켈토이Keltoi, 라틴어로 켈타이Celtae 또는 갈리아Gallia라고도 불리며 다수 부족으로 구성되어 있었다. 그들은 유사한 언어, 문화, 종교 등을 가지고 있었으나 통일된 정치형태를 가지지 못했기에 부족 간에 전쟁이 벌어지고 다른 종족에 동화되면서 로마 세계와 북게르만 세계 사이에 묻혀 현재 유럽 각지에 뿔뿔이 흩어졌다.

켈트 신화에서는 신들의 역할이 명확히 체계화된 그리스 · 로마 신화와 달리 신, 요정, 영웅, 인간이 자유롭게 교류하고 자연계 생물과 초자연계 생물이 다양하게 변화하는 유동적인 세계가 그려진다. 그 뿌리에는 영혼불멸과 생명의 환생 사상이 짙게 흐르고 있다.

고고학 Archaeology

고고학의 기원

고대 연구에서 시작된 고고학은 발굴조사로 더욱 실증적인 학문이 됐다.

'고고학' 하면 흔히들 떠올리는 사람이 자서전《고대에 대한 열정Heinrich Schliemann's selbstbiographie》(1891)을 쓴 하인리히 슐리만 Heinrich Schliemann(독일 1822~1890)이다. 그는 원래 상업으로 재산을 모은 실업가였으나, 재산을 모두 쏟아부어 터키의 히살리크Hissarlik 언덕을 발굴해서 트로이 문명이 실재했다는 사실을 증명했다. 그 밖에도 미케네 문명 등을 발굴해 에게 문명 연구의 실마리를 제공하는 등 그는 발굴조사를 통해 실증하는 학문 '고고학'을 실현한 근세 최고의 고고학자였다.

고대 그리스에서 가장 오래된 호메로스의 서사시《일리아스 Iliad》(BC 8세기?)는 고대 그리스군과 현재 터키에 속하는 트로이군의 10년 전쟁을 그리고 있다. 어린 시절에 이 서사시를 읽은 슐리만은 트로이 시의 퇴적토 속에서 전쟁으로 인해 피해를 입었다고 생각되는 도토기를 발견하고 신화 속의 트로이 전쟁은 사실이라고 생각했다.

독일의 고대학자인 오트프리트 뮐러Karl Otfried Müller(1797~1840)는 고대 그리스사를 정립하기 위해서 신화를 폭넓게 활용하였다. 이는 정치와 예술, 미술적 유품의 연구였기에 애초에 고고학은 발굴이라는 실제 작업과 관계없이 시작됐다고 할 수 있다.

유럽에서 소위 '고전학'으로 출발한 고고학은 르네상스 운동 및 대항해 시대의 조류와 밀접하게 관련을 맺으면서 학문의 싹이 텄다. 고대 유적이 주목받자 15세기 왕후 귀족들이 골동품과 미술품 수집에 관심을 가지기 시작했고, 16~17세기에 박물관과 미술관도 만들어지면서 18세기 중반에는 대형박물관이 문을 열었다. 독일의 미술사 연구가인 요한 요하임 빙켈만Johann Joachim Winckelmann(1717~1768)이 폼페이 발굴을 보고 고대 그리스와 로마의 미술품을 과학적 관점에서 연구한《고대 미술사History of Ancient Art》(1764)를 저술하면서 실물을 바탕으로 고대를 연구하는 길을 열었고, 뮐러가《미술 고고학 교본Handbuch der Archäologie der Kunst》(1830)을 정리하면서 '고고학Archaeology'이라는 용어를 처음 사용했다.

한편 코펜하겐 박물관의 책임자였던 크리스티안 위르겐센 톰센Christian Jürgensen Thomsen(덴마크 1788~1865)은 전시품을 도류·도검류의 재질에 따라서 분류하고 인류사를 석기, 청동기, 철기의 세 가지 시대로 나누는 구분법을《북방 고대문화 입문Guideline to Scandinavian

고고학의 성립

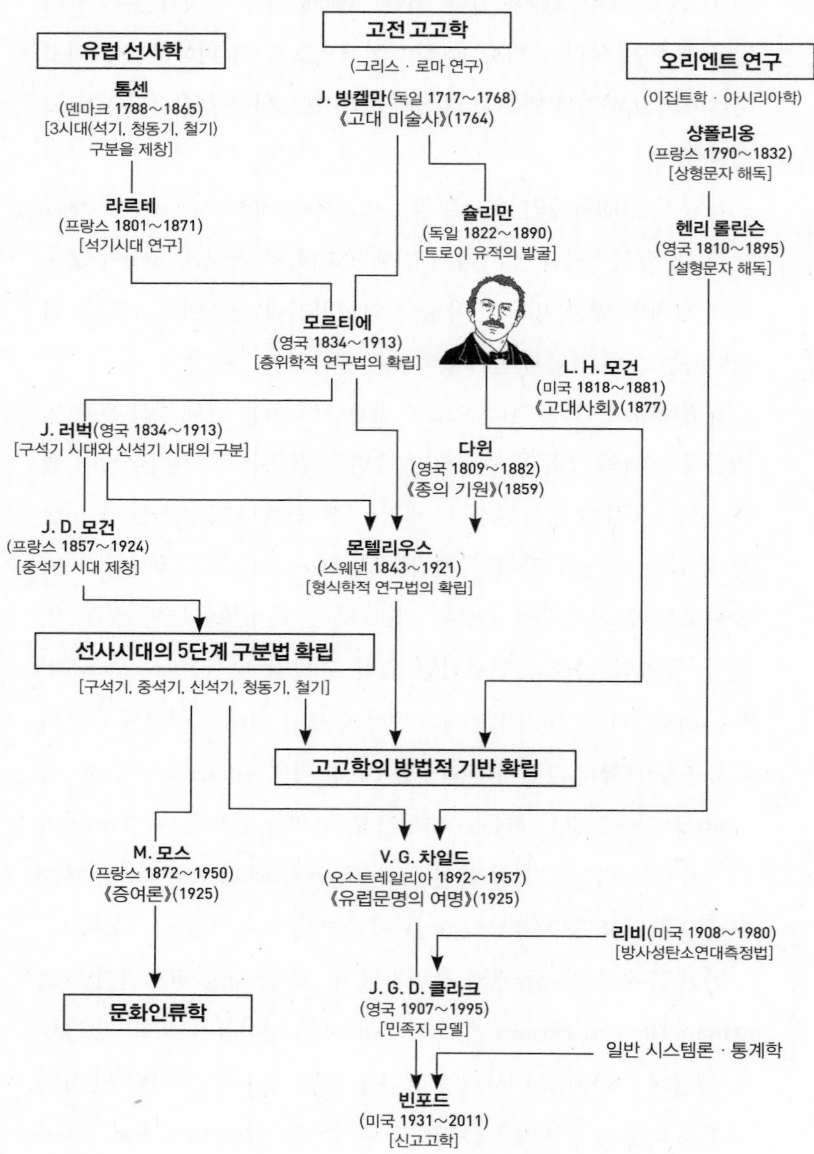

고전 고고학
(그리스 · 로마 연구)
유럽 선사학
오리엔트 연구
(이집트학 · 아시리아학)
톰센
(덴마크 1788~1865)
[3시대(석기, 청동기, 철기)
구분을 제창]
J. 빙켈만(독일 1717~1768)
《고대 미술사》(1764)
샹폴리옹
(프랑스 1790~1832)
[상형문자 해독]
라르테
(프랑스 1801~1871)
[석기시대 연구]
슐리만
(독일 1822~1890)
[트로이 유적의 발굴]
헨리 롤린슨
(영국 1810~1895)
[설형문자 해독]
모르티에
(영국 1834~1913)
[층위학적 연구법의 확립]
L. H. 모건
(미국 1818~1881)
《고대사회》(1877)
J. 러벅(영국 1834~1913)
[구석기 시대와 신석기 시대의 구분]
다윈
(영국 1809~1882)
《종의 기원》(1859)
J. D. 모건
(프랑스 1857~1924)
[중석기 시대 제창]
몬텔리우스
(스웨덴 1843~1921)
[형식학적 연구법의 확립]
선사시대의 5단계 구분법 확립
[구석기, 중석기, 신석기, 청동기, 철기]
고고학의 방법적 기반 확립
M. 모스
(프랑스 1872~1950)
《증여론》(1925)
V. G. 차일드
(오스트레일리아 1892~1957)
《유럽문명의 여명》(1925)
리비(미국 1908~1980)
[방사성탄소연대측정법]
J. G. D. 클라크
(영국 1907~1995)
[민족지 모델]
문화인류학
일반 시스템론 · 통계학
빈포드
(미국 1931~2011)
[신고고학]

Antiquity》(1836)에서 제창했다. 이 구분법은 조개무지가 자연퇴적이 아니라 인공적인 결과물이라는 것을 밝혀낸 톰센의 제자이자 덴마크 국립박물관 관장인 옌스 야콥 월사Jens Jacob Asmussen Worsaae(덴마크 1821~1885)의 발굴조사로 실증되었기에 그들은 고고학자의 명단에 이름을 올릴 수 있었다.

흙에 묻힌 옛날 건물과 출토품에 대한 흥미는 오래전부터 있었으나, '신이 만든 것'이라는 기독교적 가르침에 따르지 않고 기어이 찾아내서 체계적으로 조사 · 기록한 사람들 덕분에 고고학은 학문으로 성립될 수 있었다.

특히 크레타 섬과 미케네 지방의 발굴이 활발히 진행되면서 고대 후기의 연구가 고고학의 커다란 지표가 됐다. 그리스 조각과 도기화陶器畫의 발견은 고대 그리스를 포함한 지중해 세계의 문화 해명을 더욱 발전시켰다고 할 수 있다.

고고학의 전개

고고학은 고대 그리스 문명에서 기독교 문명, 아시아 전역으로 지역을 넓혀가는 동시에 연구 방법에 있어서도 그 범위를 확장하였다.

19세기 이후 유럽 문명이 시작된 땅으로 여겨지던 고대 지중해 세계에 대한 관심이 높아지면서 이집트 및 티그리스 강과 유프라테스 강에서 번영을 누렸던 고대 문명을 대상으로 한 근동 고고학이 활발해지고, 유럽인의 기본적 종교가 된 초기 기독교 문화와 미술을 대상으로 한 기독교 고고학도 전개됐다.

가령 기독교 이전에 중근동에서 시작된 미트라교Mithraism는 고대 로마 병사들 사이에서 믿어졌으며 유럽 전역에 퍼져 미트라교 신전 유적으로 남아 있었다. 대부분은 기독교도가 파괴했으나 지하에 예배당을 설치하는 등 초기 기독교와 비슷한 점도 많아 비교 연구도 이루어졌다.

또한 기독교의 바탕이 된 고대 유대 문헌에 대한 관심도 높아지면서 16세기경 시작된 히브리 고고학 혹은 성서고고학의 연구가 활발해졌다. 시대가 지나면서 1947년에 팔레스타인 사해 부근의 동굴에서 베두인 소년이 발견한 〈사해문서Dead Sea Scrolls〉는 히브리 고고학과 성서고고학 학자뿐 아니라 전 세계에 충격을 주었으나, 처음에는 문서의 연대가 얼마나 오래됐는지도 알지 못했다.

슐리만과 독일 고고학자 빌헬름 되르프펠트Wilhelm Dörpfeld(1853~1940) 등이 트로이 유적을 발굴했을 당시와 마찬가지로 많은 고고학자와 역사학자는 〈사해문서〉의 진위, 신빙성을 받아들이지 않았다. 미국의 오리엔트 연구학원 원장 윌리엄 폭스웰 올브라이트William F. Albright(칠레 1891~1971)는 이에 대해 두고두고 한탄하였다. 게다가 여러 나라에서 종교를 끌어들여 각종 논쟁을 불러일으켰기에 발굴된 고고학 사료의 과학적 연구를 전 세계에 공표하는 것은 20세기 후반이 되어서야 가능했다.

한편 스웨덴의 고고학자 오스카르 몬텔리우스Oscar Montelius(1843~1921)는 19세기 후반부터 고고학 자료의 편년(고고학적 자료를 시간적인 선후로 배열하고 그것에 연대를 부여하는 것-편집자 주)과 상대 연대 결정에 커다란 발자취를 남기고, 방법론으로 '형식학적 편년연구법'을

고고학의 필드

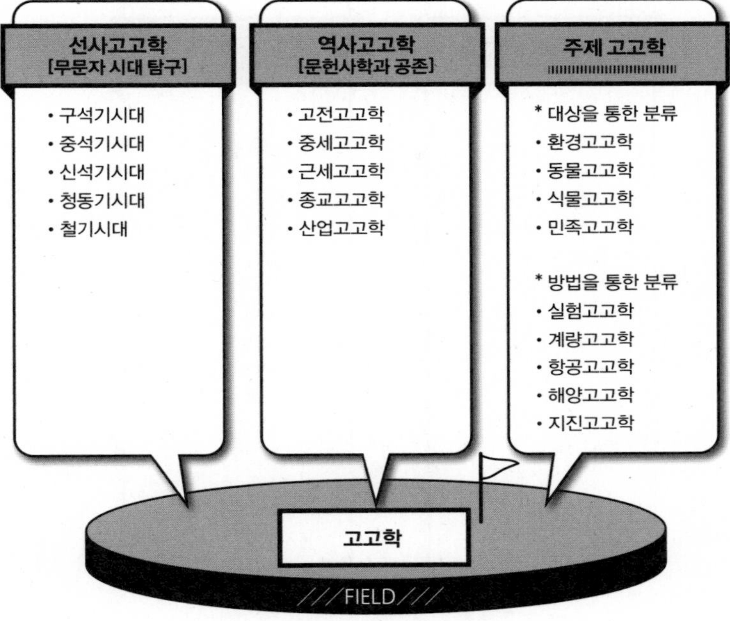

제창했다. 이를 통해 근대적 고고학을 확립하고 성과를 축적해서 세계적으로 큰 영향을 끼쳤다.

다른 한편 언어학에서 인도-유럽어의 연구가 진행됨에 따라 인도 선사 고고학이 전개되고, 인도-유럽인이 인도에 침입하기 이전의 인도 문화가 명확해졌으며 메소포타미아 등 서아시아 문화와 유사성이 있다는 것이 증명됐다.

그리고 알렉산더 대왕의 동방원정으로 열린 '실크로드'에 해당하는 지역에서 그리스 미술의 영향이 보이는 간다라 유적 등이 발굴되며 인도 불교미술의 시작과 전개, 주변 지방에서의 변천 양상

고고학과 관련 학문

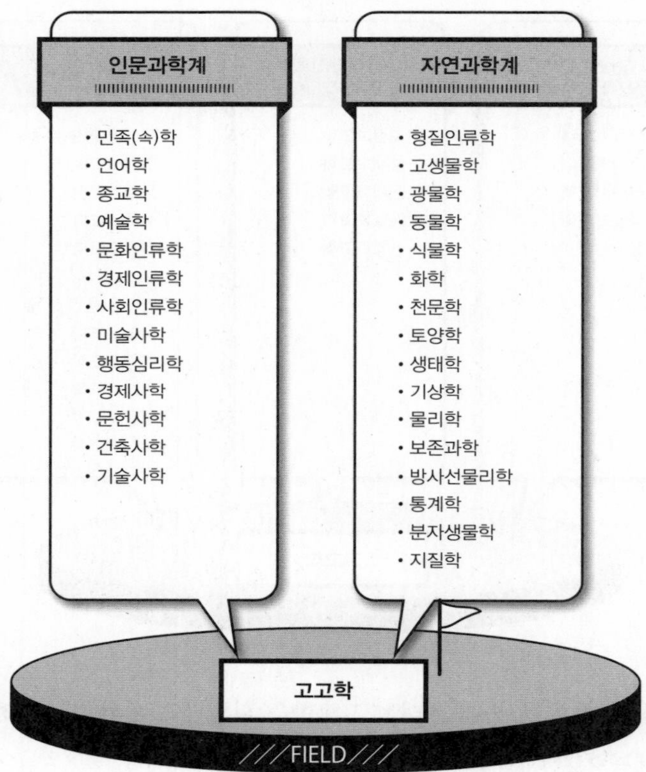

이 해명됐다.

이러한 유럽 고고학자의 아시아 전역에 대한 조사는 은殷과 주周 등 고대 중국 문화에까지 손길을 뻗었으며 신대륙으로 건너가 미국의 고고학도 전개하는 동시에 과학적 검증의 중요성 또한 널리 알렸다. 한편 유럽에서는 고고학이 선사시대를 검증하는 데 주력하는 것에 비해, 미국의 고고학은 인류학적인 요소가 주류를 이루었다.

앞으로 고고학을 공부하고 싶은 사람이 알아야 할 기초 지식

고대문자 해독

고대 그리스의 트로이를 발굴한 슐리만을 계승하여 아서 에번스는 그리스의 크레타섬에서 두 개의 문자체계를 발견했는데 이를 선형문자 A, 선형문자 B라고 이름 붙였다. 많은 언어학자가 이 문자의 해독에 도전하다가 실패했으나, 뜻밖에도 이것을 해독한 사람은 마이클 벤트리스라는 건축가였다. 그는 언어학자인 존 채드윅의 지원을 받으며 1852년 선형문자 B를 해독했다. 선형문자 A는 아직 해독하지 못했다.

하인리히 슐리만

호메로스의 《일리아스》에는 왕비 헬레네를 둘러싼 그리스와 트로이의 10년에 달하는 전쟁과 그 유명한 '트로이의 목마' 책략으로 하룻밤 만에 그리스군에게 함락당하는 전설의 도시 트로이가 그려져 있다. 이것을 읽은 소년이 성장해서 유복한 상인이 된 후 트로이를 발굴했는데, 그가 바로 슐리만이었다. 발굴된 여러 층의 흙 속에서 전쟁으로 파괴된 것이 분명한 토기류가 출현했고, 그때까지 신화 속의 전쟁으로만 여겨졌던 사건이 현실의 전쟁이었음이 드러났다.

로제타스톤

1899년 나폴레옹의 이집트 원정에서 나일강 지류 하구의 로제타에서 발견된 비석으로 현재는 영국 대영박물관에 있다. 이 비석은 이집트의 히에로글리프(신성문자)와 데모틱(민중문자), 그리스 문자라는 '2언어 3서체'로 쓰였으며 1822년 프랑스의 고대 이집트 학자 장 프랑수아 샹폴리옹의 해독으로 히에로글리프를 이해할 수 있게 되면서 다른 이집트어 문자가 연이어서 해석됐다.

사해문서

1947년에 사해 북서쪽에 있는 유적 키르벳 쿰란Khirbet Qumran 주변에서 발견된 972개 사본의 총칭으로 세계의 유대교학자 · 기독교학자를 전율시켰다. 그 이전에 가장 오래된 유대교 성서는 고대 알렉산드리아에 있던 그리스어의 70인역 성서와 4세기 히에로니무스가 번역한 라틴어 성서였는데 사해문서는 유대인의 히브리어로 쓰여 있었기 때문이다. 마소라 사본이라고 불리는 히브리어 성서도 있었으나 9세기의 것으로 알려졌다. 현재까지 11곳의 동굴에서 900점 정도의 고문서(조각도 포함)가 발굴되고 있으며 이것들도 사해문서로 취급되어 해독이 진행되고 있다.

2부

사회과학

SOCIAL SCIENCE

정치학 Political Science

정치이론의 성립

종교적 의미에서 해방되어 인간 본성에 기초한 국가론이 성립된다.

고대 그리스 역사가 헤로도토스는 《역사》에서, 투키디데스는 《펠로폰네소스 전쟁사》에서 정치에 관심을 나타냈다. 그러나 오늘날에는 고대 그리스 철학자 플라톤의 《국가The Republic》(BC 375)와 아리스토텔레스의 《정치학Politics》(BC 335?)을 정치이론의 원류로 생각한다.

플라톤과 아리스토텔레스에게 있어 정치란 도시의 정치적·종교적 공동체인 폴리스의 활동과 폴리스에 참여하는 시민의 목적을 찾아내는 것이었다. 그들은 정치학을 '선'과 '정의'에 대한 탐구로 보았으며 그런 의미에서 정치학은 여러 학문 분야 중에서도 최고의 학문이라 여겨졌다.

중세에는 국가란 신의 의지를 나타내는 것이라는 '신학적 국가관'을 둘러싸고 논의가 벌어졌으나, 르네상스와 종교개혁을 거치며 경험적 사고방식이 널리 퍼지면서 정치사상은 현대 정치학으로 이어지는 전환을 맞이했다. 이탈리아의 마키아벨리는 《군주론》에서 정치는 이기적인 인간이 질서를 만들어내는 과정이라고 인식하고 '통치기술(마키아벨리즘)'을 역설했다. 여기서 처음으로 군주 권력은 신의 의지가 아니라 내면적인 '국가이성'에 의해서 인정받는 것이라고 했으며 정치는 규범적·도덕적 제약에서 분리되어 근대 정치학으로 이륙을 시작했다.

그리고 영국의 토머스 홉스Thomas Hobbes(1588~1679)는 종교적이고 윤리적인 의미에서 완전히 독립해서 자연권은 인간에게 평등하게 있으며, 이것을 실현하기 위해서는 만인의 만인에 대한 투쟁이 필연적으로 일어난다고 했다. 또한 그것을 방지하는 수단으로 인간의 이성이 사회질서를 구축한다는 '사회계약론'을 내세워 선구적 업적을 남기고 근대 정치학의 창시자 중 한 명이 되었다.

영국의 존 로크는 개인의 생명, 자유, 재산 등의 자연권을 보호하는 권력을 국가에 위탁하는 사회계약이 필요하며, 국가는 입법기관과 집행기관이라는 두 개의 권력으로 분립시키는 것이 중요하다고 이야기했다. 나아가 국가가 사회계약을 파기하면 국민은 국가를 배제할 권리를 가진다는 일종의 '저항권'도 이야기했다.

프랑스의 장 자크 루소Jean-Jacques Rousseau(1712~1778)는 직접민주주의를 제창하며 프랑스 혁명의 이론적 기초를 제공했다. 홉스, 로크, 루소 등 '근대 자연법' 사상가는 공통으로 국가가 성립되기 이

정치이론의 성립

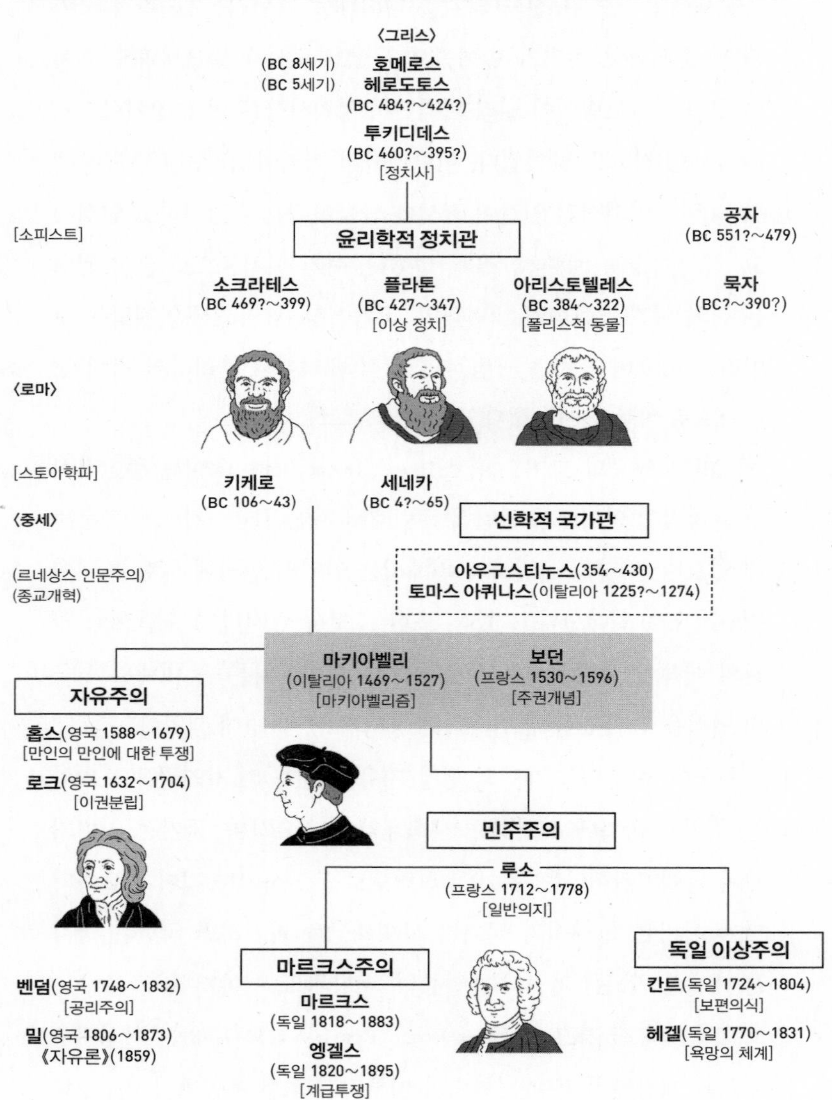

〈그리스〉
(BC 8세기) 호메로스
(BC 5세기) 헤로도토스
(BC 484?~424?)
투키디데스
(BC 460?~395?)
[정치사]
[소피스트]
윤리학적 정치관
공자
(BC 551?~479)
소크라테스
(BC 469?~399)
플라톤
(BC 427~347)
[이상 정치]
아리스토텔레스
(BC 384~322)
[폴리스적 동물]
묵자
(BC?~390?)
〈로마〉
[스토아학파]
키케로
(BC 106~43)
세네카
(BC 4?~65)
〈중세〉
신학적 국가관
아우구스티누스(354~430)
토마스 아퀴나스(이탈리아 1225?~1274)
(르네상스 인문주의)
(종교개혁)
마키아벨리
(이탈리아 1469~1527)
[마키아벨리즘]
보던
(프랑스 1530~1596)
[주권개념]
자유주의
홉스(영국 1588~1679)
[만인의 만인에 대한 투쟁]
로크(영국 1632~1704)
[이권분립]
민주주의
루소
(프랑스 1712~1778)
[일반의지]
마르크스주의
마르크스
(독일 1818~1883)
엥겔스
(독일 1820~1895)
[계급투쟁]
독일 이상주의
칸트(독일 1724~1804)
[보편의식]
헤겔(독일 1770~1831)
[욕망의 체계]
벤덤(영국 1748~1832)
[공리주의]
밀(영국 1806~1873)
《자유론》(1859)

전의 사회로 '자연 상태'를 상정하고 '사회계약'을 거쳐서 국가가 성립된다는 이론을 전개했다. 그들은 정치를 인식하는 원점에 인간을 놓고, 정치는 인간을 위해서 전개해야 한다는 새로운 정치관을 내세웠다.

정치이론의 발전

자본주의 발전을 배경으로 마르크스주의와 자유민주주의 정치이론이 전개됐다.

19세기에서 20세기에 걸쳐 세계의 자본주의 발전과 모순에 대해 마르크스주의 정치·경제이론만큼 시대의 전체 모습을 명확히 파악한 것은 없었다. 러시아의 블라디미르 레닌Vladimir Lenin(1870~1924)은 마르크스주의를 후진 자본주의 국가 러시아와 제국주의가 뒤덮은 국제 정세에 적용해서 이론화했다. 그의 이론은 러시아 혁명 성공을 추진력으로 삼아 세계의 노동운동, 식민지 민족해방운동의 지도적 이념이 됐다.

한편 마르크스주의 운동의 기세에 대항해서 서구 여러 국가는 원리적으로는 서로 용인할 수 없는 사상인 자유주의와 민주주의를 결합시킨 '자유민주주의'를 채택했다. 영국에서는 노동자계급의 참정권 획득을 배경으로 토머스 힐 그린Thomas Hill Green(1836~1882)이 자유방임주의는 한계가 보이기 시작했으므로 이에 대처하기 위해 개인의 정치적·사회적 자유를 보장해야 한다면서 경제적 자유주의가 낳는 폐해를 국가 정책으로 해결하자고 주장했다.

또한 자본주의 발달에 따라서 사회적 이해관계는 복잡해지고 노

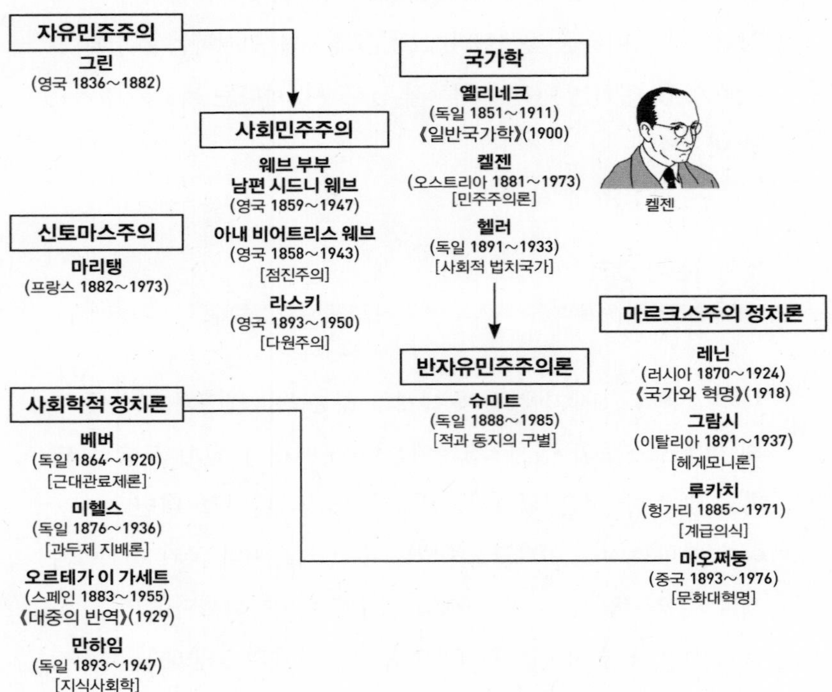

동조합만이 아니라 소비조합, 농업단체, 여성단체 등 새로운 사회 집단이 생겨났다. 시드니 웨브Sidney Webb(1859~1947)와 비어트리스 웨브Beatrice Webb(1858~1943) 부부는 이러한 현실을 반영하여 생산자 조합을 통한 자치를 원하던 길드 사회주의에 대항해서 소비자 협동조합을 중심으로 한 사회주의를 제창하며 '사회민주주의' 이론을 형성했다.

나아가 영국의 어네스트 바커Earnest Barker(1874~1960)와 해럴드 라스키Harold Laski(1893~1950)는 집단과 사회는 각각 정치적 권력을 가지고 있으며 국가는 다른 단체와 함께 존재하거나 모든 단체의 조정자 역할을 해야 한다고 주장했다. 이는 정치 현상에서 국가의 절대성을 부정하고 정치적 기능을 가진 모든 단체의 역할을 중시한 '다원적 국가론'이었다. 이런 입장은 국가와 정치를 중심으로 한 정치학에서 대상과 방법을 확장한 것이다.

한편 독일에서는 국가학이라는 학문 속에서 제도 혹은 법률적인 면에서 정치현상이 연구되고 있었고 시민사회 형성이 늦어지는 바람에 정치학이 여기에서 독립하지는 못했다. 다만 막스 베버는 이념형 조작을 기초로 한 사회과학 방법론을 확립시키고, 종교적 이념과 에토스를 중시하며 합리성 개념과 관료제적 지배의 중요성을 이끌어내면서 현대 정치학에 광범위한 영향을 끼쳤다.

현대의 정치학

실증적 정치행동론 등 미국에서 발달한 정치학이 주류가 됐다.

영국과 미국에서 교육의 보급과 선거권 확대로 인해 대중 속에서도 자유민주주의가 실현된다는 기대가 있었으나, 19세기의 낙관주의는 너무나 빨리 배신당하고 말았다. 팽창한 대중은 사회적 허무감을 가지고, 투표에 무력감을 품고, 정치과제에 무관심해졌다. 한편 매스컴을 교묘하게 조작한 독재자에게 대중이 도취하는 움직임이 퍼졌다. 이런 현상을 배경으로 필연적으로 생겨난 것이 현대 정치학이다.

'현대 정치학은 미국 정치학'이라 불릴 정도로 세계 정치학은 미

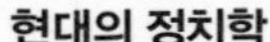

현대의 정치학

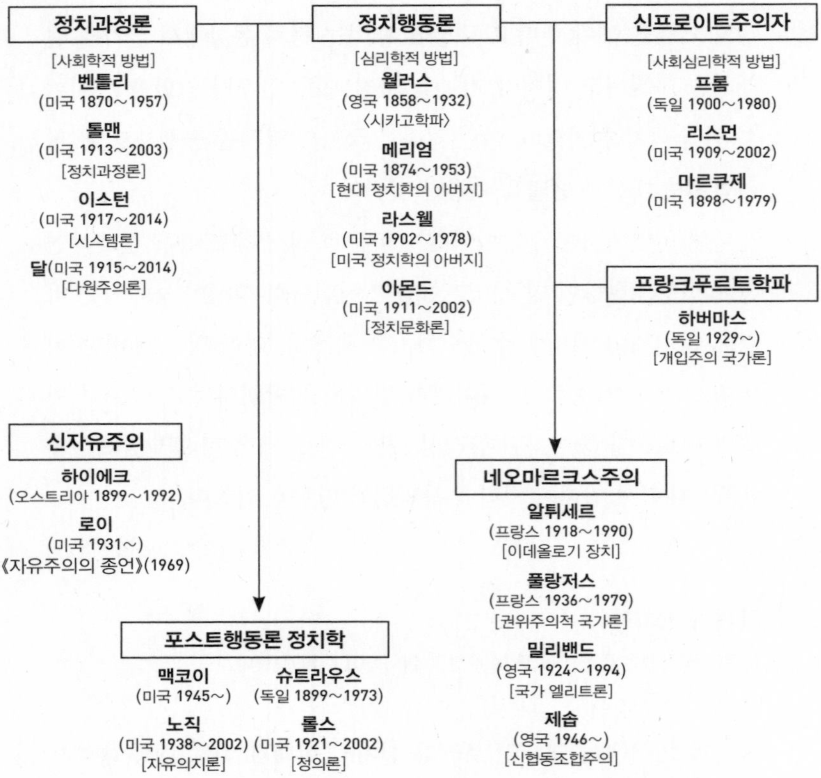

정치과정론

[사회학적 방법]
벤틀리
(미국 1870~1957)
톨맨
(미국 1913~2003)
[정치과정론]
이스턴
(미국 1917~2014)
[시스템론]
달(미국 1915~2014)
[다원주의론]

정치행동론

[심리학적 방법]
월러스
(영국 1858~1932)
〈시카고학파〉
메리엄
(미국 1874~1953)
[현대 정치학의 아버지]
라스웰
(미국 1902~1978)
[미국 정치학의 아버지]
아몬드
(미국 1911~2002)
[정치문화론]

신프로이트주의자

[사회심리학적 방법]
프롬
(독일 1900~1980)
리스먼
(미국 1909~2002)
마르쿠제
(미국 1898~1979)

프랑크푸르트학파

하버마스
(독일 1929~)
[개입주의 국가론]

신자유주의

하이에크
(오스트리아 1899~1992)
로이
(미국 1931~)
《자유주의의 종언》(1969)

포스트행동론 정치학

맥코이
(미국 1945~)
슈트라우스
(독일 1899~1973)
노직
(미국 1938~2002)
[자유의지론]
롤스
(미국 1921~2002)
[정의론]

네오마르크스주의

알튀세르
(프랑스 1918~1990)
[이데올로기 장치]
풀랑저스
(프랑스 1936~1979)
[권위주의적 국가론]
밀리밴드
(영국 1924~1994)
[국가 엘리트론]
제솝
(영국 1946~)
[신협동조합주의]

국에서 발달한 이론과 방식을 활용한 정치학이 압도적인 주류를 형성했다. 그 발단은 대중사회 현상이 시작된 시대였던 1908년에 출간된 영국의 그레이엄 월러스Graham Wallas(1858~1932)의 《정치에서 인간의 본성Human Nature in Politics》과 미국의 아서 F. 벤틀리Arthur F. Bentley(1870~1957)의 《정치과정론The Process of Government》으로 거슬러 올라갈 수 있다. 전자는 심리학적 방법을 활용해서 인간 성격과 정치행동과 환경의 관계를 고찰했으며 후자는 정치과정이란 이익집단 사이의 압력을 통한 조정이라고 했다.

제1차 세계대전 후 미국은 정치·경제적으로 크게 발전하고 대중사회화가 진전했다. 이에 따라 비교정치학 연구를 통해 시민의 정치행동과 집단의 상호작용 등을 연구할 필요성이 늘어났고 미국의 정치학은 발전을 거듭했다.

전후에는 월러스의 심리학적 방법을 찰스 메리엄Charles Edward Merriam(1874~1953)과 해럴드 라스웰Harold Lasswell(1902~1978)이 정치행동론으로 발전시키며 계승했다. 이어서 당시 종합적 사회과학 구축을 목표로 했던 행동과학운동의 흐름 속에서 데이비드 이스턴David Easton(1917~2014)은 개인과 집단의 정치적 행동을 단서로 정치현상을 과학적으로 인식하려는 정치시스템의 모델을 만들었다. 이런 행동과학적(행동론적) 방법은 앞에서 이야기한 심리학적 방식과 집단이론 방식도 포함된 것이며, 그 후 수량적 접근방식을 차용하면서 정치문화와 선거 연구에도 성과를 올렸다.

그러나 1960년 후반부터 베트남 전쟁과 워터게이트 사건으로 상징되는 정치적 혼란에 행동론 정치학은 손을 쓸 수가 없었고, 정치학 본래의 과제를 회피하고 있다는 비판을 받은 결과 '포스트행동론' 정치학이 생겨났으며 정치철학(규범적 정치론)이 부활했다.

한편 마르크스주의 정치학도 공산권 국가들이 부닥친 현실정치의 혼란과 격동에 대응해 새로운 전개를 이어나갔다.

앞으로 정치학을 공부하고 싶은 사람이 알아야 할 기초 지식

토머스 홉스

영국의 철학자. 홉스의 중심적인 사상은 인간은 본래 누구도 침해할 수 없는 권리인 자연권, 즉 생존권을 가지고 있다는 것이다. 그의 대표저작《리바이어던》(1651)을 살펴보면 자연권은 인간에게 평등하게 주어지고, 이것을 실현하기 위해서는 만인의 만인에 대한 투쟁이 필연적으로 일어난다고 이야기하며 그것을 방지하는 수단으로 인간의 '이성'이 사회질서를 구축해야 한다는 '사회계약론'을 내세우고 있다.

로크와 자유주의

로크는《통치론》(1689)에서 인간은 태어나면서부터 자유롭고 평등하며 생명, 건강, 재산을 침해당하지 않을 자연권을 가졌다고 선언했다. 이런 자연권을 바탕으로 주권은 인민에게 있고, 자연권을 지키는 것만을 목적으로 정부가 수립될 수 있다고 했다. 또한 권력기관을 둘로 나누어 입법기관이 자연법에 적합한 규정을 제정하면 집행기관은 그것을 시행한다고 했다(권력분립). 입법권과 집행권을 같은 사람이 장악하면 법의 복종에서 벗어나거나, 사적 이익에 맞춰서 입법을 하기 때문이라고도 했다. 그리고 정부가 시민의 신탁에 등을 돌리면 시민은 이를 변경할 권리를 가진다는 '저항권'을 주장했다. 로크의 사상은 권력의 방만한 행사를 수많은 제도로 제한하고 개인의 자유 실현과 보증을 요구하는 '자유주의' 사상이었다.

루소와 민주주의

루소는《사회계약론》(1762)에서 인간은 본래 완전히 자유롭고 평등하며 그로 인한 무질서를 방지하기 위해 사회계약을 맺고 정치체를 성립시킨다고 했다. 그렇게 성립된 정치체는 하나의 의지(일반의지)를 가진다. '일반의지'란 자유와 평등을 바라는 인간의 총체적 의지이자 주권의 기초이다. 국가는 일반의지를 바탕으로 성립된 사회의 공동 이익을 지키기 위한 조직이라고 이야기했다. 여기서 인민이 피통치자인 동시에 통치자인 직접민주제가 그려지며 실질적으로는 자급자족하는 지역사회가 구상되고 있다. 루소의 사상은 국가권력의 기초가 인민에게 있으며 정치란 다수의 의지를 바탕으로 이루어져야 한다는 '민주주의' 사상이었다.

인문과학
사회과학
자연과학
문화예술

마르크스와 엥겔스

카를 마르크스와 프리드리히 엥겔스는 인류 역사란 그 시대의 생산양식과 교환양식으로 구성된 사회조직을 토대로 하고 정치와 사상은 그 위에 구축된다고 설명했다. 인류의 역사는 계급투쟁의 역사이며, 현 단계에서 프롤레타리아트(무산계급)는 국가권력을 수중에 넣고 자본주의적 생산관계를 폐지하여 계급의 존립 조건을 없애 사회 전체를 해방해야 한다고 주장했다. 국가는 일정한 발전단계의 사회적 산물이며, 경제적 이익에서 충돌하는 모든 계급이 자기 자신과 사회를 없애지 않기 위해 충격을 완화하고, 계급 대립을 질서의 틀 안에서 유지하고자 하는 권력이라고 주장했다. 이런 정치와 국가에 대한 인식은 실천과 일체화되면서 자유주의 정치이론, 이상주의 정치철학과 근본적으로 대립했다.

베버의 정치론

막스 베버는 독일의 제1차 세계대전 패배 후 격동하는 정치 현실을 직시하고 날카롭게 정치를 통찰했다. 《직업으로서의 정치》(1919)에 따르면 정치에는 지배자와 피지배자가 존재하고 사실상 정치활동을 하는 사람은 소수자이며, 이런 현실에서 권력을 둘러싸고 투쟁이 생기는 것이라고 했다. 베버는 정치와 국가의 권력적 측면을 강조했으나 정치는 단순한 힘의 행사가 아니라 복종하는 측의 자발적 동의가 필요하다. 이 정통성의 근거로 '카리스마적 권위', '정통적 지배', '합법성'을 들 수 있다.

데이비드 이스턴과 시스템론

정치시스템 전체를 생명체와 같은 움직임을 가진 것으로 인식하는 것이 '시스템론'이다. 이스턴이 주장한 정치시스템론에는 국민이 일정한 환경 속에서 정치시스템에 대해서 요구 혹은 지지하는 '입력작용', 정치시스템이 요구에 대해서 정책을 결정하고 실행하는 '출력작용', 국민에게 검증받고 다음 정치시스템에 대한 요구 · 지지로 돌아가는 '피드백 작용'이 기본 도식으로 등장한다.

정치문화론, 정치발전론

정치시스템에서 행동을 규정하는 규칙의 밑바탕을 차지하는 의식, 태도, 신념, 감성을 다루는 것이 정치문화론이다. 가브리엘 알몬드는 시드니 버바와 공저로《현대시민의 정치문화》(1963)를 출판하고 정치활동의 빈도, 정치적 소통의 빈도, 정치적 토론을 하는 빈도, 정치문제에 대한 관심 정도에 대해 독일, 영국, 프랑스, 미국, 멕시코 시민에게 직접 조사했다. 이것은 공통의 틀로 시행된 최초의 비교실태조사로 알려졌다. 이렇게 각 지역의 정치를 비교하는 학문을 '비교정치학'이라고 한다. 알몬드는 당시 지배적이었던 미국의 정치사회를 모델로 한 '근대화론'에 반대해서 영미의 정치사회를 목표로 하지 않는 '정치발전론'을 제시했다.

네오마르크스주의

프랑스, 영국, 독일 등 서구의 마르크스주의 정치학은 기존의 전통적 마르크스주의 및 레닌주의와의 차별화를 시도했다. 이는 1960년대 이후 자본주의 사회의 변화 및 세계 공산주의 운동의 혼미를 배경으로 현대 정치학은 물론 주변 모든 과학의 영향을 반영한 것이었다. 학자에 따라 내용은 달라지나 단선적인 역사발전론에서 복합적인 역사발전론으로, 계급억압기관의 국가관에서 지배계급에 대한 자율적인 국가관으로, 국가를 분쇄하고 프롤레타리아트 독재를 실현한다는 설에서 국가를 민주주의적으로 변형하고 다원적인 사회주의를 실현한다는 설로 변화한 것을 특징으로 한다.

팍스 아메리카나

제2차 세계대전 후부터 1960년대 중반 무렵까지 미국은 압도적인 경제력 · 군사력 · 정치력으로 서방 세계의 질서를 유지해왔다. 서방측 세계에서는 미국의 패권적 지위를 '팍스 아메리카나'라 부르며 미소 양국체제와 공존해왔다. 냉전 후의 국제사회를 어떻게 이해할지는 여러 가지 설이 있다. 냉전에서 승리한 미국의 압도적인 군사력과 금융력을 배경으로 한 '초일극체제'라는 설과 반대로 미국 한 나라만의 세계관리체제가 아니라 주요 국가의 공동관리체제로 평화가 유지되고 있다는 설도 있다. 이것을 '공동패권체제'나 '다국간협력체제'라고 부른다. 21세기에 들어서 중국이 급부상하자 미국을 대신해서 중국이 패권을 잡는 시대가 올 것이라는 주장도 있다. 한편 국가를 가리지 않는 테러집단이 등장하면서 불확실성이 가중되어 세계는 더욱 불안정하고 혼란스러워질 것이라는 예측도 나온다.

국제정치학

제1차 세계대전 후에 등장한 새로운 학문영역. 국제관계를 계통적으로 파악하려 한 것으로 전쟁 전까지는 외교사와 국제법의 테두리 안에서 연구되고 있었다. 하지만 제1차 세계대전을 경험하면서 인류 전체를 파멸로 이끌 수밖에 없는 전쟁을 어떻게 회피할 것인가에 대한 근본적 물음에 직면하게 된다. 한편 아시아와 아프리카에서 독립운동이 활발해지면서 서구인들은 기존의 유럽을 중심으로 한 국제관계 인식에 한계를 느꼈다. 이런 국제정치 현실의 변화가 반영되어 새로운 학문 분야로 '국제정치학'이 탄생하였다.
영국의 역사학자이자 국제정치학자인 에드워드 헬릿 카는 국가의 생존에 필요한 국력증강을 가장 중시하고 국가 간 협력 가능성에 비관적인 입장을 '리얼리즘(현실주의)'이라고 불렀다. 그는 국제연맹과 부전조약 등으로 평화를 갈구하는 것을 '유토피아니즘'이라고 부르며 비판했다. 이런 리얼리즘의 기본적인 사고방식을 이어받으면서도 1970~1980년대에는 경제학, 인지과학, 행동과학 등을 국제정치학에 받아들여 예측 가능한 요인으로 국제정치를 설명하려는 '신자유주의'가 대두했다. 리얼리즘과 반대로 국가가 이성적으로 행동하면 교차협력이 생기고, 국제적인 합의와 규칙이 형성되어 국제사회에 일정한 질서를 가져다준다는 생각이 자유주의다.

경제학 Economics

경제학의 형성

경제학은 근대국가의 형성과 함께 생겨나서, 자본주의 발전과 함께 정밀화되어 왔다.

인간과 동물을 구분하는 것이 생산수단(도구)의 발명에 있다면, 우리의 경제생활은 인류 탄생과 함께했다고 할 수 있다. 실제로 고대 그리스 철학자들은 이미 경제생활에 대한 인식을 가지고 있었다. 다만 그것은 윤리학적 측면이 강하고, 사회와의 연관 속에서 경제를 파악하려는 것은 아니었다.

경제학이 하나의 독립된 사회과학으로 성립한 것은 애덤 스미스 Adam Smith(영국 1723~1790)가 등장한 18세기에 이르러서였다. 하지만 15세기 말에 이미 서유럽에서 근대국가 형성과 함께 국가적인 경제정책의 기초를 만드는 가운데 경제학이 하나의 학문으로 형태를 갖추기 시작했다. 애덤 스미스가 활동하기 전까지의 이 시기를

'중상주의 시대'라 부른다.

두말할 필요 없이 고대와 중세를 거치며 근거리와 원거리를 불문하고 사람들은 활발한 상업 활동을 하고 있었다. 하지만 근대국가가 형성되기 시작하자 화폐를 '국부國富'로 인식하게 됐으며 국내시장뿐만이 아니라 외국과 무역을 하기 위한 경제정책을 생각하기에 이르렀다.

이런 중상주의를 이론적으로 선도한 것이 영국의 존 할스John Hales(1516~1571)가 저술한 《잉글랜드 왕국의 번영에 대한 이론A Discourse of the Commonweal of this Realm of England》(1549)이었다. 당시 자본주의 경제발전이 눈부셨던 영국에서는 인플레이션이 발생하고 외국으로 화폐가 유출되는 등 다양한 문제가 발생하고 있었다. 할스는 이런 문제를 왕국의 경제문제로 인식하고 해결책을 찾아내는 중에 경제생활을 분석하게 됐다.

17세기가 되자 영국과 네덜란드 사이에서 격심한 무역 전쟁이 벌어졌고, 이런 와중에 나온 것이 토머스 먼Thomas Mun(영국 1571~1641)의 《무역차액론England's Treasure by Forraign Trade》(1628)이었다. 영국 동인도 회사 중역이었던 먼은 외국무역을 통한 상업자본 축적 활동이야말로 국부를 만들어내는 원천이라고 주장했다.

국부의 원천을 상품의 유통과정에서 본 할스와 먼에 비해, 국부의 원천을 생산과정에서 본 사람이 윌리엄 페티William Petty(영국 1623~1687)였다. 페티는 경제적 부는 '토지'와 '노동'으로 만들어지는 것이라 역설하며 처음으로 경제생활을 하나의 객관적 자연법칙으로 파악했다.

경제사와 경제학의 흐름

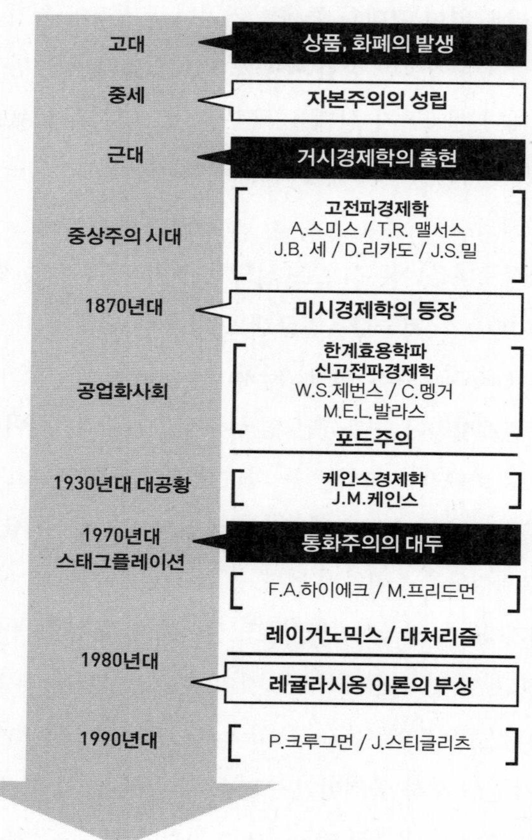

그리고 17세기 말에 중상주의도 커다란 변화에 직면하자 경제적 자유주의를 논하는 사람들이 등장했다. 니콜라스 바본Nicholas Barbon(영국 1640~1698)의 《교역론A Discourse of Trade》(1690)과 더들리 노스Dudley North(영국 1641~1691)의 《무역론Discourses upon Trade》(1691) 등이 자유무역론을 펼친 대표적 저서들이다.

고전파경제학의 성립과 발전

18세기는 고전파경제학이, 19세기는 마르크스경제학이 주도하며 역사는 경제학과 함께 움직이기 시작했다.

현재 '고전파경제학'으로 불리는 학문을 성립시킨 사람은 애덤 스미스였다. 원래 도덕철학 교수였던 스미스는 경제적 번영이야말로 사회질서 유지와 정의를 가져다준다는 생각에 경제문제를 탐구하게 됐다. 프랑스의 중농주의 경제학자 프랑수아 케네François Quesnay(1694~1774) 등과 교류한 후, 고향인 스코틀랜드에 돌아가 집필 활동을 시작하여 주요 저서인《여러 국민의 부의 성질과 원인에 관한 연구An Inquiry into the Nature and Causes of the Wealth of Nations》, 줄인 제목으로는《국부론The Wealth of Nations》을 1776년에 펴냈다.

애덤 스미스가 이끌어낸 경제학 이론은 중상주의에 대한 비판이었다. 국민 전체의 부를 증대시키기 위해서는 국가의 통제에서 벗어나 개개인의 경제활동을 자유롭게 방임해야 한다고 주장했으며, '보이지 않는 손'에 맡겨두면 결과적으로 사회 전체의 이익이 증대할 것이라고 언급했다.

애덤 스미스는 자본주의 사회의 경제활동을 엄밀하게 분석한 끝에 이런 생각을 이끌어냈다. 그 결과 하나의 체계로서 고전파경제학이 성립된다. 그 후 데이비드 리카도David Ricardo(영국 1772~1823)와 존 스튜어트 밀 등에 의해 '부르주아경제학'으로 확립되었다.

한편 산업혁명의 과정에서 주기적인 공황과 일반 대중의 빈곤화가 커다란 사회적 문제로 나타났다. 애덤 스미스와 리카도가 인식했던 것처럼 자본주의는 결코 '영원한 자연적 질서'가 아니었다. 이런 자본주의가 가진 어두운 측면을 날카롭게 파헤치고 본질적 메커니즘을 밝히려고 한 사람이 카를 마르크스였다.

마르크스의 경제학은 그의 저서 《정치경제학 비판을 위하여 A Contribution to the Critique of Political Economy》(1859)에도 쓰여 있는 것처럼 자본주의 경제를 자연 상태의 최종적 사회질서로 본 고전파 경제학에 대한 비판에서부터 시작됐다. 마르크스는 자본주의 경제 또한 역사성을 띄고 있음이 틀림없으며 조만간 극복해야 할 대상이라 여겼다. 핵심적인 이론은 '유물사관'이었다. 즉 사회의 토대가 되는 것은 '경제'라는 하부구조이며 역사는 생산력과 생산관계의 대립관계를 통해 발전한다고 생각했다.

마르크스는 그 후 전 3권의 《자본론》에서 자본주의 경제의 운동법칙을 철저하게 분석한 후 그 특수한 역사성을 명확하게 밝혔다. 일반적으로 마르크스경제학은 노동자의 궁핍화 법칙을 중심에 놓고 있으므로 현재는 유효성을 잃었다는 말도 있으나, 마르크스경제학의 본질은 오히려 자본주의 경제의 메커니즘을 해명한 것이라고 보아야 한다. 그런 의미에서 마르크스경제학은 결코 끝난 것이 아니라고 할 수 있다.

근대 경제학의 성립

고전파경제학에서 근대 경제학으로 나아간 20세기 경제학은 케인스를 중심으로 전개되었다.

1870년대가 되면서 경제학은 변혁의 시대를 맞이했다. 소위 '한계

혁명'이라고 불리는 시대였다.

윌리엄 스탠리 제번스William Stanley Jevons(영국 1835~1882), 카를 멩거Carl Menger(오스트리아 1840~1921), 마리 에스프리 레옹 발라스Léon Walras(프랑스 1834~1910) 등 세 명의 경제학자는 거의 동시대에 '한계효용이론'을 제창했다.

고전파경제학은 부를 만들어내는 노동력과 자원이 유한(희소)하다는 의식이 희박했다. '한계효용이론'은 '공급은 그 자체가 수요를 만들어낸다(세의 법칙)'는 낙관론을 몰아내고, 원재료를 시작으로 해서 제품 판매, 시장 모두에 한계가 있다고 인식했다. 그리고 경제운동을 그러한 유한성, 희소성에 대한 인식 아래서 해명할 것을 주장했다. 그들은 고전파경제학과 대립해서 '신고전파경제학'으로도 불렸다.

신고전파경제학의 뒤를 이어 로잔학파의 빌프레도 파레토Vilfredo Pareto(이탈리아 1848~1923)과 케임브리지학파의 알프레드 마셜Alfred Marshall(영국 1842~1924), 프리드리히 폰 비저Friedrich von Wieser(오스트리아 1851~1926), 조지프 슘페터Joseph Schumpeter(오스트리아 1883~1950) 등 19세기 말부터 20세기 초에 걸쳐서 많은 위대한 근대 경제학자가 등장했다.

하지만 20세기를 대표하는 근대 경제학자는 역시 존 메이너드 케인스John Maynard Keynes(영국 1883~1946)일 것이다. 케인스는 저서 《고용, 이자 및 화폐의 일반이론The General Theory of Employment, Interest and Money》(1936)을 발표하고 재정금융정책을 통해서 정부가 적극적으로 경제에 개입해야 한다고 주장했다.

경제학의 흐름

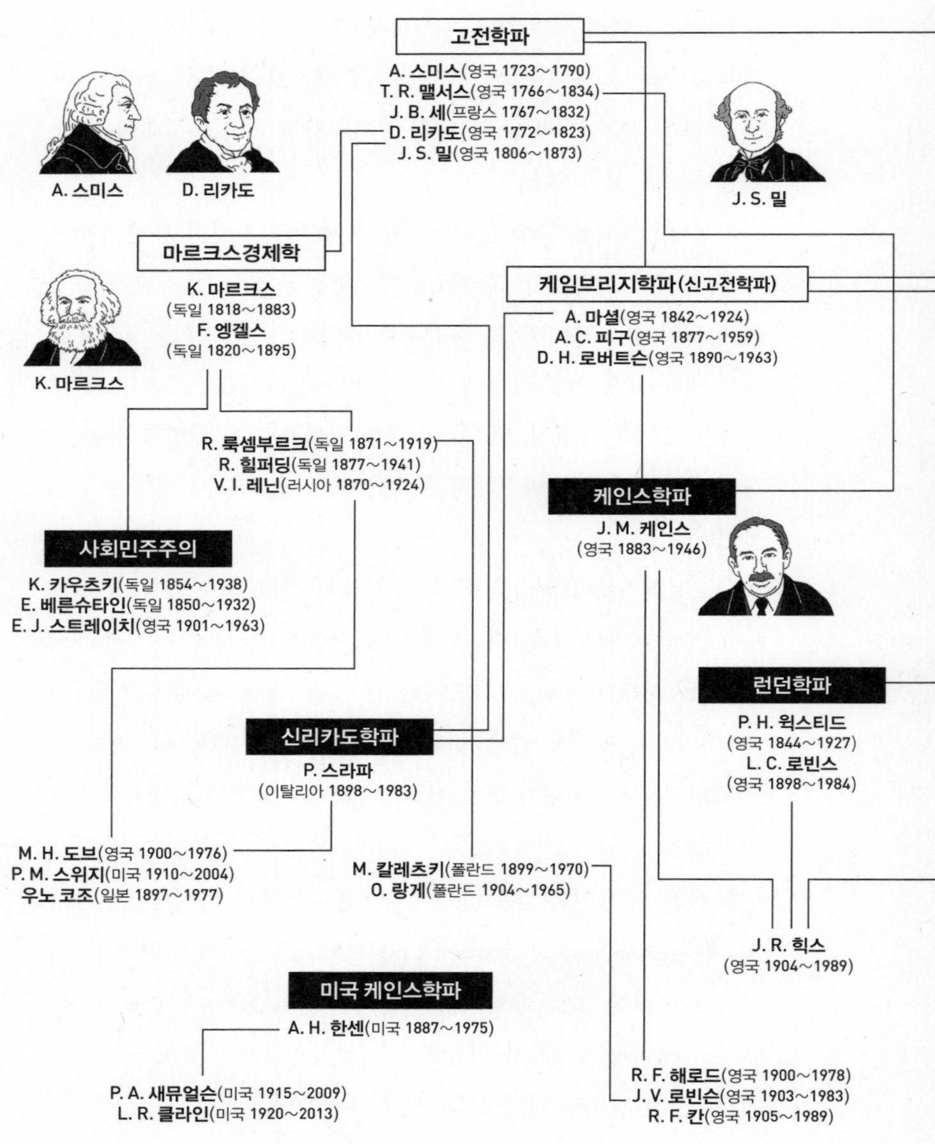

고전학파
A. 스미스(영국 1723~1790)
T. R. 맬서스(영국 1766~1834)
J. B. 세(프랑스 1767~1832)
D. 리카도(영국 1772~1823)
J. S. 밀(영국 1806~1873)
A. 스미스
D. 리카도
J. S. 밀
마르크스경제학
K. 마르크스
(독일 1818~1883)
F. 엥겔스
(독일 1820~1895)
K. 마르크스
케임브리지학파(신고전학파)
A. 마셜(영국 1842~1924)
A. C. 피구(영국 1877~1959)
D. H. 로버트슨(영국 1890~1963)
R. 룩셈부르크(독일 1871~1919)
R. 힐퍼딩(독일 1877~1941)
V. I. 레닌(러시아 1870~1924)
케인스학파
J. M. 케인스
(영국 1883~1946)
사회민주주의
K. 카우츠키(독일 1854~1938)
E. 베른슈타인(독일 1850~1932)
E. J. 스트레이치(영국 1901~1963)
런던학파
P. H. 윅스티드
(영국 1844~1927)
L. C. 로빈스
(영국 1898~1984)
신리카도학파
P. 스라파
(이탈리아 1898~1983)
M. H. 도브(영국 1900~1976)
P. M. 스위지(미국 1910~2004)
우노 코조(일본 1897~1977)
M. 칼레츠키(폴란드 1899~1970)
O. 랑게(폴란드 1904~1965)
J. R. 힉스
(영국 1904~1989)
미국 케인스학파
A. H. 한센(미국 1887~1975)
P. A. 새뮤얼슨(미국 1915~2009)
L. R. 클라인(미국 1920~2013)
R. F. 해로드(영국 1900~1978)
J. V. 로빈슨(영국 1903~1983)
R. F. 칸(영국 1905~1989)

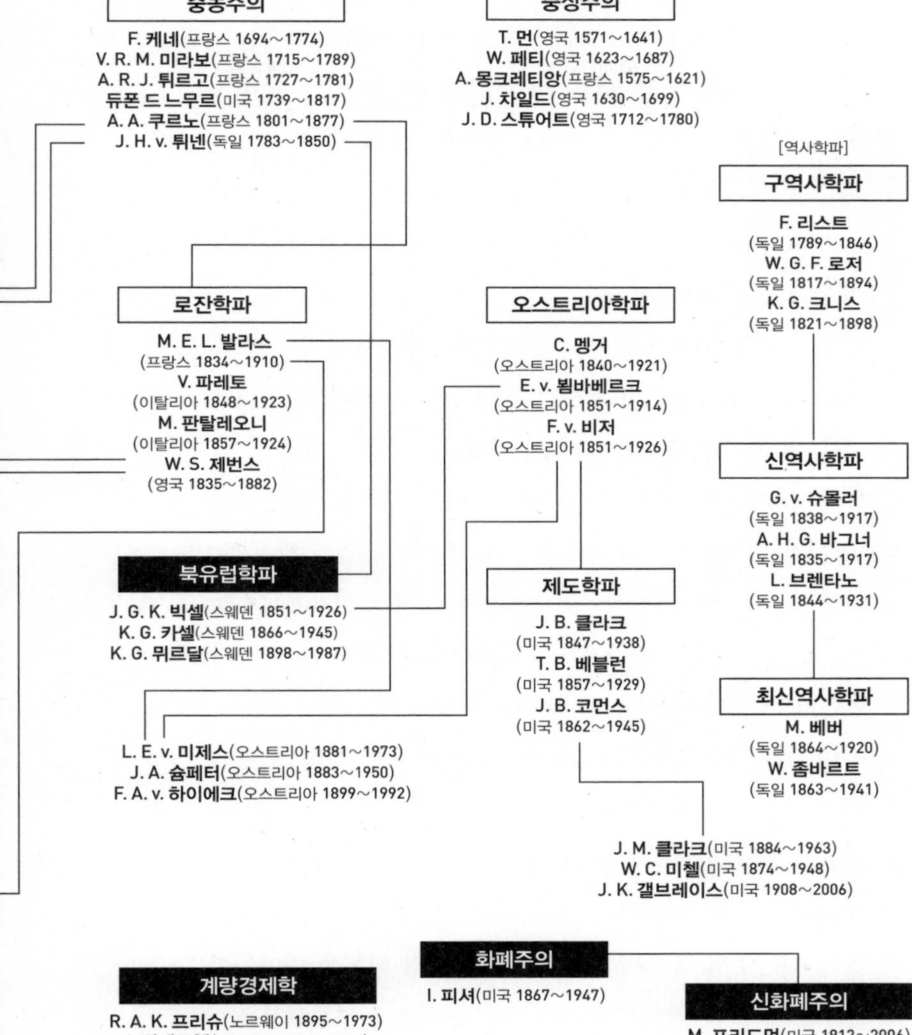

계량경제학

R. A. K. 프리슈(노르웨이 1895~1973)
J. 틴베르헨(네덜란드 1903~1994)
W. 레온티예프(러시아 1906~1999)

화폐주의

I. 피셔(미국 1867~1947)

신화폐주의

M. 프리드먼(미국 1912~2006)

애덤 스미스 이후 고전파와 신고전파는 시장에 맡겨두면 최종적으로 수요공급의 균형이 조정된다고 생각했으나 케인스는 그런 '자유방임'이 개별의 산업(미시경제)에는 해당해도 경제 전체(거시경제)에는 타당하지 않다고 주장했다. 따라서 심각한 경제 불황이 있을 때 정부가 일정한 경제정책을 취할 필요가 있다고 생각했다. 실제로 1930년대 당시 자본주의 경제는 장기간에 걸쳐 심각한 불황이 계속되고 있었다.

케인스 이후 근대 경제학의 체계는 미시경제학과 거시경제학으로 크게 구분된다. 그리고 거시경제학은 케인스경제학과 신고전파경제학이라는 두 가지 축이 중심이 되었다.

사실 케인스의 《고용, 이자 및 화폐의 일반이론》은 그 혼자가 아니라 케임브리지대학의 우수한 경제학자들, 구체적으로는 존 로빈슨Joan Robinson(영국 1903~1983)과 리처드 칸Richard Kahn(영국 1905~1989), 피에로 스라파Piero Sraffa(이탈리아 1898~1983), 오스틴 로빈슨Austin Robinson(영국 1897~1993), 제임스 미드James Meade(영국 1907~1995) 등 5인의 협력 아래에서 완성됐다. 이 다섯 명은 훗날 '케인스 서커스'라고 불렸다.

또한 폴 새뮤얼슨Paul Samuelson(미국 1915~2009)은 1948년에 《경제학Economics》을 출간, 케인스경제학과 신고전파경제학의 결합을 제창했다. 자본주의 국가는 빠짐없이 케인스의 이론을 받아들이고, 재정금융정책을 바탕으로 한 시장개입을 통해서 경제성장을 이룸과 동시에 교육과 복지, 의료라는 사회보장 분야에도 관여한다는 '복지국가체제'를 실현해갔다.

하지만 1971년에 미국의 닉슨 대통령Richard Nixon(1913~1994)이 발표한 금과 달러 교환의 일시 정지(닉슨쇼크)와 1972년의 제1차 석유파동을 계기로 미국 경제는 저성장시대로 진입했으며, 나아가 인플레와 경기정체가 동시에 진행되는 '스태그플레이션'에 빠졌다. 이 사태를 두고 여러 학파의 경제학자들이 어떤 유효한 대책도 내놓지 못하면서 점차 영향력을 잃어갔다. 대신 대두한 것은 시장의 가격조정기능을 중시하고 정부 주도의 재정금융정책을 부정하는 생각이었다.

이런 자유방임주의적인 이론의 근간이 된 것은 프리드리히 하이에크Friedrich Hayek(오스트리아 1899~1992)의 반합리주의였으나, 케인스에 반대하는 이론으로 가장 강한 영향력을 발휘한 사람은 밀턴 프리드먼(미국 1912~2006)이었다. 그는 "규제가 없는 자유주의 경제야말로 이상이며, 여러 시장에 대한 규제는 배제되어야 한다"라고 말하며 케인스주의 경제학자들에게 정면으로 반박했고, 통화 공급량 확대를 일정하게 유지하면 경제는 안정으로 이어진다고 생각했다.

이런 화폐수량설은 '통화주의monetarism'라고 불리며 미국을 시작으로 세계 자본주의 경제에 많은 영향을 주었으며, '수요와 공급 중에서 공급을 강화하면 경제는 성장한다'는 공급측 경제학Supply-side economics을 만들어냈다. 이 이론은 미국의 레이건 정권과 영국의 대처 정권에 의해서 각각 '레이거노믹스', '대처주의'라는 형태로 현실 정책에도 도입됐다.

1990년대에 들어서 PC와 인터넷 보급이 확대되면서 미국 경제의 민간설비 투자, 특히 IT 투자가 활발해지자 경기가 살아났다. 여

경제학의 필드

기서 IT 환경의 발전이 재화의 생산, 재고, 조달, 판매의 최적화를 촉진하고, 예측생산을 통해 수급의 시간차이로 발생했던 경기순환(재고순환)을 없애는 것이 가능하다는 소위 '신경제론'이 급부상했다. 하지만 2001년에 IT 거품이 꺼지면서 경기가 후퇴국면으로 이동하자 이 학설은 힘을 잃었다.

2008년 리먼 쇼크가 발생하고 전 세계가 심각한 금융위기에 빠지자 그때까지 미국 경제계에서 지배적 지위를 차지하던 신고전파적인 거시경제학이 이런 위기를 예측·방지하지 못했다는 점에서 신랄한 비판에 휩싸였다. 그 선봉에 선 사람이 폴 크루그먼Paul Krugman(미국 1953~)으로 신고전파가 부정한 케인스경제학의 본질을 현대 거시경제학에서 다시금 받아들여야 한다고 주장했다.

현재 경제격차, 특히 국가 간의 격차만이 아니라 선진국 내에서도 부유층과 빈곤층 사이의 격차가 심각하다는 것이 공론화되고 있다. 이에 대해 크루그먼과 비견되는 자유주의 경제학자 조지프 스티글리츠Joseph Stiglitz(미국 1943~)는 《불평등의 대가The Price of Inequality》(2013)를 시작으로 하는 수많은 저서를 통해 "세계화와 지나친 자유주의로 인한 격차 확대는 경제와 사회의 불안정과 혼란을 부르고 모든 사람을 위기로 이끈다"며 경종을 울렸다. 2013년 프랑스의 경제학자 토마 피케티Thomas Piketty(1971~)도 《21세기 자본Capital in the Twenty-First Century》을 발표했다. 정부가 부를 재분배하고 격차의 해소를 꾀할 필요가 있다고 이야기하는 이 책은 세계적인 베스트셀러가 됐다.

앞으로 경제학을 공부하고 싶은 사람이 알아야 할 기초 지식

근대 경제학과 마르크스경제학

1870년대의 '한계혁명' 이후의 경제학을 총칭해서 근대 경제학이라고 한다. 근대 경제학이 경제활동의 수량적인 파악에 주안을 두고 있다면, 마르크스경제학은 경제의 움직임을 계급대립의 모순에서 찾으려 한다. 미국과 영국은 근대 경제학이 주류를 차지하고 있으나, 일본 경제학은 오랫동안 근대 경제학과 마르크스경제학의 양대 진영이 대립하며 발전해왔다.

미시경제학과 거시경제학

일반적으로 현대경제학은 미시경제학과 거시경제학으로 크게 나뉜다. 미시경제학은 각각의 가계와 기업의 경제활동을 단위로 해서 경제법칙을 해명하려는 것이다. 한편 거시경제학은 국민총생산, 투자, 저축, 물가 등을 주요 단위로 하여 사회 전체의 경제활동 법칙을 해명하려는 것이다. 미시경제학을 최초로 정식화한 사람이 프랑스 경제학자 발라스였다. 거시경제학은 케인스가 그 기초를 다졌다.

계량경제학

이코노메트릭스Econometrics라고도 불린다. 경제변수의 관계를 수량적으로 파악해서 수학적 경제이론의 확립을 목표로 한다. 다양한 경제자료를 통계적으로 처리하고 이론모델을 검증·발전시켜서 미래의 경제적 예측을 시도하려는 경제학을 말한다.

보이지 않는 손

애덤 스미스의 《국부론》에서 사용된 유명한 말. 각 개인이 자신의 이익만을 추구한다고 해도 '보이지 않는 손'이 작용해서 결과적으로는 사회 전체의 이익으로 이어진다는 말이다. 사익의 추구가 공익이 된다는 자연조화적인 스미스의 생각은 정부의 시장경제에 대한 개입을 필요로 하지 않는 자유주의 사상의 기본이 된다. 이런 '보이지 않는 손'은 현재도 통화주의와 합리적 기대학파의 경제학에서 중심이 되고 있다.

통화주의

화폐정책의 중요성을 역설하는 경제학파. 통화주의는 케인스적인 총수요관리정책을 비판하는 중에 등장했다. 미국의 경제학자 프리드먼은 케인스적인 재정정책보다 경제성장률에 맞춘 일정량의 화폐공급증가 정책을 주장했다.

공급측 경제학

소득세 감세조치와 정부지출 삭감, 규제 완화 등을 방책으로 자원을 공공부문에서 민간부문으로, 소비재에서 자본재로 향하게 해서 생산력의 증강과 물가수준의 안정을 목적으로 한 경제정책.

뉴 케인스경제학

신고전파경제학은 시장가격이 가진 수급조절기능을 전제로 해서 생산자원의 효율적 배분조건을 분석했다. 이에 대해 케인스는 시장 조정기능의 한계를 지적함으로써 실업의 발생원인을 해명하려 했다. 이른바 '뉴 케인스경제학'은 불완전경쟁 하에서 가격분석을 고려하면서 시장가격 조정기능의 불완전성과 실업문제를 연결지어 분석함으로써 케인스경제학을 재구축하려고 한다.

사회학 Sociology

사회학에 이르기 전의 역사

'사회의 본질은 무엇인가'를 끊임없이 탐구하는 사회학은 '사회계약론'에서 시작됐다.

사회학은 '경계를 초월한 지식'이라 불리며 사회현상의 다양한 측면을 품고, 통합하는 학문으로 성립됐다. 그러므로 사회학에는 기초이론과 공통이론이 없다고 말하는 학자도 있다. 하지만 사회학이라는 학문이 성립된 과정을 살펴보면 나름대로 시대적인 요청이 있었다는 사실을 알 수 있다. 그것이 무엇인지 살펴보기로 하자.

사회학을 포함한 사회과학의 맹아는 17세기 영국의 철학자 토머스 홉스와 영국 경험론의 아버지라고 불리는 존 로크 등이 사회계약론을 주창하고 근대적인 정치철학 이론의 토대를 마련한 것에서 비롯됐다. 실제로 '사회계약'이라는 말이 최초로 사용된 것은 프랑스에서 활약한 철학자 장 자크 루소가 1762년에 저술한《사회계약론Of the Social Contract, or Principles of Political Right》에서였다. 사람들 사이의 합의와 약속을 통해서 국가와 법, 사회질서가 형성된다는 것이 이 책의 주요 내용으로 루소는 그 원리를 일반의지와 사회계약론에서 구했다.

이에 반론한 사람이 스코틀랜드 철학자 데이비드 흄과《국부론》으로 잘 알려진 애덤 스미스였다.《인간 본성에 관한 논고A Treatise of Human Nature》(1739)에서 영국 경험론 철학을 완성한 흄은 사회질서의 전형은 의도적인 약속과 계약이 아니라, 자연 발생적이고 또한 강제적이지 않은 '컨벤션convention(관습)'이라고 주장했다. 사회질서의 형성을 의도치 않은 결과로 본 흄은 법과 질서를 '계약'으로 본 홉스와 로크와는 다른 새로운 생각을 제시했다고 평가받는다.

사회학 탄생과 고전적 이론의 형성

사회학의 구상이 학문으로 확립, 형성되기까지는 약 100년이 걸렸다.

학문의 시작을 명확히 하는 것은 어떤 학문이든 어려우나 '사회학'이라는 명칭은 예외이다. 19세기 전반 프랑스 사상가 오귀스트 콩트가 저술한《실증철학강의The Course in Positive Philosophy》(1838) 제4권에서 처음으로 'Sociologie(불어, 영어로는 Sociology)'라는 단어가 사용되었다.

콩트는 사회에는 질서(재건)와 진보(파괴)의 움직임이 있고, 이를 관찰하기 위해 실증주의적 관점에서 경제학, 정치학, 윤리학 등을 통합하는 새로운 연구 분야가 사회학이라고 서론에 적었다.

사회학의 탄생에는 콩트와 함께 스펜서Herbert Spencer(영국 1820~1903)의 이름도 잊어서는 안 된다. 이 두 사람은 사회유기체설의 입장에서 사회진화론에 입각한 지식을 제공하기 위해 적자생존과 자유방임주의를 주장했다. 사회진화론은 당시 주목을 받고 있던 다윈의 진화론에서 힌트를 얻은 것이나 이것은 나중에 19세기 미국 사회에 커다란 영향을 주고 사회시스템 이론을 선도하게 된다.

실증주의에서 시작된 사회학이 학문으로 확립되기 위해서는 19세기 말까지 기다려야 했다. 《공동사회와 이익사회Gemeinschaft and Gesellschaft》(1877)를 저술한 페르디난트 퇴니스Ferdinand Tönnies(독일 1855~1936), 《사회분화론On Social Differentiation》(1890)의 게오르크 지멜Georg Simmel(독일 1858~1918), 그리고 사회학의 가장 중요한 고전 중 하나인 《프로테스탄트 윤리와 자본주의 정신The Protestant Ethic and the Spirit of Capitalism》(1904~1905)을 저술한 막스 베버, 《사회분업론The Division of Labour in Society》(1893)의 에밀 뒤르켐 등이 세기의 전환기에 나타났다. 역사적으로 말하면 이 시기에 사회학의 고전적 이론이 형성되었다고 해도 좋다.

그중에서도 베버는 근대화의 근본적인 원리를 '합리성'에서 구하고 사회학의 다양한 분야에 커다란 영향을 끼쳤다. 합리성의 전형적인 예로서 미국의 정치가 벤저민 프랭클린Benjamin Franklin(1706~1790)의 "Time is money(시간은 돈이다)"를 들 수 있다.

베버는 시간을 화폐와 마찬가지로 생각하고 시간을 '활용하는' 정신이야말로 자본주의 사회, 즉 근대 사회를 형성해왔다는 것을 밝혔다. 동시에 종교의 역할을 냉정하게 분석하고 과학적 방법을 활용해서 종교가 사회에 어떤 본질적인 역할을 하는지를 밝혔다. 즉 경제활동의 '세속'과 종교활동의 '신성'은 사회에서 빼놓을 수 없는 한 쌍으로 보아야 한다고 지적했다.

또한 에밀 뒤르켐은 《사회분업론》에서 '간접적 사회'라 불리는 분업이 발달하지 못한 사회에서는 사람들이 기계적으로 연대하고 같은 가치관과 감성을 공유한다고 정의했다. 반면에 분업이 발달한 '조직적 사회'에서는 개개인의 사회 전체에 대한 의존 및 개인간 상호의존의 필요성이 높아지므로 복잡하고 유기적인 연대로 변해간다고 주장했다.

페르디난트 퇴니스는 자본주의란 게젤샤프트(이익사회)에 지나지 않으며, 정상적인 사회가 성립하기 위해서는 가족과 지역으로 이루어진 게마인샤프트(공동사회)라는 대립항과 한 쌍을 이룰 필요가 있다고 주장했다. 그리고 자본주의는 분업의 이상적인 형태에 지나지 않으며 정상적으로 분업이 이루어지려면 '유기적 연대'라는 독특한 도덕의식이 뒷받침되어야 한다고 말했다.

시카고학파의 탄생

제1차 세계대전 이후 뒤처졌던 미국이 사회학 연구의 중심이 됐다.

유럽에서 사회학에 대한 논의가 이루어질 무렵 미국은 농업국이었

사회학의 흐름

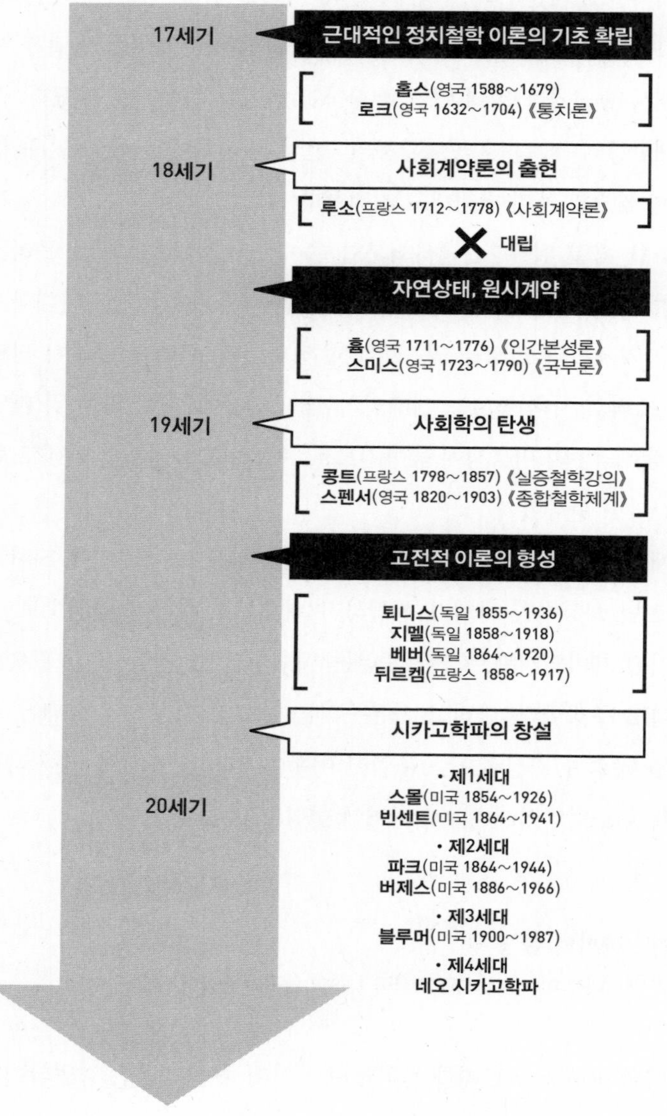

17세기
근대적인 정치철학 이론의 기초 확립
홉스(영국 1588~1679)
로크(영국 1632~1704) 《통치론》
18세기
사회계약론의 출현
루소(프랑스 1712~1778) 《사회계약론》
대립
자연상태, 원시계약
흄(영국 1711~1776) 《인간본성론》
스미스(영국 1723~1790) 《국부론》
19세기
사회학의 탄생
콩트(프랑스 1798~1857) 《실증철학강의》
스펜서(영국 1820~1903) 《종합철학체계》
고전적 이론의 형성
퇴니스(독일 1855~1936)
지멜(독일 1858~1918)
베버(독일 1864~1920)
뒤르켐(프랑스 1858~1917)
시카고학파의 창설
20세기
• 제1세대
스몰(미국 1854~1926)
빈센트(미국 1864~1941)
• 제2세대
파크(미국 1864~1944)
버제스(미국 1886~1966)
• 제3세대
블루머(미국 1900~1987)
• 제4세대
네오 시카고학파

으나 남북전쟁(1861~1865)으로 시장이 통일되면서 본격적인 산업혁명이 진행됐다. 그리고 스펜서의 '사회진화론'을 받아들였으나 이후 거대 도시(메트로폴리스)의 출현과 함께 미국은 독자적인 사회학 발전으로 나아갔다.

영광과 좌절이 교차하는 메트로폴리스 사회에서 시민의 생활양식이 크게 바뀌면서 생겨난 '도시사회학'을 표방한 사람이 신문기자를 거쳐 시카고 대학에 초청된 로버트 파크Robert E. Park(미국 1864~1944)였다. 특히 시카고는 19세기 후반부터 흑인이 주를 이루는 남부 출신 노동자들과 대량의 이민을 받아들이며 급속하게 인구가 증가했다. 산업화와 도시화를 동반한 다인종 · 다언어 · 다문화 사회가 이루어지면서 말 그대로 미국의 축소판 같은 도시가 됐다.

석유왕 존 록펠러John D. Rockefeller(미국 1839~1937)의 기금을 바탕으로 1890년에 시카고 대학이 설립되고, 2년 후에 세계 최초로 사회학부가 개설됐다. 미국 사회학 연구의 거점이 된 이곳에서 '시카고학파'가 탄생했다. 로버트 파크는 그 중심에 서 있던 인물로 급속하게 규모가 커진 시카고를 모델로 해서 거기서 분출되는 사회문제를 인간생태학의 관점에서 해결하는 도시사회학의 기본 과제를 설정했다.

또한 개인주의적 정서가 강한 미국에서 조지 허버트 미드George Herbert Mead(1863~1931)는 《자아의 발생과 사회적 통제》(1925)라는 저서를 통해 '개인은 사회적으로 형성되고, 사람들과의 관계 속에서 성장하며, 사회성을 잃은 개인의 출현은 일그러진 성장의 결정체'라고 이야기했다. 나아가 미국 사회학 협회의 창립 멤버 중 한 명이기도 한 찰스 쿨리Charles Cooley(1864~1929)는 '거울에 비치는 자아'로 이름을 알리며 개인과 사회는 같은 실체의 두 가지 측면이라고 말했다.

기능주의 사회학의 신세계로

성숙한 사회에 등장한 기능주의는 사회학의 체계화가 실현된 것처럼 보였다.

19세기 말부터 20세기 초에 걸쳐서 성숙한 사회학은 이론사회학의 새로운 국면을 열었다. 그 정점에 선 사람이 미국의 사회학자 탤컷 파슨스Talcott Parsons(1902~1979)였다.

탤컷 파슨스는 한 부분의 다른 부분과 전체에 대한 공헌을 묻는 '기능주의'와 사회를 구조적으로 인식한 후 전체의 체계와 규칙성을 설명하려고 한 '구조주의'를 통일해서 '구조기능주의'를 제창했다. 그리고 사람의 행위 네트워크를 시스템으로 파악하고, 그 변동 메커니즘까지 모델화한 장대한 이론을 만들려고 했다.

탤컷 파슨스는 《사회적 행위의 구조The Structure of Social Action》(1937~1939)에서 ①개인의 동기부여를 조직화한 '퍼스널리티 시스템', ②복수 행위자의 상호행위에서 만들어지는 '사회 시스템', ③규범, 가치, 심볼(상징, symbol)을 통해 구성되어 개인의 행위에 방향을 부여하는 '문화 시스템', ④ 나아가 후기에 추가된 행위 체계인 '행동 유기체 시스템' 등 네 가지 시스템을 논했다. 특히 '사회 시스템' 도식은 일반적으로 적용 가능한 이론 도식으로 일본과 동유럽 여러 나라, 개발도상국의 근대화 과정을 분석하기 위해 자주 활용되며, 여러 체제의 차이를 넘어서 세계적으로 보급되었다.

한때 미국을 중심으로 일세를 풍미했던 탤컷 파슨스의 이론은 그 후 이론의 보수성 등이 비판을 받으며 급속도로 기세가 꺾이고 1960년대 이후에는 수많은 비판 · 단죄를 받았다.

유럽 사회학의 복권

탈공업화로 사회학은 더욱 다양해지고, 연구대상 영역도 더욱 분화한다.

1960년대 사회학은 새로운 국면을 맞이했다. 탤컷 파슨스에 이어서 시카고학파 제3세대에 속하는 허버트 블루머Herbert Blumer(미국 1900~1987)는 인간은 의미의 세계에 살고 있으며, 그 의미는 끊임없이 변화한다는 사회관으로 탤컷 파슨스의 구조적 사회관을 비판하고, '상징적 상호작용론'이라는 공적을 남겼다. 또한 어빙 고프먼Erving Goffman(캐나다 1922~1982)은 가장 좁은 영역인 일상생활에 초점을 맞추고 사람들의 사회적 상호작용 방식을 해명하기 위해 그 질서를 연극에 비유해서 그려내고자 했다.

다니엘 벨Daniel Bell(미국 1919~2011)은 《이데올로기의 종언The End of Ideology》(1960)에서 정보사회에서는 모던(근대)과 포스트모던 사이에 틈이 생길 수밖에 없다는 이유를 설득력 있게 밝혔다.

1970년대에 들어서자 포스트모더니즘 사상은 프랑스를 중심으로 전 세계로 퍼져나간다. 그 키워드가 된 것이 언어에 관한 연구였다. 근대 언어학의 아버지라고 불리는 페르디낭 드 소쉬르, 구조주의 인류학의 클로드 레비스트로스, 언어철학의 루트비히 비트겐슈타인Ludwig Wittgenstein(오스트리아 1889~1951) 등을 거쳐 사회학적으로 흥미로운 업적을 남긴 사람은 프랑스 철학자 미셸 푸코였다. 푸코는 모던이 가진 억압성을 철저히 폭로하고, 포스트모더니즘 풍조를 크게 일으킴으로써 이전의 탤컷 파슨스처럼 시대를 둘러싼 모든 담론들의 교차 지점을 통과했다.

독일에서는 위르겐 하버마스Jürgen Habermas(1929~)와 니클라스 루만Niklas Luhmann(1927~1998)이라는 두 사회학자가 논쟁을 벌이면서 현대의 새로운 사회학을 구축해갔다. 위르겐 하버마스는《의사소통행위이론Theory of Communicative Action》(1981)에서 대화와 커뮤니케이션으로 구성된 생활영역인 '생활세계'가 거대한 자동제어 조직인 '시스템'에 침식된 것이 20세기이며 이것을 유일하게 해명할 수 있는 것은 사회학이라고 이야기했다. 한편 니클라스 루만은《사회의 시스템Social Systems》(1984)에서 탤컷 파슨스의 사회 시스템은 크게는 세계 시스템부터 작게는 개인에 이르기까지의 계층적 구조로 이루어졌다고 보고 다차원적, 상호보완적, 상호침투적인 시스템을 고안했다. 니클라스 루만은 후기에 이르러 '개인'을 출발점으로 두는 이론 구성을 명확하게 거부했다.

영국에서는 중도좌파인 블레어 노동당 정권의 브레인이자 재귀적 근대화reflexive modernization를 콘셉트로 하여 '제3의 길'을 제창한 앤서니 기든스Anthony Giddens(1938~)를 들 수 있다. 그는 마르크스와 베버 등의 고전을 다시 살펴보며 '이중의 해석학'을 바탕으로 한 사회학의 새로운 이론 및 방법론을 제시했으며 나아가《사회구

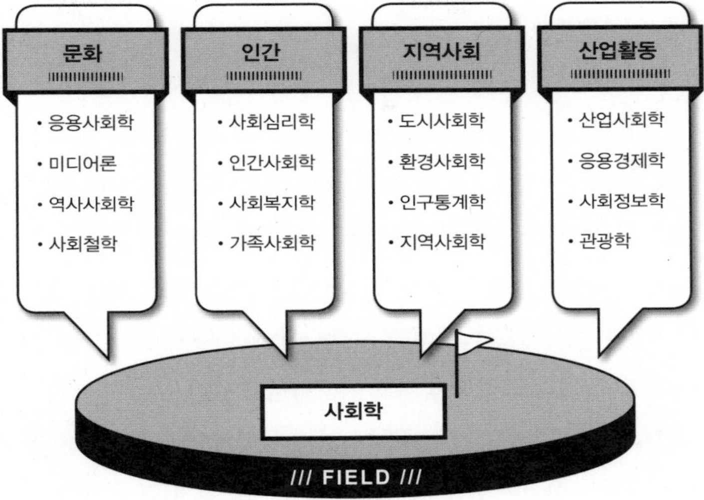

성론The Constitution of Society》(1984)에서는 사회학의 주요 문제인 '구조'와 '에이전시'의 이중성 속에서 양자택일도, 인과론적 도식도 아닌 양자를 '상관적 관계'로 파악하는 길을 제시했다.

다양한 조류를 소화하는 사회학

서로가 얽히고설키고 영향을 주고받으면서 사회학은 발전한다.

금세기 들어서 사회학의 중심은 다시 유럽이 되었다. 동시에 어느 특정 이론이 일원적으로 세계의 사회학계를 지배하는 경향은 희박해졌다. 새로운 이론이 세계 곳곳에서 연이어 등장하고 있으나, 그

토론의 대상은 반드시 전문 사회학자에 의해서만 선택되지 않으며, 다양한 패러다임에 대한 충분한 숙고와 함께 여러 가지 복잡한 결합이 시도되고 있다. 사회학의 제도화가 진전된 만큼 최근 새롭게 등장한 현상인 현지화와 세계화, 급속한 정보사회, 리스크 사회 등에 대해서도 사회학은 새로운 이론적 시각을 구축하고 있다.

기존의 노동, 종교, 계급, 가족, 젠더 등은 물론이고 인터넷으로 대표되는 현대 사회의 유행현상도 사회학의 연구 분야가 되고 있다. 어느 쪽이든 사회를 보는 방법론적 시각은 구조, 기능, 현상학 등 제각각이며 때로는 이러한 시각들이 서로를 비판·견제하거나 결합하면서 그 종착점을 찾기도 어려워지고 있다.

앞에서 이야기했듯 기초이론이 없는 사회학이지만 그것은 결코 위기(약점)가 아니다. 현대 사회는 다양한 성격의 여러 문제가 산적해 있고, 그것들이 서로 영향을 주고받으며 더욱 복잡한 현상들을 낳고 있기에, 그러한 현실을 미리 인식한 학문으로서 사회학이 가지는 의미는 크며 앞으로도 더욱 다양한 형태로 발전해나갈 것이다.

앞으로 사회학을 공부하고 싶은 사람이 알아야 할 기초 지식

가치자유

막스 베버의 용어. 사회학에서 기본 중의 기본이지만 틀리기 쉬운 이 개념은 결코 가치를 버리는 것도, 중립적인 가치를 지니는 것도 아니다. 자신의 가치이념을 가지는 동시에 자신의 관점에 얽매이지 않고, 자각적으로 반성하면서 세계를 재인식하여 그 시점의 사회현상을 명확히 파악하고 엄밀하게 논술을 구성하는 것이다.

실증주의와 경험주의

르네 데카르트, 몽테스키외, 콩도르세, 생시몽으로 이어지는 프랑스 계몽사상가 계보에서 오귀스트 콩트의 사회학이 태어났다. 그 중심이 되는 '실증주의'는 관찰된 사실로 명확해진 실증 이외에는 인정하지 않는다는 입장이다. 한편 프랜시스 베이컨, 홉스, 로크, 흄, 스미스, 존 스튜어트 밀로 이어지는 영국 경험주의에서 탄생한 것이 스펜서의 사회학으로 이쪽은 직접 경험하고 확증을 얻은 것 이외에는 인정하지 않는다는 입장이다.

사회시스템론

사회시스템론은 사회의 작용 방식을 시스템이라는 관점에서 해명하고자 한 이론으로 이론사회학의 대가 탤컷 파슨스가 제창했다. 요즘에는 시스템론 자체가 발전해서 선진국과 제3세계의 관계를 다룬 종속이론을 계승하면서 세계를 단일시스템으로 보고 정치경제학까지 포괄한 이매뉴얼 월러스틴의 '세계체제론'이 제창되고 있다.

젠더

1960년대 미국의 여성해방운동을 계기로 활발해진 담론으로 사회적으로 규정된 성의 차이를 말한다. 육체적인 의미의 성별(섹스)과는 명백히 다른 것으로 성별에 대한 신념과 감정, 태도 등을 가리킬 때도 있다. '남자다움'이나 '여성스러움'이라는 표현도 인간의 근원적 성질이 아니며, 이는 기존의 남성중심사회를 옹호하는 지배적 억견doxa으로 젠더는 사회적으로 혹은 역사적 · 문화적으로 형성된 것을 의미한다.

아노미

인간이 행복과 자기실현을 위한 사회적 통합을 잃고 혼란스러운 상태가 되는 것으로 프랑스 철학자 장 마리 귀요가 《미래의 비종교》(1887)에서 사용한 것을 에밀 뒤르켐이 사회학에서 받아들였다. 뒤르켐은 개인을 구속하는 연대성과 통합력이 없어질 때 규범을 통한 구속이 약해지고, 규제가 없어진 사회는 무질서에 빠진다는 문제의식을 가졌다.

게마인샤프트/게젤샤프트

일반적으로는 '인격적 관계'와 '물상적 관계'의 이중성을 뜻하나 사회학에서는 사회를 두 개로 분류하는 기초적 유형으로 본다. '공동체적 사회'와 '계약적인 사회'라는 두 가지로 구분한 것은 페르디난트 퇴니스이나 베버는 초기에 개인의 행위가 의미상으로 관계되어 있는 것을 모두 게마인샤프트 행위라고 부르고, 그중에서 목적 합리적인 경우를 게젤샤프트 행위로 보았다. 나중에는 가족 · 친족 · 민족 · 마을처럼 혈연이나 지연 등 애정을 기초로 하여 이루어진 공동사회를 게마인샤프트라고 하고, 회사 · 도시 · 국가 · 조합 · 정당 등과 같이 계약이나 조약, 협정으로 인위적이고 타산적인 이해에 얽혀 이루어진 집단을 게젤샤프트라고 보았다.

카리스마(적 지배)

비일상적이고 초자연적인 능력을 말한다. 일반인은 도저히 가질 수 없는 하늘에서 내린 자질을 가진 사람을 가리키나, 베버는 '카리스마적 지배'로 성립한 사회를 합법적 지배, 전통적 지배와 나란히 정통적인 지배의 하나로 보았다. 특이하고 초자연적인 능력을 갖춘 리더의 카리스마는 끊임없이 예언과 기적으로 사람을 이끌어가므로 일상생활이 위기에 빠질 때 세력을 확장하며 혁명 지도자에게 정당성을 부여하는 근거가 되기도 한다.

상징적 상호작용

탤컷 파슨스의 구조적 사회관을 비판한 허버트 블루머는 끊임없이 변화하는 유동적인 사회관을 바탕으로 인간은 모든 면에서 자신이 가지는 의미를 바탕으로 행동하고, 이런 의미는 사회적 상호작용에서 발생한다고 주장했다. 그리고 의미는 해석과정에 따라 수정된다는 전제 하에 말과 행동, 심볼(상징)을 통해서 전해지고 받아들여지는데 블루머는 이것을 '상징적 상호작용'이라고 불렀다.

《공동환상론》과 요시모토 다카아키

1968년에 간행되었다. 마르크스의 "국가는 하나의 공동환상이다"라는 착상을 기반으로 요시모토 다카아키는 '자기환상, 대환상, 공동환상'이라는 환상을 구성하는 세 가지 수준을 지적하며 각각의 수준에 걸맞은 다양한 사례를 이야기했다. 그중에는 《도노모노가타리》에서 촌락의 공동환상을 해설한 부분도 있고 《고사기》에서 초기국가의 공동환상을 풀어낸 부분도 있다. 1960년대 전공투 시대에 열광적으로 읽혔으며 강한 영향을 주었다. 지금도 여러 문제와 논쟁을 낳고 있고 정확한 평가가 내려지지 않은 책으로 일본이라는 국가의 동일성을 알고 싶은 사람들이 읽어볼 만한 책이다.

"사회학의 소명은
리얼리티를 감추기 위해 드리워진
커튼을 찢는 것이다."
_지그문트 바우만 Zygmunt Bauman

법학 Law

법학 성립 전의 역사

고대 자연법 사상 확립으로 시작해서 중세 이탈리아 대학에서 로마법 해석으로 이어졌다.

고대에는 보통 법이 종교, 도덕과 밀접한 연관이 있었다. 그러나 법학이 성립되기 위해서는 반드시 법이 종교나 도덕과 다른 독자적 규범으로 인식될 필요가 있었다. 또한 법을 해석하고 적용하는 전문가들이 생기고, 세련된 법 해석이 뒤따라야 했다.

고대 그리스 아테네의 소피스트들은 기원전 5세기 후반에 '노모스nomos(법)'와 '피지스physis(자연)'를 구분해서 법률은 자연과 신화에 근거하는 것이 아니라 인위의 산물에 지나지 않는다고 주장했다.

고대 로마에서는 평민만의 민회가 설치되었고 기원전 450년 무렵에 첫 성문법인 '12표법'이 제정되어 법의 해석과 실무를 맡은 전문가 '법무관'이 마련됐다. 법무관은 12표법을 현실적으로 해석했으며 그것이 기준이 되어 '시민법'이 형성됐다. 노모스(법)는 로고스(이성)에 필적하는 피지스(자연)의 법칙이라 하며 자연과 법을 연결해서 '자연법' 사상을 확립한 스토아학파의 사상은 세계국가가 되어가던 로마에 유입되어 키케로Cicero(BC 106~43) 등이 발전시키면서 만인에게 통용되는 '만민법'의 근거가 되었다.

또한 교부 아우구스티누스는 스토아학파의 자연법 이론을 수정해서 교의의 이론화를 진전시켰다. 이것은 각종 법의 근원을 신의 이성 또는 의지로 귀착시킨 '기독교적 자연법론'의 원형이 됐다. 그리고 동로마 제국의 유스티니아누스 1세Justinian I(483~565)는 6세기 초반에 그때까지의 칙법을 모아 혼란했던 법체계를 정비하고 《로마법대전Codex Iustinianus》(529~534)을 편찬했다.

12~13세기 서유럽에 도시가 성립되고 상거래가 활발해지자 법제도의 미비점을 의식하게 되면서 유럽에서 가장 오래된 대학인 이탈리아의 볼로냐 법학교 등에서는 로마법을 연구하고 교육했다. 이런 12~13세기 대학의 학자는 '주석학파'라 불리며 유럽에 로마법이 퍼지는 데 중요한 역할을 했다.

법학 성립과 발전

계몽주의 시대 자연법론은 국민국가를 탄생시키고 법체계를 정비해서 근대 법학 탄생의 토대가 됐다.

르네상스, 신대륙 발견, 자연과학 발달, 종교개혁 등을 배경으로 로

법학 성립 이전의 역사

〈그리스〉

(BC 5세기 후반, 민주제 전성기)
(펠로폰네소스 전쟁 패배 후, 사회불안)

소피스트 (가치상대주의, 자연법 사상의 선구자들)

〈로마〉

(BC 450년경 로마 12표법 제정)
(BC 367년 법무관 설치)

소크라테스
(BC 469?~399)

플라톤
(BC 427~347)

아리스토텔레스
(BC 384~322)
[정의론의 선구자]

(로마세계 확대)
(로마법의 성립)

스토아학파

(만민주의)

제논
(BC 335~263)

로마 스토아학파 자연법
(만민자연법)

유스티니아누스 1세
(483~565)
[로마법 대전의 편찬]

기독교 자연법

아우구스티누스(354~430)

(12세기 초, 볼로냐 법학교에서 로마법의 연구 및 교육 시작)

주석학파

이르네리우스
(이탈리아 1050?~1130?)
[주석학파의 시조]

스콜라 철학 (합리주의 신학) …… **도미니크 회**

토마스 아퀴나스
(이탈리아 1225?~1274)

주의주의 (이중진리설) …… **프란시스코 회**

오컴(영국 1285?~1347?)
스코투스(영국 1266?~1308)

(13~16세기)

후기주석학파 (주석학파)

(영국, 법조일원)

(학식 재판소, 학식 관료의 등장)
(대륙 여러 국가, 로마법 계승)

(16~17세기)

(형법, 상법, 공법, 공소법의 분화)
(각국 고유법 연구가 발전)

마교회가 보편적인 권위를 가지고 있던 중세 질서가 무너지자 중세의 신학적 자연법은 변화의 요구에 직면했고 17~18세기의 많은 계몽사상가가 '자연법론'을 역설했다.

근대 자연법론을 주창한 네덜란드의 휴고 그로티우스Hugo Grotius(1583~1645)는 '자연법은 신조차도 바꿀 수 없는 것'이라고 하며, 신이 존재하지 않아도 효력을 가질 수 있도록 자연법을 세속화시켰다. 또한 여러 국민의 법(국제법)도 자연법에 따라 체계화하려고 했다.

17~18세기 계몽주의 시대의 근대 자연법론은 국민국가 건설의 원리를 제공하고, 인권선언과 시민혁명을 추진했다. 프랑스에서는 조문을 충실하게 해석하는 '주석학파'가 지배적이 되면서 '근대 법학'이 성립되었다. 그러나 작은 국가로 분열되어 있던 독일은 프리드리히 카를 폰 사비니Friedrich Carl von Savigny(독일 1817~1892)가 제창한 '판데크텐 법학(로마법을 계승하여 독일의 역사주의적 입장과 사법 이론을 녹여낸 학문 체계-편집자 주)'이 발달하면서 독일 민법전의 성립에 영향을 주었다.

18세기 후반부터 산업혁명에 들어서 있던 영국에서는 데이비드 흄이 사회계약론을 비판하며 공리주의의 기초를 닦았고, 제러미 벤담Jeremy Bentham(1748~1832)은 본격적으로 '공리주의'를 주창하며 '최대다수의 최대행복'이라는 원리를 법 제도에 적용할 것을 요구했고 결함이 많은 영국법의 개혁을 제안했다. 존 오스틴John Austin(1790~1859)은 법학의 대상을 실정법으로만 한정하려는 '분석 법학'을 제창했다.

법학의 성립과 전개

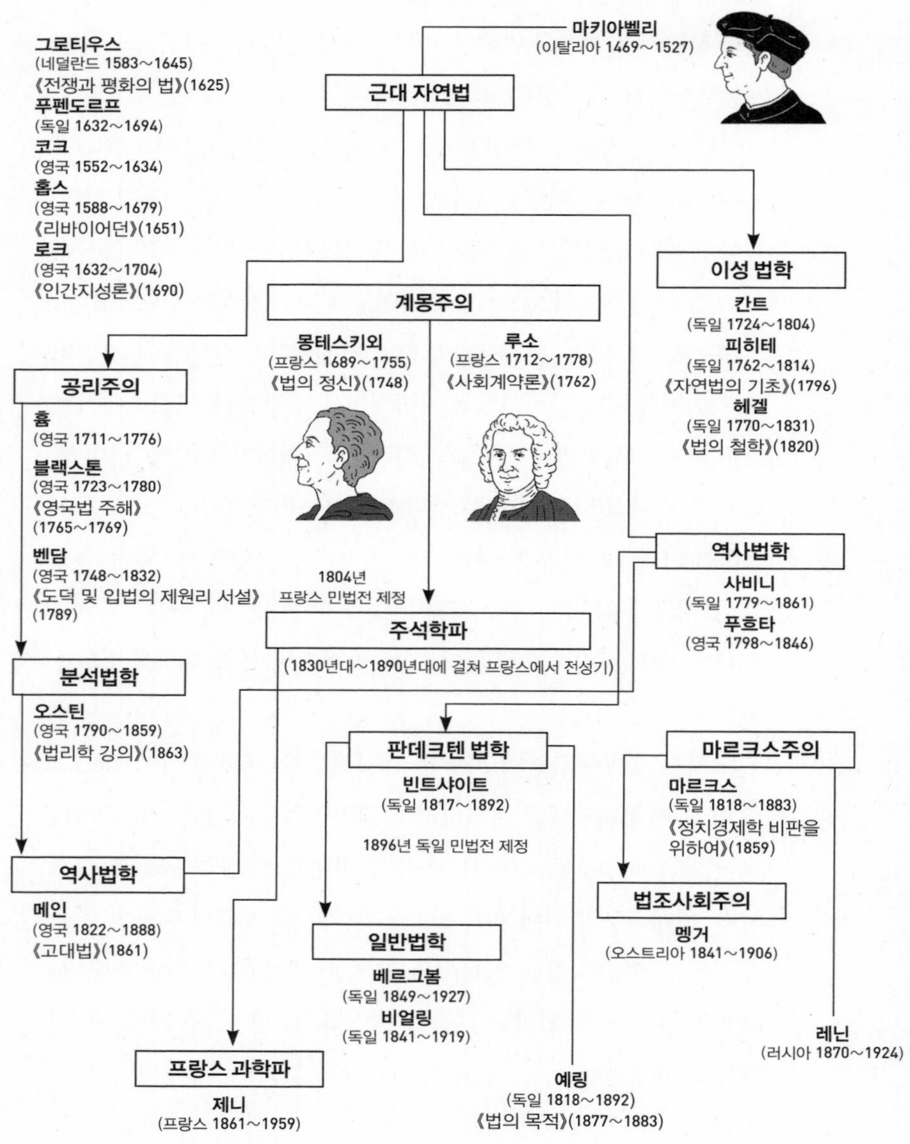

마키아벨리
(이탈리아 1469~1527)
근대 자연법
그로티우스
(네덜란드 1583~1645)
《전쟁과 평화의 법》(1625)
푸펜도르프
(독일 1632~1694)
코크
(영국 1552~1634)
홉스
(영국 1588~1679)
《리바이어던》(1651)
로크
(영국 1632~1704)
《인간지성론》(1690)
이성 법학
칸트
(독일 1724~1804)
피히테
(독일 1762~1814)
《자연법의 기초》(1796)
헤겔
(독일 1770~1831)
《법의 철학》(1820)
계몽주의
몽테스키외
(프랑스 1689~1755)
《법의 정신》(1748)
루소
(프랑스 1712~1778)
《사회계약론》(1762)
공리주의
흄
(영국 1711~1776)
블랙스톤
(영국 1723~1780)
《영국법 주해》
(1765~1769)
벤담
(영국 1748~1832)
《도덕 및 입법의 제원리 서설》
(1789)
1804년
프랑스 민법전 제정
주석학파
(1830년대~1890년대에 걸쳐 프랑스에서 전성기)
역사법학
사비니
(독일 1779~1861)
푸흐타
(영국 1798~1846)
분석법학
오스틴
(영국 1790~1859)
《법리학 강의》(1863)
판데크텐 법학
빈트샤이트
(독일 1817~1892)
1896년 독일 민법전 제정
마르크스주의
마르크스
(독일 1818~1883)
《정치경제학 비판을
위하여》(1859)
역사법학
메인
(영국 1822~1888)
《고대법》(1861)
법조사회주의
멩거
(오스트리아 1841~1906)
일반법학
베르그봄
(독일 1849~1927)
비얼링
(독일 1841~1919)
레닌
(러시아 1870~1924)
프랑스 과학파
제니
(프랑스 1861~1959)
예링
(독일 1818~1892)
《법의 목적》(1877~1883)

현대의 법학

실증주의적 입장을 중심으로 주변 과학의 발달에 자극 받은 백가쟁명의 시대를 맞이했다.

'판테크텐 법학'은 법의 분석에서 새로운 개념을 만들어낸 이론이라는 점에서 '개념법학'이라고도 불렸으나, 독일 민법전 제정 이후 사회 변화에 맞춘 해석과 적용이 정체됐다.

20세기에 들어서자 오스트리아에서 오이겐 에를리히Eugen Ehrlich(1862~1922)가 법의 역사적 해석으로 결론이 나지 않을 때 법의 자율성을 바탕으로 한 자유로운 재판이 해결해야 한다는 '자유법학'을 주장했다. 한스 켈젠Hans Kelsen(오스트리아 1881~1973)은 실정법을 사회적 · 심리적인 방식이 아닌 규범의 체계로 보는 '순수법학'을 전개하고, 법규범의 타당성은 최종적으로 법적 고찰의 바깥에 있다고 논했다.

한편 미국은 남북전쟁 후 산업발달에 따라 실용주의의 영향을 받은 독자적 법사상이 생겼다. 법에 절대적인 것은 있을 수 없다고 한 올리버 웬들 홈스Oliver Wendell Holmes(1841~1935)는 1902년부터 30년간 합중국 최고재판소 판사로 역임하며 판결의 진정한 이유는 정책과 사회적 이익의 고려에 있다는 '재판의 입법적 기능'을 강조했다.

로스코 파운드Roscoe Pound(미국 1870~1964)는 대륙의 개념법학 비판에 영향을 받아서 법은 사회통제의 수단이며 사회의 모순을 조절하는 임무가 있다는 '사회학적 법학'을 전개했다. 이런 경향을 더욱 강하게 한 칼 르웰린Karl Llwellyn(미국 1893~1962) 등은 재판관들의

현대의 법학

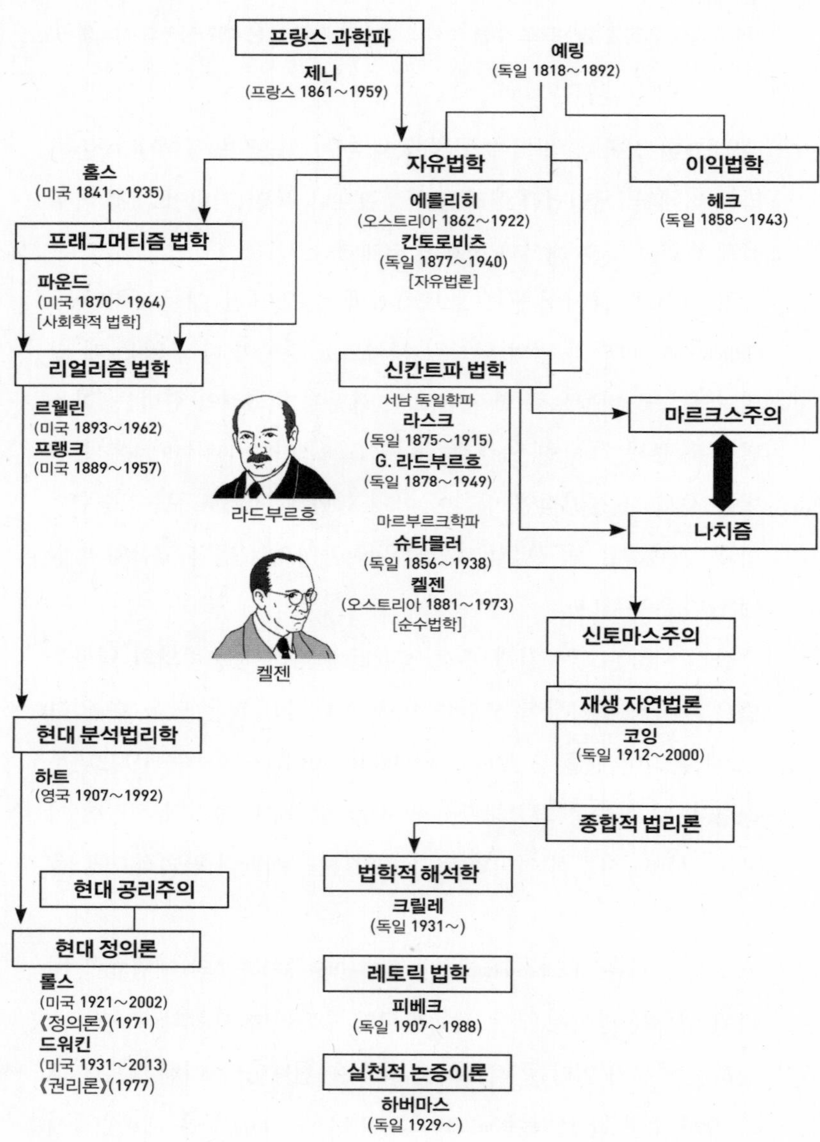

프랑스 과학파
제니
(프랑스 1861~1959)
예링
(독일 1818~1892)
자유법학
에를리히
(오스트리아 1862~1922)
칸토로비츠
(독일 1877~1940)
[자유법론]
이익법학
헤크
(독일 1858~1943)
홈스
(미국 1841~1935)
프래그머티즘 법학
파운드
(미국 1870~1964)
[사회학적 법학]
리얼리즘 법학
르웰린
(미국 1893~1962)
프랭크
(미국 1889~1957)
신칸트파 법학
서남 독일학파
라스크
(독일 1875~1915)
G. 라드부르흐
(독일 1878~1949)
마르부르크학파
슈타믈러
(독일 1856~1938)
켈젠
(오스트리아 1881~1973)
[순수법학]
마르크스주의
나치즘
라드부르흐
켈젠
신토마스주의
재생 자연법론
코잉
(독일 1912~2000)
종합적 법리론
현대 분석법리학
하트
(영국 1907~1992)
현대 공리주의
현대 정의론
롤스
(미국 1921~2002)
《정의론》(1971)
드워킨
(미국 1931~2013)
《권리론》(1977)
법학적 해석학
크릴레
(독일 1931~)
레토릭 법학
피베크
(독일 1907~1988)
실천적 논증이론
하버마스
(독일 1929~)

현실 행동에 나타난 법의 관찰에 관심을 집중하는 '리얼리즘 법학'을 구축했다.

제2차 세계대전 후 영국의 허버트 하트H. L. A. Hart(1907~1992)는 일상언어 분석학파의 방식을 법학에 적용하고 법을 규칙의 집합으로 파악해서 '현대 분석법리학(분석적 법실증주의)'의 기초를 닦았다. 허버트 하트 이후로는 '소프트한 법실증주의'라는 아이디어로 하트를 계승한 제임스 새뮤얼 콜맨James Samuel Coleman(미국 1926~1995)뿐만 아니라 '엄격한 법실증주의'의 태도를 보인 조셉 라즈Joseph Raz(이스라엘 1939~)와 존 가드너John Gardner(영국 1965~), 법과 도덕의 분리가 바람직하고 필요하다는 '규범적 테제'를 주창한 제레미 월드론Jeremy Waldron(뉴질랜드 1953~) 등 몇 가지 입장으로 나뉘고 있다.

최근에는 존 롤스John Rawls(미국 1921~2002)가 불을 붙인 '현대 정의론'이 유행하는 등 다양한 경향의 법철학·법이론이 제창됐다. 정의론에서 공리주의는 비판의 대상, 극복해야 할 이론으로 여겨졌으나 현재 가장 영향력 있는 공리주의자 피터 싱어Peter Singer(오스트레일리아 1946년~)는 자신의 공리주의를 '이익의 평등주의'라고 규정했다.

한편 존 롤스는 사람과 집단에 대한 여러 평가가 어울리기 어렵고 서로 충돌하고 있다는 '다원성의 사실'을 문제 삼는다. 정의 원리에 대한 철학적 기초를 세우는 시도는 내버려두고 다원적 가치를 옹호하는 사람과 집단 사이에 갈등이 생기면서 정의는 간접적으로만 인식되며 부정의에 대한 합의만 도출된다는 것이다. 이로써 정의 문제에 대한 접근방식은 소극적으로만 이루어지게 된다.

현대 국제사회의 문제로는 구체적으로 대량학살, 인권의 보편성, 문화상대주의, 인간의 안전보장, 국제법의 적용 범위를 비롯하여 과학기술 발전의 양면성, 인공임신중절, 대리모 대리출산, 유전자 조작, 클론, 장기이식, 존엄사와 같은 생명윤리 등 다방면에 걸쳐 있다. 뿐만 아니라 많은 국가에서 일조권, 환경권, 사생활권 등 새로운 권리가 출현한 문제, 자연과 동물의 권리 기소, 동일성과 차이, 할당제 등의 적극적 차별 시정 조치, 사형제도의 존폐논의, 법지배의 다의성, 헌법의 해석·개정문제 등 법철학적 논쟁 또한 끊이지 않고 있다.

국제법

국가가 주권을 행사해서 자국 내에 제정한 국내법과 대비해서 국제법은 '법'일까?

국제법이란 국제사회(국제공동체)를 규정하는 법으로 주요한 법원法源은 조약과 관습국제법이다. 국제법 실증주의의 아버지 라사 프란시스 로렌스 오펜하임L. F. L. Oppenheim(독일 1858~1919)은 여러 문명국가 상호 간의 관계에서 국가 행위를 구속하는 규칙 또는 원칙 중 하나로 국제법을 정의했다.

국제법은 성문화된 것(조약)과 관습적으로 이루어진 것(관습법)으로 구성되며, 법의 일반원칙에 따라 국가 및 국제기구의 행동을 규제한다. 현대에서는 여기에 개인이나 다국적 기업의 행위도 국제인도법, 국제형사법, 국제투자법 등 법적 규제의 대상이 된다. 특히 국제인권법에서 보이는 것처럼 개인도 국제법상의 권리와 의무의 주체로 승인된다.

그런데 애초에 국제법은 '법'일까? 존 오스틴은 국제법은 법이 아니라 '실정적 도덕'이라고 했으나 국제법은 다양한 면에서 국가법과 마찬가지의 요소를 가지고, 국가법과 닮은 중요한 기능을 하고 있어서 단순한 실정적 도덕이나 윤리라고 단언할 수 없다.

일본의 국제법학자 오누마 야스아키大沼保昭(1946~)는 법에서 '준수해야 할 것'으로 합법적 신앙, 정당한 권력을 통한 강제, 법에 관한 분쟁의 제3자 재결성, 법의 기술적·전문적 성격 등의 측면을 언급하며 "오스틴은 국제법을 실정적 도덕이라고 했으나, 어느 실무가나 저널리스트도 국제법을 도덕으로 취급하지 않으며 정치와 정책 일부로도 다루지 않는다. 국제법이 법으로 취급되는 현실에서 출발해야 한다"고 결론지었다.

또한 법의 불소급 원칙도 국제법과 국내법 공통의 원칙이며, 제2차 세계대전 당시 '평화에 대한 죄'가 반드시 명확한 범죄행위로 정해지지 않았음에도 '극동 국제군사재판'에서 '평화에 대한 죄'가 적용되어 처벌된 역사적 사실이 있다.

앞으로 법학을 공부하고 싶은 사람이 알아야 할 기초 지식

법학의 여러 분야

법학이란 법률학과 같은 것으로 가장 넓은 의미에서 법을 대상으로 한 여러 가지 학문이 포함되며 크게 나누면 (1)실용적이고 실천적인 목적의 실용법학과 (2)기초이론적인 기초법학으로 나뉜다. 실용법학에는 ①현존하는 여러 영역의 법(실정법)에 대해서 해석하는 법해석학과 ②특정의 정책을 실현하기 위해서 유효한 법규의 이상적 모습을 연구하는 입법학·법정책학이 있다. 기초법학에는 ①법과 제도의 역사를 다루는 법사학(법제사)과 각국의 법을 비교하는 비교법학, 사회학과 법의 관계를 다루는 법사회학이 있으며 ②법의 개념과 의미를 연구하는 법철학(법리학=이론법률학)이 있다. 이 책에서 다루는 법학은 주로 '법철학'과 '법사상'의 조류이다.

역사법학

원시법부터 성숙한 법체계로 나아가는 역사적인 발전과정의 일반이론을 추구하는 학파로 헨리 제임스 섬너 메인이 창설했다. 법은 ①의제(본래는 다른 성질의 것을 법적으로 같은 것으로 보고 같은 식으로 다루는 기술), ②형평(구체적인 정의라는 견지에서 기존의 법을 수정하는 방법), ③입법(직접적인 법 제정의 수단)이라는 세 가지 방법을 역사적으로 순차 활용함으로써 발전해왔다고 주장했다. 또한 가족과 집단의 구속이 있는 정체된 사회에서 개인 간의 자유로운 계약에 의한 진보적 사회로 발전하는 것을 보고 법의 진보를 '신분에서 계약으로'라는 한마디로 표현했다.

분석법학

로마법, 영국법과 같은 성숙한 법체계의 구조와 내용을 분석해서 법의 기본적 개념과 이론을 밝히려고 하는 입장으로 존 오스틴이 만들어냈다. 연구 대상에서 도덕을 배제하고 역사적 측면도 무시하면서 말 그대로 실정법 분석에 한정한 '법실증주의'였다. 존 오스틴은 '독립된 정치사회에서 단독 주권자 또는 주권을 가진 집단이 그 사회의 구성원을 대상으로 세운 명령'이야말로 법학의 대상인 실정법이라는 '주권자명령설'을 주장했다.

현대 분석법리학파

허버트 하트는 일상적인 언어에서 의미를 고찰하는 일상언어학파 철학의 방식을 법리학에 적용하여 '현대 분석법리학파'라고 불렸다. 그는《법의 개념》(1961)에서 근대적 법체계는 의무를 다하는 일차적 규칙과 기능을 부여하는 이차적 규칙이 결합한 것이라고 설명했다. 이차적 규칙은 규칙을 위한 규칙이며 그 속에는 제정법, 관습의 타당성과 효력의 우열을 승인하는 규칙, 각 규칙을 변경하는 규칙, 재판에 권능을 부여하는 규칙이 있다고 했다. 그의 입장은 법과 도덕을 분리하는 '법실증주의'라고 말할 수도 있으나, 법과 도덕의 밀접한 관계에 대해서도 논했다.

현대 정의론의 전개

20세기가 되어서도 영미에서는 정의와 자유, 평등을 둘러싼 규범윤리학을 공리주의가 지배하고 있었으나 인간의 다양성을 무시하고 소수자가 다수자의 이익에 희생되는 것을 정당화하고 있다는 등의 비판이 생겼다. 이런 규범윤리학에 대해서 존 로크와 장 자크 루소, 임마누엘 칸트 등의 사회계약론과 자연권 사상을 바탕으로 현대적으로 재구성하고 전개한 것이 존 롤스의《정의론》(1971)이다. 롤스는 먼저 조정을 반복하면서 합의된 원리가 모두 정의에 합당해지는 '원초 상태'를 가설했다.

롤스가 제창한 정의는 ①우선 기본 자유가 각 개인에게 평등하게 보장될 것, ②사회의 가장 불리한 상황에 있는 사람의 이익을 위해 사회적 · 경제적 불평등은 인정된다(격차원리)는 두 가지 원리를 특징으로 한다. 로널드 드워킨은《권리론》(1977)에서 가장 기본적인 권리는 평등한 배려와 존중을 추구하는 권리라며 롤스와 마찬가지로 격차를 바로잡기 위한 적극적 조치는 정당화된다고 했다. 하지만 정의론의 조류에 속하는 학자 중에서도 무엇이 가장 기본적인 권리인가에 관한 견해 차이는 크다.

교육학 Pedagogy

교육학의 탄생

종교개혁 후 유럽 각지를 여행한 코메니우스에 의해서 계통적 교육학이 만들어졌다.

고대 그리스에서는 플라톤이 폴리스의 철인왕 육성을, 아리스토텔레스는 젊은이의 교육에 관해서 논했다. 그들의 교육론은 고대 로마에서 토론법을 논한 퀸틸리아누스Marcus Fabius Quintilianus(35?~95?)와 웅변가 키케로와 함께 르네상스 시대에 재평가됐다.

중세에 들어서자 교구학교와 수도원학교, 대학에서 많은 '학문전수론'이 쓰였으나 이것은 수도사의 교양을 목적으로 한 일종의 직업훈련이었다.

르네상스 시대의 에라스뮈스는 교육의 목적은 교양 있는 인격을 만들어내는 것에 있다고 주장하며 실용학문과 모국어 교육의 소중함, 아이의 자발성 등을 역설했다.

이어서 종교개혁이 일어나고 마르틴 루터는 성서를 가르치기 위한 방책이기는 했으나 부모에게 아이를 학교에 다니게 할 의무를 지우는 '의무교육'의 필요성을 처음으로 제시했다.

17세기 후스파의 목사로 '교수학자'이며 범지학의 선구자, 근대 교육학의 아버지라고 불리는 체코의 교육사상가 코메니우스John Amos Comenius(1592~1670)는 《대교수학Writing on All Learning》(1657)에서 근대 학교의 요소인 아이의 성장에 맞춘 학교체계, 학급, 교과서 등에 관해 처음으로 체계적으로 정리했다.

교육학의 성장

헤르바르트는 과학적 기초를 가진 교육학을 주장하고 목적과 방법을 이론화했다.

17세기 말부터 18세기에 걸쳐서 서구에 나타난 계몽주의자들은 절대왕정을 비판하고 민중을 계몽하기 위해 교육에 많은 관심을 가졌다.

존 로크는 대두한 시민계급을 향해서 신사가 되기 위한 교육은 가정에서 이루어져야 한다고 주장했다. 나아가 가난한 아이들을 위해서는 무상의 노동학교에서 의무적으로 필요한 기술을 훈련해야 한다는 공교육론도 함께 이야기했기에 이를 '이중의 교육과정론'이라고 부른다.

프랑스 혁명기 니콜라 드 콩도르세는 ①부친은 '자녀 양육권'을 가지고 그 의무를 진다, ②부모는 아이를 '가르치는 자유'를 나라에서 가진다, ③교육은 인류와 사회에 이익이 되므로 정부는 '공교

교육학의 탄생

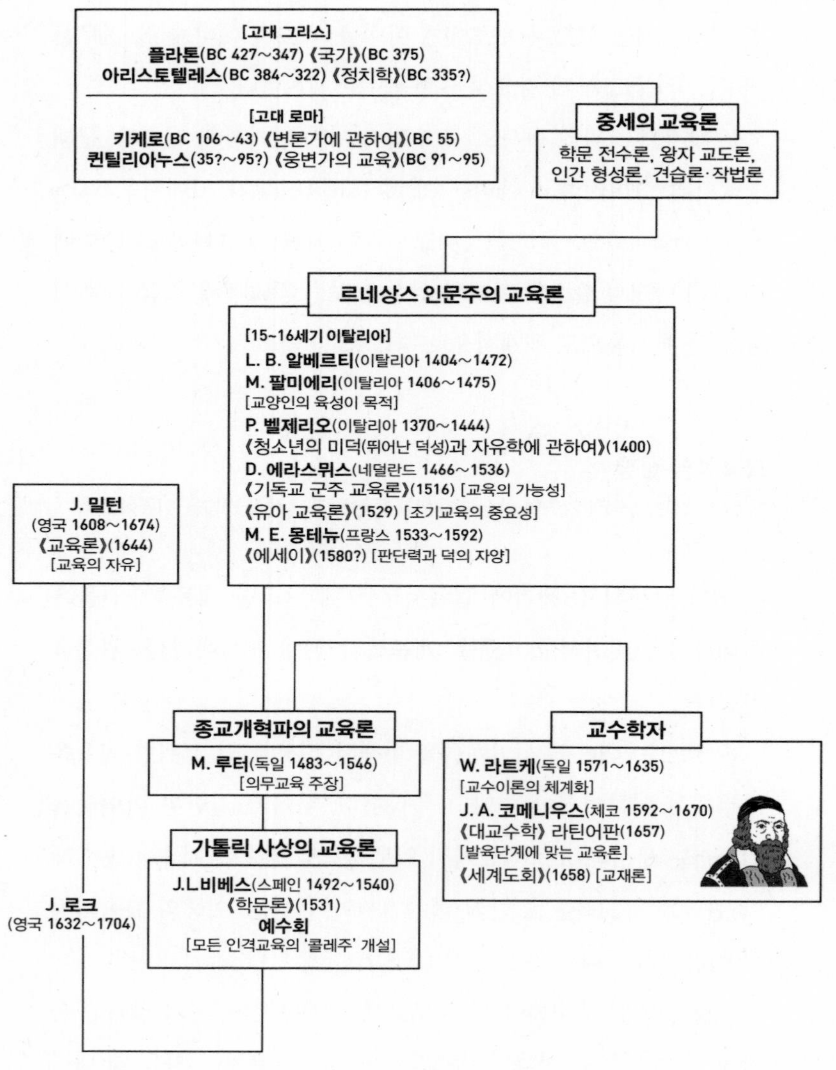

[고대 그리스]
플라톤(BC 427~347) 《국가》(BC 375)
아리스토텔레스(BC 384~322) 《정치학》(BC 335?)
[고대 로마]
키케로(BC 106~43) 《변론가에 관하여》(BC 55)
퀸틸리아누스(35?~95?) 《웅변가의 교육》(BC 91~95)
중세의 교육론
학문 전수론, 왕자 교도론,
인간 형성론, 견습론·작법론
르네상스 인문주의 교육론
[15~16세기 이탈리아]
L. B. 알베르티(이탈리아 1404~1472)
M. 팔미에리(이탈리아 1406~1475)
[교양인의 육성이 목적]
P. 벨제리오(이탈리아 1370~1444)
《청소년의 미덕(뛰어난 덕성)과 자유학에 관하여》(1400)
D. 에라스뮈스(네덜란드 1466~1536)
《기독교 군주 교육론》(1516) [교육의 가능성]
《유아 교육론》(1529) [조기교육의 중요성]
M. E. 몽테뉴(프랑스 1533~1592)
《에세이》(1580?) [판단력과 덕의 자양]
J. 밀턴
(영국 1608~1674)
《교육론》(1644)
[교육의 자유]
종교개혁파의 교육론
M. 루터(독일 1483~1546)
[의무교육 주장]
가톨릭 사상의 교육론
J.L.비베스(스페인 1492~1540)
《학문론》(1531)
예수회
[모든 인격교육의 '콜레주' 개설]
J. 로크
(영국 1632~1704)
교수학자
W. 라트케(독일 1571~1635)
[교수이론의 체계화]
J. A. 코메니우스(체코 1592~1670)
《대교수학》 라틴어판(1657)
[발육단계에 맞는 교육론]
《세계도회》(1658) [교재론]

육 제도'를 설치할 의무를 진다, ④이것들이 모순되지 않도록 학교의 세속화, 비종파화, 남녀공학, 단선형 체계, 무상·장학금 제도 도입, 학자끼리 선거를 통한 학술원 관리, 상급으로 올라갈수록 자치권을 확대한다는 안을 국민공회에 제출했다. 이것은 근대 공교육 제도의 원형이라 할 수 있다.

계몽주의자는 '인간은 교육을 통해서 인간다워진다'는 합리주의에 기초한 교육론의 자세를 가지고 있었으나 장 자크 루소는 그것을 넘어서 아이가 가지고 있는 '자연'을 존중해야 하며 교육자는 그것의 발현을 돕는 조력자라는 교육론을 제시했다. 루소의 영향을 받은 프랑스 혁명기의 몽타뉴파는 콩도르세의 안에 대항하며, 지식교육은 소수자의 독점물이 되나 훈육은 만인에게 보편적인 혜택을 주므로 초등교육은 생활을 공유하는 '국민교육사'에서 훈육으로 이루어져야 한다는 안을 제시했다.

또한 독일에서는 칸트가 '교육은 인격을 가진 아이의 천부적인 권리'라고 주장했다. 칸트의 영향을 받은 요한 프리드리히 헤르바르트는 교육이 단순한 체험과 관습으로 시행되면 안 되고 과학적 기초를 가져야 한다는 생각에 교육학의 체계를 완성해서 《일반교육학Allgemeine Pädagogik》(1806), 《교육학강의 개요Umriss pädagogischer Vorlesungen》(1841)를 저술했다. 헤르바르트의 교육 목적은 아이들의 도덕적 품성 형성을 돕고 다방면에 흥미를 유발하는 것이었다. 특히 도덕과정의 이론을 만든 '4단계 교육법'은 '헤르바르트학파'에 의해서 발전되고 전 세계로 퍼졌다.

교육학의 성장

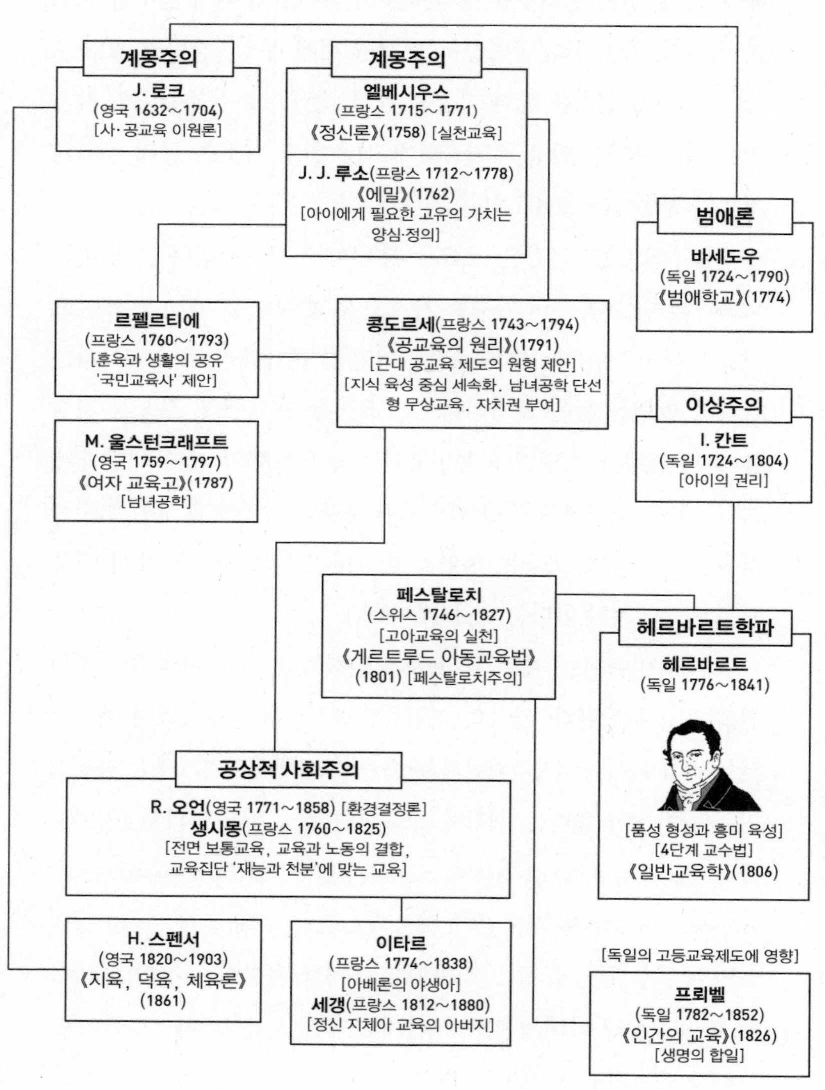

계몽주의
J. 로크
(영국 1632~1704)
[사·공교육 이원론]
계몽주의
엘베시우스
(프랑스 1715~1771)
《정신론》(1758) [실천교육]
J. J. 루소(프랑스 1712~1778)
《에밀》(1762)
[아이에게 필요한 고유의 가치는 양심·정의]
범애론
바세도우
(독일 1724~1790)
《범애학교》(1774)
르펠르티에
(프랑스 1760~1793)
[훈육과 생활의 공유 '국민교육사' 제안]
콩도르세(프랑스 1743~1794)
《공교육의 원리》(1791)
[근대 공교육 제도의 원형 제안]
[지식 육성 중심 세속화, 남녀공학 단선형 무상교육, 자치권 부여]
M. 울스턴크래프트
(영국 1759~1797)
《여자 교육고》(1787)
[남녀공학]
이상주의
I. 칸트
(독일 1724~1804)
[아이의 권리]
페스탈로치
(스위스 1746~1827)
[고아교육의 실천]
《게르트루드 아동교육법》
(1801) [페스탈로치주의]
헤르바르트학파
헤르바르트
(독일 1776~1841)
[품성 형성과 흥미 육성]
[4단계 교수법]
《일반교육학》(1806)
공상적 사회주의
R. 오언(영국 1771~1858) [환경결정론]
생시몽(프랑스 1760~1825)
[전면 보통교육, 교육과 노동의 결합, 교육집단 '재능과 천분'에 맞는 교육]
H. 스펜서
(영국 1820~1903)
《지육, 덕육, 체육론》
(1861)
이타르
(프랑스 1774~1838)
[아베론의 야생아]
세갱(프랑스 1812~1880)
[정신 지체아 교육의 아버지]
[독일의 고등교육제도에 영향]
프뢰벨
(독일 1782~1852)
《인간의 교육》(1826)
[생명의 합일]

교육학의 전개

20세기 초를 전후로 교육학의 확대와 '신교육'의 커다란 흐름이 생겼다.

19세기 말부터 20세기 초에는 주로 초·중등교육을 둘러싸고 '신교육'이라 불리는 다양한 시도가 이루어졌다. '신교육'은 교육의 국가 관리와 교사의 절대성이 강조됐던 '구교육'에 대한 반발로 생겨난 것으로 교육을 받는 아이의 자유를 인정하고, 교육자의 개입은 아이의 생각과 흥미를 돕기 위한 것이라는 '아동중심주의'에 있었다. 그 배경에는 실험의학, 심리학, 사회학 등의 실증적 연구 발전이 있었다. 이 시기에 교육생리학, 발달심리학, 교육심리학 등 교육과학의 기초가 생겨났다.

프랑스의 사회학자 에드먼드 드몰랭Edmond Demolins(1852~1907)은 영국의 교육 방식을 받아들이고 경직된 프랑스 교육제도의 개혁을 지향했다. 그는 아이가 의견을 자유롭게 개진하는 것을 '사회화'라 부르고 이것을 교육의 목표로 삼으며 사립학교를 설립했다. 그곳에서는 아이의 자주 학습과 개성의 평가를 중시하고, 인문 교과의 축소와 실용학문의 확대, 수작업 중시, 교과 외 교육의 개척 등을 실시했다. 이를 통해 시골에 아동 중심의 사립학교를 설립한 '전원 교육사Landeserziehungsheim' 계열 신교육의 지도적 존재가 됐다.

철학자이기도 한 미국의 존 듀이John Dewey(1859~1952)는 교육은 아동 각자의 내적 활동과 요구를 바탕으로 해야 하며, 교사는 아동의 활동에 방법과 이치를 전해주어야 한다고 생각했다. 그는 사회의 진보 실현을 위해서는 민주적 제도를 통해서 개개인의 자발성과 관심을 키울 필요가 있다는 전제 하에 1920년대 미국 '진보주

교육학의 전개

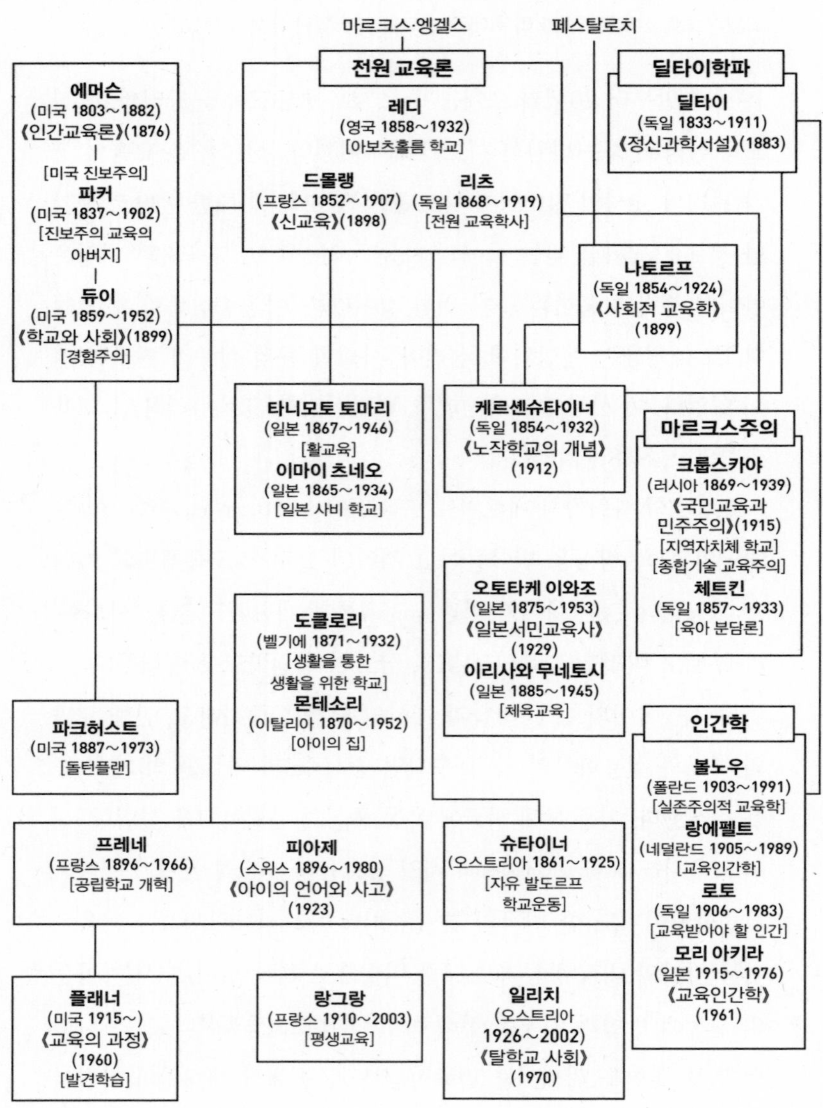

마르크스·엥겔스
페스탈로치
전원 교육론
레디
(영국 1858~1932)
[아보츠홀름 학교]
드몰랭
(프랑스 1852~1907)
《신교육》(1898)
리츠
(독일 1868~1919)
[전원 교육학사]
딜타이학파
딜타이
(독일 1833~1911)
《정신과학서설》(1883)
에머슨
(미국 1803~1882)
《인간교육론》(1876)
[미국 진보주의]
파커
(미국 1837~1902)
[진보주의 교육의 아버지]
듀이
(미국 1859~1952)
《학교와 사회》(1899)
[경험주의]
나토르프
(독일 1854~1924)
《사회적 교육학》
(1899)
타니모토 토마리
(일본 1867~1946)
[활교육]
이마이 츠네오
(일본 1865~1934)
[일본 사비 학교]
케르셴슈타이너
(독일 1854~1932)
《노작학교의 개념》
(1912)
마르크스주의
크룹스카야
(러시아 1869~1939)
《국민교육과 민주주의》(1915)
[지역자치체 학교]
[종합기술 교육주의]
체트킨
(독일 1857~1933)
[육아 분담론]
도클로리
(벨기에 1871~1932)
[생활을 통한 생활을 위한 학교]
몬테소리
(이탈리아 1870~1952)
[아이의 집]
오토타케 이와조
(일본 1875~1953)
《일본서민교육사》
(1929)
이리사와 무네토시
(일본 1885~1945)
[체육교육]
파크허스트
(미국 1887~1973)
[돌턴플랜]
인간학
볼노우
(폴란드 1903~1991)
[실존주의적 교육학]
랑에펠트
(네덜란드 1905~1989)
[교육인간학]
로토
(독일 1906~1983)
[교육받아야 할 인간]
모리 아키라
(일본 1915~1976)
《교육인간학》
(1961)
프레네
(프랑스 1896~1966)
[공립학교 개혁]
피아제
(스위스 1896~1980)
《아이의 언어와 사고》
(1923)
슈타이너
(오스트리아 1861~1925)
[자유 발도르프 학교운동]
플래너
(미국 1915~)
《교육의 과정》
(1960)
[발견학습]
랑그랑
(프랑스 1910~2003)
[평생교육]
일리치
(오스트리아 1926~2002)
《탈학교 사회》
(1970)

의 교육운동' 의 윤리적 지주가 됐다.

한편 독일에서는 케르셴슈타이너Georg Kerschensteiner(1854~1932)가 자본주의 발전으로 사회가 변화되는 것을 우려해서 인격 형성과 직업교육의 면에서 '노동을 통한 교육'을 주장했으나, 그 궁극의 목표는 도덕적 공동체 실현에 있었으며 이는 구교육적인 측면이 있었다.

또한 마르크스주의에서는 소련의 혁명가 레닌의 부인이며 교육학자인 나데즈다 크룹스카야Nadezhda Krupskaya(러시아 1869~1939)가 신교육을 부르주아지 일부를 만족하게 할 뿐이라고 비난하며 학생의 개성 발달을 목적으로 한 '종합기술교육'을 실시하는 학교를 제안했다. 이 학교는 노동자가 지역자치단체를 통해서 학교 관리와 교육과정에 참여한다는 신교육에서는 볼 수 없던 특징이 있었다.

결과적으로 신교육이라는 개념은 현대에서 말하는 다양한 '대안교육'을 낳는 토양이 됐다.

교육학의 미래와 근미래

아이의 의견이 나이와 성숙도에 따라 정당하게 중시되는 시대가 됐으며, 새로운 공공성 학습을 통해 '지구 시민'으로 육성하는 것이 중요한 목표가 되었다.

페미니즘 및 젠더 교육 사상과 함께 1985년 유네스코에서 '학습권 선언'을 채택하면서 학습은 행복추구를 위해 빼놓을 수 없는 권리가 되었으며 교육은 부여받는 것이 아니라 요구하는 것이라는 생각이 퍼져나갔다. 그리고 1989년 UN 총회에서 '아동의 권리에 관한 조약'이 채택되면서 21세기에는 아이가 주체적으로 자신의 의지를 가지고 사회 참여를 하는 교육 방식이 제시되었다. 이에 로저 하트Roger Hart(영국 1950~)는 '참여의 사다리'를 통해서 아이의 참여 실천을 8단계로 나눠서 해설한 선구적인 모델을 제시했다. 하트의 생각은 아이에게 한정되지 않고 차세대의 '시민의식'을 만들어내는 계기가 됐다.

시대가 변화하고 하나의 국가에 다양한 문화가 대등한 관계로 공존하고 교류하면서 새로운 문화를 창조하는 '다문화 공생사회'가 도래하였다. 미국의 다문화 교육연구의 제1인자 제임스 A. 뱅크스James A. Banks(1941~)는 다문화 교육에서 ①단일민족 학습, ②다민족 학습, ③다민족 교육, ④다문화 교육, ⑤제도화라는 5단계로 분류한 교육의 실천을 제창했다.

동시에 세계화의 진전으로 다문화적 상황이 강해지면서 '시민의식'이라는 새로운 사회의 구성원으로서의 역할이 교육 개발에서 중요해졌다. 이에 따라 '공동체주의적인 교육'과 함께 매우 '정치적인 교육'이 시행되었고 영국에서는 두 가지 흐름을 결합시킨 교육정책이 전개되었다. 1998년에 정치학자인 버나드 크릭Bernard Crick(1929~2008) 등이 중심이 되어 '시민의식 교육에 관한 정책문서(크릭 리포트)'를 발표했고 2002년부터 중등교육 단계에서 필수과정으로 채택됐다.

또한 특수교육이 특수지원교육으로 발전하고 나아가 통합교육으로 장애아 교육이 추가되어 교육학은 공공성과 함께 정치·사회와 관계가 깊은 학문으로 발전하고 있다.

일본에서는 1998년부터 부각된 '40인 학급문제'와 2002년에 완전 실시된 학교의 '주5일제'로 인해 교직원들의 노동환경은 점차 개선되었지만 아이들이 방치됐다. 그 중요한 예가 2002년에 시행된 소위 '여유교육'이다. 가장 중요한 '종합적 학습 시간'은 교사 개인의 의욕과 역량에 좌우되면서 학생들의 절대적인 학습 저하를 초래했다는 비판을 면치 못했으며 10년 만에 실패로 끝을 맺었다. 아이를 중심으로 생각하는 교육정책 및 제도적 개혁과 향상이 일본에서도 시급하다.

앞으로 교육학을 공부하고 싶은 사람이 알아야 할 기초 지식

교육학의 대상

교육학의 연구대상은 ①교육이란 무엇이며 무엇을 교육할지를 묻는 '교육철학', ②교육은 어떻게 시행됐으며 지금 시행되는 교육은 어떠한지를 묻는 '교육사', '교육사회학', '교육심리학', ③교육을 어떻게 만들고 실시할지를 탐구하는 '교육정책', '교수학' 등으로 나뉜다.

몬테소리와 '아이의 집'

이탈리아의 마리아 몬테소리는 1907년 '아이의 집'을 열고, 빈곤가정의 3세부터 7세의 아이들을 교육했다. 몬테소리는 이 시기가 가장 환경에 민감하게 반응할 시기이며 감각운동기능을 충분히 발달시켜야 그 후 지능과 도덕발달의 기초가 된다고 생각했다. 그 후 세계의 유아교육계에 커다란 영향을 주었다.

교육을 통한 발달

'교육을 통한 발달'의 특징은 ①의도적 · 계산적으로 시행되는 것이다. 우연히 얻어진 인간성의 성장은 교육으로 인한 것으로 보지 않는다. ②교육자와 청소년의 상호작용으로 생기는 것이다. 종교인의 교화활동으로 인한 종교적 발달과는 다르다. ③외부에서 촉발된 것이라도 교육받는 측의 내면을 거친다. ④사회 속에서 이루어지고, 사회 본연의 모습에서 영향을 받는다.

자유 발도르프 학교

루돌프 슈타이너가 1919년 독일에서 시작한 학교. 나치로 인해 폐쇄됐으나 전후 슈타이너 교육운동이 퍼지면서 비슷한 학교가 전 세계에 설립됐다. 슈타이너의 교육 목표는 아이가 인간이란 무엇인지 자문하고, 그것에 대처하는 힘을 키우는 것이었다. 0세~21세까지를 3등분해서 각 단계에 맞는 목표를 설정했다. 인식, 감정, 의지라는 세 가지 능력을 조화시키는 것, 그중에서도 예술적 감정을 중시하고 모든 교과의 교육이 예술적 방법으로 이루어져야 한다고 했다. 몸을 악기로 보고 음악, 언어, 수의 개념을 동작으로 표현한 유리드미 eurythmy(혼의 체조) 등 독특한 과목이 있다.

평생교육과 리커런트 교육

사회의 급격한 변화, 과학과 기술의 진보, 정보의 증가, 여가의 확대, 인간관계의 위기 등을 배경으로 유네스코의 교육 전문가 폴 랑그랑은 1965년에 유네스코의 성인교육추진 국제위원회에서 모든 사람이 나이와 관계없이 학습할 수 있도록 교육제도를 구축할 것을 제안했다. 또한 '리커런트 교육recurrent education'은 1973년 경제협력개발기구 OECD가 제창한 평생교육 구상 중 하나이다.

일리치와 탈학교론

기존의 교육제도를 확장하면 당연히 사회발전으로 이어진다는 생각에 평생교육 관점에서 교육제도 개혁, 재편성의 필요성이 제창됐으나 그것은 학교라는 존재를 전제로 한 것이었다. 그러나 학교를 중심으로 하는 교육제도 자체에 의문을 표한 '탈학교론자'가 나타났다. 그중에서도 《탈학교사회》(1970)를 쓴 오스트리아의 철학자 이반 일리치는 "학교제도는 존재하는 것만으로도 교육 수요를 만들어내고, 교육을 받으면 받을수록 자신의 가치가 높아진다고 믿게 하지만, 반대로 교육이 상상력의 발전에 방해되는 면도 있다. 또한 학교제도는 대중의 부담으로 설립되나 일부의 사람만 혜택을 받는 거짓된 공공사업이다"라고 비판했다. 그는 교육을 되살리기 위해서는 '사물, 기능, 동료, 교육자'라는 네 가지 네트워크를 설치할 필요가 있으며 기능을 가르칠 때는 교육 크레딧을 평등하게 지급해야 한다고 이야기했다.

시티즌십Citizenship

공민제, 시민성 등으로도 번역된다. 시티즌십 교육이란 빠르게 변화하는 현대 사회에서 아이들이 앞으로 시민으로 충분한 역할을 할 수 있도록 유럽의 여러 국가를 중심으로 학교에 도입된 권리 교육이다. 지금까지는 '시민권', '공민권' 등으로 해석되면서 참정권에 가까운 개념이었으나 '시민사회에서 어떻게 행동해야 하는가'라는 보다 구체적인 개념으로 확대됐다. 영국에서는 '공민'에 해당하는 내용을 더욱 강화한 과목이 새로운 필수 과목이 되었다.

참여의 사다리

로저 하트가 아이의 참여 실천을 8단계로 나눠서 제시한 모델. 불참여 단계로 ①~③, 참여 단계로 ④~⑧이 제시되었다.

①조종(아이가 과자에 낚이거나 거짓말을 듣고 참여하게 된다), ②장식(과자에 낚이거나 거짓말에 넘어간 것은 아니다. 아이는 의미를 모르며 자신도 참여하고 있음을 보여주기 위해 참여하게 된다); ③명목상(어른들은 아이의 의견을 형식적으로만 듣고 실제로 그것을 반영하지 않는다), ④역할을 주고 내용을 충분히 알린다(아이들에게 명확한 역할을 주고, 어떻게 참여하며, 어째서 참여하는지 등 필요한 정보를 전달한다), ⑤어른과 상담을 하고, 정보가 주어진다(어른들이 생각한 계획에 아이들은 의견을 말할 수 있고, 의견이 어떻게 반영되는지 알려진다), ⑥어른이 주도하지만, 아이도 결정에 참여한다(어른이 발안한 아이디어이지만 의사결정 과정이 아이에게도 열려 있다), ⑦아이가 발안하고 어른에게 지도를 받는다(어른은 도움 정도만 준다), ⑧아이가 주도하고 어른을 끌어들인다(아이가 발안하지만, 의사결정 과정이 어른에게도 열려 있다).

"교육의 진정한 목표는
머리와 손과 가슴이 적절하게 조화된
전인全人의 형성에 있다."

_페스탈로치 Johann Heinrich Pestalozzi

통계학 Statistics

통계학의 성립

영국의 인구 연구, 독일의 국세 연구, 프랑스의 확률론이 융합하면서 통계학이 탄생했다.

통계의 역사는 매우 오래됐다. 기원전 3000년경 이집트와 기원전 2300년경 중국에서는 인구조사가 있었고, 기원전 435년에 이르러 로마에서는 최초의 국세조사로 볼 수 있는 정기적 인구조사가 시행됐다. 중세에는 각 국가에서 경지, 재산, 생산물, 신분별 인구 등의 일람표를 작성했으나 통계 방법과 이론의 발전은 없었다.

16~17세기 중상주의 시대에 들어서자 유럽 각 국가에서는 산업 육성과 인구 증가를 꾀하기 위해 국가 정세를 정확하게 파악할 필요가 생겼다. 독일에서는 각 국가의 토지, 주민, 조직, 조세, 군사 등을 체계적으로 기술하는 '국세학'이 생겨나서 17세기 후반부터 18세기

에 걸쳐 퍼져나갔다. 이것이 '독일 대학파(국세학파)'였다. 독일어로 통계학을 가리키는 '스타티스틱Statistik'이라는 말은 이 학파가 처음 사용했다.

영국은 자본주의 발달과 프랜시스 베이컨의 '경험철학'에서 영향을 받아 수적 자료를 기반으로 한 수리적 인과관계를 규명하려는 '정치산술파'가 생겨났으며 그란트John Graunt(1620~1674)는 런던의 사망통계로 런던 시의 인구를 추정했다. 윌리엄 페티는 각 도시의 인구와 경제를 수량적으로 관찰했는데 '정치산술파'라는 명칭은 그의 저서《정치산술Political Arithmetic》(1690)에서 차용한 것이었다. 핼리혜성의 발견자 에드먼드 핼리Edmond Halley(1656~1742)는 나이별 · 계급별 사망률과 생존확률을 추계했다.

한편 프랑스에서는 확률 연구가 활발했다. 실용적인 확률 연구를 했던 사람들은 주로 주사위 도박사들이었고 블레즈 파스칼과 피에르 드 페르마Pierre de Fermat(1607?~1655)가 도박사의 질문을 해명하면서 조합론적 확률론이 시작됐다. 또한 야코프 베르누이Jakob Bernoulli(스위스 1654~1705)는 처음으로 확률론을 수학의 기반 위에 놓았으며 피에르 시몽 라플라스Pierre-Simon Laplace(프랑스 1746~1827)는 확률의 고전적 정의를 수립했다.

벨기에의 케틀레Adolphe Quetelet(1796~1874)는 생물학적 현상과 사회현상을 수리적으로 파악하면서 통계를 사회개혁을 위한 도구로 삼으려 했다. 여기서 통계학은 근대 과학 중 하나로 들어가게 됐다.

통계학의 성립과 발달

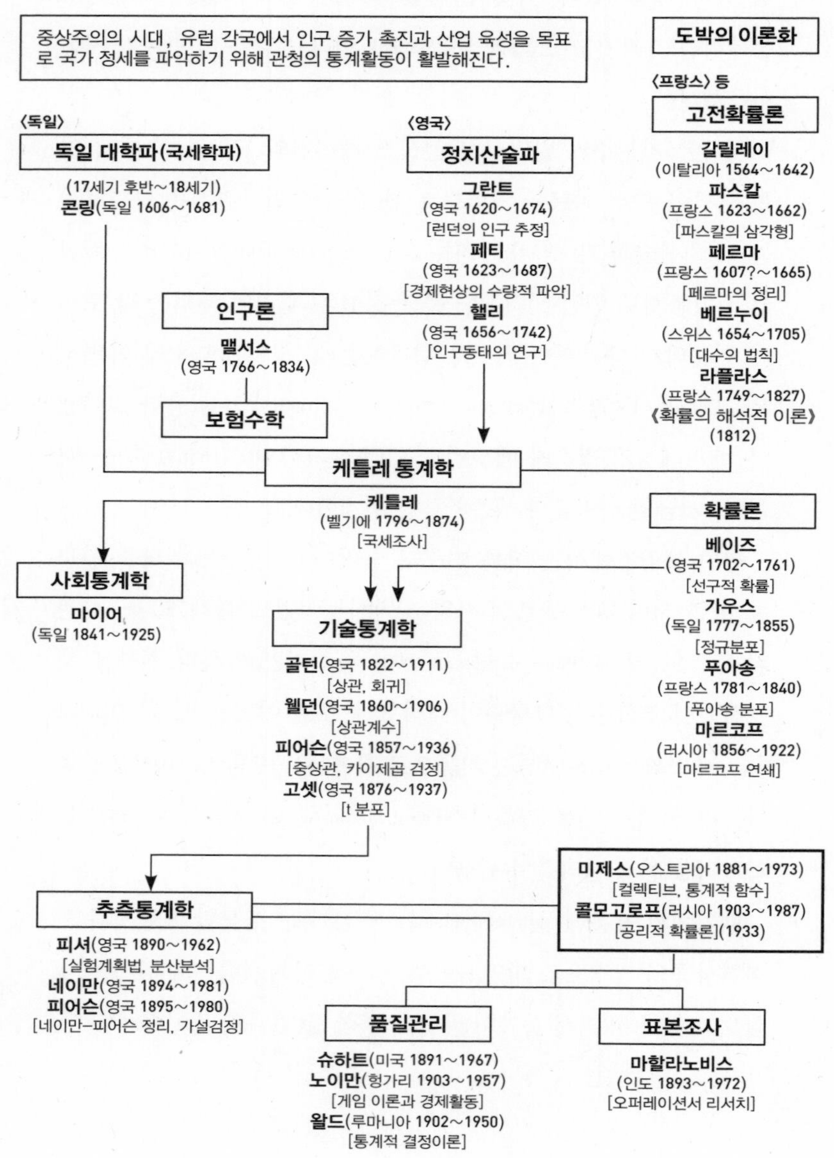

중상주의의 시대, 유럽 각국에서 인구 증가 촉진과 산업 육성을 목표로 국가 정세를 파악하기 위해 관청의 통계활동이 활발해진다.
도박의 이론화
〈프랑스〉 등
고전확률론
갈릴레이
(이탈리아 1564~1642)
파스칼
(프랑스 1623~1662)
[파스칼의 삼각형]
페르마
(프랑스 1607?~1665)
[페르마의 정리]
베르누이
(스위스 1654~1705)
[대수의 법칙]
라플라스
(프랑스 1749~1827)
《확률의 해석적 이론》
(1812)
〈독일〉
독일 대학파(국세학파)
(17세기 후반~18세기)
콘링(독일 1606~1681)
〈영국〉
정치산술파
그란트
(영국 1620~1674)
[런던의 인구 추정]
페티
(영국 1623~1687)
[경제현상의 수량적 파악]
핼리
(영국 1656~1742)
[인구동태의 연구]
인구론
맬서스
(영국 1766~1834)
보험수학
케틀레 통계학
케틀레
(벨기에 1796~1874)
[국세조사]
확률론
베이즈
(영국 1702~1761)
[선구적 확률]
가우스
(독일 1777~1855)
[정규분포]
푸아송
(프랑스 1781~1840)
[푸아송 분포]
마르코프
(러시아 1856~1922)
[마르코프 연쇄]
사회통계학
마이어
(독일 1841~1925)
기술통계학
골턴(영국 1822~1911)
[상관, 회귀]
웰던(영국 1860~1906)
[상관계수]
피어슨(영국 1857~1936)
[중상관, 카이제곱 검정]
고셋(영국 1876~1937)
[t 분포]
미제스(오스트리아 1881~1973)
[컬렉티브, 통계적 함수]
콜모고로프(러시아 1903~1987)
[공리적 확률론](1933)
추측통계학
피셔(영국 1890~1962)
[실험계획법, 분산분석]
네이만(영국 1894~1981)
피어슨(영국 1895~1980)
[네이만-피어슨 정리, 가설검정]
품질관리
슈하트(미국 1891~1967)
노이만(헝가리 1903~1957)
[게임 이론과 경제활동]
왈드(루마니아 1902~1950)
[통계적 결정이론]
표본조사
마할라노비스
(인도 1893~1972)
[오퍼레이션서 리서치]

통계학의 발달

생물학과 농업에 응용되면서 오늘날 통계학을 구성하는 기술통계학과 추측통계학이 탄생했다.

케틀레 이후 사회현상의 해명에 자연법칙관을 안이하게 끌어들이는 경향이 나타난 한편, 대상이 자연인지 사회인지를 가리지 않는 '수리통계학'이 생겨났다. 수리통계학은 '기술통계학'과 '추측통계학(추계학)'으로 나뉘며, 모두 오늘날의 통계학을 구성하고 있다.

영국의 칼 피어슨Karl Pearson(1857~1936)은 분포의 적합도를 검정하는 '카이제곱 검정Chi-squared test'을 도입하는 등 기술통계학을 완성했다. 기술통계학은 데이터를 되도록 많이 모을수록 현상을 정확하게 해석(기술)할 수 있다는 생각을 기본으로 하고 있으나, 전수조사만이 아니라 수학적인 접근방식으로 '확률론'을 통한 표본(샘플)조사가 확립되면서 적은 수의 데이터에서 되도록 많은 규칙성을 추측하려는 추측통계학이 생겨났다. 윌리엄 고셋William Sealy Gosset(영국 1876~1937)은 표본 사이즈가 적은 대상에서 '스튜던트 t 분포'를 발견했다. 로널드 피셔Ronald Fisher(영국 1890~1962)는 농업 분야에서 실험 및 관찰을 통해 모집단과 표본을 명확하게 구별하고, 양자의 관계를 파악하는 방법을 만들어내어 '추측통계학의 창시자'라고 불린다.

또한 '표본조사론'의 발달로 통계학의 응용 분야가 넓어졌다. 인도의 마할라노비스Prasanta Chandra Mahalanobis(1893~1972)는 1940년대 뱅갈 지방의 작부作付 조사를 대규모로 실시, 무작위 추출을 통한 표본조사의 유효성을 확인했다. 아브라함 왈드Abraham Wald(헝가리 1902~1950)는 존 폰 노이만John von Neumann(헝가리 1903~1957)의 '게임이론'의 발상을 활용해서 통계의 다양한 문제를 통일적으로 파악하는 '통계적 결정이론'을 확립했다.

통계학의 전개

컴퓨터의 발달로 복잡한 현상을 있는 그대로 파악하는 방법이 발달했다.

1960년대 무렵부터 복잡한 현상을 되도록 있는 그대로 다차원적으로 파악하고 분석해서 이용 가능한 정보를 모두 얻으려는 '다변량해석' 혹은 '데이터해석'이라는 분야가 형성되어 1970년대 이후 컴퓨터 발전과 함께 활성화됐다. 그중에는 일본 문부성 통계 수리연구소의 하야시 치기오林重男(1918~2002)가 만든 '수량화 이론'과 미국의 존 튜키John Tukey(1915~2000) 등이 개발한 '탐색적 데이터해석(EDA)'이 있다.

프랑스에서는 벤제리Jean-Paul Benzécri(1932~)가 수리통계학을 비판하면서 '대응분석'을 제창했다. 또한 '분류'를 되도록 객관적으로 하려는 '클러스터 분석cluster analysis'은 데이터를 유사성에 따라 몇 개의 무리(클러스터)로 나눠서 계통도로 표현하는 방법이다. 이런 데이터 해석방법은 통계학상의 커다란 조류가 되어 컴퓨터의 발달과 함께 '컴퓨터 통계학'이라는 분야를 형성했다.

21세기에 들어서며 다양한 분야에서 통계학이 활용됐으나 가장 요긴하게 쓰인 것은 18세기 확률론을 기반으로 한 '베이즈 통계학Bayesian statistics'이다. 이것은 수학, 경제학, 정보과학, 심리학, 비즈니스, 마케팅에서의 활용은 물론이고 인터넷 보급에 따른 빅 데이터 시대에도 놓칠 수 없는 수단이며 통신판매의 롱테일이라는 통계현상에서도 중요한 참고점이다.

통계학은 빠르게 발달한 학문처럼 보이지만 기본적인 학문의 발달과정은 '온고지신'에 기초해 있다. 통계학은 현대의 복잡한 정보사회에 더욱 밀착되고, 해석정보는 매우 다양하게 나뉜다. 요즘은 분석결과를 알기 쉽게 표현하는 연구도 진척되어서 '인포그래픽 infographics' 등의 분야들이 각광받고 있다.

빅 데이터의 등장과 함께 통계학이 주목을 받게 된 이유는 빅 데이터를 분석함으로써 경영 및 마케팅 전략 입안, 새로운 서비스 개발과 신제품 광고 등에서 커다란 성과를 얻을 수 있기 때문이다. 경험과 감이 아니라 데이터를 바탕으로 한 과학적 분석으로 의사결정을 해야 한다는 생각이 지지를 받고, 기존의 '매개변수'를 출발점으로 하는 통계학에서 '데이터'를 출발점으로 하는 베이즈 통계학이 중요해지는 시대가 됐다. 하지만 오래전부터 그 중요성을 누구나 인식하고 있었음에도 불구하고 통계학은 학문으로서의 지위도 체계도 빈약했다. 가령 오늘날에도 일본의 대학에는 통계학부가 따로 존재하지 않는다.

빅 데이터 시대를 맞이해서 휴대전화 단말기 위치정보, IC 카드, 웹사이트의 열람 이력, 구매 이력, 댓글 정보 등을 간단히 취득할 수 있게 됐다. 기업 마케팅의 궁극적 흥미는 어느 유저가 무엇을 원하고, 무엇을 사고 싶어 하는지를 정확히 아는 것임이 분명하다. 유저의 기호를 파악하는 방법으로 예전에는 성별과 연령대, 주거지,

현대 통계학의 구조

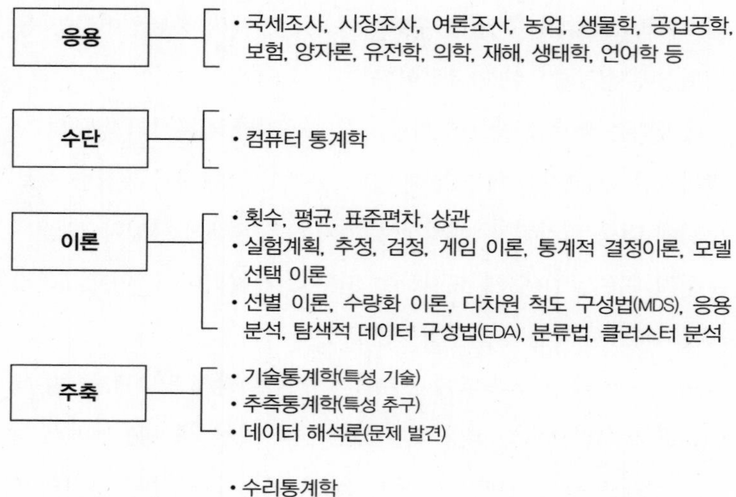

실소득 등 비교적 변화가 적은 속성이나 가치관과 라이프스타일 등의 특성이 중요하게 활용됐으나, 한 명 한 명이 다음에 무엇을 살지 예측하는 것은 거의 불가능했다. 그러나 빅 데이터와 통계학이 이것을 가능케 했다. 인터넷에서 '흥미 있는 상품'을 일부러 찾지 않아도 차례차례 소개되는 것은 이 때문이다.

데이터는 계속해서 축적되고 있으나, 축적하는 것만으로는 아무런 가치가 없다. 데이터를 활용하는 방법을 제시하는 통계학은 바닥을 알 수 없는 가능성을 가지고 있다. 지금이야말로 통계학이 학문으로서 확고한 지위를 구축할 수 있는 절호의 기회일 것이다.

CHECK THIS OUT!

앞으로 통계학을 공부하고 싶은 사람이 알아야 할 기초 지식

확률

어떤 사건이 일어날 가능성을 말한다. 주사위를 던져서 1~6의 각 숫자가 나올 가능성이 같다면 1이라는 숫자가 나올 확률은 6분의 1이다. 이것이 라플라스가 정의한 '산술적 확률(선험적 확률)'이다. 그러나 1~6의 눈이 나올 가능성이 같다는 의미에 의문이 생겼으며 또한 실제로 생물학적 현상 등을 다룰 때는 이 정의를 사용할 수 없다. 그렇기에 사건의 확률을 처음부터 정하지 않고 가장 잘 설명할 수 있는 가정에 입각하여 이론을 진행하자는 사고가 생겨났다. 가령 동전을 무한히 던졌을 때 뒷면이 나올 빈도를 가정해서 정의한 것이 미제스의 '통계적 확률(경험적 확률)'이다.

현재는 어느 쪽이나 해당하는 기본 성질을 통해서 확률을 정의하며 이것을 '공리적 확률'이라고 한다. 또한 사전에 활용 가능한 확률(사전확률)과 데이터를 얻은 후 나중에 계산되는 확률(사후확률 또는 조건부확률)을 구별하는 것이 '베이즈 통계학'으로 최근 경영분석에서 자주 응용된다.

베이즈 통계학

창시자는 영국의 목사였던 토머스 베이즈이다. 생명보험을 고안한 수학자로도 유명한 리처드 프라이스가 베이즈가 남긴 유고를 바탕으로《확률론의 문제를 풀기 위한 에세이》를 작성했고, 나중에 수학자이자 물리학자인 라플라스가 이를 수식으로 풀어내어 '베이즈의 정리'라고 이름 붙였다. '베이즈 이론'은 21세기 들어서 수학, 경제학, 정보과학, 심리학 등 폭넓은 분야에서 주목을 받으며 현대의 확률론, 통계학, 정보론 등에서 빼놓을 수 없게 됐다. 특히 확률분포를 규정하는 매개변수를 다루는 방법이 크게 달라졌다. 베이즈 이론은 확률분포의 매개변수를 '고정(정수)'이 아니라 '확률변수'로 다루어 얻어낸 데이터를 바탕으로 매개변수의 확률분포를 조사하는 방법을 취한다. 즉 매개변수를 출발점으로 하는 것이 기존의 통계학이었다면 데이터를 출발점으로 하는 것이 '베이즈 통계학'이다.

검정

통계학에서는 목적에 맞춘 가설(귀무가설)과 그것에 대립하는 대립가설을 세우고 모집단에서 추출한 표본에서 얻어진 결과에 따라 가설을 폐기할 것인지 채택할 것인지를 정한다. 이것을 '검정'이라고 한다.

가설이 참일 때 통계치가 좀처럼 일어나지 않는 영역(기각역)을 정해둔다. 표본에서 얻은 수치가 기각역에 해당하면 가설을 버리고, 대립가설을 바른 것으로 채택한다. 기각역에 해당하지 않으면 가설이 바르지 않다고 할 수 없으므로 채택한다. 이런 검정법을 '네이만-피어슨의 정리'라고 한다.

또한 가설을 검정할 때 처음부터 표본을 얻었을 때와 표본이 작을 때는 모집단의 분포 형태를 알 수 없다. 이처럼 분포의 형태를 알 수 없을 때 활용하는 검정법을 '비모수적non-parametric 검정법'이라고 하며 순위 데이터와 카테고리 데이터를 수치로 변환해서 사용한다. 실제로 검정에 이용할 때 이익과 손실을 동반하는 경우가 있으나 그 이익과 손실을 고려해서 실제적인 검정 방법을 생각한 것이 왈드의 '통계적 결정 이론statistical decision theory'이다.

다변량 해석

다변량 해석은 측정 대상을 가진 어느 특별한 성질(외적 기준)이 존재할 때 사용하는 방법과 존재하지 않을 때 사용하는 방법으로 크게 나뉜다. 가령 시청률을 외적 기준으로 삼는다면 시청률에 영향을 주는 것(주제, 배우, 각본가, 주제가, 후원자 등)을 '아이템'이라고 한다. 각 아이템의 종류(아이템이 '주제'라면 추리물, 난치병물, 연애물 등)를 '카테고리'라고 하며 다변량 해석은 이런 질적 데이터를 수량화한다. 질적 데이터는 좋아함, 보통, 싫어함과 같은 정도에 따라 순서가 정해지는 '순서척도'와 방송 주제와 같이 대상의 속성을 나타내는 '명의 척도'가 있다. 외적 기준이 있을 때에 사용하는 방법에는 '수량화 Ⅰ류', '수량화 Ⅱ류' 등이 있다. 이처럼 외적 기준을 알고 있을 때는 '외적 기준'이 '데이터'에 어떻게 영향을 주고 있는지 둘 사이의 인과 관계를 찾을 수 있다.

이에 비해 '어느 조직의 구성원들이 어떤 배우를 좋아하는지에 관한 경향을 발견하고 싶다'와 같이 특별한 외적 기준이 없을 때는 수량화한 데이터의 측량 패턴만이 단서가 된다. 패턴을 조작·분석하고 어떠한 관련과 구조를 찾으려 할 때 '수량화 Ⅲ류', '다차원 척도 구성법', '클러스터 분석', '주성분 분석', '인지 분석' 등을 사용한다.

파레토 법칙

모든 제품의 상위 20%의 상품이 매상의 80%를 차지하며, 모든 고객의 상위 20% 고객이 매상의 80%를 차지한다는 마케팅 법칙.

롱테일 현상(효과)

기존의 시장을 지배하던 파레토 법칙과 달리 인터넷 시장에서는 전시 면적 등의 물리적 제약이 없어지면서 잘 팔리는 상품이 아님에도(롱테일) 쉽게 판매할 수 있게 되어 매출 상품 비율이 무시할 수 없게 높아지는 현상(효과).

경영학 Business Administration

경영학의 탄생

경영학은 제1차 세계대전 후의 산업 발전과 함께 미국과 독일에서 태어났다.

미국은 남북전쟁 후 산업이 중서부에서 발전 · 확대됐다. 그중에서도 기계공업과 금속가공업에서 공작기계가 발달했고, 부품의 표준화로 인해 기업 내 분업이 진행됐다. 그래서 작업현장 관리를 전문적으로 맡은 '기계 기사'라는 직능이 생기고, 19세기 말에는 관리 문제를 체계적으로 해결하려는 '체계적 관리운동'이 일어났다.

한편 경쟁의 격화와 기계화에 따라 많은 노동자가 요구됐으나 대부분은 동유럽 · 남유럽에서 온 이민자들로 미숙련자들이었다. 이런 미숙련 노동자층은 철강, 섬유, 기계공업 등의 영역에서 저임금 · 장시간노동이라는 열악한 노동조건에 놓여 있었다. 그러던 중 기계 기사였던 프레더릭 윈즐로 테일러Frederick Winslow

Taylor(1856~1915)는 '차별적 성과급 제도'를 제안하고, 기존의 경험과 감에 의지하던 비효율적 관리를 시간과 동작을 연구하여 최대한 생산성을 높이는 시스템으로 바꾸었으며 스스로 이를 '과학적 관리법'이라고 불렀다.

1920년대에는 작업현장 관리에서 각 직종의 시간 · 동작연구가 진행되면서 판매, 구매, 재무 등의 관리론이 성립됐다. 각 대학에서는 기업경영 전문가를 양성하는 경영대학원이 개설되면서 경영학이 체계화되는 원동력이 됐다. 알렉산더 해밀턴 처치Alexander Hamilton Church(1866~1936)는 테일러와 달리 관리의 기본은 조절에 있다고 생각하여 종합적 관리의 이론을 만들어냈으며, 이 이론은 기업합병을 추진하던 1920년대 미국 경영자에게 환영을 받으며 경영학의 중심이 됐다. 더불어 고용관리자 사이에서 '고용관리운동'이 시작됐다. 스코트Walter Dill Scott(1869~1955)가 인사관리 방식을 개발했으며, 테드Ordway Tead(1891~1973)와 메트칼프Henry C. Metcalf(1867~1942)는 인간관계 조정이야말로 인사관리라는 이론을 전개했다.

한편 실천적 지식을 모은 '상업학'의 전통이 있었던 독일에서는 하인리히 니클리슈Heinrich Nicklisch(1876~1946)가 규범적 경영경제학을 주창하고 독일 산업 재건에 지도적 역할을 했으나 나중에 전체주의적 경영학을 제창했다. 이에 비해 오이겐 슈말렌바흐Eugen Schmalenbach(1873~1955)는 기술론적 경영경제학을 주창하고, 원가계산과 가격정책을 전개했다.

경영학은 제1차 · 2차 세계대전 사이에 생겨난 무척 젊은 학문이라 할 수 있다.

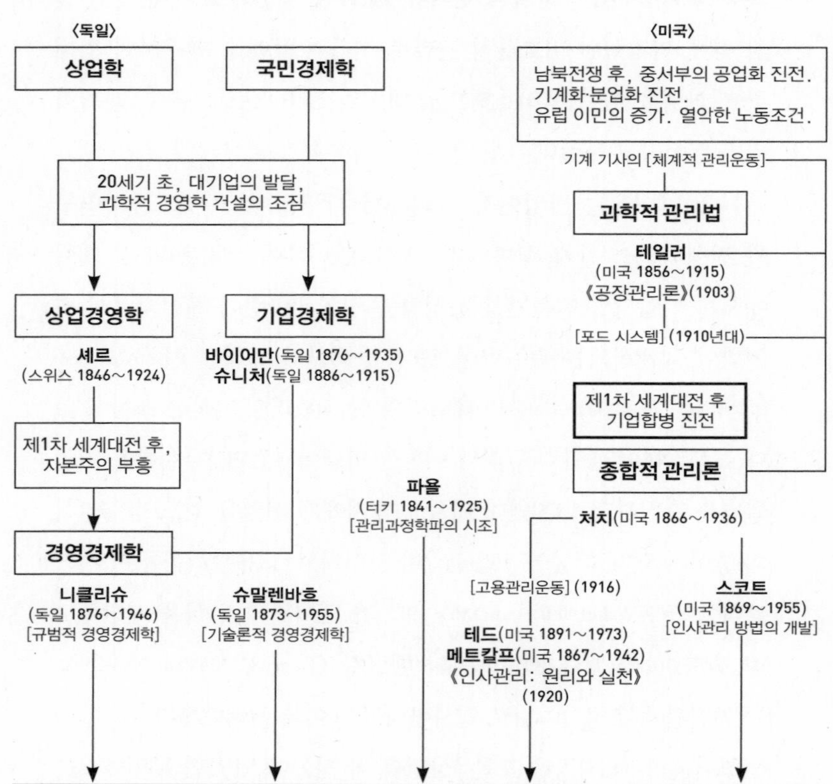

경영학의 전개

제2차 세계대전 후 관리과정론, 인간관계론과 의사결정론 등 다양한 조류가 생겨났으나, 저성장 시대에 들어서면서 산업공동화와 공해 등의 문제를 해결해야 한다는 관점이 들어섰다.

제2차 세계대전 후에도 1960년대까지 번영의 길을 걸던 미국 산업은 광산 기사에서 경영자가 된 앙리 파욜Henri Fayol(프랑스

1841~1925)의 이론을 기초로 해서 관리 직능을 ①계획, ②조직, ③지휘, ④통제로 나누고, 이 순서대로 업무가 달성되어 간다는 '경영학 관리과정학파'가 주류가 됐다.

또한 제1차 세계대전부터 미국은 생산의 증가와 작업조건에 따른 퇴직률과 능률의 변화 등을 연구하는 '산업심리학'에 주목했다. 엘턴 메이오Elton Mayor(오스트레일리아 1880~1949)는 작업능률에 가장 큰 영향을 주는 것은 환경보다 심리적 · 감정적 동기이며 그 핵심은 직장에서 자연 발생하는 편안한 관계에 있다고 발표했다.

허버트 사이먼Herbert A. Simon(1916~2001)은 제임스 G. 마치James G. March(1928~)와 함께 AT&T 사장인 체스터 바너드Chester Barnard(1886~1961)가 쓴 《경영자의 역할The Functions of the Executive》(1939)을 바탕으로 1959년에 이론화 작업을 했다. 이 이론은 관리과정론이나 인간관계론과 달리 인간을 합리적 의사결정의 주체로 보고 '의사결정의 중요성'을 지적했다.

그 후 1962년 폴 R. 로렌스Paul R. Lawrence(1922~2011)와 로쉬Jay Lorsch(1932~) 등은 최적의 조직은 환경 조건에 따라 달라지므로 환경과 조직의 적합한 관계를 모색해야 한다는 '상황적합이론contingency theory'을 주창했다.

미국 산업계의 번영은 1960년대에 절정을 맞이하고 경영학에서는 듀폰 사의 성공을 본보기로 다각적 전략론을 중심으로 하는 '경영 전략론'이 융성했다. 알프레드 챈들러Alfred D. Chandler(1918~2007)는 미국의 거대기업에서 다각적 전략론의 형성과 전개를 역사적으로 추적해서 《전략과 조직Strategy and Structure》(1962)을 저술했다.

경영학의 전개

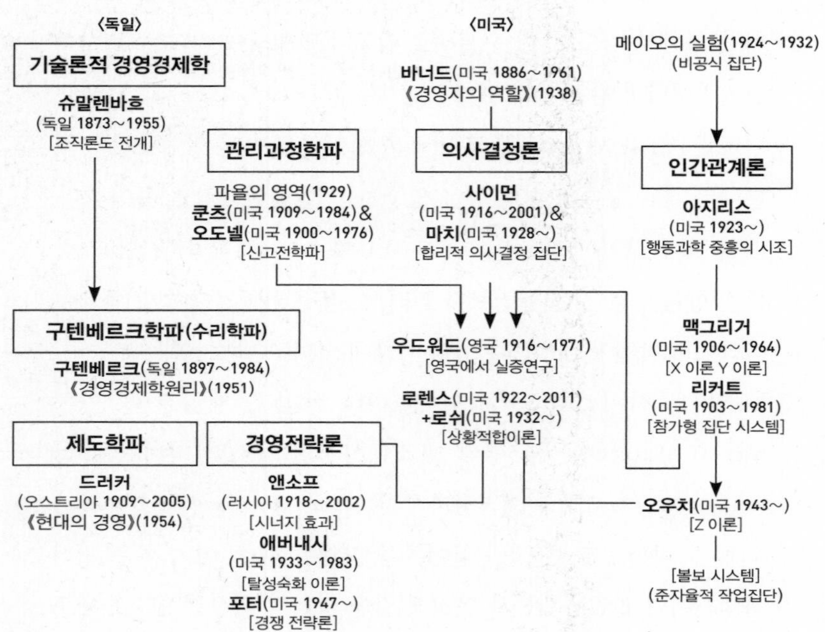

또한 리처드 루멜트Richard Rumelt(미국 1942~)는 1974년에 "거대기업의 다각화는 이미 1960년대에 진행됐다"라고 지적했으며, 이고르 앤소프Igor Ansoff(러시아 1918~2002)는 1965년에 경영다각화의 전략 입안 절차를 나타낸 '시너지 효과' 등의 새로운 개념을 제시했다.

하지만 1970년대 이후 불확실성의 시대로 돌입한 미국 기업은 생존을 걸고 변신할 수밖에 없었다. 윌리엄 J. 애버내시William J. Abernathy(미국 1933~1983)는 그런 기업 환경을 바탕으로 1978년에 '탈성숙화 이론'을 제창했다.

나아가 소비자주권consumerism과 환경공해문제가 심각해졌으므로 외부집단이 사회와 조화를 유지할 필요성이 인식되었고 관리자 역할의 중요성이 강조됐다. 매니지먼트의 선구자로 불리는 피터 드러커Peter Drucker(오스트리아 1909~2005)는 1974년에 경영진의 역할을 ①기업 특유의 목적과 사명 수행, ②생산성 향상 및 노동자에게 달성의욕 부여, ③사회적 충격과 사회적 책임의 관리를 들면서 '지식노동자', '고객제일', '분권화' 등 많은 매니지먼트 이론과 개념을 제시했다.

그밖에 일본제품의 대량 유입으로 인해 일본 경영에 관심이 높아지면서 일본계 3세인 윌리엄 오우치William Ouchi(미국 1943~)가 미국식 경영과 비교해서 'Z 이론'을 정리했다. 유럽에서는 집단에 되도록 자율성을 주어서 성과를 얻으려 하는 '준자율적 작업집단 이론'이 검토되어 스웨덴 볼보 공장에서 시행됐다.

경영학 이론은 심리학, 통계학 등의 영향으로 정밀화되는 한편 경영환경 변화에 맞춰서 오히려 거시적인 이론이 늘었다고 할 수 있다.

경영학의 변혁과 새로운 전개

경영대학원이 떠오르며 경영전략론, 매니지먼트 이론의 중요성이 부각되었다.

가장 오래된 경영대학원은 1881년 펜실베이니아 대학에 설치된 '와튼 스쿨'이었으나 1908년 하버드 경영대학원이 MBA(경영학 석사) 프로그램을 설립하고 특히 '사례연구방식case method'을 수업 스타일로 차용하면서 유명해졌다. 이 방식은 학생이 비즈니스 상황이 그려진 사례를 분석하고 대화를 중심으로 수업을 진행함으로써 경영

현대 경영학의 구조

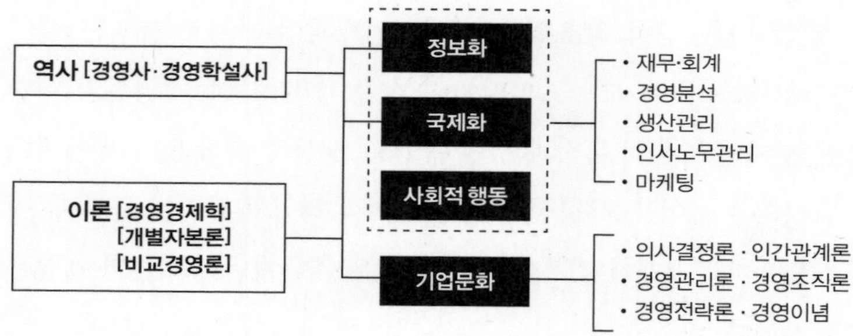

이론의 실천과 적용을 토론하는 매니지먼트 학습의 길을 열었다.

경영대학원에 따라서 커리큘럼에 다소 차이는 있으나 대표적인 과목으로는 부기와 재무제표 등의 기초지식 및 재무비율과 관리회계 방식 등의 분석능력을 몸에 익히는 '회계관리', 고객이 진심으로 원하는 제품과 서비스를 만들고 그 가치를 전달하기 위한 효과적 방법을 배우는 '마케팅', 경영과제의 해결과 의사결정의 질을 높이는 정량분석의 구체적이고 합리적인 방법을 배우는 '경영과학' 등이 있다.

그밖에 조직에서 경영자로서의 인간행동(미시조직 행동)과 조직 및 전략(거시조직 행동)의 양 시점에서 배우는 '조직 매니지먼트', 경영재무의 기초와 경영전략의 수단인 '재무전략'과 'M&A', 기업재생 등에 관해서 배우는 '재무관리', 기업활동에서 제품과 서비스를 제공하는 '생산 및 공급기능'과 이를 위한 오퍼레이션 과제를 발견 · 분석 · 개선하는 관점을 키우는 '생산정책', 리더의 시점에 서서 전략입안 및 실행을 지휘하기 위한 방법론을 배우는 '종합 경영' 등이 필수과목이다. 매니지먼트에 관한 기초를 세우고 이를 실천하는 과정을 토론으로 체감하는 학문이 경영학이다.

드러커가 '단절의 시대'를 이야기한 이후 일본적 경영에 의해 촉발된 TM(종합적 품질관리)이 주목받으면서 잠깐 일본 붐이 일어났다. 하지만 1990년대 'IT의 충격'이 시작되자 드러커가 예견한 '더욱 위대한 발전의 시대'로 돌입했다. 고전학파의 '관리직능론'을 비판한 헨리 민츠버그Henry Mintzberg(1939~)가 1998년에 발표한 《전략 사파리Strategy Safari》에서 '전략론의 10학파'를 정의하고, 독자적으로 경영전략론을 바르게 관찰할 수 있는 관점을 제시하면서 챈들러로 거슬러 올라가는 '구성학파'와 피터 센게Peter Senge(미국 1947~) 등의 '학습학파'가 평가되는 계기를 만들었다.

앞으로 경영학을 공부하고 싶은 사람이 알아야 할 기초 지식

과학적 관리법

기계 기사인 테일러가 제창한 작업관리 시스템. 불합리한 임금제도로 인해 노동자에게 잔업이 생긴다고 생각해서 과학적으로 결정된 표준작업량에 도달한 노동자에게는 높은 임금을, 미달성자에게는 낮은 임금을 지급한다는 '차별적 성과급제도'를 제창했다. 시간 연구를 위한 계획부문의 설치, 표준작업량을 나타내는 지도표의 작성, 작업조건과 공구를 표준화하는 직능별 현장감독 제도의 설치 등을 주장했다.

상황적합이론

환경적응이론, 조건의존형 이론이라고도 한다. 영국의 우드워드는 실증연구를 통해 대량생산기술을 활용하는 조직에는 기계적 조직(직무권한이 명확하고, 피라미드형이며, 정부가 집중되고, 명령을 중시하는 등)이 적당하고, 개별 수주생산을 하는 조직에는 유기적 조직(직무권한에 유연성이 있으며, 네트워크 형태이고, 정보가 분산되며, 조언을 중시하는 등)이 적당하다는 것을 발견했으며, 로렌스와 로쉬는 환경과 조직의 적합관계를 밝히고 기업이 놓인 환경에 따라 최적의 조직편성은 달라진다고 주장했다.

PPM(product portfolio management)

보스턴 컨설팅 그룹이 개발한 전략입안방식. 다각화한 기업이 각 사업의 시장 성장률(사업 성숙도)과 자사의 시장 점유율(사업의 강점)이라는 두 가지 축을 바탕으로 기업의 전체상을 파악하고 경영전략에 따라 각 사업의 경영자원 배분을 바꾸는 방법. 기본 방침은 사업 단위의 역할을 ①고성장-고점유율의 '스타상품star', ②저성장-고점유율의 '돈이 열리는 나무cash cow', ③고성장-저점유율의 '문제아question mark', ④저성장-저점유율의 '패잔병dog'으로 정리한 후 '돈이 열리는 나무'를 자금원으로 해서 '스타상품'과 '문제아'에 자금을 집중하고 '패잔병'에서 철수하자는 것이다.

시너지 효과

이고르 앤소프가 《기업전략론》(1965)에서 제시한 개념이다. '상승효과', '협동효과'라고도 한다. ①판매 시너지(하나의 판매 채널에 복수의 제품을 올린다), ②오퍼레이션 시너지(하나의 기술에서 복수의 제품을 제조한다), ③투자 시너지(설비투자의 공동이용으로 추가투자 비용을 절약한다) ④매니지먼트 시너지(시장에서 구상품의 문제점을 신상품에 반영한다) 등 단계에 따른 효과가 있다.

사업부제도와 SBU(전략사업단위)

여러 사업을 운영하는 기업에서 단일조직으로는 모든 사업의 영업과 제조, 개발의 정보, 요구를 파악하고 적절한 의사결정을 내리는 것이 곤란하므로 '사업부제도'를 채택하고 있다. 의사결정을 사업부장에게 위탁하므로 톱(대표)은 전사적인 의사결정에 전념할 수 있다는 장점이 있으나, 사업부문의 역학관계와 사업 틈새를 메우는 방법 등 고려해야 할 문제도 많다.

사업부가 전략적인 의사결정의 단위로 어울리지 않게 됐을 때 생각할 수 있는 것이 SBU(전략사업단위)다. 전략을 위한 특별한 조직을 사업부제도 위에 올린 이미지이다. SBU는 독자의 경쟁기업을 가진 단일사업이며, 톱으로부터 명확한 사명을 받고, 전략계획의 혜택을 받아서 관리자를 받들고 일정한 경영자원을 컨트롤할 수 있으며 독립해서 계획을 세울 수 있는 등의 특징이 있다.

탈성숙화

주력사업 성장이 둔화됐을 때 혹은 그렇게 예상될 때 기업의 성장력을 회복하기 위해서 새로운 사업에 진출하거나 이전의 사업을 새로운 전략으로 다시 활성화하는 것. ①성숙의 인식, ②시행착오의 전략적 학습, ③전략의 재구축, ④변화의 확대재생산이라는 네 가지 단계가 있다.

X 이론, Y 이론

더글러스 맥그리거가 《기업의 인간적 측면》(1960)에서 전개한 인간에 관한 개념. X 이론은 전통적 관리자가 안고 있는 사고방식으로 인간은 태생적으로 일을 싫어하고, 명령을 좋아하고, 책임을 회피하고 싶어 하므로 기업의 목표달성을 위해서는 명령과 강제, 처벌이 필요하다는 인간관이다.

이에 비해 Y 이론의 인간관은 일에 심신을 사용하는 것은 당연하고, 자신이 관여한 목표를 위해서는 적극적으로 일하고, 조건에 따라서는 나서서 책임을 받아들이고, 목표달성에 노력할지 아닐지는 목표달성으로 얻을 수 있는 보수에 달려 있다고 보며 현대의 기업은 종업원의 능력을 일부밖에 활용하지 못한다고 말한다. 맥그리거는 Y 이론을 바탕으로 종업원의 참가제도와 자주적 목표설정을 도입한 매니지먼트를 실시해야 한다고 주장했다.

《단절의 시대》

1968년 간행된 드러커의 저작. 기술, 경제정책, 산업기구, 경제이론, 거버넌스governance, 매니지먼트, 경제문제의 모든 것이 단절의 시대에 돌입하고 산업시스템이 부정되며 새로운 기업사회의 시대가 도래한다고 예견했다.

Z 이론

윌리엄 오우치가 《Z 이론》(1981)에서 주장한 경영이론. 오우치는 경영조직을 일본형 조직(J형)과 미국형 조직(A형)으로 분류했다. J형의 특징은 장기적 고용, 늦은 승진, 편안한 관리기구, 집단합의제, 전인격적 헌신 등인 것에 비해 A형의 특징은 단기적 고용, 빠른 승진, 딱딱한 관리기구, 하향식의 의사결정, 부분적 헌신 등이다. 하지만 미국에서도 우량기업은 양자의 장점을 동시에 갖춘 상호신뢰와 협력을 바탕으로 한 집단적 경영이라 주장하며 이런 특징을 개념화하여 'Z 이론'이라고 불렀다.

민츠버그가 정의한 10개 학파

①디자인학파: 케네스 앤드루스 등. SWOT 분석을 활용해서 자사의 강점과 약점, 자사환경에서의 기회와 위협을 분석하고, 전자와 후자에 적합하게 만든 전략을 기획입안.
②플래닝학파: 이고르 앤소프 등. 시간 축과 조직의 위계서열을 바탕으로 전략의 기획입안을 프로세스화해서 조직을 컨트롤.
③포지셔닝학파: 마이클 포터 등. 해당 시장에서 라이벌보다 유리하게 자사가 자리 잡도록 하는 것에 전략의 중점을 둔다.
④기업가학파: 조지프 슘페터 등. 기업가 한 명의 직감, 지식, 지혜, 경험을 중심으로 전략을 기획입안, 실행.
⑤인지학파: 허버트 사이먼 등. 전략가와 경영자의 마인드에 주목해서 인지심리학 등을 활용하여 분석하고 전략의 기획입안 프로세스를 해명.
⑥학습학파: 피터 센게 등. 형식적인 계획이 아니라 조직 내에서 만들어진 행동과 아이디어를 전략으로 전환, 조직에 정착 · 실행시킨다.
⑦권력학파: R. E. 프리먼 등. 전략가가 개인 또는 조직의 영향력을 행사해서 계획하는 전략으로 사내외의 이행당사자를 이끈다.
⑧문화학파: 리처드 노먼 등. 조직의 문화와 가치관은 해당 조직이 반드시 공유해야 할 이해관계이므로 그 조직의 독자성을 짙게 반영한 전략을 형성. 전략은 안정적이므로 전략을 변경하려고 하면 저항과 거부가 생기기 쉽다.
⑨환경학파: J. W. 메이어 등. 조건적응이론에서 파생한 것으로 전략은 환경에 따른다.
⑩구성학파: 알프레드 챈들러 등. 해당 조직이 놓인 상황에 맞춰서 전략을 지속하려면 상응하는 조직을 구성 · 배치하여 전환을 유도하고, 다른 학파를 참여시켜서 통합 · 조화를 꾀해야 한다는 이론.

"경영은 인간의 가치관이나
성장에 관계되는 것이다.
그것은 인문예술이자 사회적 기능이다."
_피터 드러커 Peter Druker

3부

자연과학

NATURAL SCIENCE

물리학 Physics

물리학의 기원

그리스에서 시작된 자연철학은 아라비아의 과학을 거치면서 물리학으로 이어졌다.

인류는 탄생 이래 다양한 자연현상에 지대한 관심을 가져왔다. 그리고 고대에는 그런 자연현상들을 신과 미지의 세계로 연결하여 신화와 종교를 만들어냈다. 이런 신화적인 세계를 벗어나서 처음으로 합리적 설명을 시도한 사람들이 그리스 철학자들이었다.

그 선두에 위치한 인물이 이오니아 출신의 탈레스였다. 탈레스는 자연현상의 원인을 자연 속에서 설명하려고 한 첫 인물이었다. 탈레스와 그 후계자들은 밀레투스(현재 터키의 지중해 연안에 있던 도시)에서 활동했기에 밀레투스학파라고도 불린다.

탈레스는 자연현상을 관찰하던 중 사물의 근원이 되는 물질을 '물'이라고 파악했다. 이 근원물질(아르케)의 탐구는 그 후 그리스 철학자들의 커다란 과제가 됐다.

'만물은 유전한다'고 말한 헤라클레이토스는 만물의 근원을 '불'로 파악하고, 엠페도클레스Empedocles(BC 493~433)는 '물', '공기', '불', '흙'의 4원소로 모든 물질이 생성된다고 이야기했다. 또한 데모크리토스Democritus(BC 460~370)는 더는 나눌 수 없는 것으로 '원자(아톰)'의 존재를 생각했다.

밀레투스학파 이후 모든 지식을 체계적으로 정리하여 질서를 부여한 사람이 아리스토텔레스였다. 아리스토텔레스는 학문의 대상인 지식을 '이론적 지식'과 '실천적 지식'으로 나누고, 신학 · 수학 · 자연철학을 전자, 정치학 · 윤리학을 후자라고 했다. 여기서 말하는 자연철학이 현재의 물리학이다. 실제로 자연철학은 그리스어로 'Physike'라고 쓰여서 '물리학Physics'의 어원이 됐다.

고대 그리스에서 시작된 자연철학은 그 후 이집트의 도시 알렉산드리아에서 큰 발전을 이루고, 로마 시대를 거쳐서 아라비아로 계승됐다. '앨저브러algebra(대수학)'와 '알고리즘algorithm(아라비아 기수법)'의 어원이 아라비아어인 것에서 보듯 아라비아 과학은 후세까지 이어지며 커다란 영향을 주었다. 아라비아에서 발전한 그리스의 자연철학은 다시 중세 유럽으로 역수입됐다. 이 시대의 자연철학은 아리스토텔레스의 체계를 어떻게 기독교라는 종교에 담아낼 수 있을지가 최대 과제였다.

종교에서 벗어나서 다시 자연 자체를 해명하게 된 계기는 코페르니쿠스의 '지동설'이었다. 그러나 코페르니쿠스 사후에 출판된 《천구의 회전에 관하여De revolutionibus orbium coelestium》(1543)의 서

물리학의 성립

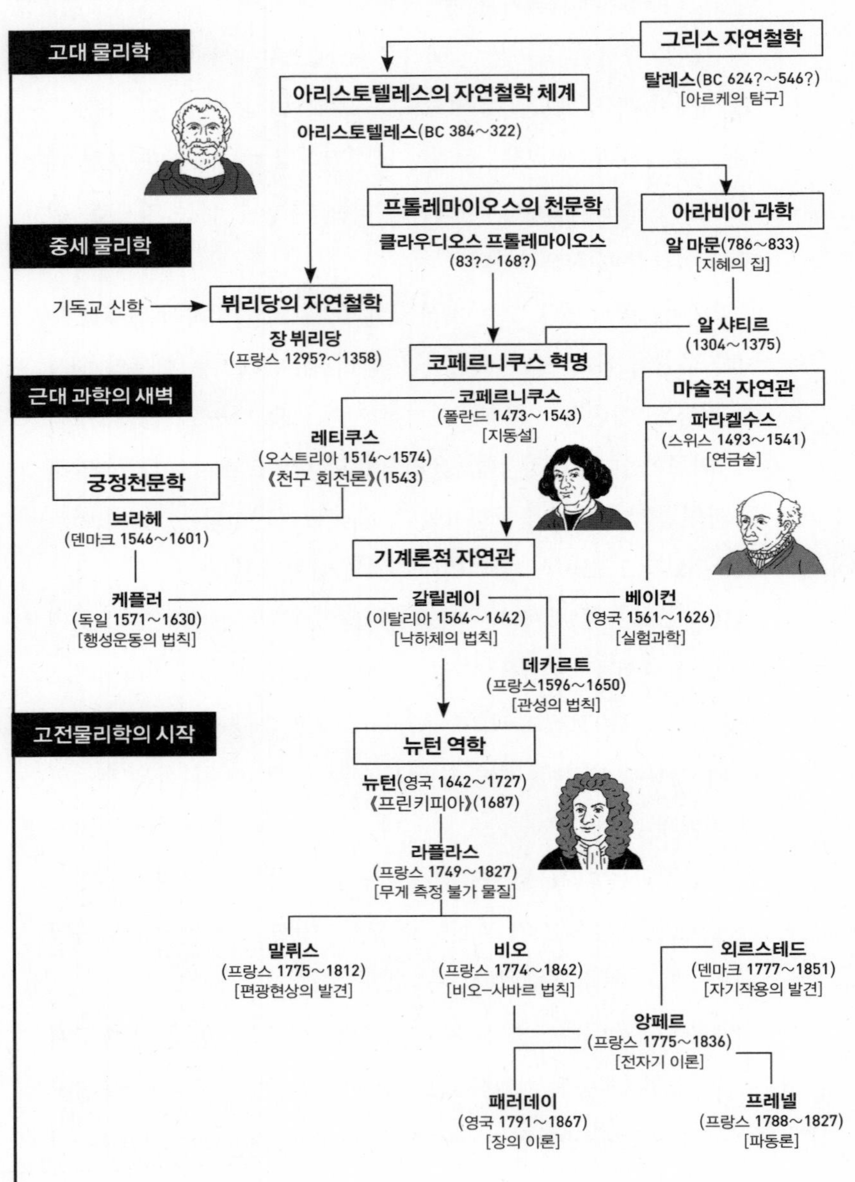

고대 물리학
그리스 자연철학
탈레스(BC 624?~546?)
[아르케의 탐구]
아리스토텔레스의 자연철학 체계
아리스토텔레스(BC 384~322)
중세 물리학
프톨레마이오스의 천문학
클라우디오스 프톨레마이오스
(83?~168?)
아라비아 과학
알 마문(786~833)
[지혜의 집]
기독교 신학
뷔리당의 자연철학
장 뷔리당
(프랑스 1295?~1358)
알 샤티르
(1304~1375)
코페르니쿠스 혁명
근대 과학의 새벽
코페르니쿠스
(폴란드 1473~1543)
[지동설]
마술적 자연관
파라켈수스
(스위스 1493~1541)
[연금술]
레티쿠스
(오스트리아 1514~1574)
《천구 회전론》(1543)
궁정천문학
브라헤
(덴마크 1546~1601)
기계론적 자연관
케플러
(독일 1571~1630)
[행성운동의 법칙]
갈릴레이
(이탈리아 1564~1642)
[낙하체의 법칙]
베이컨
(영국 1561~1626)
[실험과학]
데카르트
(프랑스1596~1650)
[관성의 법칙]
고전물리학의 시작
뉴턴 역학
뉴턴(영국 1642~1727)
《프린키피아》(1687)
라플라스
(프랑스 1749~1827)
[무게 측정 불가 물질]
말뤼스
(프랑스 1775~1812)
[편광현상의 발견]
비오
(프랑스 1774~1862)
[비오-사바르 법칙]
외르스테드
(덴마크 1777~1851)
[자기작용의 발견]
앙페르
(프랑스 1775~1836)
[전자기 이론]
패러데이
(영국 1791~1867)
[장의 이론]
프레넬
(프랑스 1788~1827)
[파동론]

문에는 신학자 앤드루 오시앤더Andrew Osiander(1498~1552)의 "지동설은 가설에 불과하여 천문학은 어디까지나 관찰과 계산의 도구에 지나지 않는다"는 문장이 쓰여 있었다.

고전물리학의 성립과 완성

뉴턴으로부터 시작된 고전물리학은 맥스웰의 전자기학을 통해 완성됐다.

16세기 후반이 되자 천문학을 자연철학으로 인식하는 천문학자가 등장했다. 그 대표적인 인물이 요하네스 케플러였다. 궁정 천문학자 튀코 브라헤Tycho Brahe(덴마크 1546~1601)의 조수가 된 케플러는 브라헤의 관찰기록을 정리하던 중 화성의 궤도가 타원이라는 것을 알아내고 '행성운동의 법칙'을 설명함으로써 물리학사에 획을 긋는 업적을 남겼다.

하지만 16세기는 과학적 사고가 싹트는 시대임과 동시에 파라켈수스Paracelsus(스위스 1493~1541)로 대표되는 '연금술'이라는 마술적 자연관이 번성하던 시기이기도 했다. 17세기가 되자 이런 마술적 자연관이나 아리스토텔레스의 자연관과 다른 새로운 운동론에 기초한 과학이 생겨난다. 그 대표적 인물이 갈릴레오 갈릴레이와 철학자 데카르트였다.

갈릴레이는 피사 대학과 파도바 대학에서 교편을 잡는 틈틈이 진자의 등시성을 발견하고, 1604년경에는 낙하거리가 낙하시간의 2승에 비례한다는 '낙체의 법칙'을 발견했다. 한편 기계론적 자연관을 주장했던 데카르트는 자연철학 저서 《우주론Treatise on the

Light》(1633)에서 입자의 운동을 방해하는 것이 없으면 무한하게 전진한다는 '관성의 법칙'을 확립했다.

코페르니쿠스의 '지동설', 케플러의 '행성운동의 법칙', 갈릴레이의 '낙체의 법칙', 데카르트의 '관성의 법칙' 등의 성과를 종합하고 근대 과학의 기초가 되는 논리적 체계를 구축한 사람이 아이작 뉴턴Isaac Newton(영국 1642~1727)이었다. 그의 주요 저서 《자연철학의 수학적 원리Principia(프린키피아)》(1687)는 운동역학과 중력이론, 만유인력의 법칙, 유체역학, 태양계 행성의 운동 등 우주를 거의 완전히 설명하는 이론으로 그 후 물리학의 규범이 됐다.

19세기가 되자 뉴턴의 만유인력이 적합하지 않은 열, 빛, 전기, 자기에 커다란 관심이 쏠렸다. 이런 물리현상을 수학이론으로 해명하려고 한 사람이 피에르 시몽 라플라스와 그 제자들이었다. 라플라스는 자연계의 구성을 '무게 측정이 가능한 물질'과 '무게 측정이 불가능한 물질'로 나누어 인력과 척력이 작용하는 방식을 설명하려 했다.

그리고 앙드레마리 앙페르André-Marie Ampère(프랑스 1775~1836)의 '전자기 현상의 수학적 이론'과 마이클 패러데이Michael Faraday(1791~1867)의 '장의 이론'을 거쳐서 광학과 전자기학을 통합하는 이론을 발견한 사람이 제임스 클러크 맥스웰James Clerk Maxwell(영국 1831~1879)이었다. 빛과 전자기 현상을 통일적으로 설명한 맥스웰의 전자기학은 뉴턴에서 시작된 고전물리학의 체계를 완성했다고 할 수 있다.

20세기 물리학

양자역학으로 막을 연 20세기의 물리학은 지금 우주 탄생의 수수께끼에 도전하는 중이다.

20세기의 개막과 함께 그 후의 물리학 세계를 크게 바꾼 하나의 논문이 발표됐다. 1900년 12월에 출판된 막스 플랑크Max Planck(독일 1858~1947)의 '빛의 에너지'에 관한 논문이었다. 여기서 20세기 물리학이라고도 해야 할 '양자역학'이 탄생했다.

플랑크가 연구했던 것은 '금속 등을 가열하면 밝게 빛나고 온도가 오르면서 색이 바뀌는 이유는 무엇일까?'라는 질문이었다. 우주의 법칙을 해명하고 하나의 체계로 정리해낸 고전물리학에서도 이런 당연한 현상에 대해 정확한 설명을 할 수 없었다.

플랑크 이전까지 물리학자의 설명으로는 금속을 가열하면 원자 속의 전자가 자극을 받아 연속적으로 에너지를 방출한다는 것이었다. 하지만 이 이론에서는 온도가 왜 상승하는지, 왜 오렌지색에서 황색, 황백색으로 색깔이 변하는지를 설명할 수가 없었다.

플랑크는 에너지의 방출이 결코 연속적인 것이 아니라 단속적인 것, 즉 '에너지 덩어리=양자'로 방출되는 것을 발견했다. 이렇게 플랑크는 파동(색)의 에너지 덩어리(양자)를 계산하는 '플랑크 정수'를 산출했다. 그리고 플랑크의 이론을 받아들인 알베르트 아인슈타인Albert Einstein(독일 1879~1955)은 빛을 '양자'라고 부르며 입자에도 파에도 있는 빛의 존재를 규명했다.

그리고 10년 후인 1913년에 닐스 보어Niels Bohr(덴마크 1885~1962)는 플랑크가 시작한 양자역학을 확립했다. 보어는 스펙트럼 분석

물리학의 흐름

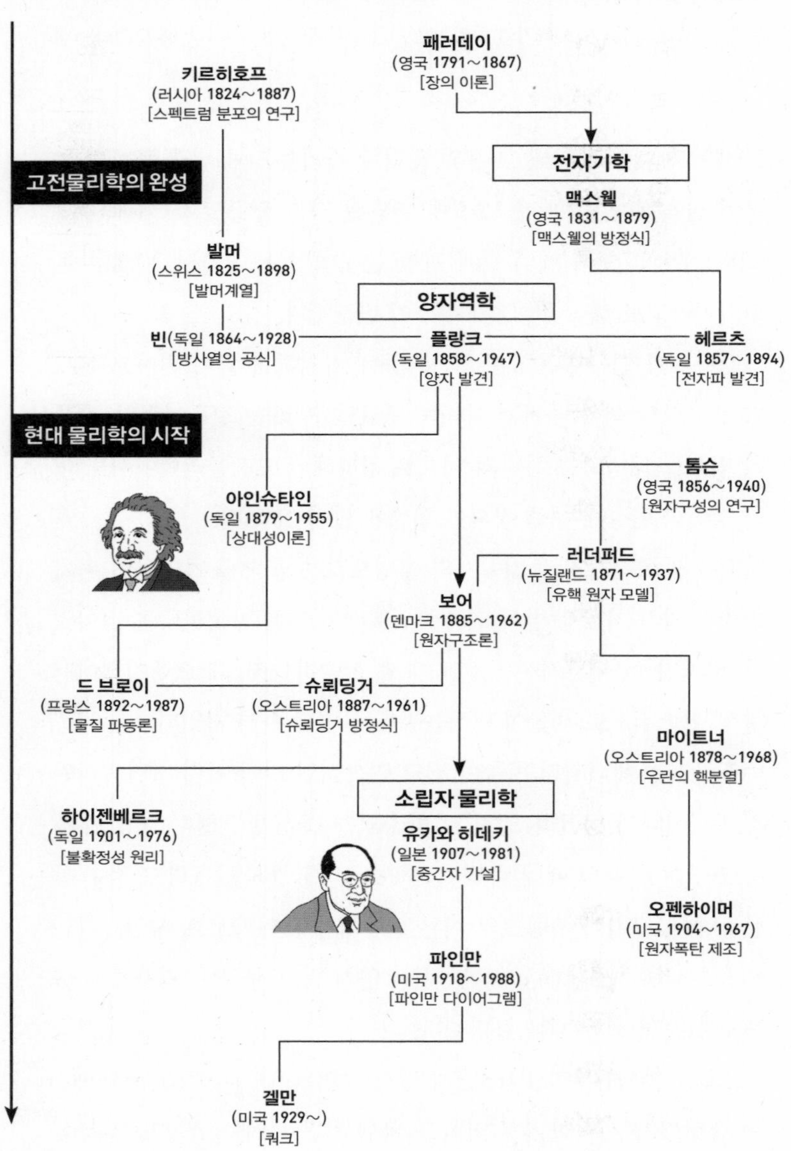

패러데이
(영국 1791~1867)
[장의 이론]
키르히호프
(러시아 1824~1887)
[스펙트럼 분포의 연구]
고전물리학의 완성
전자기학
맥스웰
(영국 1831~1879)
[맥스웰의 방정식]
발머
(스위스 1825~1898)
[발머계열]
양자역학
빈(독일 1864~1928)
[방사열의 공식]
플랑크
(독일 1858~1947)
[양자 발견]
헤르츠
(독일 1857~1894)
[전자파 발견]
현대 물리학의 시작
톰슨
(영국 1856~1940)
[원자구성의 연구]
아인슈타인
(독일 1879~1955)
[상대성이론]
러더퍼드
(뉴질랜드 1871~1937)
[유핵 원자 모델]
보어
(덴마크 1885~1962)
[원자구조론]
드 브로이
(프랑스 1892~1987)
[물질 파동론]
슈뢰딩거
(오스트리아 1887~1961)
[슈뢰딩거 방정식]
마이트너
(오스트리아 1878~1968)
[우란의 핵분열]
소립자 물리학
하이젠베르크
(독일 1901~1976)
[불확정성 원리]
유카와 히데키
(일본 1907~1981)
[중간자 가설]
오펜하이머
(미국 1904~1967)
[원자폭탄 제조]
파인만
(미국 1918~1988)
[파인만 다이어그램]
겔만
(미국 1929~)
[쿼크]

물리학의 필드

을 통해 발머 계열의 공식과 어니스트 러더퍼드Ernest Rutherford(뉴질랜드 1871~1937)의 유핵 원자 모델, 플랑크와 아인슈타인의 양자개념을 통합해 '원자구조론'을 세웠다.

고전역학과 양자론을 절충한 보어의 원자론은 당시 물리학자들을 크게 매료시키며 많은 양자역학자를 배출했다. 그중에는 전자만이 아니라 일반적인 물질을 파동으로 파악한 루이 드 브로이Louis de Broglie(프랑스 1892~1987)와 물질파의 운동방정식을 이끌어낸 에르빈 슈뢰딩거Erwin Schrödinger(오스트리아 1887~1961) 등이 있다.

1930년대에 들어서면서 중성자와 양전자, 중간자 등의 새로운 소립자가 차례차례 발견되고 물리학은 원자핵과 소립자라는 미시적 세계 탐구로 나아가게 된다. 이 탐구는 우주 탄생의 수수께끼를 해명하는 것이기도 했다. 20세기 후반 이후 관측장치와 실험장치의 기술진보와 함께 우주론과 소립자 물리학 분야는 비약적으로 발전하고 있다. 우주의 모든 것을 단 하나의 이론으로 설명할 수 있는 '통일이론'의 완성을 꾀하는 물리학자에게 있어 소립자의 '표준이론'은 가장 완성된 이론이라고 할 수 있다. 그리고 2012년에 가속기(사이클로트론)의 실험으로 발견된 '힉스 입자'의 존재는 1942년 구소련의 조지 가모프George Gamow(1904~1968)가 제창한 '빅뱅 우주론'의 해명으로 이어질 수 있을지 기대를 모으고 있다.

앞으로 물리학을 공부하고 싶은 사람이 알아야 할 기초 지식

고전물리학

뉴턴에서 시작되어 맥스웰이 완성한 학문. 현대 물리학이 미시적 세계를 대상으로 한다면 고전물리학은 우리가 직접 알 수 있는 대상, 소위 거시적 세계를 다룬다. 그 기초는 뉴턴의 역학과 맥스웰의 전자기학이다.

양자역학

고전역학으로는 완벽하게 설명할 수 없었던 미시적 세계의 운동을 해명했다. 가령 전자와 광자는 입자와 파동이라는 양쪽 성질을 가지고 있다. 고전역학으로는 이런 대상을 설명할 수 없었으나, 플랑크에서 시작된 양자역학으로 모순 없이 해결할 수 있게 됐다. 원자물리학과 화학 분야에서도 양자역학의 지식은 빼놓을 수 없다.

전자기학

전기와 자기의 현상을 다루는 분야로 맥스웰이 완성했다. 맥스웰은 전기·전자의 세계를 지배하는 다양한 법칙(쿨롱의 법칙, 앙페르의 법칙, 전자기 유도의 법칙 등)을 미분방정식으로 집대성해서 전자파의 존재를 예견했다.

뉴턴역학

물체에 작용하는 힘과 운동의 관계를 설명하는 체계. 실용적인 수준에서는 뉴턴역학(고전역학)으로 모든 운동을 설명할 수 있으나 분자와 원자의 운동은 뉴턴역학으로 바른 답을 낼 수 없다.

상대성이론

아인슈타인이 제창한 이론. 1905년에 발표한 '특수상대성이론'과 1915년에 발표한 '일반상대성이론'이 있다. 정지해 있을 때와 일정한 속도로 달리고 있을 때의 관계를 문제로 하는 것이 '특수상대성이론'이며 가속도 운동을 할 때까지 일반화한 것이 '일반상대성이론'이다.

유체역학

유체 자체의 운동과 유체 속 물체의 운동을 대상으로 하는 것이 유체역학이다. 유체역학은 선박 분야에서 폭넓게 응용하고 있다. 유체에는 액체만이 아니라 기체도 포함된다. 항공기와 자동차 분야에서 사용되는 공기역학aerodynamics도 유체역학의 한 분야이다.

열역학

열역학은 물질 사이의 열을 포함한 에너지 이동과 그 이동에 따른 물질의 성질 변화를 연구하는 영역이다. 열역학은 물질의 미시적 구조와 운동은 다루지 않고 거시적으로 관찰된 물질 사이의 관계를 경험적으로 획득된 원리와 법칙을 바탕으로 정식화한다.
열역학에서 다루는 대상을 '열역학체계'라 부른다. 기체, 액체, 고체 등 거시적 세계의 현상은 열역학상의 두 가지 법칙에 의해 지배된다. 제1법칙이 에너지 총량은 증감하지 않는다는 '에너지 보존의 법칙'이다. 이것은 거시 · 미시를 불문하고 성립하는 기본 법칙이다. 제2법칙은 거시적 세계 특유의 것으로 '엔트로피 증가의 법칙'이라 불린다. 거시적인 물질에는 에너지 외에 '엔트로피'라는 물리량이 있으며, 이는 자연계에서 감소하지 않는다는 법칙이다.

원자물리학

분자, 원자 등 미시적 세계를 대상으로 하는 물리학. 물질은 분자와 원자로 구성되고, 그 원자는 원자핵과 전자로 이루어지며, 원자핵은 나아가 양자와 중성자로 이루어진다. 그리고 양자와 중성자는 쿼크로 이루어진다. 이렇게 더욱 미시적인 영역을 다루는 것이 원자물리학이다.

물성물리학

고체, 액체, 기체 등 물질의 성질을 '물질의 원자 구성'으로 접근하는 것이 물성물리학이다. 물성물리학은 물질의 성질을 원자핵과 전자의 전자적 인력 · 척력으로 설명하는 것이다. 초전도, 트랜지스터, 레이저 등 물성물리학을 통한 기술적 응용범위는 광범위하다.

소립자물리학

물질을 구성하는 궁극의 입자 존재와 그 작용을 탐구하는 것이 소립자물리학이다. 무엇을 소립자로 보는가는 시대에 따라 변해왔으나 현재는 렙톤, 쿼크, 게이지 입자 세 가지를 소립자로 본다. 소립자는 '가속기'로 불리는 장치 속에서 양자와 반양자를 충돌시켜 인공적으로 만들어 낼 수 있다. 이런 방법으로 차례차례 새로운 입자의 존재가 확인되고 있다.

톱 쿼크

물질을 구성하는 궁극의 입자가 쿼크이다. 쿼크는 적어도 6종류가 있다고 하며, 그중에서도 가장 발견하기 어려웠던 톱 쿼크가 1995년 세계 최대의 가속기를 가진 미국의 페르미연구소에서 확인됐다.

우주물리학

우주의 다양한 현상을 물리학 입장에서 접근하는 학문영역. '천체물리학'이라고도 한다. 19세기 말까지 천문학에서는 천체역학이 주류였으나 20세기 양자역학이 탄생하면서 우주물리학이 크게 발전했다. 우주물리학에서는 전자파 관측과 수치 모델을 바탕으로 우주를 구성하는 물질과 구조, 나아가 그 탄생의 수수께끼에도 다가가려고 한다.

빛의 속도

빛은 진공 속을 같은 속도로 직진한다. 그 속도는 파장과 밝기, 광원의 속도와 관계없다. 가령 움직이는 광원의 빛이라도 그 방향에 따라서 파장과 진동수는 달라지나 속도는 같다. 또한 움직이는 거울에 반사되어도 파장과 진동수는 변하나 속도는 변하지 않는다. 이런 빛의 속도를 '광속 일정의 원리'라고 부른다. 빛이 진공 속에서 전달되는 속도는 어떠한 경우라도 초속 20만 킬로미터(지구를 7바퀴 반 도는 거리)이다.

장의 이론

초기 양자역학에서는 베르너 하이젠베르크의 질점적인 견해와 에르빈 슈뢰딩거의 파동적인 견해가 있었다. 물질파로 보는 슈뢰딩거의 방정식에서는 전자가 파동처럼 원자핵의 주위로 퍼진다고 생각했으나 실제로 관측된 전자는 항상 질점적인 것이었다.
한편 빛의 흡수 및 방출을 양자론적으로 기술하기 위해서는 빛을 질점적으로 다루는 방식으로는 곤란했다. 그래서 영국의 이론물리학자 폴 디랙이 맥스웰의 방정식을 응용해서 파동장을 양자화하는 '파동장의 양자론'을 제안했다. 이것이 장의 이론이다.

힉스 입자

모든 우주공간을 채우고 있는 소립자로서 1964년에 영국의 물리학자 피터 힉스가 그 존재를 예견했다. 현대 물리학의 표준이론(와인버그-살람 이론)에서 존재가 예상된 쿼크와 렙톤 등 17개 소립자 중에서 힉스 입자만이 실험으로 확인되지 않았으나 2012년에 그 존재가 확인됐다. 힉스 입자가 맡은 역할은 우주 탄생 후 얼마 안 됐을 무렵에 우주의 모든 물질에 '질량', 즉 '무게'를 준 것이다.

우주의 종언

20세기 초까지는 '우주는 영원히 변하지 않은 채 계속 존재한다'는 정상우주론steady-state cosmology이 주류였으나, 1920년대에 에드윈 허블이 우주의 팽창을 발견함으로써 우주의 시작과 끝이 논의되었다. 우주는 빅뱅에서 시작됐다는 가설은 많은 과학자에게 합의를 얻고 있으나 종언에 관해서는 앞의 정상우주론 말고도 크게 두 가지 이론이 있다. 팽창과 수축이 찾아오는 일시적 사건으로 종언을 맞는다는 것과 우주 내부의 존재가 모두 하나같이 평형상태에 도달하는 영구적 사건으로 종언을 맞이한다는 이론이 있다.

“우주에 대해 가장 이해할 수 없는 것 중 하나는
우리가 우주를 이해할 수 있다는 것이다.”

_아인슈타인 Albert Einstein

생물학 Biology

생물학의 원류

근대 생물학을 성립시킨 두 가지 원류는 박물학과 생명론이다.

인간을 포함한 생물을 연구하는 생물학은 오래된 학문으로 생각하기 쉬우나 실은 그렇게 오래된 학문은 아니다. 실제로 '생물학 Biology'이라는 말이 나타난 때는 18세기 말부터 19세기 초 무렵이었다. 독일의 고트프리트 라인홀트 트레비라누스Gottfried Reinhold Treviranus(1776~1837)라는 의학자와 프랑스의 장바티스트 라마르크 Jean-Baptiste Lamarck(1744~1829)라는 생물학자가 거의 동시에 만들어냈다고 한다.

물론 인간은 옛날부터 다양한 생물에 관심을 가져왔다. 고대와 중세, 르네상스 시기에도 관심을 가지는 방법은 다종다양해서 각각 독립된 형태로 계승되어 온 것이 사실이다. 이런 생물학의 다양한 원류도 크게 보면 '박물학'과 '생명론'이라는 두 가지 흐름으로 정리할 수 있다.

박물학은 자연계의 여러 가지 생물을 기록하는 것으로 '다양성의 추구'를 목표로 하고 있다. 이런 박물학의 시조라고 불리는 존재가 고대 그리스 철학자 아리스토텔레스였다. 아리스토텔레스는 실제로 동물을 관찰하고 조사함으로써 각 종의 특성을 밝히고《동물지History of Animals》(BC 400?)로 정리했다. 아리스토텔레스의 박물학적 연구는 그 후 로마 시대에 크게 발전해서 77년에 대 플리니우스 Pliny the Elder(23?~79?)의《박물지Natural History》(전 37권)로 결실을 이루었다.

하지만 아리스토텔레스의 생물 연구는 애당초 생명론에서 유래한 것이었다. 아리스토텔레스는 생물의 본질로 '생명=프시케(영혼)'를 상정하고 프시케의 완전성에 도달하는 생물의 3단계를 구분했다. 아리스토텔레스의 박물학적 연구는 '프시케의 3단계설'을 증명하기 위해 시작된 것이었다.

생명론은 해부학과 생리학의 틀을 만들고 넓게는 의학이라는 학문을 형성했다. 생명론의 시작에 위치하는 인물들은 해부학과 생리학의 선구자라 불리는 알크마이온Alcmaeon of Croton(BC 500?)과 의학의 시조인 히포크라테스Hippocrates(BC 460~370?) 등이 있다. 알크마이온은 동물을 해부함으로써 뇌, 시신경, 안구 등을 연구하고 시각에 대한 해명을 시도했다. 히포크라테스는 체액병리설을 주창하고 체액의 부조화로 질병이 생긴다고 생각했다. 그들이 추구한 것은 모두 생명의 구조 그 자체였다.

생물학의 성립

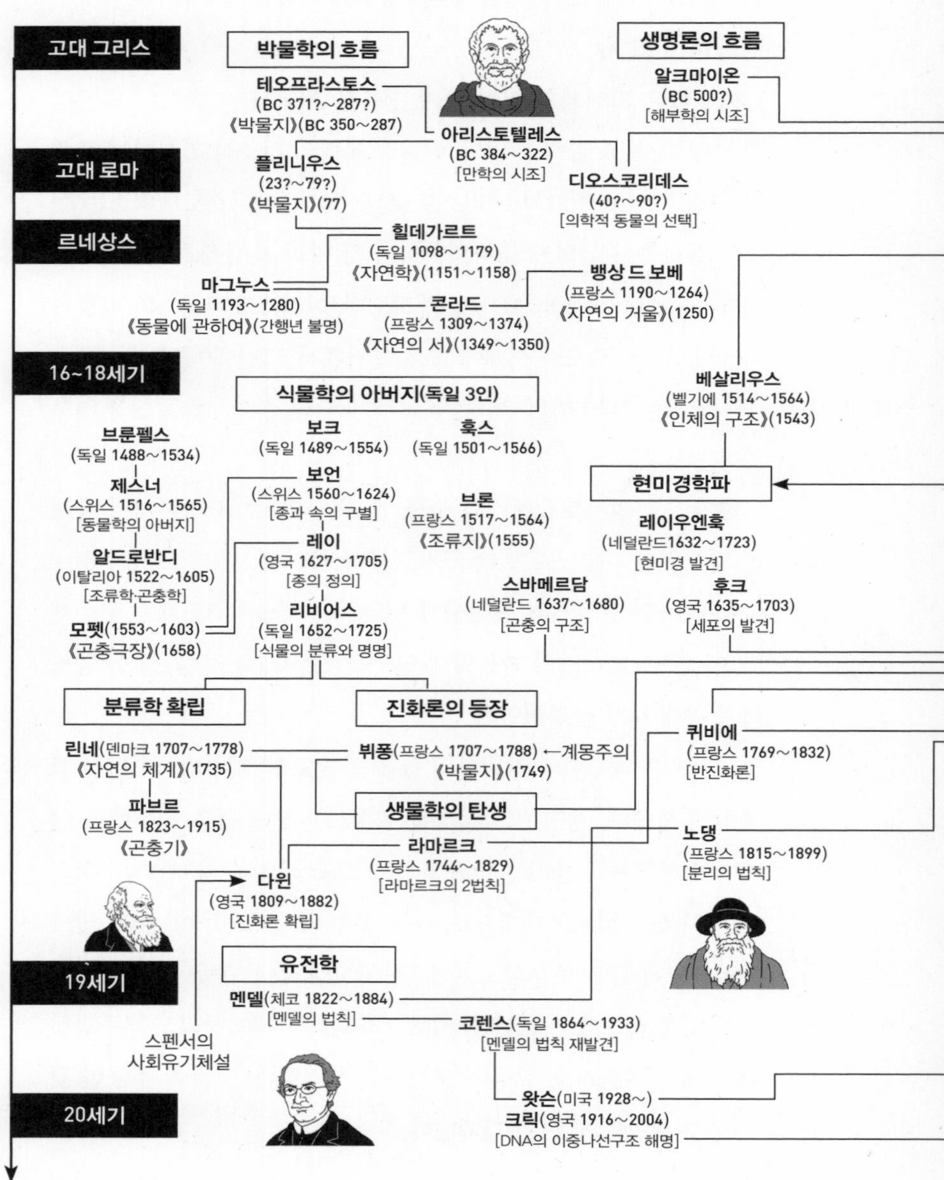

고대 그리스
고대 로마
르네상스
16~18세기
19세기
20세기
박물학의 흐름
테오프라스토스
(BC 371?~287?)
《박물지》(BC 350~287)
아리스토텔레스
(BC 384~322)
[만학의 시조]
플리니우스
(23?~79?)
《박물지》(77)
생명론의 흐름
알크마이온
(BC 500?)
[해부학의 시조]
디오스코리데스
(40?~90?)
[의학적 동물의 선택]
힐데가르트
(독일 1098~1179)
《자연학》(1151~1158)
마그누스
(독일 1193~1280)
《동물에 관하여》(간행년 불명)
콘라드
(프랑스 1309~1374)
《자연의 서》(1349~1350)
뱅상 드 보베
(프랑스 1190~1264)
《자연의 거울》(1250)
식물학의 아버지(독일 3인)
보크
(독일 1489~1554)
훅스
(독일 1501~1566)
브룬펠스
(독일 1488~1534)
제스너
(스위스 1516~1565)
[동물학의 아버지]
알드로반디
(이탈리아 1522~1605)
[조류학·곤충학]
모펫(1553~1603)
《곤충극장》(1658)
보언
(스위스 1560~1624)
[종과 속의 구별]
레이
(영국 1627~1705)
[종의 정의]
리비어스
(독일 1652~1725)
[식물의 분류와 명명]
브론
(프랑스 1517~1564)
《조류지》(1555)
베살리우스
(벨기에 1514~1564)
《인체의 구조》(1543)
현미경학파
레이우엔훅
(네덜란드1632~1723)
[현미경 발견]
스바메르담
(네덜란드 1637~1680)
[곤충의 구조]
후크
(영국 1635~1703)
[세포의 발견]
분류학 확립
진화론의 등장
린네(덴마크 1707~1778)
《자연의 체계》(1735)
뷔퐁(프랑스 1707~1788) ←계몽주의
《박물지》(1749)
퀴비에
(프랑스 1769~1832)
[반진화론]
파브르
(프랑스 1823~1915)
《곤충기》
생물학의 탄생
라마르크
(프랑스 1744~1829)
[라마르크의 2법칙]
노댕
(프랑스 1815~1899)
[분리의 법칙]
다윈
(영국 1809~1882)
[진화론 확립]
유전학
멘델(체코 1822~1884)
[멘델의 법칙]
코렌스(독일 1864~1933)
[멘델의 법칙 재발견]
스펜서의
사회유기체설
왓슨(미국 1928~)
크릭(영국 1916~2004)
[DNA의 이중나선구조 해명]

생물학의 성립과 전개

생물학은 진화론으로 정점에 도달하고 생명론과 융합하면서 '현대 생물학'으로 발전했다.

히포크라테스
(BC 460?~370?)
[의학의 시조]

갈레노스
(129~199?)
[고대 로마 의학]

이븐 시나
(980~1037)
[중세 아라비아 의학]

연금술적 과학

파라켈수스
(스위스 1493~1541)
[화학적 생명론]

데카르트의 생명기계

말피기
(영국 1628~1694)
[생물체의 구조 연구]

그루
(영국 1641~1712)
[비교해부학]

볼프
(독일 1733~1794)
[후성설]

리비히의 발효이론 → 미생물학

파스퇴르
(프랑스 1822~1895)

코흐(독일 1843~1910)
[세균학]

분자생물학

위버
(영국 1894~1961)

유전자공학

기독교 신학이 지배한 중세는 근대적 관점에서 말하자면 학문이 정체된 시기이기도 했다. 종교적 억압에서 서서히 해방되어 합리적인 자연관이 싹튼 것이 르네상스 시대(14~16세기)였다. 이 시기는 코페르니쿠스, 케플러, 갈릴레이, 그리고 뉴턴이라는 일련의 과학자들이 등장한다. 이들의 역학적 자연관은 당연히 생명관에도 영향을 미쳤다. 그 결과 나온 것이 생물의 내부도 기계와 같은 구조로 이루어졌다는 '생명기계론'이었다. 이는 철학자 데카르트와 《인간기계론Man a Machine》(1747)을 저술한 쥘리앵 오르푸아 드 라메트리Julien Offray de La Mettrie(프랑스 1709~1751)가 주장했다.

생명기계론의 등장 배경에는 각종 도구의 기술적 진보가 있었고 이는 박물학 분야가 새로운 단계에 들어서게 했다. 안톤 판 레이우엔훅Anton van Leeuwenhoek(네덜란드 1632~1723)을 시작으로 하는 현미경학자의 미생물 발견은 나중에 분류학과 성립에 커다란 영향을 주었다. 모세혈관을 발견한 마르첼로 말피기Marcello Malpighi(이탈리아 1628~1694), 세포의 발견자 로버트 훅Robert Hooke(영국 1635~1703), 곤충학의 발전에 이바지한 얀 스바메르담Jan Swammerdam(네덜란드 1637~1680) 등 현미경학자들이 생물학에 끼친 영향은 크다.

18세기가 되자 《자연의 체계Systema Naturae》(1735)를 저술한 칼 폰 린네Carl von Linné(스웨덴 1707~1778)와 《박물지Histoire Naturelle》(1749~1804)의 뷔퐁Buffon(프랑스 1707~1788)이 '분류학'이라는 근대 과학의 기초를 구축했다. 그리고 18세기에 분류학을 완성한 사람이 조르주 퀴비에Georges Cuvier(프랑스 1769~1832)였다.

18~19세기는 박물학의 전성기인 동시에 새로운 대륙을 찾던 대항해시대이기도 했다. 대항해시대의 탐험 중에 그 유명한 찰스 다윈의 '진화론'이 탄생하였다. 그의 진화론은 생물학 분야뿐 아니라 사회사상에도 깊은 영향을 주었다.

생물학이라는 말이 19세기에 탄생한 배경에는 그때까지 각각의 분야에서 이루어지던 생명 연구를 과학적 방법으로 통일해서 인식하려는 의지가 있었다. 그것은 또한 관찰적 방법에서 실험적 방법으로의 이행을 의미하는 것이었다. 그 대표적인 생물학자가 '유전의 법칙'을 발견한 그레고어 멘델Gregor Mendel(체코 1822~1884)과 미생물 연구에 커다란 발자취를 남긴 루이 파스퇴르Louis Pasteur(프랑스 1822~1859)였다.

근대 생물학은 박물학과 생명론의 흐름이 교차하는 중에 탄생했으나 20세기 이후에는 오히려 생명론에 무게가 쏠렸다고 할 수 있다.

생물학의 현재

분자생물학의 진보는 생명의 본질에 도달하는 한편 기존의 생명관을 크게 변화시켰다.

생물학은 제2차 세계대전을 계기로 '분자생물학'이라는 새로운 단계로 나아갔다. 분자생물학이라는 말 자체는 워렌 위버Warren Weaver(영국 1894~1978)가 제창했다. 하지만 분자생물학이 미증유의 발전을 이룬 것은 세계대전 이후였다. 전시 동안 진행된 물리학과 화학의 발달이 그 배경이 됐다. 그때까지 미개 분야라 불렸던 생물학이었으나 전후를 기점으로 많은 물리학자가 생물학 분야를 파고들었고 그 결과 탄생한 것이 분자생물학이었다.

분자생물학은 고분자 물질인 핵산 및 단백질의 구조와 기능을 해명함으로써 생명현상을 통일적으로 파악하려는 것이다. 이는 전자현미경을 통해서 세포의 미세한 구조가 밝혀지고 세포과학 연구가 성황을 이루며 기술적 발전을 이룩했기에 가능했다.

분자생물학은 1953년에 발표된 프랜시스 크릭Francis Crick(영국 1916~2004)과 제임스 왓슨James Watson(미국 1928~)의 공동연구 'DNA의 이중나선구조'로 획기적인 발전을 이루었다. 이중나선구조의 가설로 'DNA→mRNA→단백질'이라는 유전 정보의 전달경로(센트럴도그마)가 확립되어 유전자의 근본적 해명에 가까워졌다. 이 가설은 찰스 다윈의 진화론과 비견할 만한 것이라는 평가를 받고 있다.

물리학과 화학의 발전과 함께 분자생물학에 커다란 영향을 준 것이 정보이론과 시스템론이다. 나아가 정보이론을 통해서 생명과 직접 공학적으로 연결한 것이 유전자공학과 생명공학이다. 가령

생물학의 필드

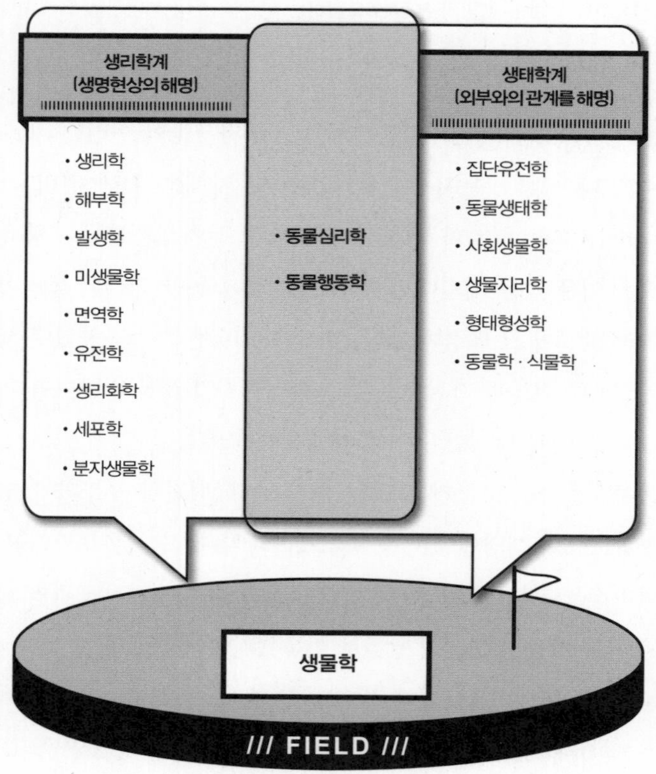

수학자 노버트 위너Norbert Wiener(미국 1894~1964)는 기계 자동제어와 생체 기능에는 공통점이 있다고 생각해 사이버네틱스 이론을 창안했고, 바이오인포매틱스(생물정보학)의 발전과 함께 생명현상을 생물학을 중심으로 물리화학, 의학, 약학 등과 연결하여 종합적으로 연구하는 '생명과학'이라는 분야도 탄생했다.

또한 기술과 장치의 진보로 생물과 생명현상을 생산에 응용하는 기술인 '생명공학'이 IT 산업과 함께 21세기 중심산업이 되었다. 다른 한편 이러한 산업은 장기이식, 체외수정 등 생명윤리와 유전에 관한 문제를 낳으면서 논란이 되기도 했다.

앞으로 생물학을 공부하고 싶은 사람이 알아야 할 기초 지식

박물학자

생물학 역사에 커다란 공헌을 한 이들이 박물학자였다. 특히 18~19세기에 많은 위대한 박물학자가 태어났다. 《셀본의 박물지》(1789)의 길버트 화이트, 지리학의 기초를 세운 알렉산더 폰 훔볼트, 화가이자 조류도감 《미국의 조류》(1838)를 그린 존 제임스 오듀본, 《월든》(1854)의 헨리 데이비드 소로, 그리고 《곤충기》(1878)의 장앙리 파브르 등이다.

해부학과 생리학

생물학의 역사에서 해부학과 생리학을 빼놓을 수 없다. 의학의 기초를 세움과 동시에 생물학 분야에서 과학생명론의 토대가 되는 학문이기도 하다. 특히 해부학은 르네상스 시기의 레오나르도 다빈치의 해부도와 안드레아스 베살리우스의 《인체의 구조》(1543)가 유명하다. 생리학에서는 혈액순환 원리를 이야기한 윌리엄 하비가 있다. 하비는 근대적인 실험의학과 실험생리학의 기초도 세웠다.

생기론과 기계론

생명이란 무엇인가? 이 수수께끼를 밝혀내려던 사람이 생물학의 시작이었다. 생명이라는 특수한 원리를 '영혼(프시케)'라고 부른 사람이 아리스토텔레스였다. 이처럼 영혼과 생명력의 존재를 인정하고 거기서부터 생명현상을 설명하려는 입장이 '생기론'이다. 한편 데카르트와 라메트리처럼 생명을 물리적 현상의 입장에서 파악하려는 것을 '생명기계론'이라 부른다.

진화론

생물 진화에 관한 생각은 고대 그리스 자연철학에서도 이미 싹트고 있었으나 일반적으로 '진화론'이라고 하면 18세기 중반 이후의 진화론을 가리킨다. 찰스 다윈의 진화론보다 먼저 뷔퐁, 드니 디드로, 돌바크 등의 프랑스 진화사상가가 있었다. 영국에서는 사회진화론을 제창한 허버트 스펜서가 있었다. 그리고 다윈이 확립한 진화론은 생물학뿐 아니라 사회사상 분야에도 많은 영향을 주었다.

기재생물학

생물을 분류하기 위해 생물이 가진 주요 형질을 기술하는 학문. 생물에 갖추어진 형질을 기준으로 해서 생물의 분류학을 완성한 사람이 칼 폰 렌네였다. 현재 신종과 신속 등 처음으로 분류군에 기재되는 것을 '원기재'라고 부르고, 식물명은 라틴어 기재가 따로 필요하다. 동물명은 라틴어 이외의 언어라도 상관없다.

에콜로지(생태학)

생물들 사이의 관계와 생물을 둘러싼 환경의 관계를 연구대상으로 하는 학문. 1866년 에른스트 헤켈이 학문으로 정의했다. 생태학은 연구대상이나 방법에 따라 세분화되며 개체군생태학, 동물생태학, 수계생태학, 실험생태학 등의 분야가 있다. 최근에는 환경 문제와 관련해서 주목받고 있다.

캄브리아기 대폭발

지구에 처음으로 생물이 등장한 것은 30억 년 이상 전이었다. 그때부터 단세포 생물에서 다세포 생물로 서서히 진화했다고 오랫동안 생각되었으나, 현재는 약 6억 년 전의 캄브리아기 초기에 비약적인 생물 진화의 대폭발이 일어났던 것이 아닐까 이야기되고 있다. 그 이유는 캄브리아기의 화석에서 이전 시대에는 볼 수 없던 많은 기묘한 생물이 발견되고 있기 때문이다.

미토콘드리아 이브설

인류의 조상은 모두 약 20만 년 전에 등장한 '미토콘드리아 이브'라는 한 명의 여성이었다는 단일기원설. 네안데르탈인과 베이징원인을 조상으로 여기는 다지역 진화설과 대립하고 있다. 현대의 미토콘드리아 DNA와 MHC 항원을 사용한 연구에서는 미토콘드리아 이브설이 유력하게 여겨지고 있다.

전자현미경

종래의 빛(가시광선)을 비추는 대신 전자(전자선)를 비춰서 확대하는 현미경을 말한다. 전자현미경은 바이러스 및 세포 소기관 등 미세한 구조를 관찰할 수 있다는 특징이 있다.

화학 Chemistry

화학의 기원

연금술의 긴 역사가 화학이라는 학문의 기초를 만들었다.

화학의 역사는 인류의 역사와 같을 정도로 오래됐다. 술 제조와 금속의 정련에서도 '발효'와 '야금'이라는 화학적 기술의 개입을 빼놓을 수 없다. 실제로 '화학Chemistry'이라는 말의 어원은 이집트어인 'Khem(나일강이 가져다주는 풍요로운 흑토)'이라고 한다. 즉 가장 높은 기술적 수준을 자랑하던 이집트 문명이었기에 화학은 그 자체로 '이집트의 기술'로 여겨졌을 것이라 추측된다.

이런 화학적 기술이 그리스에 전해지자 다른 학문과 마찬가지로 하나의 진리 탐구의 대상으로 떠올랐으며 그리스 철학자의 관심을 끌었다. 아리스토텔레스는 금속의 변성과정에 관한 이론화를 시도했다. 또한 그리스 시대의 뒤를 이은 헬레니즘 시대에도 당시의 대표적인 과학자였던 헤론Heron(1세기경)은 기체와 연소에 관한 가설을 세웠다.

하지만 화학이 기술로 큰 발달을 이룬 것은 아라비아에서였다. 알칼리와 알코올이라는 일반적 화학용어는 모두 아라비아어에서 유래했다. 화학의 어원인 'Khem'이 아라비아로 건너가 'Khemeia'가 되었으며 여기에 접두사 al이 붙어서 유럽에서는 'alchemy(연금술)'라고 불렀다. 아라비아의 연금술사 중에서 가장 유명한 인물이 자비르 이븐 하이얀Jabir ibn Hayyan(720?~815?)이었다. 자비르는 4원소설을 주장한 아리스토텔레스의 이론에 다양한 연구를 추가했다.

10세기부터 11세기에 걸쳐 유럽과 아라비아 세계의 접촉이 시작되자 아라비아 연금술은 유럽으로 역수입되고 새롭게 발달을 이어갔다. 하지만 당시 유럽은 기독교가 지배하고 있었으므로 연금술은 이단 사상으로 보일 때도 있었다.

15세기 중반에 동로마제국이 멸망하자 기독교의 권위도 서서히 약화하기 시작했으며 화학을 하나의 학문으로 생각하게 됐다. 독일의 광산학자 게오르기우스 아그리콜라Georgius Agricola(1494~1555)는 《금속에 관하여De re metallica》(1533~1550)라는 서적을 저술하고 그때까지 야금학의 지식과 경험을 집대성했다.

화학은 연금술 말고도 약제사라는 또 하나의 뿌리가 있다. 이 약제와 연금술을 융합한 사람이 파라켈수스였다. 파라켈수스는 그때까지 동식물성의 의약과는 달리 연금술을 응용한 광물의 유용성을 주장했다.

근대적인 화학이 등장한 것은 17세기 중반이었다. 그 선구자가

화학의 성립

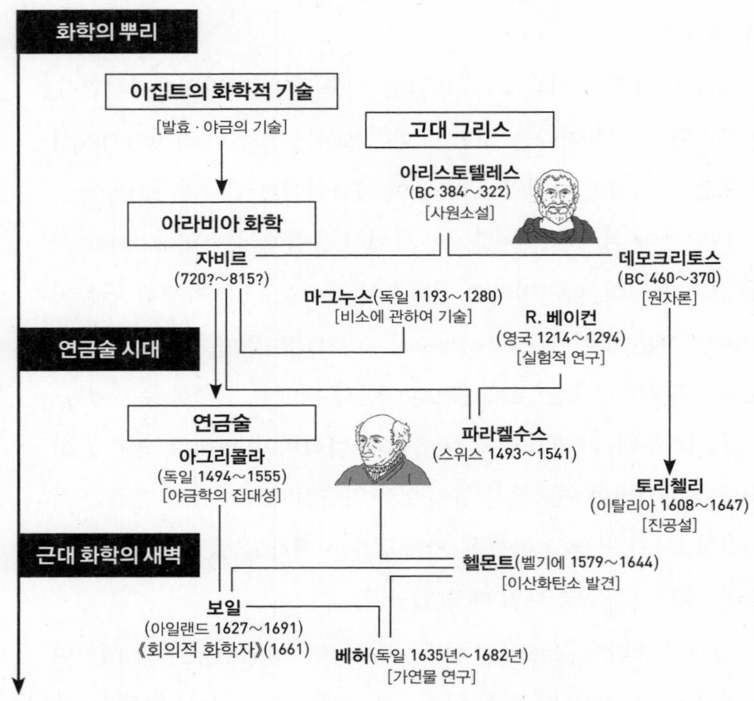

로버트 보일Robert Boyle(아일랜드 1627~1691)이었다. 보일은《회의적 화학자The Sceptical Chymist》(1661)에서 실험과 관찰을 바탕으로 한 화학을 전개해야 한다고 주장했다.

근대 화학의 발전

근대 화학의 확립은 물리학에 뒤처져서 18세기까지 기다려야 했다.

증명할 수 없는 신비적인 힘을 제외하고 보일이 주장한 실험과 관찰에 의지해서 근대적 화학을 구축한 사람이 앙투안 라부아지에 Antoine Lavoisier(프랑스 1743~1794)였다. 근대적인 화학이 등장하기까지 보일의 시대부터 1세기 이상을 기다려야 했던 이유는 실험기술의 수준이 낮았기 때문이다. 보일과 동시대에 있었던 뉴턴이 근대 물리학의 기초를 구축했다고 한다면 화학은 확실히 1세기 이상 늦어졌다.

앙투안 라부아지에는 화학적 변화를 정량적인 눈으로 관찰해서 '질량보존법칙'과 '연소이론' 등 다양한 화학이론을 구축하고 세계 최초의 근대적 화학 교과서라고 할 수 있는《화학요론Elementary Treatise on Chemistry》(1789)을 정리했다. 나아가 라부아지에는 화학 명명법을 체계화함으로써 화학의 진보를 크게 촉진했다.

라부아지에와 거의 동시대에 근대 화학의 기초를 구축한 또 한 명의 인물이 존 돌턴John Dalton(영국 1766~1844)이다. 돌턴은 수소의 원자량을 기준 '1'로 삼고 다른 원소의 상대적인 수치를 정해서 세계 최초로 원자량표를 작성했다. 이런 원자론의 진보는 이윽고 아치볼드 쿠퍼Archibald Scott Couper(영국 1831~1892)의 원자 가설을 거치면서 유기화합물의 합성을 위한 합리적인 체계를 만들어냈다. 나아가 드리트리 멘델레예프Dmitri Mendeleev(러시아 1834~1892)는 원자량의 순서에 원소를 표기함으로써 주기율표를 작성하고 미발견 원소의 존재를 예측할 수 있게 했다.

18~19세기 초는 근대적 화학의 기초를 구축함과 동시에 화학이 현저하게 발전한 시대이기도 했다. 오늘날 사용되는 화학기호도 옌스 야코브 베르셀리우스Jöns Jacob Berzelius(스웨덴 1779~1848)가 만든

화학의 흐름①

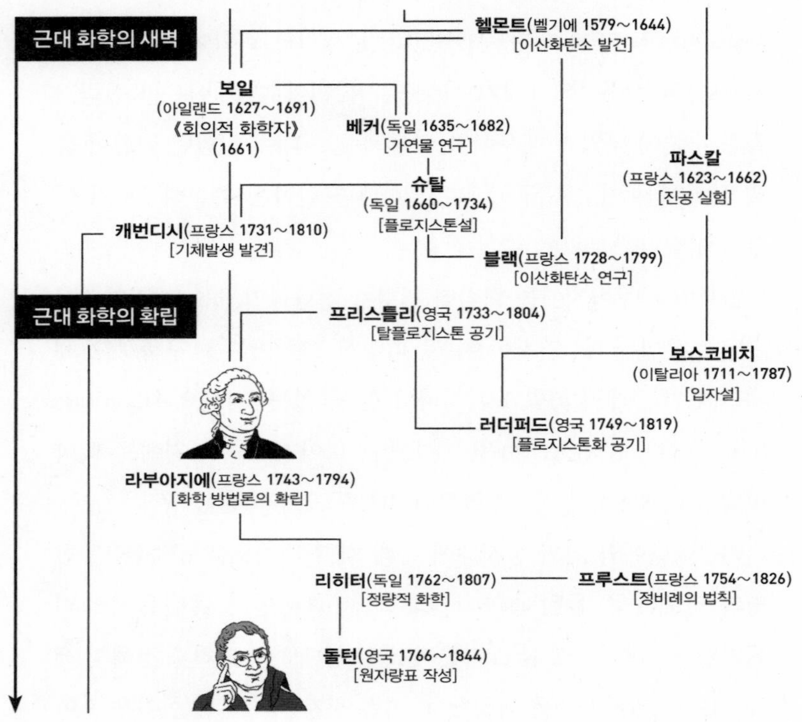

것이다. 또한 베르셀리우스는 물질을 유기물과 무기물로 구분했다.

19세기 말에 화학계에 커다란 변혁을 가져온 사건이 'X선'의 발견이었다. 프랑스의 물리학자 앙리 베크렐Henri Becquerel(1852~1908)은 우라늄의 화합물에 X선을 방출하는 기능이 있음을 발견했다. 그 후 폴란드 태생의 화학자 마리 퀴리Marie Curie(1867~1934)는 남편 피에르 퀴리Pierre Curie(1859~1906)의 협력 아래 1898년 방사성 원소인 폴로늄과 라듐의 분리에 성공했다. 1902년에는 어니스트 러더퍼드와 프레더릭 소디Frederick Soddy(영국 1877~1956)가 방사능은 빠른 속도를 가진 원자핵과 전자핵으로 이루어졌다는 사실을 발견했다. 방사성원소의 발견은 그때까지 근대 화학이 구축해온 원자의 불변성과 항상성을 무너뜨리는 동시에 '무기화학'이라는 새로운 분야를 개척했다.

같은 무렵인 1897년 조지프 존 톰슨Joseph John Thomson(영국 1856~1940)이 전자를 발견하자 화학자들은 전자야말로 무기화학과 유기화학을 같은 차원에서 논할 수 있는 열쇠라고 생각해서 '유기전자론'이라는 분야를 탄생시켰다. 하지만 이 이론은 현재 여러 가지 오류가 있다는 지적을 받고 있다.

원자의 구조와 전자에 관한 물리학의 급속한 발전은 화학 분야에도 커다란 영향을 주었다. 닐스 보어의 이론에 바탕을 둔 화학의 결합이론도 그 하나이다. 여기서부터 양자역학에 기반을 둔 '양자화학'이 탄생하게 됐다.

현대의 화학

화학기술의 진보와 환경파괴의 모순 속에서 화학은 새로운 방법을 모색하고 있다.

화학의 발달만큼 우리 생활의 풍요로움과 밀착된 것은 없다. 염료를 시작으로 화학비료와 농약, 화학요법, 화학섬유, 플라스틱 등등 현대 문명의 풍요로움을 뒷받침하고 있는 것이 화학기술이라 해도 과언이 아니다.

실제로 19세기 후반에 번성하게 된 화학공업은 염료공업을 중

화학의 흐름②

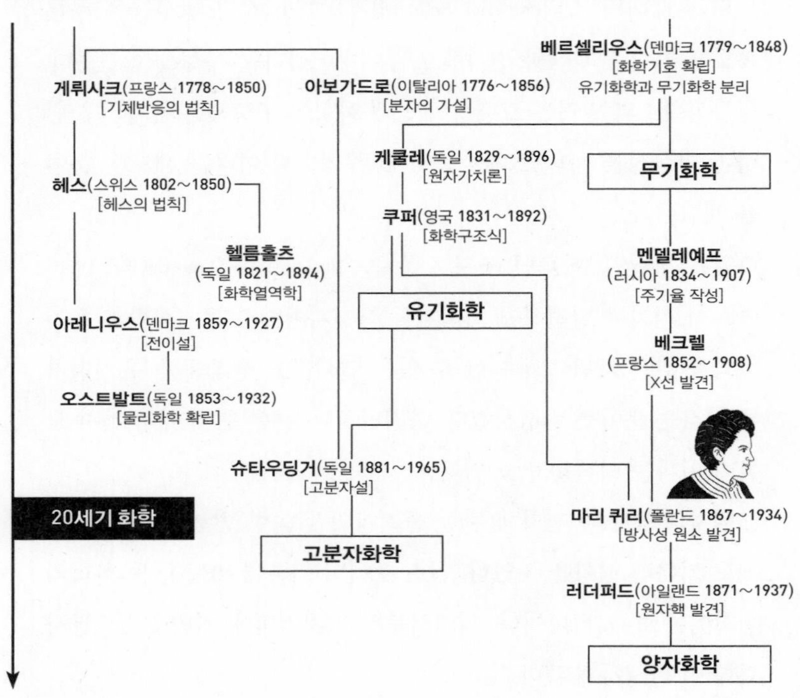

심으로 한 유기화학을 시작으로 다양한 화학기술을 탄생시킨다. 20세기에는 헤르만 슈타우딩거Hermann Staudinger(독일 1881~1965) 덕분에 고분자화학으로의 길이 열리고 '폴리에틸렌'이라는 고분자 물질의 생성이 가능해졌다. 그리고 고분자화학의 황금시대는 석유파동과 환경보호에 대한 의식이 높아지는 1970년대까지 계속 이어진다.

하지만 지금 화학은 커다란 변곡점을 맞이하고 있다. 1962년 미국의 해양생물학자 레이첼 카슨Rachel Carson(1907~1964)은 그의 저서《침묵의 봄Silent Spring》(1962)에서 화학기술의 남용이 일으킨 환경파괴 문제를 고발했다. 화학은 단순히 우리의 생활을 풍요롭게 해주는 '꿈의 연금술'이 아니었다. 실제로 화학의 폐해는 공해 문제뿐만 아니라 농약 문제부터 의약품까지 다양한 형태로 진행 중이다.

어떻게 자연과 조화를 이룬 화학을 구축할 수 있을까? 이것이 오늘날 화학의 과제일 것이다. 그렇기에 특히 주목을 받는 것이 '지구화학'이라는 분야이다. 지구화학은 이미 19세기 말경에 사용되기 시작한 말이며 미국의 지구화학자 프랭크 위걸즈워스 클라크Frank Wigglesworth Clarke(1847~1931)가 이 분야의 선구자로 불린다. 클라크는 지각 속의 원소 존재량을 조사해서 '클라크 수'라고 불리는 원소 존재량의 기준을 작성했다. 지구화학은 지각뿐만이 아니라 성층권의 화학반응도 연구대상으로 하면서 지구환경에 관한 여러 가지 데이터를 밝히고 있다.

또한 석유에너지와 원자력에너지를 대신한 태양에너지 개발에서도 화학의 역할은 크다. 그중에서도 초전도를 이용한 초전도재료의 실용화가 진행되고 있다. 가령 전력의 장거리 수송을 가능하게 하는 상온초전도 전선의 개발은 태양에너지의 실용화를 크게 진전시킬 것으로 보이며 의학 분야에서는 'MRI(자기공명영상법)'로 이미 실용화되고 있다. 그밖에도 초전도 모터와 초전도 리니어(자기 부상식 철도) 등 새로운 기술이 계속 만들어지고 있다.

그리고 '20세기 마지막 꿈의 분자'라고 불리며 60개의 탄소 원자가 축구공 같은 구조를 만드는 '풀러렌fullerene'은 21세기에 들어

화학의 필드

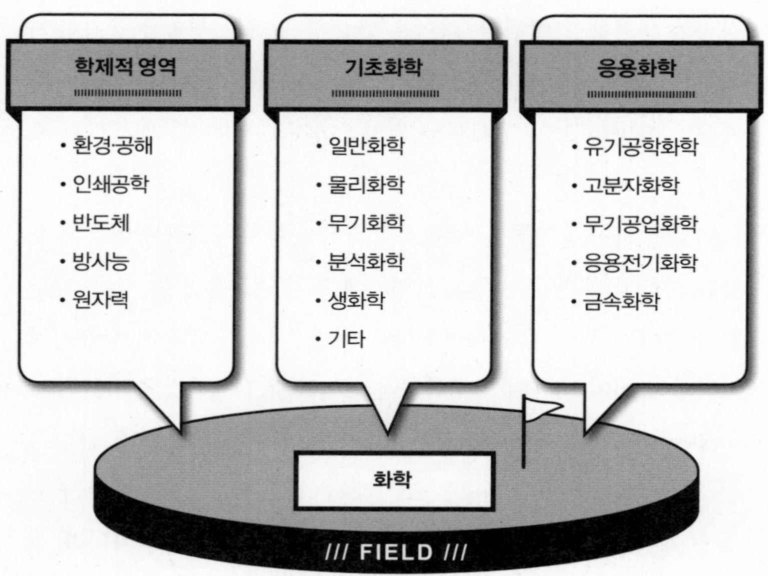

서며 더욱 주목을 받고 있다. 그 용도는 초전도재료부터 나노바이오 등 반도체 분야까지 미치며, 에이즈 바이러스의 효소 작용을 멈추는 작용이 있고, 항산화 작용으로 노화의 원인인 활성산소를 무력화하는 등 폭넓은 분야로의 응용이 기대되고 있다.

앞으로 화학을 공부하고 싶은 사람이 알아야 할 기초 지식

무기화학과 유기화학

일반적으로 생물체를 구성하는 화합물을 유기화합물, 그 밖의 것을 무기화합물이라고 한다. 현재는 탄소와 산소가 중심이 되는 화합물을 유기화합물로, 그 밖의 원소를 갖는 화합물을 무기화합물로 부른다. 무기화합물과 유기화합물의 분화가 시작된 것은 20세기 초반이었다. 그때까지는 동물, 식물, 광물을 구별하는 데 그쳤으나 1806년 스웨덴의 화학자 옌스 야코브 베르셀리우스가 처음으로 유기화합물이라는 말을 사용하면서 화학적 분류가 시작됐다.

생화학

생명현상을 분자 수준에서 해명하려는 화학의 한 분야. 그 방법과 연구 내용에서 분자생물학과 공통점이 많다. 생화학은 18세기 말의 앙투안 라부아지에가 당의 알코올 발효현상을 연구하면서 시작됐다. 현재는 단백질과 핵산, 지질, 비타민 등 생태물질의 생물적 기능과 화학구조 등이 연구되고 있다. 또한 유전자 정보 발현의 분자기구 해명도 생화학에서 중요한 연구과제 중 하나이다.

물리화학

물리학의 이론과 실험수단을 써서 연구하는 화학. 19세기 초에 분자의 존재가 알려지자 물질의 구조와 물성, 반응을 연구하는 화학 분야에 에너지 이론인 열역학을 응용하게 됐다. 1887년에는 야코부스 반트 호프, 빌헬름 오스트발트, 스반테 아레니우스 등이 물리화학 분야의 확립에 공헌했다.

원자량과 분자량

돌턴은 수소 원자를 기준으로 삼았지만, 지금은 탄소 원자의 질량 12를 기준으로 삼고 그것에 대한 각 원자의 상대적 질량을 '원자량'이라고 한다. 수소는 1.0079, 산소는 15.999, 우라늄은 238.029로 되어 있다. 그리고 '분자량'은 하나의 분자가 몇 개의 원자로 이루어져 있는지를 알면 원자량에 맞춰서 계산할 수 있다. 가령 물 분자는 수소 2원자, 산소 1원자로 이루어졌으므로 1.0079×2+15.999×1=18.0148로 분자량은 대략 18이 된다.

풀러렌

그라파이트, 다이아몬드를 잇는 제2의 탄소 동소체로 1985년에 해리 크로토, 리처드 스몰리, 로버트 컬이 발견했다. 탄소 원자 60개로 구성되어 있으며 무척 뛰어난 물리적 · 광학적 · 과학적 특성을 갖추고 있는 풀러렌은 축구공 같은 모양을 하고 있다. 용도로는 리튬전지, 태양전지의 소재, 암과 에이즈 치료, 노화방지 화장품 등 폭넓은 분야에서 응용이 기대되는 나노 테크놀로지 소재이다.

몰mole

국제단위계에서 물질량의 기본단위를 '몰'이라고 한다. 몰은 '0.012kg의 탄소 12 속에 존재하는 원자와 같은 수의 물질입자를 포함하는 계열의 물질량이며, 그 기호는 mol이다'라고 정의한다. 여기서 말하는 물질입자는 물질의 화학적 최상 요소로 원자, 분자, 이온, 전자, 기타 입자를 말한다. 즉 몰은 물질을 구성하는 물질입자의 수량을 나타내는 단위이다. 1mol 속에 포함된 물질입자의 수를 아보가드로 수라고 한다. 그 수치는 6.022140×10^{23}이다.

이온

전하를 가진 분자 또는 원자를 이온이라고 한다. 이것은 전자를 잃거나 얻는 결과로 생긴다. 어느 종류의 물질을 가열해서 녹이면 그 용해액의 전기저항이 적어지고, 전자를 통과시키는 성질을 가지는 것을 알 수 있다. 즉 원래대로라면 전기적으로 중성이어야 할 원자와 전자가 양이나 음의 전하를 가지게 된다. 처음에는 영국의 화학자 마이클 패러데이가 염류, 산, 알칼리 수용액이 전도성을 가지고 전기분해되는 것을 설명하기 위해서 사용했다. 나중에 스웨덴의 물리화학자 스반테 아레니우스가 용액 속의 전해질이 이온 성분으로 해리(어떤 화합물이 나뉘었지만 다시 처음 물질 상태로 돌아갈 수 있는 분리 과정-편집자 주)된다는 것을 증명했다.

고분자화합물

'중합체polymer'라고도 불리며 분자량이 높은 화합물을 말한다. 고분자화합물에는 단백질과 섬유류, 폴리에틸렌 등의 합성수지, 전분이 있다. 분자량이 작은 보통의 화합물과 달리 여러 가지 성질을 지닌 고분자화합물을 다루는 화학을 '고분자화학'이라고 한다.

형상기억수지

한 번 변형을 해도 가열하면 원래 형태로 돌아가는 수지. 폴리노보넨, 트랜스 폴리아이소프렌, 폴리우레탄 등이 개발되고 있다. 지금까지의 형상기억합금보다 가격도 싸고 변형률도 300%로 크게 향상됐다. 게다가 가볍고 성형이 쉬우며 착색도 가능해서 폭넓은 용도로 사용될 전망이다.

바이오플라스틱

수소세균과 질소세균이 일종의 폴리에스터를 생합성하는 것을 이용한 기술이다. 1982년에 영국의 종합화학회사 ICI가 수소세균을 육성시켜서 미생물 폴리에스터인 '바이오폴biopol'을 상품화하는 데 성공했다. 현재 주로 사용하는 플라스틱은 장기간 부식하지 않는 점이 큰 장점이지만, 반대로 말하면 환경에 심각한 문제가 되고 있다. 바이오플라스틱은 미생물이 분해하기 쉽다는 점에서 환경보호라는 관점에서도 주목을 받고 있다.

애퍼타이트Apatite

인간의 뼈와 이빨에서 65%를 차지하는 무기물질. 인산칼슘이 주성분이다. 현재 그 일종인 하이드록시애퍼타이트Hydroxyapatite가 인공골재, 인공치근으로 사용된다. 금속과 플라스틱보다 생체조직과 잘 어우러지는 것이 장점이다.

초전도물질

특정한 금속과 화합물 등의 물질을 무척 낮은 온도에서 냉각할 때 전기저항이 급격하게 제로가 되는 현상을 초전도라고 한다. 1911년에 헤이커 카메를링 오너스가 발견했다. 20세기 말부터 21세기에 걸쳐서 비교적 저렴한 가격의 액체질소로 냉각할 수 있는 고온초전도체가 발견되어 한층 발전된 실용화에 대한 연구가 기대된다. 자기측정장치SQUID와 의료용 자기공명영상MRI 등이 이미 실용화되어 있으며 궤도 접지 주행의 문제점을 해결할 수 있는 초전도 리니어와 송전로스를 없애는(전기저항을 제로로 하는) 초전도 직류송전 등도 실용화를 기다리고 있다.

항체 촉매

생물은 외계에서 이물질이 침입하면 항체를 만들어 이물질에 대처한다. 이것을 '항원-항체 반응'이라 부른다. 어느 특정한 분자를 항원으로 항체를 만들게 하면 분자작용의 촉매로 작동하는 것이 확인됐다. 생물의 힘으로 합성된 인공효소로서 이것을 '항체 촉매' 또는 '항체 효소'라고 부른다. 생물화학과 합성화학의 경계에서 생겨난 것으로 주목을 받고 있다.

수학 Mathematics

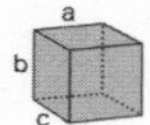

수학의 기원

실용과 거리가 있는 검증 체계로서의 수학은 그리스 기하학에서 시작되어 아라비아 대수학으로 이어졌다.

다양한 학문 중에서도 수학은 가장 오래된 것 중 하나다. 그 시작인 기하학은 수천 년 전 이집트 나일강 부근에서 탄생한 것으로 알려졌으며, 그리스어로 기하학을 나타내는 'geometrica'가 '토지측량'에서 유래한 것으로 볼 때 기하학은 '측량'이라는 실용적 목적에서 생겨났다고 할 수 있다.

그러나 이런 경험적 지식이 그리스에 전해지면서 실용에서 거리를 둔 '논증체계'로 발전하게 된다. 그런 의미에서 학문으로서의 수학은 그리스에서 시작됐다고 해도 좋다.

그리스 수학의 최초에 위치하는 것이 '기하학의 시조'라 불리는 탈레스이다. 탈레스는 수많은 기하학의 정리를 증명했다고 전해진다. 탈레스의 업적을 이어받은 사람이 피타고라스학파였다. 피타고라스학파는 기하학뿐만 아니라 수론도 연구하면서 '무리수'를 발견했다. 아테네의 직업적 교사라고 불린 소피스트들도 수학의 여러 가지 난문을 해명하는 데 공헌했다.

그리스 수학은 플라톤과 그 학파를 거쳐서 유클리드Euclid(BC 330?~275?)가 집대성했다. 유클리드의 《원론The Elements(전 13권)》(BC 300)은 나중에 '유클리드 기하학'으로 불렸으며 그때까지의 수학적 명제를 모두 논리적으로 체계화했다.

그리스 수학에서 또 한 명의 위대한 수학자가 아르키메데스Archimedes(BC 287~212)였다. 유클리드로 정점에 달한 그리스 수학은 아르키메데스의 구적법으로 다음 시대의 수학에 큰 영향을 끼친다. 아르키메데스의 혁명성은 그때까지 그리스 수학이 피해왔던 '무한'과 '정량적 시점'을 도입한 것이다.

로마 시대에는 그리스의 수학적 성과를 그다지 돌아보지 않았다. 대신 그리스 수학을 발전시킨 곳이 아라비아였다. 그리스 철학이 운동이라는 현상의 배후에 있는 본질을 파악하려 했다면, 아라비아 수학은 운동 현상을 정량화하는 것에 관심을 가졌다. 이러한 발상에서 생겨난 것이 '소수'라는 양을 나타내는 기호법이자 대수학이었다.

처음으로 대수학 서적을 저술한 사람이 알 콰리즈미al-Khwarizmi(800~845?)였다. 대수학은 미지의 수를 구하는 소위 '방정식 이론'이었으나 당시는 아직 미지수를 'x'로 하는 기호법이 없었다. 하지만 방정식이라는 사고의 형식화는 상당히 진전해 있었다고 한다. 이

수학의 성립

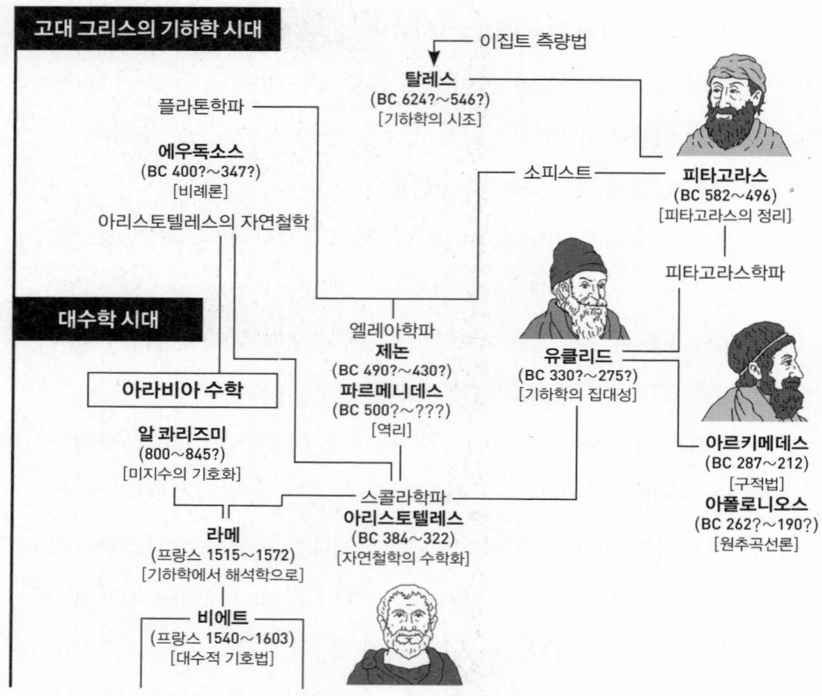

런 아라비아의 대수학이 중세 스콜라 철학자를 거쳐서 근대 유럽의 새로운 수학(근대 대수학)을 형성하게 됐다.

근대 수학의 성립

'대수적 기호법 확립'에서 '근대 해석학'으로 이어지며 근대 수학은 엄밀화의 길을 걸어간다.

15세기부터 16세기에 걸쳐 르네상스 전성기의 이탈리아에서는 삼차방정식과 사차방정식의 해법이 열심히 연구됐다. 그 연구의 근간이 된 것이 대수학적 기호법의 형성과 수용이었다. 방정식을 되도록 생략하고 기술하는 '생략기법'은 본래 필사본이 주가 되던 시대에 종이를 아끼기 위해 개발된 것이었다. 그리고 이런 방식은 1438년에 인쇄술이 발명된 후에도 이어지게 됐다.

이탈리아 수학자 루카 파치올리Luca Pacioli(1445?~1517)는 상업부기 방식을 수학에 도입했다. 가령 미지수를 co, 덧셈법을 p, 뺄셈법을 m 등의 생략기호로 표시해서 기록을 철저하게 단순화했다. 이런 생략기법의 발달이 이탈리아 수학자들의 방정식 해법에 커다란 공헌을 했다. 로도비코 페라리Lodovico Ferrari(1522~1565)는 사차방정식의 일반해법에 성공했으며, 지롤라모 카르다노Girolamo Cardano(1501~1576)는 아라비아의 대수학자도 풀지 못했던 삼차방정식의 해법을 발견했다.

하지만 현대의 대수적 기호법이 확립된 것은 이탈리아가 아니라 당시 수학 후진국으로 불리던 프랑스에서였다. 프랑스 수학자 프랑수아 비에트François Viète(1540~1603)는 이탈리아의 생략기법을 발전시켜서 더욱 합리적인 대수적 기호법의 체계를 만들었다. 그리고 비에트의 기호법을 오늘날과 같은 형태로, 즉 미지량을 알파벳 뒤쪽의 x, y, z ……로, 기지량을 앞쪽의 a, b, c……로 바꾼 사람이 르네 데카르트였다.

데카르트는 오늘날 '해석기하학'이라 불리는 새로운 수학을 만들어 근대 수학의 기초를 닦았다. 그때까지 유클리드 기하학은 정지와 부동 속에서 문제를 다루었으나 데카르트의 기하학은 운동과

수학의 흐름

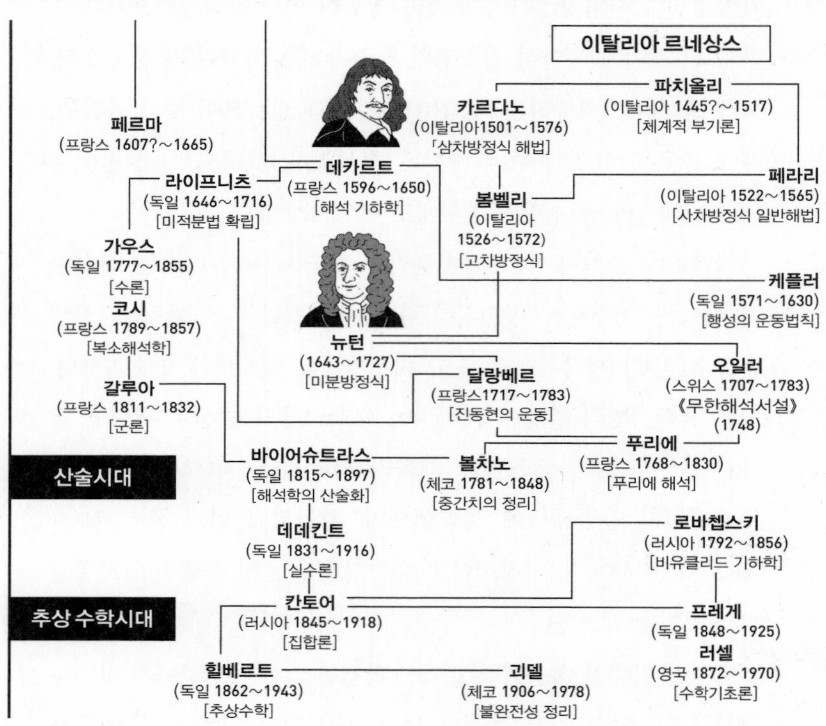

변화도 시야에 넣었다. 데카르트가 개척한 근대 수학은 현저한 진보를 이루던 당시 자연과학 연구에 강력한 무기가 됐다. 뉴턴의 역학은 미분방정식의 발달로 비로소 가능해졌다. 뉴턴과 비슷한 시기 라이프니츠 역시 미적분법을 확립시켰다. 기호논리학의 창시자로도 불리는 라이프니츠는 오늘날에도 사용되는 다양한 기호법을 만들어냈다. '미분', '적분', '함수'라는 명칭도 그가 만든 것이다.

17세기부터 18세기에 걸쳐 수학은 데카르트에서 시작된 해석적 방법으로 유례없는 발전을 이루었다. 하지만 19세기에 들어서자 미적분법을 핵심으로 하는 해석학의 기초개념과 방법에 대한 비판이 싹트고 수학을 더욱 엄밀히 하자는 개혁운동이 일어난다.

현대 수학의 탄생

근대 해석학에서 산술의 시대로 나아가며 현대 수학은 기술의 진보와 함께 다양한 업적을 세우고 있다.

18세기적 해석학에 최초로 의문을 던진 것이 조제프 푸리에Joseph Fourier(프랑스 1768~1830)였다. 푸리에는 열의 전도현상을 방정식으로 표기하고 소위 '푸리에 해석'이라는 이론을 펼쳤다. 푸리에 해석학은 '무한소'와 '무한대'라는 미적분법의 근본개념을 뒤흔드는 것이었다.

푸리에를 시작으로 하는 19세기 수학은 그때까지 해석학이 논리적으로 곤란한 '무한소'와 '무한대'를 소박하게 믿고 있던 것에 비해 '무한존재' 자체에 논리적인 기초를 쌓고자 했다. 소위 '수학의 엄밀화'로 나아간 것이다. 그 대표적인 수학자가 카를 바이어슈트라스Karl Weierstrass(독일 1815~1897)였다. 바이어슈트라스는 수학의 엄밀화를 '해석학의 산술화'라 부르며 해석학을 산술 즉 자연수론적인 기초 위에 세우려고 했다. 이런 수학의 엄밀화는 수학의 근본개념을 새롭게 정립하는 한편으로 자연수의 공리화와 논리학의 형식화, 그리고 집합론으로 가는 길을 여는 것이었다.

그중 하나가 해석학의 커다란 독립분야 '복소함수론'이다.

복소함수론 창설에 크게 공헌한 사람이 오귀스탱 루이 코시Augustin-Louis Cauchy(프랑스 1789~1857)와 카를 프리드리히 가우스Carl Friedrich Gauss(독일 1777~1855)였다. 가우스는 또한 《수론Disquisitiones Arithmeticae》(1801)을 통해 대수학에서 수론을 체계화했다. 오차 이상의 대수방정식을 풀기 위해 조건 부여를 했던 에바리스트 갈루아Évariste Galois(프랑스 1811~1832)도 대수학에 큰 기여를 했다.

한편 기하학 분야에서도 커다란 변화가 일어난다. 니콜라이 로바쳅스키Nikolai Lobachevsky(러시아 1892~1856)의 비유클리드 기하학이 그것이었다. 로바쳅스키는 유클리드 평행선의 공리를 부정하고 하나의 직선에 대해서 직선 외의 한 점을 지나 평행선이 무수히 존재한다는 공리 아래 기하학을 만들어냈다.

1874년에는 게오르크 칸토어Georg Cantor(러시아 1845~1918)의 집합론이 처음으로 공개됐고 20세기에 들어서 고틀로프 프레게Gottlob Frege(독일 1848~1925)와 버트런드 러셀Bertrand Russell(영국 1872~1970)로 이어졌다. 집합론은 수학 전체에 커다란 반성을 가져오고 수학기초론으로 발전한다.

칸토어의 집합론을 이어받은 러셀은 집합론에서 패러독스가 생기는 것을 찾아내고 단순하게 사물의 모임을 집합으로 부를 수 없다고 역설했다. 가령 에피메니데스라는 사람이 "크레타인은 모두 거짓말쟁이다"라고 주장했고, 그의 주장이 맞다고 전제한다면, 모든 크레타인은 거짓말쟁이가 된다. 그런데 에피메니데스가 크레타인이므로 그의 주장 역시 거짓이 되고, 모든 크레타인은 거짓말쟁이가 아니게 된다. 두 경우 모두 올바른 추론에 입각한 것이지만,

수학의 필드

수학

- **[수학기초론]** 논리학/집합론/자연수론 등
- **[대수학]** 선형대수학/추상대수학/정수론/불 대수/군론
- **[해석학]** 위상해석/미분방정식/측도/변분법/복소함수/급수 등
- **[기하학]** 각법/유클리드 기하학/비유클리드 기하학/해석 기하/사영 기하/대수기하/미분기하 등
- **[위상수학(토폴로지)]** 위상공간/차원/다양체/PL 토폴로지(조합 위상 기하학)/그래프이론/매듭/부동점 정리/카타스트로피 이론
- **[응용수학]** 확률론/통계학/사이버네틱스/정보이론/게임이론/대수의 법칙/조합이론/오퍼레이션 리서치 등

서로 모순된 결과를 가져온다. 이런 집합론의 위기에서 다비트 힐베르트David Hilbert(독일 1862~1943)는 논리체계에 모순을 내포하지 않는 수학기초론을 주창했다.

1900년에 파리에서 열리는 국제수학자회의에서 힐베르트는 '수학은 모든 정밀과학적 인식의 기초'라고 선언하고 23개의 문제를 제시했다. 하지만 1931년에 쿠르트 괴델Kurt Gödel(체코 1906~1978)이 발표한 '불완전성 정리'는 이런 힐베르트의 '수학의 기초'에 대한 역설적인 해답이 됐다.

20세기 후반이 되면서 컴퓨터 등의 기술혁신으로 여러 가지 문제가 해결·증명됐다. 1976년에 사색정리, 1995년에 페르마의 최종정리 그리고 2003년에는 그리고리 페렐만Grigori Perelman(러시아 1966~)이 밀레니엄 현상문제인 '푸앵카레 추측'을 증명했다. 그밖에도 수리논리학, 위상기하학, 카오스이론, 게임이론 등 새로운 수학 분야가 수학적 방식에 변화를 일으키고 있다.

앞으로 수학을 공부하고 싶은 사람이 알아야 할 기초 지식

제로의 발견

제로(0)는 7세기 인도에서 발견된 것으로 알려졌다. 이때의 제로는 실수로서 정수와 음수의 중간에 있다는 의미였다. 관념적인 제로는 인도뿐만이 아니라 고대 바빌로니아와 마야, 그리스에도 이미 존재했다. 여기서는 제로를 빈자리 기호로 인식하고 있었다. 하지만 인도에서는 10진수 방식의 계산용 수학 기호법으로 필산(직접 숫자를 써가며 계산하는 방식-편집자 주)했으므로 제로를 고안하는 것이 가능했다고 한다.

십진법과 이진법

일반적으로 사용하는 수의 표기법을 십진법이라고 한다. 소위 1, 2, 3, 4, 5……라고 표기하는 방법이다. 이진법은 1, 10, 11, 100, 101, 110, 111……라고 표기하는 방법이다. 컴퓨터는 전기가 흐르는지 흐르지 않는지 양자의 상태를 1과 0으로 표기하므로 이진법이 기본이 된다.

수

수학 영역에서 '수'라고 할 때는 일반적으로 복소수를 가리키나, 실수에 한정해서 사용할 때도 있다. 복소수를 분류하면 실수와 허수가 있으며, 실수에는 유리수와 무리수, 유리수에는 정수와 분수, 그리고 정수에는 자연수, 제로, 음의 정수가 있다.

원주율

원주율(π)을 처음 이론적으로 도출한 사람은 아르키메데스였다. 원주가 지름의 거의 3배라는 것은 아마 경험적으로 옛날부터 알려졌음이 분명하다. 실제로 아르키메데스보다 앞서 고대 그리스 수학자 유클리드는 《원론》에서 '원의 면적은 지름의 3승에 비례한다'는 것을 증명하고 있다. 원주의 길이에 대한 언급은 없으나 원의 크기와 상관없이 '원주율'이 일정하다는 것은 알려졌었다. 하지만 엄밀한 계산을 바탕으로 비율의 수치를 계산해낸 사람은 아르키메데스였다. 그는 정육각형에서 시작해서 차례차례 변수가 2배가 되는 정n각형의 지름을 구해서 정96각형까지 만들어 거의 현재에 가까운 근사치를 도출했다.

허수

허수는 방정식 해법과 함께 발견됐다. 아라비아의 수학자 알 콰리즈미는 이차방정식에서 근이 두 개 있는 것을 발견했으며 정수의 평방근은 음, 양의 두 갈래가 있으나 음수의 평방근은 존재하지 않는다고 생각했다. 처음으로 '−1'이라는 기호를 사용해서 허수를 발견한 그였다. 지롤라모 카르다노는 삼차방정식의 대수적 해법 속에서 허수를 회피할 수 없는 것으로 증명했다. $\sqrt{-1}$을 i로 표시할 것을 제창한 사람은 스위스의 레온라흐트 오일러였다.

함수

두 개의 변수 x, y에서 x의 값을 정하면 그것에 대응해서 y의 값이 정해질 때 x와 y는 함수관계라고 하며 y는 x의 함수라고 한다. 또한 이런 대응규칙도 함수라고 부르며 y=f(x)와 같이 표시한다.

소수

1보다 큰 자연수에서 1과 자신 이외의 약수를 가지지 않는 것을 소수라고 한다. 소수의 연구는 이미 고대 그리스에서 이루어졌다. 유클리드는 소수가 무한으로 존재하는 것을 증명했다. 또한 동시대의 에라토스테네스는 자연수에서 소수를 골라내는 방법(에라토스테네스의 체)을 찾아냈다. 가우스는 소수 분포의 일반식을 구하려고 했으나 하지 못했다. 현재 컴퓨터를 사용해서 2,233만8,618자리의 소수를 발견했다.

집합론

집합이라는 사고는 수학에서 기술을 명확히 하기 위해 19세기 후반에 도입됐다. 최초로 유효한 이론을 구축한 사람이 칸토어였다. 그는 "집합이란 우리의 직감 혹은 사고의 대상이며 확정되고 동시에 명확히 구별되는 것을 하나로 정리하고 모은 것"이라고 정의했다. 집합론은 20세기 논리학과 수학기초론에 커다란 영향을 주었다.

확률론

과학으로 최초의 확률론을 생각한 사람은 프랑스 철학자이자 수학자 블레즈 파스칼이었다. 도박사인 슈발리에 드 메레가 도박에 관한 문제를 파스칼에게 질문한 것을 계기로 시작됐다고 한다. 확률론은 그 후에도 많은 저명한 수학자가 다루었다. 《예측의 기술》(1713)을 저술한 야코프 베르누이는 대수법칙을 발견하고 피에르 시몽 라플라스는 해석적 방법을 도입해서 확률론을 완성했다.

괴델의 불완전성 정리

20세기에 들어서 집합론은 러셀 등의 이론학자에게 여러 가지 패러독스를 지적받고 있었다. 이에 다비트 힐베르트는 실수의 공리적 체계가 모순을 포함하지 않는 것을 증명하는 수학기초론을 주장했다. 그 힐베르트의 질문에 역설적 해답을 가져다준 것이 괴델의 불완전성 정리였다. 괴델은 자연수의 공리계가 무모순이라면 그것은 완전하지 않다는 것을 증명했다. 즉 자연수의 공리계에 모순이 없다면, 모순이 없는 것을 공리계에서 이끌어낼 수 없다. 반대로 공리계에 모순이 있다면 공리계로 어떤 명제도 증명할 수 있다. 여기서 힐베르트가 제창했던 수학기초론은 종지부를 찍게 됐다.

불 대수

다음과 같은 법칙을 통한 연산 및 +를 가진 산술을 불 대수라고 한다.

0 · 0=0　　1 · 0=0　　0 · 1=0　　1 · 1=0　　0+0=0　　1+0=1　　0+1=1　　1+1=0

여기서 1과 0, '·'와 '+'는 모두 하나의 기호이다. 이 대수는 조지 불이 논리의 수학적 분석을 위해 제창했으나 나중에 이진법을 사용한 컴퓨터 설계에 활용되고 발전해갔다.

게임이론

게임이론은 게임의 경쟁자인 행동주체가 각각 최대의 성과를 구하기 위해 행동하는 양상과 그 결과를 수학적으로 분석하는 일반이론을 말한다. 다만 순수한 우연성의 게임이 아니라 어디까지나 전략성을 포함한 게임을 연구대상으로 한다.

밀레니엄 현상문제

수학에는 아직 해결되지 않은 문제가 있다. 그중에서도 미국의 클레이 수학연구소가 2000년에 1,000만 달러의 현상금을 건 미해결문제 7개를 '밀레니엄 현상문제'라고 한다. 그중 푸앵카레 추측은 해결됐으나 리만 가설, P-NP 문제, 호지 추측, 양-밀스 질량 간극 가설, 나비에-스토크스 방정식, 버치-스위너턴다이어 추측의 6가지는 아직 증명되지 않았다.

인문과학

사회과학

자연과학

문화예술

해석학

미분적분학, 미분방정식, 변분법, 실함수론, 복소함수론 등을 총칭해서 해석학이라고 한다. 아르키메데스의 도형 면적과 체적을 구하는 방법에서 시작됐다고 여겨진다. 16세기에 본격적인 연구가 시작되고 17세기가 되면서 데카르트, 파스칼, 페르마 등에 의해 더욱 심화되었다. 그 후 라이프니츠와 뉴턴이 거의 동시에 미분적분학을 탄생시켰다. 라이프니츠는 접선의 문제, 뉴턴은 역학적 관점에서 미적분 사고를 이끌어냈다. 미적분으로 그때까지 풀 수 없었던 문제가 차례차례 해결되고 수학의 역사는 크게 발전해나갔다.

위상수학topology

위상수학 분야는 크게 나누면 위상공간론과 위상기하가 있다. 위상공간론은 유클리드 공간의 부분집합, 거리, 함수 등을 추상화한 것이다. 위상기하는 도형을 연속적으로 변형시켜도 변하지 않는 성질을 찾고 그런 변형을 바탕으로 달라지는 도형이 얼마나 있는지를 연구한다.

의학 Medical Science

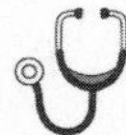

의학의 기원

고대부터 시작된 의술은 인체를 탐구하는 해부학과 연금술 화학을 통해 진보했다.

고대에 가장 의학지식이 발전했던 곳은 이집트였다. 파피루스 식물의 줄기로 만든 종이인 파피루스에는 많은 의학지식이 남겨져 있다. 특히《에드윈 스미스 파피루스Edwin Smith Papyrus》(BC 1600?)가 유명하다. 중국에서도《황제내경黃帝內经》(BC 200?)이라는 의서가 남아 있으며 이들의 존재는 의학이 고대부터 인류에게 빼놓을 수 없는 학문이었다는 사실을 알려준다.

하지만 현대 의학의 기원은 역시 그리스 의학이다. 그중에서도 의학의 아버지라고 불리는 히포크라테스가 유명하다. 히포크라테스를 대표로 하는 그리스 의학의 특징은 질병 자체를 명확히 밝히는 것보다 병의 진행상황에 따른 치료에 중점을 두는 것이었다. 즉 그리스 의학은 생리학을 기본으로 기술적 측면을 추구했다고 할 수 있다. 히포크라테스의 의술은 사람을 대상으로 하는 기술이라는 점을 강조하고 학문과 기술과 도가 하나가 된 '아르스ars'를 역설했다. 현재까지 면면히 이어져 오는 의학정신이기도 하다.

그리스 의학은 알렉산드리아 시대를 거쳐서 로마에 받아들여졌으며 이 시대 최고의 의학자가 클라우디오스 갈레노스Claudius Galenus(129?~200?)였다. 갈레노스는 해부학자이자 생리학자였다. 당시는 아직 인체의 해부가 시행되지 않았기 때문에 갈레노스는 동물(돼지)의 해부를 통해 근육과 뼈에 관한 지식을 크게 발전시킬 수 있었다. 또한 갈레노스가 주창한 '정기설'은 혈액의 흐름에 관한 것으로 생리학상 특기할 만한 이론이었다.

갈레노스 이후 중세 시대는 의학에 있어서 불모의 시대라고 할 수 있었다. 의학에서의 커다란 진보 역시 르네상스 시대까지 기다려야 했다. 그 새로운 국면을 연 것은 '해부학'이었다. 가장 위대한 해부학자가 안드레아스 베살리우스Andreas Vesalius(벨기에 1514~1564)였다. 베살리우스는 28세의 젊은 나이에 《인체구조론De humani corporis fabrica》(1543)을 저술하고 갈레노스 해부학을 크게 수정함과 동시에 실증적인 근대 의학의 기초를 구축했다.

이 시대 또 한 명의 걸출한 인물이 파라켈수스였다. 연금술사였던 파라켈수스는 광물을 치료약으로 사용하면서 화학적 측면에서 의학에 큰 공헌을 했다. 그때까지의 약제는 주로 동식물을 사용한 것이었으나 파라켈수스가 탐구한 광물을 통한 화학적 치료약은 향후 의학에 새로운 길을 열었다.

의학의 성립

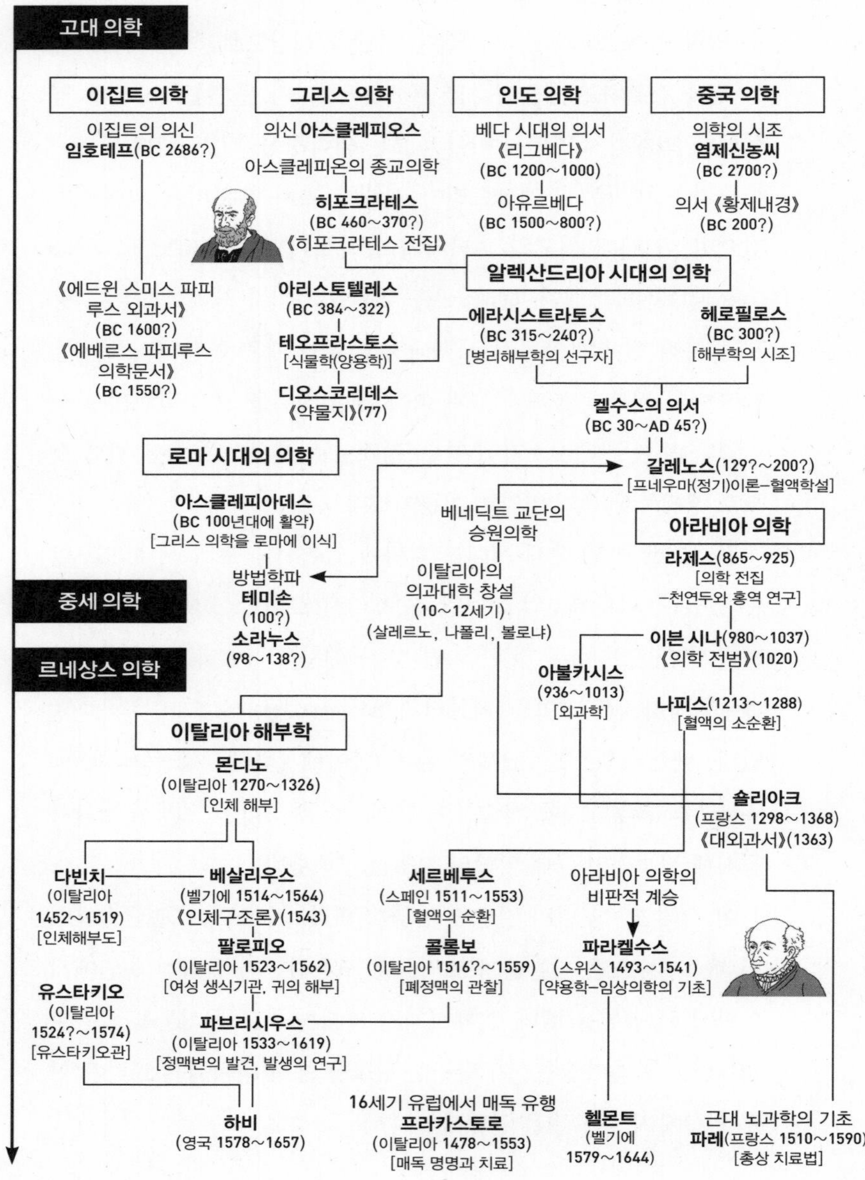

고대 의학
이집트 의학
이집트의 의신
임호테프(BC 2686?)
그리스 의학
의신 아스클레피오스
아스클레피온의 종교의학
히포크라테스
(BC 460~370?)
《히포크라테스 전집》
인도 의학
베다 시대의 의서
《리그베다》
(BC 1200~1000)
아유르베다
(BC 1500~800?)
중국 의학
의학의 시조
염제신농씨
(BC 2700?)
의서《황제내경》
(BC 200?)
알렉산드리아 시대의 의학
《에드윈 스미스 파피루스 외과서》
(BC 1600?)
《에베르스 파피루스 의학문서》
(BC 1550?)
아리스토텔레스
(BC 384~322)
테오프라스토스
[식물학(양용학)]
디오스코리데스
《약물지》(77)
에라시스트라토스
(BC 315~240?)
[병리해부학의 선구자]
헤로필로스
(BC 300?)
[해부학의 시조]
켈수스의 의서
(BC 30~AD 45?)
로마 시대의 의학
갈레노스(129?~200?)
[프네우마(정기)이론-혈액학설]
아스클레피아데스
(BC 100년대에 활약)
[그리스 의학을 로마에 이식]
베네딕트 교단의
승원의학
아라비아 의학
라제스(865~925)
[의학 전집
-천연두와 홍역 연구]
방법학파
테미손
(100?)
소라누스
(98~138?)
중세 의학
이탈리아의
의과대학 창설
(10~12세기)
(살레르노, 나폴리, 볼로냐)
이븐 시나(980~1037)
《의학 전범》(1020)
르네상스 의학
아불카시스
(936~1013)
[외과학]
나피스(1213~1288)
[혈액의 소순환]
이탈리아 해부학
몬디노
(이탈리아 1270~1326)
[인체 해부]
숄리아크
(프랑스 1298~1368)
《대외과서》(1363)
다빈치
(이탈리아
1452~1519)
[인체해부도]
베살리우스
(벨기에 1514~1564)
《인체구조론》(1543)
세르베투스
(스페인 1511~1553)
[혈액의 순환]
아라비아 의학의
비판적 계승
팔로피오
(이탈리아 1523~1562)
[여성 생식기관, 귀의 해부]
콜롬보
(이탈리아 1516?~1559)
[폐정맥의 관찰]
파라켈수스
(스위스 1493~1541)
[약용학-임상의학의 기초]
유스타키오
(이탈리아
1524?~1574)
[유스타키오관]
파브리시우스
(이탈리아 1533~1619)
[정맥변의 발견, 발생의 연구]
하비
(영국 1578~1657)
16세기 유럽에서 매독 유행
프라카스토로
(이탈리아 1478~1553)
[매독 명명과 치료]
헬몬트
(벨기에
1579~1644)
근대 뇌과학의 기초
파레(프랑스 1510~1590)
[총상 치료법]

근대 의학의 확립

생리학과 현미경적 해부학의 발달과 함께 근대 의학으로서 임상의학이 확립됐다.

해부학과 화학의 응용으로 새로운 길이 열린 의학은 17세기가 되면서 더욱 실증적 학문으로 발전했다. 17세기는 데카르트를 시작으로 뉴턴과 요하네스 케플러, 로버트 보일의 세기이며 과학적 사고가 성립하는 시대이기도 했다. 의학 분야에서도 실험과 관찰을 바탕으로 한 과학적 연구가 활발했다. 그중에서도 가장 중요한 분야로 개척된 것이 생리학과 현미경적 해부학의 세계였다.

17세기에 생리학상 획기적 진전을 가져온 것이 '혈액순환의 발견'이었다. 그때까지 혈액의 운동에 관한 학설은 로마 시대 갈레노스의 이론이 가장 유력한 것으로 여겨졌다. 이 이론을 타파하고 혈액의 운동과 심장의 역할을 밝힌 것이 윌리엄 하비William Harvey(영국 1578~1657)였다. 1628년 하비는 〈동물의 심장과 혈액의 운동에 관한 해부학적 연구De Motu Cordis〉라는 논문을 발표하고 혈액운동은 심장의 수축을 통한 펌프 작용에 있다고 주장했다. 하비는 실제로 동물의 심장을 사용해서 한 박동마다 움직이는 혈액의 양과 일정 시간마다 뛰는 박동수를 재는 수학적이고 계량적인 방법을 도입했다. 하비는 동맥과 정맥의 작용도 밝혔으나 동맥과 정맥을 잇는 연락기능을 설명하는 데까지 이르지는 못했다.

이런 미세한 구조를 해명한 사람이 현미경학자들이었다. 그 선구자 중 한 명인 마르첼로 말피기Marcello Malpighi(이탈리아 1628~1694)는 모세혈관을 발견함으로써 하비의 혈액순환설을 완성하고 폐와

의학의 흐름 ①

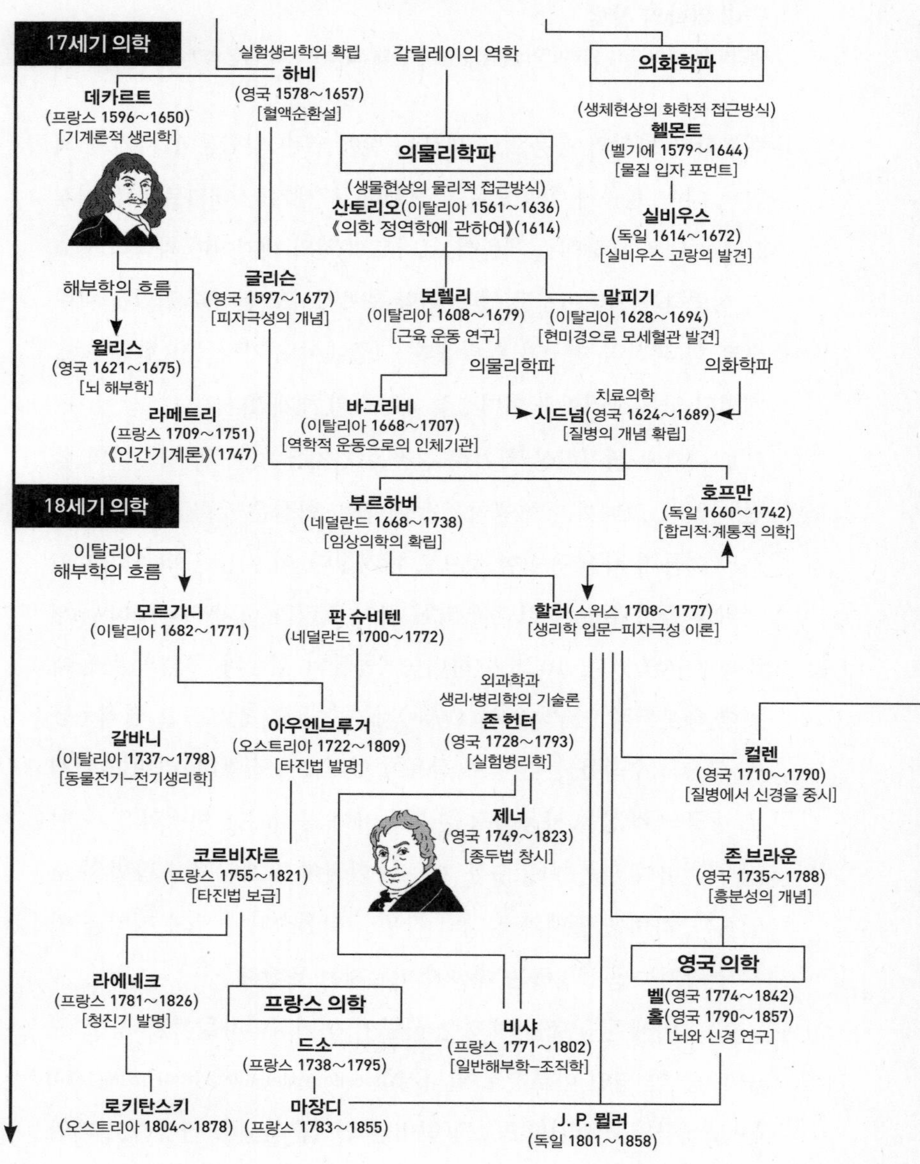

17세기 의학
실험생리학의 확립
갈릴레이의 역학
의화학파
하비
(영국 1578~1657)
[혈액순환설]
데카르트
(프랑스 1596~1650)
[기계론적 생리학]
(생체현상의 화학적 접근방식)
헬몬트
(벨기에 1579~1644)
[물질 입자 포먼트]
의물리학파
(생물현상의 물리적 접근방식)
산토리오(이탈리아 1561~1636)
《의학 정역학에 관하여》(1614)
실비우스
(독일 1614~1672)
[실비우스 고랑의 발견]
글리슨
(영국 1597~1677)
[피자극성의 개념]
해부학의 흐름
보렐리
(이탈리아 1608~1679)
[근육 운동 연구]
말피기
(이탈리아 1628~1694)
[현미경으로 모세혈관 발견]
윌리스
(영국 1621~1675)
[뇌 해부학]
의물리학파
의화학파
치료의학
라메트리
(프랑스 1709~1751)
《인간기계론》(1747)
바그리비
(이탈리아 1668~1707)
[역학적 운동으로의 인체기관]
시드넘(영국 1624~1689)
[질병의 개념 확립]
18세기 의학
부르하버
(네덜란드 1668~1738)
[임상의학의 확립]
호프만
(독일 1660~1742)
[합리적·계통적 의학]
이탈리아
해부학의 흐름
모르가니
(이탈리아 1682~1771)
판 슈비텐
(네덜란드 1700~1772)
할러(스위스 1708~1777)
[생리학 입문–피자극성 이론]
외과학과
생리·병리학의 기술론
존 헌터
(영국 1728~1793)
[실험병리학]
갈바니
(이탈리아 1737~1798)
[동물전기–전기생리학]
아우엔브루거
(오스트리아 1722~1809)
[타진법 발명]
컬렌
(영국 1710~1790)
[질병에서 신경을 중시]
제너
(영국 1749~1823)
[종두법 창시]
코르비자르
(프랑스 1755~1821)
[타진법 보급]
존 브라운
(영국 1735~1788)
[흥분성의 개념]
영국 의학
라에네크
(프랑스 1781~1826)
[청진기 발명]
프랑스 의학
벨(영국 1774~1842)
홀(영국 1790~1857)
[뇌와 신경 연구]
비샤
드소
(프랑스 1738~1795)
(프랑스 1771~1802)
[일반해부학–조직학]
로키탄스키
(오스트리아 1804~1878)
마장디
(프랑스 1783~1855)
J. P. 뮐러
(독일 1801~1858)

신장, 간, 피부 등의 미세구조를 밝혔다.

그밖에 현미경학자로는 현미경 자체의 성능 향상에 큰 공헌을 하고 세균과 정자 등을 발견한 안톤 판 레이우엔훅이 있다. 그리고 적혈구를 발견한 얀 스바메르담의 존재도 잊어서는 안 된다.

18세기 후반이 되자 의학의 체계화가 진행되고 임상의학이 확립된다. 대표적인 의학자가 헤르만 부르하버Herman Boerhaave(네덜란드 1668~1738)였다. 부르하버는 환자의 병력에서 현 상황의 파악·진단, 치료법이라는 일련의 임상 방법을 확립·실천하면서 유럽의 명의라고 불렸다. 그리고 병리 변화와 임상의학을 연결해서 병리해부학을 확립한 것이 조반니 바티스타 모르가니Giovanni Battista Morgagni(이탈리아 1682~1771)였다. 그는 《질병의 부위 및 원인De Sedibus et causis morborum per anatomem indagatis》(1761)을 저술하고 질병의 원인과 병리해부를 명확히 했다. 병리 전반을 다룬 이 책은 임상의학의 발전에 커다란 공헌을 했다.

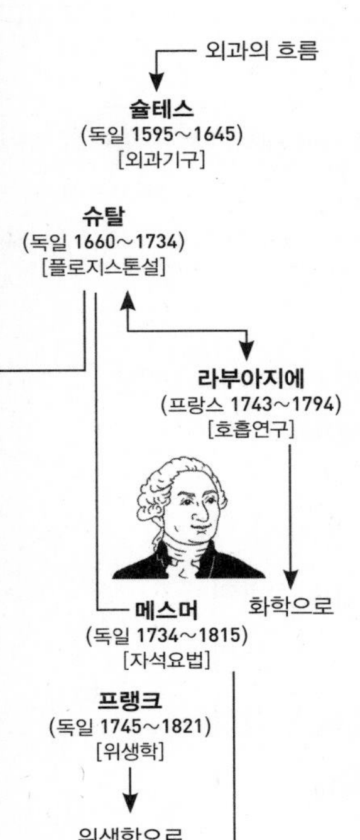

근대 의학에서 현대 의학으로

대증요법에서 질병 자체의 탐구로 나아가며 유전자공학 치료를 향한 도전이 시작됐다.

19세기에 들어서자 의학은 자연과학의 성과를 도입함

의학의 흐름 ②

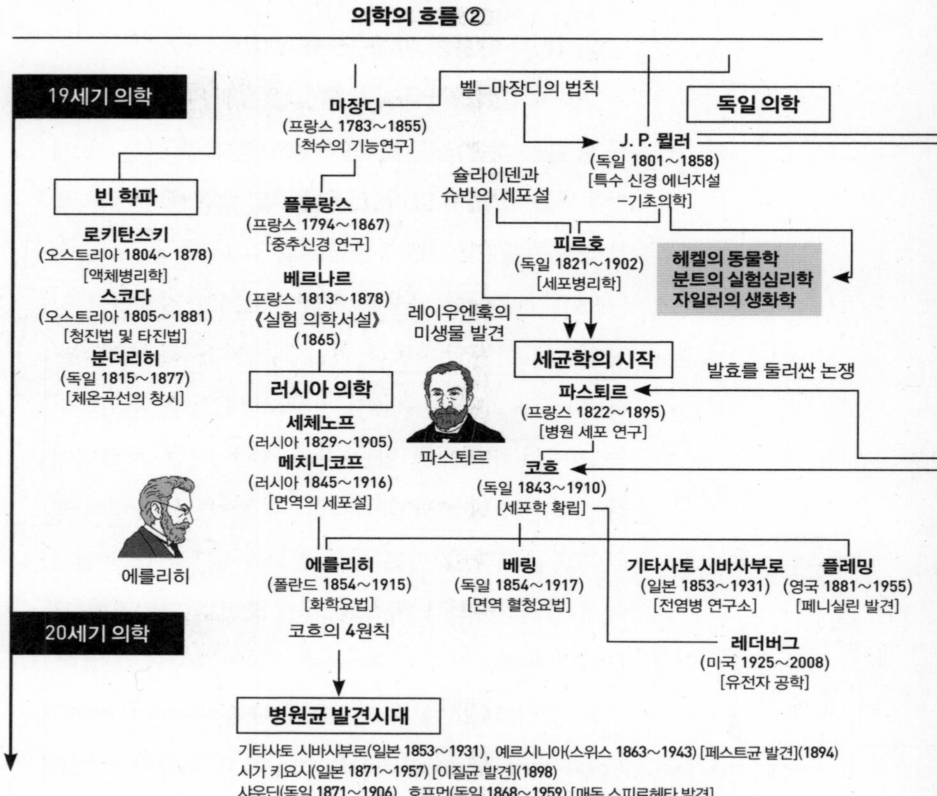

으로써 해부학과 생리학, 병리학, 약학이라는 기초의학이 크게 발전했다. 나아가 근대 의학의 진보에 크게 이바지를 한 것이 병원의 증가였다. 사회가 도시화하면서 처음에는 피난소 역할을 하던 병원이 서서히 환자를 수용하는 시설로 변모해갔다. 그 결과 임상관찰과 검시 해부가 쉬워지고 의학적 자료가 축적됐다. 19세기는 병원의학의 시대이기도 했다.

19세기 후반에 특기할 만한 점은 병원미생물의 발견이었다. 나

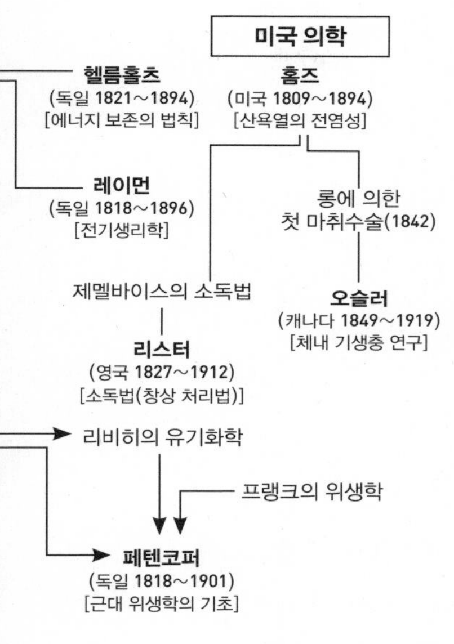

중에 '세균학'이라는 학문을 확립한 위대한 화학자 루이 파스퇴르와 로베르트 코흐Robert Koch(독일 1843~1910)가 그 주인공이었다. 세균학은 단순하게 병원균의 발견, 특정만이 아니라 예방백신의 개발이라는 획기적인 성과를 가져왔다. 1928년 알렉산더 플레밍Alexander Fleming(영국 1881~1955)이 발견한 페니실린은 화학치료 분야에 커다란 진보를 가져왔다. 1930년에는 전염병의 병원물질인 바이러스의 정체도 밝혀졌다. 1940년대에는 전자현미경을 사용해서 그 모습을 파악할 수 있었다.

코흐

20세기 후반이 되면서 의학은 전자 기기의 발달로 예전에는 생각할 수 없던 의료기기를 개발해나갔다. 장기이식, 내시경검사, 초음파진단, CT 진단 등 기술의 진보는 멈출 줄 몰랐다. 하지만 한편으로 의사와 환자의 관계와 병원 의료의 문제 등 의학의 사회성도 크게 문제시되는 시대가 됐다.

20세기 의학에서 가장 주목할 만한 점은 의학과 생물학, 특히 분자생물학과 관련한 것이었다. 그중에서도 제임스 왓슨과 프랜시스 크릭의 DNA 구조 해명은 의학에도 커다란 영향을 주었다. 하지만 유전자공학으로 불리는 분야가 의학에서 중요한 위치가 된 것은 조슈아 레더버그Joshua Lederberg(미국 1925~2008)가 세균이 유전물질을 교환하는 것을 발견하고 나서였다. 이 발견으로 의학은 유전자

의학의 필드

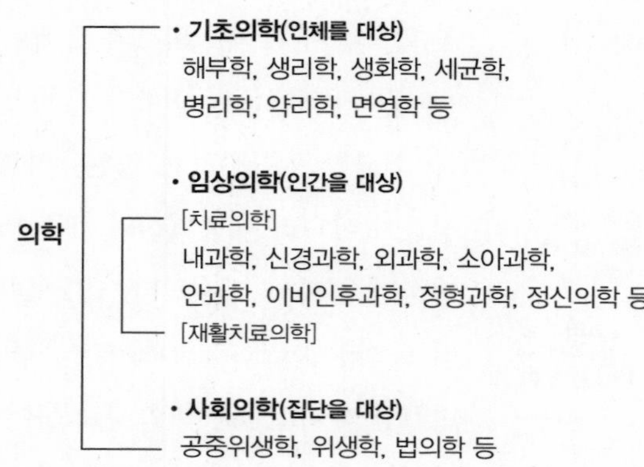

공학으로의 큰 걸음을 내딛었다. 그리고 1970년대에 제한효소와 역전사효소가 연이어 발견되면서 유전자공학을 통한 유전자치료는 현실적인 것이 됐다. 미국에서는 1990년에 위중한 면역결핍환자의 치료가 시도되어 성공했다. 일본에서도 1995년 홋카이도 대학 의학부에서 마찬가지 성과를 얻어냈다.

그 후 일본에서는 암 치료를 중심으로 유전자치료의 임상연구가 50년 정도 시행됐으나 송달과 기능의 문제가 있었고 바이오해저드(실험실이나 병원에서 세균·바이러스 따위의 미생물이 외부로 누출됨으로써 야기되는 재해나 장애-편집자 주) 우려와 윤리적 문제 등 심각한 과제를 낳기도 했다. 게다가 사망사고 등도 있었으므로 ES세포(배아줄기세포)와 iPS세포(유도만능줄기세포) 등을 중심으로 한 줄기세포 치료의 연구는 좀 더 안전한 방향으로 변화하고 있는 것이 현주소이다.

앞으로 의학을 공부하고 싶은 사람이 알아야 할 기초 지식

해부학

생물체를 해부해서 구조를 해명하는 학문이다. 의학적인 관심에서 인체 해부를 한 것은 이집트 문명 이후였다. 바빌로니아의 함무라비 법전에는 이미 해부학적 지식이 필요한 외과수술에 관한 내용이 쓰여 있었다. 근대적 의미에서 해부학을 개척한 사람은 베살리우스였다. 현재 해부학은 인체해부학, 동물해부학, 식물해부학 등으로 크게 나뉜다.

현미경학자

현미경을 사용해서 생물의 미세한 구조를 해명하려고 했던 17세기 학자들로 모세혈관을 발견한 말피기, 현미경의 성능 향상에 큰 공헌을 한 레이우엔훅, 세포를 발견한 로버트 훅, 적혈구를 발견한 스바메르담 등이 있다. 현미경을 사용한 미세한 구조의 해명은 해부학에 커다란 발전을 가져왔다.

물리의학파와 화학의학파

17세기 유럽 의학을 양분한 학파. 물리의학파는 물리학을 무기로 의학을 생각했고, 화학의학파는 화학을 원리로 의학을 구상했다. 이 두 학파의 등장은 자연과학의 기초를 구축하고자 했던 당시 물리학과 화학의 흐름을 반영한 것으로 물리의학파는 갈릴레오 갈릴레이, 화학의학파는 파라켈수스를 시조로 했다.

천연두 예방의 확립

18세기 유럽에서 천연두는 아동 사망의 주요 원인 중 하나였다. 당시 이미 사람의 천연두에 직접 접종하는 '대두 종두법'이 시행되고 있었으나 무척 위험했다. 1796년 영국의 의사 에드워드 제너는 우두를 사용한 종두법(우두접종법)에 성공하고 더욱 안전한 예방접종을 확립했다. 이후 그때까지 맹위를 떨치던 천연두로 인한 사망은 격감하게 됐다.

세균학

질병이 어떠한 미생물과의 접촉을 매개로 전염된다는 생각은 이미 16세기 자연철학자 지롤라모 프라카스토로(매독 시필리스와 티푸스의 명명자)가 주장했었다. 그러나 이 학설이 입증된 것은 19세기 병원미생물이 발견되면서였다. 최초로 세균을 발견한 것은 레이우엔훅이었으나 세균이 질병의 원인임을 밝혀낸 사람은 카지미르 다벤느였다. 그리고 19세기 후반 파스퇴르가 학문으로서 세균학을 확립했다.

항생물질

항생물질이란 미생물이 스스로 만들어내는 발육을 저지하는 물질이다. 항생물질은 세균 감염증의 치료에 커다란 공헌을 했다. 최초의 항생물질은 1928년 알렉산더 플레밍이 발견한 페니실린이었다. 그 후 하워드 월터 플로리와 언스트 체인이 페니실린을 실용화하면서 항생물질 연구가 급속도로 진전됐다. 현재 항생물질의 가짓수는 4,000개가 넘고, 그중 50개 이상이 임상에서 사용된다.

CT(Computed Tomography)

컴퓨터 단층촬영. 1973년에 영국에서 개발한 X선 진단용 장치. 기존의 X선 촬영과 달리 인체를 가로로 둥글게 자른 단면을 촬영하고 그것을 컴퓨터로 영상화한다. 이를 통해 인체 내부의 구조를 더욱 상세하게 파악할 수 있게 됐다. 현재 임상 진단에서 빼놓을 수 없는 검사법이다.

테일러메이드 의료

인간 게놈 계획으로 DNA의 배열과 개인의 염기다형 특징 등의 정보를 취득할 수 있게 되면서 가능해진 의학기술이다. 환자 한 명 한 명에게 가장 적합한 치료법을 계획하는 것. 일본식 조어로 오더메이드 의료라고도 한다.

화학요법

화학요법이란 화학물질을 사용해서 몸 안의 병원체를 죽이는 치료법이다. 19세기 후반에 파울 에를리히가 창시했다. 화학요법은 파스퇴르와 코흐가 확립한 세균학을 바탕으로 발전한 것이다. 따라서 화학요법의 적용은 감염병을 중심으로 진행됐으며 현재는 항암제 화학요법이 가장 주목을 받는다.

유전자공학

유전자를 재조합하는 방식으로 이종 생물의 유전자를 도입함으로써 생체물질 생산과 종의 인공적 개조를 하는 기술. 넓게는 유전자와 관련된 응용기술을 말하나 의학 분야에서는 유전공학을 사용한 치료를 가리킨다. 유전자공학은 분자생물학의 발전으로 생겨난 것이나 1970년대에 '제한효소(이중사슬 DNA를 정해진 위치에서 절단하는 가수분해효소)'가 발견되면서 이종 생물 간의 유전자 재조합 기술이 확립되어 인간의 유전자조차 다룰 수 있게 됐다.

"인간에 대한 사랑이 있는 곳에
의술에 대한 사랑이 있다."

_히포크라테스 Hippocrates

공학 Engineering

공학의 탄생

프랑스 절대왕정 시대 토목기술자 양성학교에서 공학은 시작됐다.

'공학Engineering'의 어원인 '엔진engine'은 발명, '엔지니어engineer'는 병기를 발명해서 다루는 사람이라는 의미가 있다. 근대 공학은 18세기 중반 기술자 양성학교가 생기면서 성립됐으며 그것은 군사공학에 가까웠다.

절대왕정 시대의 프랑스에서는 산업 진흥과 전국통합을 목적으로 도로, 교량, 운하 등 교통망 건설에 힘을 쏟고 있었다. 기술자를 양성하기 위해 1716년 '공병대'가 결성되었고, 나아가 1747년에는 근대 최초의 기술학교인 '토목학교'가 설립됐다. 기술학교의 베르나 포레스트 벨리도르Bernard Forest de Bélidor(1698~1761)가 수학과 역학을 처음으로 기술에 적용하면서 최초의 공학인 '토목공학'이 탄생했다.

프랑스 혁명 후 새로운 사회를 건설할 기술자가 필요했던 혁명 정부는 1794년 옛 기술학교를 통합하고 '에콜 폴리테크니크École Polytechnique(이공과학교)'를 설립했다. 여기서 수학, 도형학, 역학을 활용한 '구조역학'이 발달하고, 19세기 초까지 '공학의 기초이론'이 확립됐다. 에콜 폴리테크니크는 많은 기술자와 과학자를 배출했고 독일과 미국에 있는 고등기술교육의 모델이 됐다.

프랑스의 공학 탄생은 산업혁명기의 영국 기술자들을 자극했다. 1818년 직업적인 기술자 협회가 처음으로 조직됐다. 토목기술자를 중심으로 회장 토마스 텔포드Thomas Telford(영국 1757-1834)가 이끄는 이 협회는 '토목기술협회'라 불리었다. 'Institution of Civil Engineers'라는 이름처럼 기존의 군사적 기술이 아니라 '시민civil'으로부터 비롯되는 유용한 기술의 촉진과 보급을 목적으로 했다. 이 협회는 공학을 '자연에 있는 커다란 동력원을 인간에게 도움이 되도록 지배하는 기술'이라고 정의했다.

영국에서는 이미 방직기계, 증기기관, 공작기계가 발달해 있었다. 1847년 토목기술협회에서 독립한 기계공학자들은 기차를 발명한 조지 스티븐슨George Stephenson(1781~1848)을 회장으로 추대하고 '기계공학자협회'를 발족했다.

1840년 글래스고 대학에서 처음으로 공학 강좌가 개설되고 랭킨William John Macquorn Rankine(영국 1820~1872)이 주임교수로 취임하면서 지식 체계화의 단서가 됐다. 그는 특히 '열역학'을 구체적으로 증기기관에 적용해서 '열기관공학'의 기초를 세웠다.

공학의 흐름 ①

※ [회색 음영] = 산업혁명

미국

1807
풀턴(1765~1815)
[증기선 발명]

영국

1733
케이
(1704~1779)
[기계개량]

[산업혁명]

와트(1736~1819)
[증기기관 개량]

1764
하그리브스
(1720~1778)
[제니방적기 발명]

1771
아크라이트
(1732~1792)
[수력방적기 발명]

1785
카트라이트
(1743~1823)
[역직기 특허]

1790
[코크스 용광로법 보급]

1799
[표백분 발명]

1800
모즐리(1771~1831)
[나사 절삭 선반 발명]

돌턴(1766~1844)
[원자론]

1818
'토목기술협회' 발족
텔포드 회장
(1757~1834)

1825
[세계 첫 상용 철도 개통]

프랑스

1716
[공병대 창설]

1747
[국립 토목학교]

'토목공학'의 탄생

벨리도르
(1639~1761)

1789
[프랑스 혁명]

1794
[에콜 폴리테크니크 개설]

몽주(1746~1818) 등
[공학의 기초이론 확립]

1824
카르노
(1796~1832)
[카르노 사이클]
(열역학 기초)

독일

베크만
(1739~1811)
['기술학' 제창]

1800
볼타
(이탈리아 1745~1827)
[전지 발명]

1824
리비히
(1803~1873)
[대학에서 화학실험실 개설]

공학의 흐름 ②

미국	영국	프랑스	독일
1810~1860 [산업혁명] 1835 **모르스**(1791~1872) [유선전신기] [철의 호환식 대량생산법, 공작기계의 발달]	1837 **패러데이** (1791~1867) [전자장 이론의 기초] (전자기학 성립)	1830 [7월 혁명] 1830~1860 [산업혁명]	1834 [관세동맹 성립] 1840~1880 [산업혁명] 1847 헬름홀츠(1821~1894) [에너지 보존 법칙]
	'기계공학'의 독립 1847 '기계공학자협회' 발족 (스티븐슨 회장) (1781~1848) [1840~대학의 공학 수용] **랭킨**(1820~1872) [학문의 결합, 열기관공학의 기초]		**뢸로**(1829~1905) ['기계운동학' 확립] 1856 '기술협회' 결성
1861~1865 [남북전쟁] 1861 MIT 창립 1862 모릴법 성립 각 주립 대학 설립 [공업교육의 전국화]	1856 **베서머** (1813~1898) [전로법] 1861 **솔베이** (벨기에 1838~1922) [암모니아 소다법 제조 성공]	1864 **마르탱** (1824~1915) [평로법]	1865~ [공과대학 설치] 1865 **케쿨레**(1829~1896) [벤젠고리 구조식 발표]

공학의 전개

미국	영국	독일

전기공학 탄생

미국

1879
에디슨(1847~1931)
[탄소선 전구 발명]

1898
[나이아가라에 교류 발전소 건설]

1903
[라이트 형제의 비행기 비행 성공]
W. 라이트(1867~1912)
O. 라이트(1871~1948)

1911
포드(1863~1947)
[자동차 대량생산 시작]

영국

1871
['전신공학자협회' 발족]

1873
[세계경제공황→독점자본주의화]

1884
파슨스(1854~1931)
[반동형 증기 터빈]

1888
['전기공학자협회'로 개칭]

독일

1868
[알리자린(염료) 합성]
1871 [독일제국 성립]

1885
다임러(1834~1900)
[첫 휘발유 자동차 제조]

지멘스(형 1816~1892)
'전기공학회'를 조직

1893 디젤(1858~1931)
[디젤 기관 발명]
('내연기관공학' 체계화)

1897 브라운(1850~1918)
[브라운관 발명]

1898 크니치(1854~1906)
[인디고(염료) 합성법 개량
황산제조법(접촉법) 개량]

1900
플랑크(1858~1947)
[양자론의 기초]

1905
아인슈타인(1879~1955)
[특수상대성이론]

1904~1925
프란틀(1875~1953)
항공 유체역학
[유체의 기본이론 확립]

화학공학의 탄생

1906
하버(1868~1934)
[공중 질소 고정법으로 암모니아 합성]

1909
오스트발트(1853~1932)
[촉매의 중요성 지적]

1920
슈타우딩거(1881~1965)
[고분자 화합물설의 제기]

[제1차 세계대전 1914~1918]

1923 워커
(미국 1869~1934)
[화학 공정 과정을 분류]

1935 캐러더스(미국 1896~1937)
[나일론 발명]

[제2차 세계대전 1939~1945]
군사기술의 민간화
〈통신 일렉트로닉스〉〈컴퓨터〉〈원자력〉

공학의 발전

이론에 앞서 전기공학이 발전하고, 공업화의 시작과 동시에 화학공학이 성립되었다.

1870년경까지 토목공학과 기계공학이 공학의 주류였으나 이후에는 '전기공학'의 중요성이 늘어갔다. 토목공학과 기계공학은 순수과학의 성과로부터 약간의 영향밖에 받지 못했고 기술자의 독자적 경험과 지식에만 의존했지만, 전기공학은 처음부터 순수과학의 연구 성과를 적극적으로 응용함으로써 성립됐다. 동시에 독일은 공학 분야에서 영국과 프랑스를 추월했다.

1871년 영국에서 '전신공학자협회'가 발족했으나 초대 회장으로 맞아들인 사람은 독일 태생의 윌리엄 지멘스Carl Wilhelm Siemens(1823~1883)였다. 이것은 1888년 '전기공학자협회'로 개칭됐다. '전기공학회'를 독일에서 조직한 사람은 윌리엄 지멘스의 형이자 발전기를 완성했던 베르너 폰 지멘스Werner von Siemens(1816~1892)였다. 발전기는 벨기에의 제노브 테오필 그람Zénobe Gramme(1826~1901)이 1869년에 실용화에 성공했고, 전동기로도 사용 가능하다는 사실이 알려지면서 전원의 제약에서 해방됐으며 전기공학은 이때부터 급격한 발전을 약속받았다.

진공 백열전구 개량에 뛰어들었던 미국의 에디슨Thomas Edison(1847~1931)은 1883년 필라멘트 사이에 전극을 놓고 그것을 필라멘트 전원의 플러스(+)측에 접속하면 전류가 생기는 것(에디슨 효과)을 발견했다. 이것은 열전자 현상의 발견인 동시에 전자관 연구의 출발점이기도 했다. 1904년에는 에디슨 밑에 있던 존 플레밍John

Ambrose Fleming(영국 1849~1945)이 열전자 효과를 연구해서 이극진공관을 발명했다. 이는 '전자공학'의 시작이었다.

전자파를 최초로 실용화한 사람은 이탈리아의 굴리엘모 마르코니Guglielmo Marconi(1874~1937)였다. 1899년 마르코니는 고압을 사용한 무선통신에 성공하고 1902년에는 수신 성능이 더욱 높은 자기검파기를 발명했다. 이어서 광석검파기가 발명되면서 트랜지스터, 집적회로(IC)와 대규모 집적회로(LSI)의 발명으로 이어져 전자공학 약진의 실마리가 됐다.

독일에서는 루돌프 디젤Rudolf Diesel(1858~1913)이 1893년에 디젤기관을 제작하고 '내연기관공학'의 체계를 만들었다. 루트비히 프란틀Ludwig Prandtl(1875~1953)은 18세기 이후의 유체역학과 19세기의 수력학을 잇는 '항공 유체역학'을 일으켜 세웠다. 이것은 '유체의 기본이론'이라 할 수 있는 것으로 '항공공학'의 시작이었다.

분자운동론과 열역학의 화학반응을 수량적으로 파악할 수 있게 된 후 '물리화학'이 출현하면서 빌헬름 오스트발트Wilhelm Ostwald(독일 1853~1932)는 촉매가 합성화학 기술의 중요한 요소라고 지적했다. 황산제조법을 기존의 연실법에서 촉매를 사용한 접촉법으로 바꾸고 암모니아 합성을 위한 공중 질소 고정법 등을 완성해서 대규모 생산이 가능해졌다.

화학반응장치는 19세기 말까지 기계공학에 의해서 설계되었으며 실험실과 큰 차이가 있었다. 화학의 공업화에 따라서 미국의 윌리엄 워커William Hultz Walker(1869~1934)는 1923년에 생산 공정을 분류하고, 화학 장치에 필요한 '화학공학'을 제창했다. 그 후 유기합

성과 전기화학의 발전을 거쳐 화학반응의 메커니즘에 관한 '화학공학의 체계'가 확립됐다.

현대의 공학

거대 프로젝트의 추진을 배경으로 현대 공학은 더욱 세분화한다.

공학은 자연과학 이론을 기초로 해서 자연에 존재하는 에너지와 자원 및 기계와 장치 등을 수단으로 활용하는 기술이자 학문이다. 20세기에 들어서 공학은 더욱 전문화하고 공학적 방식의 적용은 현저하게 확대됐다. 특히 제2차 세계대전에서 공학을 포함한 과학기술은 크게 변모했다.

두 번의 전쟁으로 과학자와 기술자가 총동원되어 과학기술이 전쟁의 목적에 이용됐다. 역설적으로 이는 전후 과학기술 발전의 기초가 되었고 여러 분야에 걸쳐 공학의 발달을 촉진했다. 가령 군사행동에 결정적 영향을 준 레이더 연구의 완성은 전후의 통신 및 전자의 발전에 공헌했다. 전략 결정과 탄도 계산 등을 위한 고속연산이 요구되면서 컴퓨터 개발이 촉진됐다. 원자물리학의 발전을 배경으로 원자폭탄이 개발되었으며 이어서 전후 원자력발전이 실용화됐다. 이처럼 제2차 세계대전을 계기로 막대한 예산과 인원을 투입하는 거대 과학기술 프로젝트가 출현했다.

자연과학과의 경계 영역에서 새롭게 원자력공학, 우주공학, 해양공학, 생명공학, 제어공학, 재료공학 등이 탄생했다. 그러나 현대 과학기술의 엄청난 파급력은 지구 규모로 환경문제와 에너지문제를

공학의 필드

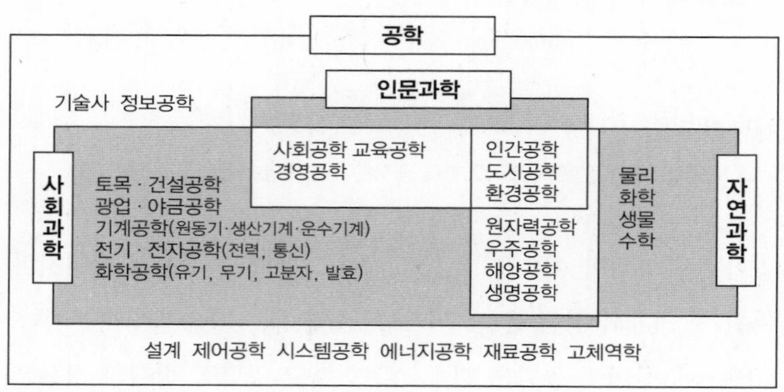

일으켜서 심각한 반성을 요구하고 있다.

한편 공학의 방식은 인문·사회과학 분야에도 도입되어 인간공학, 경영공학, 사회공학, 교육공학, 도시공학, 환경공학, 정보공학, 시스템공학 등의 이름으로 광범위하게 응용되고 있다. 이런 상황을 반영해서 공학을 교육하는 입장에서도 자연과학의 기초이론부터 모든 공학을 종합적으로 아우르는 '기초공학'을 편성하고 있으며, 인문과학적·사회과학적 시야를 결합한 '기술사' 및 공학개론 또한 시도되고 있다.

앞으로 공학을 공부하고 싶은 사람이 알아야 할 기초 지식

시스템공학

하나하나의 방법으로 해결할 수 없는 복잡한 문제에 직면했을 때 해결해야 할 과제를 명확하게 설정하고, 그것을 실현하기 위해 기존의 방법을 응용하거나 새로운 방법을 개발하고 계획·실행하는 종합적 학문이 시스템공학이다. 그 발단은 제2차 세계대전의 작전계획이었으며 1960년대의 달 착륙을 위한 아폴로 계획은 전형적인 응용 사례라고 할 수 있다.
시스템공학의 대상인 시스템이란 ①두 개 이상의 요소로 이루어지고, ②각각의 요소가 서로 관련이 있고 서로에게 영향을 주고받는 구조를 가지며, ③그 자체가 특정의 목적을 가지고 있고, ④바깥에서 제어 가능하다는 등의 특징이 있다.

지구공학

온난화, 오존층의 파괴, 산성비, 해양오염, 사막화 등 지구적 규모로 발생하는 문제를 해결하기 위한 종합적 방법. 지구과학, 생물과학 등의 모든 과학과 첨단기술을 응용할 필요가 있으며 사회경제 제도, 국제정세에 관한 고찰도 빼놓을 수 없다.

인텔리전트 재료

물질 고유의 성질을 이용하거나 재료를 조합해서 열화를 검사하고 진단하며 때에 따라서는 수복하는 기능을 가진 '지적 재료'를 말한다. 빌딩과 다리, 항공기 등의 구조재로 개발이 진행되고 있다.

인간공학

도구, 기계, 장치, 의복, 주거, 조직 등을 쾌적하고 효율적으로 사용할 수 있도록 인간의 심리적·생리적·신체적 특성을 고려해서 설계하는 학문.

금속피로

여러 번의 진동으로 생기는 금속의 열화현상을 말한다. 금속 표면에 조금씩이라도 상처가 있으면 진동이 있을 때마다 상처가 넓어지고 어느 한계를 넘어서면 금속은 극단적으로 약해져서 결국 파괴·절단된다. 보통 기계는 금속피로로 인한 파괴·절단이 일어나지 않게 충분한 안전율을 가지도록 설계되나, 일반적으로 고강도 재료는 금속피로를 일으키기 쉬우며 경량화를 요구하는 항공기 등에서 안전성이 낮게 나타난다. 금속피로는 공학 설계의 기본개념이다.

퍼지이론

인간은 양자택일의 질문에 말문이 막히고 어느 쪽이라고 말을 못하거나 어느 쪽이라도 상관없다는 애매한 대답을 할 때가 있다. 이런 애매한 사고와 판단으로도 문제를 잘 처리하는 것이 인간이다. 경계가 희미한 것을 영어로 'fuzzy'라고 하며, 이런 애매한 사고법을 설명하는 것이 퍼지이론이다. 이것의 공학적 버전이 '퍼지제어'로 인간의 경험과 감을 모델로 해서 일본 센다이 시의 지하철 자동운전에 처음으로 응용됐다. 1990년에 세탁기의 제어에 적용된 것을 시작으로 에어컨·전기밥솥 등의 가전제품, 엘리베이터 관리 같은 산업기계, 의료, 복지기계, 음성인식, 패턴인식 등에 폭넓게 활용되고 있다.

아톰 크래프트

'원자세공'이라고 번역된다. 원자를 하나씩 움직여서 가공하는 초미세가공술을 말한다. 1990년 미국 IBM 사에서는 '주사형 터널 현미경(STM)'이라는 특수한 현미경 렌즈에 해당하는 초극세 침을 이용해서 원자를 하나씩 늘어놓고 'IBM'이라는 문자를 썼다. 그 후 원자 수준으로 가공한 초미세 전자소자 등의 개발이 진행되고 있다. 원자의 크기를 나타내는 '옹스트롬(1,000만 분의 1밀리미터)'이라는 단위를 사용하므로 '옹스트롬 테크놀로지'라 불리기도 한다.

마이크로머신

수 밀리미터 이하 크기의 미세한 기계를 말한다. 일렉트로닉의 진보와 생물의 미세한 구조 해명이 진척되면서 연구가 활발해졌다. 투구벌레 정도의 크기로 1만 분의 1밀리미터의 도랑을 새기는 것이 가능한 미니로봇 등이 시험 제작되고 있다. 마이크로머신의 용도로는 인간 체내에 들어가서 질병을 진단·치료하거나 발전 설비에서 파이프류를 검사·보수하는 등의 방안을 생각해 볼 수 있다.

수소자동차

휘발유와 경유를 대신해서 수소를 연료로 달리는 자동차. 수소는 태우면 물이 된다는 점에서 환경을 오염시키지 않는 에너지원으로 주목받고 있다. 수소를 자동차에 탑재·저장하는 방법은 몇 가지 있으나 미국과 일본, 독일 등에서는 수소를 잘 흡수하는 금속(수소흡장합금)에 수소를 저장하고 필요에 따라 토출해서 수소가스를 태우는 방식의 자동차 개발에 성공한 바 있다.

단백질공학

단백질은 20종류의 아미노산이 수십에서 수천 개 사슬 모양으로 이어진 입체구조를 이루고 있으며 생체 내에서 놀라운 기능을 발휘하고 있다. 단백질의 입체구조를 해명하고, 컴퓨터로 새로운 단백질을 설계하며, 기능을 예측하고, 유전정보를 담당하는 DNA를 인위적으로 절단 · 연결하는 '유전자공학'의 기술을 사용해서 새로운 단백질을 합성하는 것이 단백질공학이다. 단백질의 일종인 효소를 공업에 이용할 수 있도록 개조하거나 의약품으로 개발하는 것이 현재 목표이다.

버추얼 리얼리티(VR)

가상현실이라고 한다. 컴퓨터 등으로 만들어낸 인공적 세계를 현실과 같은 세계로 체험하는 기술. 원래 초현실주의의 시인 앙토냉 아르토의 조어이다. 1968년 이반 서덜랜드가 HMD(Head Mounted Display)를 고안한 것을 시작으로 영상과 소리를 활용하여 시각, 청각 그리고 촉각 등 인간의 오감에 호소하는 장치로 발전했다. 현재 게임에 사용하는 것 외에도 로봇의 원격조작과 항공기 조종 시뮬레이션 등 폭넓은 분야에서 활용 중이다.

대형 방사광

광속 가까이 가속한 전자 자장의 힘으로 갑자기 구부리면 전자는 에너지를 일부 잃으면서 빛이 발생한다. 이것을 '싱크로트론 방사광(SR)'이라고 한다. ①무척 밝고, ②가시광선에서 X선까지 여러 가지 파장의 빛을 포함하고 있으며, ③빛의 방향이 모여 있다는 특징을 지닌다. 이미 재료공학과 생명공학 분야에서 사용되고 있으나 일본에서는 하리마 과학 공원도시에 건설된 대형 방사광 시설을 통해 단백질 구조의 해명 및 지구 내부에 가까운 초고온 · 초고압 환경에서의 물질의 분석 등을 연구 중에 있다.

COE(Center of Excellence)

어떤 한 분야에서 세계 최첨단의 연구를 하는 조직을 말한다. 도전적인 연구 주제, 학제적 연구를 할 수 있는 연구자, 뛰어난 지도자, 유연한 연구관리 시스템, 공정하고 엄격한 연구평가, 뛰어난 설비, 충실한 스태프 등이 필요조건이다. 같은 목표를 가진 전 세계의 연구자에게 주목받으며 그 분야의 정보발신 기지가 된다. 여러 나라에서 자국의 첨단기술 연구의 촉진을 위해 COE의 육성을 꾀하고 있다.

CLOSE UP!

정보공학 Information Engineering

21세기 '지식'의 공학, 그것이 정보공학이다. 이제 시대는 농업사회, 공업사회를 거쳐서 정보사회로 나아가고 있다.

'정보'란 도대체 무엇일까? 정보에 대응하는 영어 'information'은 라틴어 'informationem(정신에 형태를 주는 마음)'으로부터 비롯됐다. 어원의 의미를 생각해본다면 정보란 우리 몸 주변의 일 전부라 해도 좋을지 모른다.

이처럼 정보란 생명, 마음, 지식체계, 교육, 커뮤니케이션, 통신, 제어 등 폭넓은 개념과 관련되어 있으나 현재처럼 다의적으로 사용된 것은 컴퓨터과학, 통신, 제어공학 등의 발전에 힘입은 바가 크다. 그리고 그 정보의 힘을 활용하는 것이 '정보공학'이다.

섀넌이 정보공학의 기초를 세우다

정보공학의 기초는 정보를 과학적으로 정리하고 수식과 방정식으로 취급할 수 있는 개념으로 만들어낸 클로드 섀넌Claude Shannon(미국 1916~2001)의 정보이론에서 비롯됐다. 그는 정보, 통신, 암호, 데이터 압축, 부호화 등 현재 정보사회에서 빼놓을 수 없는 분야의 선구적 연구를 존 폰 노이만과 앨런 튜링Alan Turing(영국 1912~1954) 등과 함께 추진해서 오늘날 컴퓨터 기술의 기초를 굳혔다.

섀넌 등이 창시한 정보이론을 응용하는 정보공학에는 다섯 가지 요소가 있다. 그것은 정보의 발생, 정보의 전달, 정보의 수집, 정보의 축적, 정보의 처리이다.

'정보의 발생'이란 새로운 정보를 창조하는 것을 말한다. 구체적으로는 인공적인 사진과 동영상을 만들어내는 컴퓨터그래픽과 대량의 데이터 속에서 필요한 지식을 도출하는 데이터마이닝 기술 등이 있다. '정보의 전달'은 정보통신과 커뮤니케이션의 기술을 가리키고, 인터넷과 웹디자인 등이 포함된다. '정보의 수집'은 검색엔진과 영상센서 등으로 세계의 사실적인 정보를 인지해서 취득하는 것을 말하며, '정보의 축적'이란 정보를 효율 높게 유지하는 압축기술 등을 뜻한다. '정보의 처리'는 컴퓨터를 사용한 계산처리와 신호처리, 영상처리 등을 의미한다.

로봇공학은 정보공학의 집대성

현대 정보사회에서 이런 다섯 가지 요소는 단독으로 취급되는 것이 아니라 복합적으로 사용된다. 그 대표적인 것이 '로봇공학'이다. 로봇공학에는 손발을 움직이기 위한 액추에이터 기술, 외부의 정

정보공학의 다섯 가지 요소

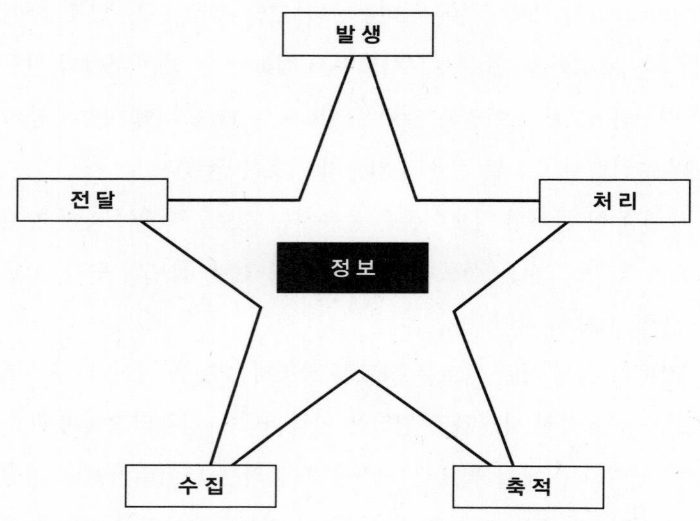

보를 자각하고 인식하기 위한 센서기술, 행동과 운동을 제어하는 기술, 모든 것을 종합적으로 판단하기 위한 인공지능의 기술 등 정보에 관한 다양한 기술이 복잡하게 구사된다.

그밖에도 디지털 가전, 스마트폰, 자동운전, 3D프린터, 드론 등의 개발이 이루어지고 있는 정보공학은 20세기 들어서 성립한 아직 젊은 학문체계로서 '언제, 어디서나, 누구나, 간단하게' 서비스가 제공되는 '유비쿼터스 사회'의 필수적인 기술이 되고 있다.

〈유비쿼터스〉란?

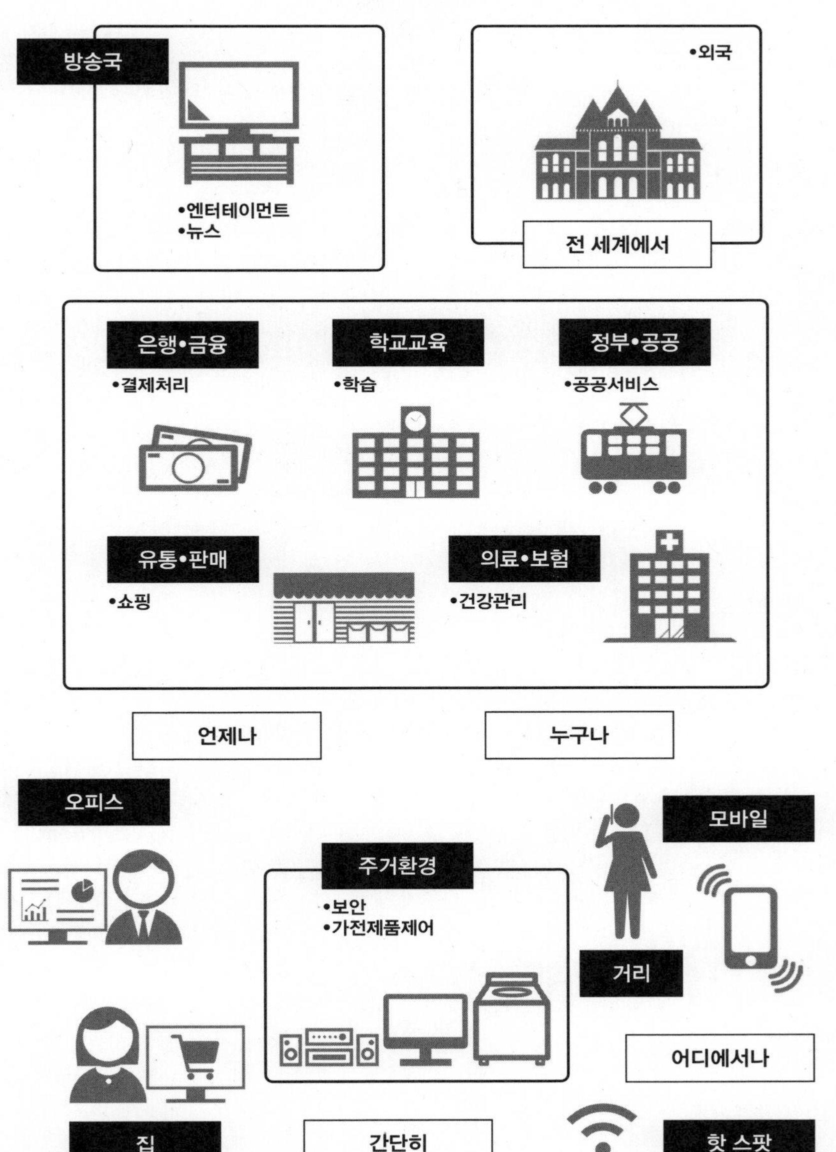
방송국
•엔터테이먼트
•뉴스
•외국
전 세계에서
은행•금융
•결제처리
학교교육
•학습
정부•공공
•공공서비스
유통•판매
•쇼핑
의료•보험
•건강관리
언제나
누구나
오피스
모바일
주거환경
•보안
•가전제품제어
거리
어디에서나
집
간단히
핫 스팟

앞으로 정보공학을 공부하고 싶은 사람이 알아야 할 기초 지식

클로드 섀넌

'정보이론의 아버지'라 불리는 미국의 전기공학자이자 수학자. 정보와 통신만이 아니라 암호와 데이터 압축, 부호화 등에 대해서도 뛰어난 연구를 했다. 섀넌은 컴퓨터 출현 전에 '비트'라는 정보량의 단위를 발안하고 계산기에 지나지 않았던 컴퓨터에 '정보'라는 개념을 심으며 현대 컴퓨터 기술의 기초를 닦았다.

로봇공학 3원칙

'인간에 대한 안전성, 명령에 대한 복종, 자기방어'를 '로봇의 3원칙'이라고 한다. 원래는 SF작가 아이작 아시모프의 소설에서 제시된 원칙이다. 현실에서는 그대로 3원칙을 적용하면 프레임 문제를 일으킨다고 알려졌다. 프레임 문제란 '유한한 정보처리능력밖에 가지지 못한 인공지능으로는 세상에 생길 수 있는 모든 사태에 대응할 수 없다'는 것으로 요약하자면 정해진 틀 안에서만 대처할 수 있다는 뜻이다.

유비쿼터스 사회

'언제, 어디서나, 누구나, 간단하게' 컴퓨터 네트워크로 연결되어 다양한 서비스를 받을 수 있으며 우리 생활을 더욱 풍요롭게 해준다고 생각되는 사회구조를 말한다. 애초에 '유비쿼터스'라는 말은 기독교적 개념으로 '예수가 시간과 공간을 초월해서 편재(여러 장소에 존재)한다'는 의미였으나 제록스 사 팰로앨토 연구소의 마크 와이저가 현재 사용하는 의미로 유비쿼터스를 개념화했다. 와이저는 '생활의 다양한 장소에 정보통신환경을 집어넣으면 이용자가 그것을 의식하지 않고도 이용할 수 있는 상태'를 '유비쿼터스 컴퓨팅'이라고 정의했다. 현재 떠오르는 유비쿼터스 사회는 스마트폰과 같은 정보 단말기나 교통카드, 전기밥솥 등의 기기에서 AI(인공지능)가 활용되는 정도에 그치지 않는다. 가령 '슈퍼마켓에서 물품을 든 채로 출구로 나가면 자동으로 대금이 자신의 계좌에서 인출되는 계좌 서비스', '목적지를 말하면 자동으로 목적지까지 옮겨주는 무인택시', '몸에 장애가 있는 사람도 편하게 사용할 수 있는 디바이스의 발명' 등 다양한 수준에서 정보격차가 없는 사회를 상상하고 있다.

인문과학
사회과학
자연과학
문화예술

AI(인공지능)

인간의 지능이 가진 기능을 탑재한 컴퓨터 시스템. '딥 러닝'이라는 기술로 컴퓨터가 인간의 지능을 뛰어넘는 날이 올 것으로 생각하는 전문가도 있으나, 인간의 지능 작용을 얼마나 실현할 수 있을지에 대해서는 아직 많은 견해 차이가 있다.

무인항공기

원격조작이나 자동제어 등 무인으로 비행할 수 있는 시스템이 갖춰진 기기를 가리킨다. 최근 화제가 된 '드론'도 이 카테고리에 넣을 수 있다. 드론이란 영어로 '무선 조종의 무인기' 또는 '수벌'을 뜻한다. 같은 무인항공기라 해도 그 크기는 다양하고, 역사도 생각보다 오래되어 제1차 세계대전 때 이미 고안되었고 군용으로 연구가 진행되었다. 현재도 아프가니스탄이나 이라크에서 분쟁이나 전쟁이 일어날 때 무인기를 사용한 공격이 보고되고 있다. 농약 살포 등 산업 분야에서도 활용이 진행 중이다.

세계의 항공법은 기본적으로 유인, 즉 사람이 타고 조종하는 기기를 대상으로 한다. 법률이 무인항공기의 기술혁신과 실용적 요구에 따라가지 못하는 실정이다. 무인항공기는 오지로 택배를 배송하는 일이나 사람이 발을 들여놓을 수 없는 장소의 촬영 등 유용한 용도로 쓰이는 경우도 많다.

CLOSE UP!

항공우주공학 Aerospace Engineering

항공공학과 우주공학의 틀을 넘어서 인류에게 꿈과 희망을 선사하는 것이 항공우주공학이다.

옛날부터 인류는 하늘을 바라보고 우주를 생각해왔다. 가령 달을 생각하는 마음은 《백인일수百人一首》(중세 일본에서 가장 유명한 시인 100명의 작품을 한 사람에 한 수씩 엄선한 와카 시집) 속에서도 노래가 되고, 서양에서도 바빌로니아 풍요의 신 이슈타르는 만월, 그리스 사냥의 여신 아르테미스는 삼일월, 죽음의 여신 헤카테는 초승달 등의 형태로 상징화됐다.

항공우주공학은 실제로 '항공공학'과 '우주공학'이라는 두 개의 학문체계를 중심으로 만들어졌다. 항공공학은 비행기 등의 대기권 내 비행이, 우주공학은 로켓과 인공위성 등을 우주로 내보내는 것이 주요 연구대상이나, 어느 쪽이든 비행과 깊은 관련이 있어서 함께 발전해왔기에 현재는 '항공우주공학'이라 불릴 때가 많다. 인류는 하늘을 나는 것을 계속 동경하는 것일지도 모른다.

우주여행 구상은 뉴턴부터 시작됐다

우주를 배우려면 고도의 수학, 물리, 화학지식, 역학과 개발설계 등 다방면에 걸친 지식이 필요하다. 또한 실제로 날기 위해서는 항공과 우주에 관한 기술에 정통해야 한다.

우주여행은 아이작 뉴턴의 《프린키피아》에서부터 이론적 고찰이 시작됐다. 그리고 18~19세기에 걸쳐 레온하르트 오일러Leonhard Euler(스위스 1707~1783)와 조제프루이 라그랑주Joseph-Louis Lagrange(프랑스 1736~1813) 등의 수학자가 고전역학의 수학적 기초 수립에 공헌하며 우주여행의 가능성을 새롭게 부각시켰다. 'SF의 아버지'라 불리는 쥘 베른Jules Verne(프랑스 1828~1905)이나 허버트 조지 웰스 H. G. Wells(영국 1866~1946)와 같은 이들이 오랫동안 꿈꿔온 우주를 향한 날개짓은 그러나 20세기의 절반이 지나서야 현실화될 수 있었다.

20세기 초반에는 콘스탄틴 치올콥스키Konstantin Tsiolkovsky(러시아 1857~1935)가 로켓 추진의 이론적 고찰을 했으며, 1920년대에는 로버트 고다드Robert H. Goddard(미국 1882~1945)가 액체연료 로켓 개발에 성공하는 등 항공우주공학은 이론과 실험을 거듭하며 커다란 발전을 이루었다.

우주탐사와 기술응용의 시대로

유인우주비행은 1961년 당시 소련이 쏘아올린 보스토크 1호에 탑승했던 유리 가가린Yuri Gagarin(1934~1968)이 최초였다. 한편 구소련과의 우주경쟁개발에 뒤처진 미국은 우주공간을 비행하는 우주선

항공우주공학의 필드

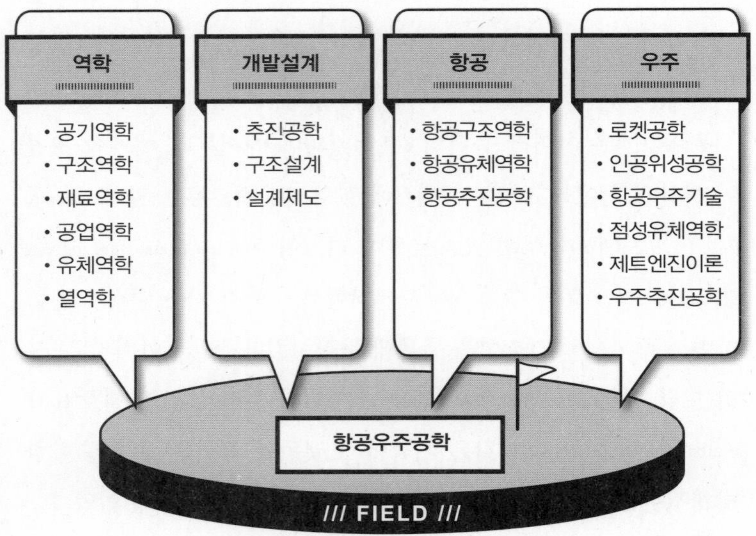

의 개발(아폴로 계획)에 뛰어들어 마침내 1969년 아폴로 11호를 달 착륙에 성공시켰다. 이후 예산삭감으로 유인우주비행은 중지되고 보이저 계획을 시작으로 하는 무인행성탐사와 스페이스셔틀 계획 등 재사용이 가능한 우주선 개발로 방향을 바꿨다. 그리고 경쟁 중심의 우주개발보다는 협력의 시대를 맞이해서 국제 우주정거장을 가동하는 등의 변화가 일어나고 있다.

우주기술의 발전은 우리의 일상생활에도 편리한 혜택을 주었다. 기상예보, 위성방송, 위성측위시스템 등의 거대한 변화뿐 아니라 감시카메라 등 소소한 기술의 응용 사례도 점점 늘어나는 중이다.

앞으로 항공우주공학을 공부하고 싶은 사람이 알아야 할 기초 지식

허블우주망원경

1990년 미국 디스커버리호에 실려 지구 주위 궤도로 올려진 세계에서 유일한 우주광학망원경. 우주가 팽창하고 있다는 것을 발견한 미국의 천문학자 에드윈 허블을 기념하기 위해 붙여진 이름이다. 주요 관측기관으로 광학·행성 카메라 2개, 우주 망원경 영상 분광기(STIS), 근적외선 카메라 다천체 분광기, 미광 천체 카메라 등을 탑재하고 있다. 허블우주망원경은 목성과 토성의 오로라를 발견하고 블랙홀 존재를 뒷받침하는 등 항공우주공학에 뛰어난 성과를 남겼다.

보이저 계획

1977년에 NASA(미 우주항공국)에서 쏘아 올린 두 대의 무인행성 탐사선 '보이저'를 사용한 태양계 행성 및 태양계 바깥의 탐사계획을 말한다. 각 행성의 새로운 위성을 발견하거나 토성의 위성 타이탄에서 대기를 발견하는 것 외에, 지구 밖 지적 생명체에 대한 메시지를 수록한 '지구의 소리'라는 레코드(보이저의 골든 레코드)를 전파하는 임무도 맡았다.

하야부사

소행성 탐사기. 제20호 과학위성 MUSES-C의 통칭. 2003년 5월 ISAS(일본의 우주과학연구소)가 가고시마 현의 우치노우라에서 쏘아 올렸다. 이온 엔진을 가동하면서 지구 궤도와 닮은 궤도를 가진 소행성 '이토카와'의 표면에 있는 물질을 표본으로 가지고 돌아오는 것이 목표였다. 2005년 이토카와에 도달해서 표본 채집을 시도한 후 대기권에 돌입해서 운용을 끝냈다. 하야부사에서 방출된 캡슐은 오스트레일리아의 우메라 사막에 떨어졌고, 안에서 이토카와의 암석질 미립자가 발견됐다. 지구 중력권 밖에 있는 천체의 고체 표면에 착륙해서 표본을 가지고 온 것은 하야부사가 세계 최초였다. 채집한 표본으로 이토카와가 어떻게 생성되고, 어떤 진화과정을 거쳤는지를 알게 됐다.

GPS

글로벌 포지셔닝 시스템Global Positioning System의 약자로 '위성측위시스템'이라고 한다. 미국에서 운용되는 위성측위시스템은 원래 군용이었으나 지금은 자동차 내비게이션 시스템과 휴대용 단말기 등 민간에서도 널리 사용된다. GPS를 지원하는 위성은 약 7년 반이면 수명을 다하므로 매년 새로운 위성의 발사가 이루어진다.

GPS 위성궤도 개념도

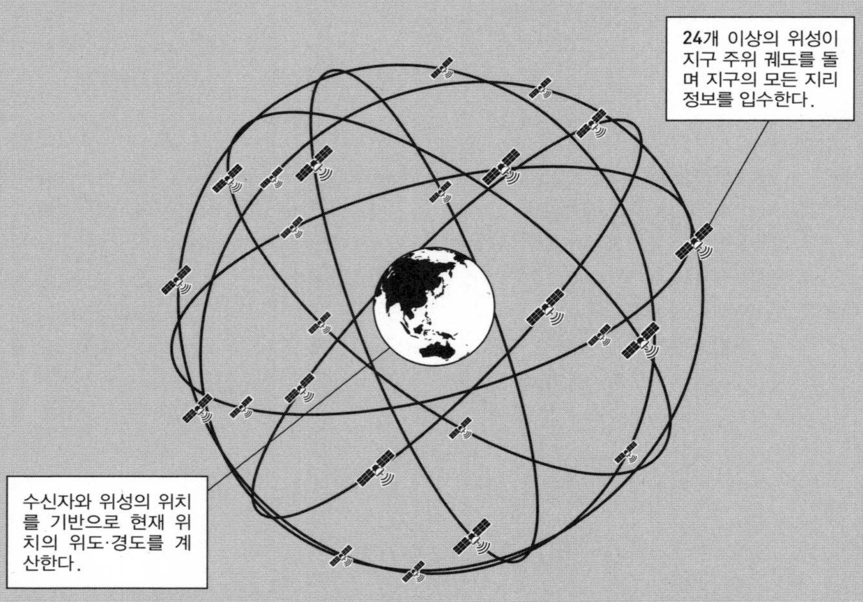

스윙바이Swing-by

중력도움Gravity Assist, 중력선회Gravity Turn라고도 한다. 천체의 만유인력을 이용해서 우주선의 운동방향을 변경하거나 증·감속하는 것이다. 연료를 거의 사용하지 않고도 궤도 변경이 가능하며 탐사기 등을 태양계 밖으로 내보낼 때도 자주 사용하는 기술이다. 일본의 위성 '하야부사'와 '하야부사 2'에도 이 기술이 사용됐다.

스윙바이 항법

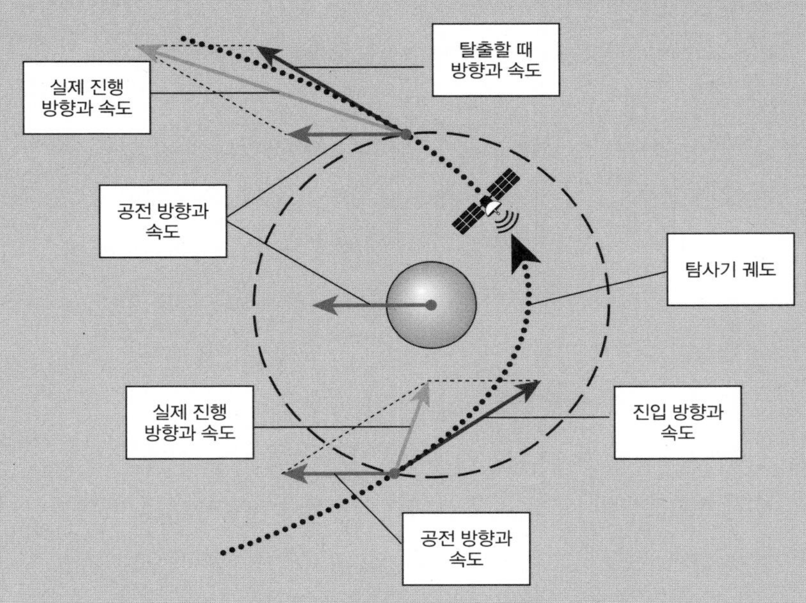

지리학 Geography

지리학의 기원

고대 그리스에서 시작된 지리학은 세계에 대한 인식 확대와 함께 발전해왔다.

'지리학Geography'이라는 말을 만들어낸 사람은 그리스인이다. 그리스어로 '토지ge'를 '기록한다graphein'는 의미에서 유래했다. 고대 그리스에는 이미 지리학상 두 가지 기본적 관점인 '지역지리학'과 '일반지리학'이라는 원류가 존재했다. 지역지리학은 '지지학'으로도 불리는 것으로 지역의 지리 상황을 기술하는 것이다. 한편 일반지리학은 지구를 전체적으로 고찰하려는 것이다.

지지학의 흐름을 대표하는 최초의 지리학자는 그리스의 역사학자 헤로도토스였다. 그는《역사》에서 이집트와 페르시아, 스키티아 지방(현재의 남러시아) 등 방문한 나라들을 지지학적으로 기록했다. 일설에 의하면 헤로도토스는 이미 카스피 해가 내륙 해라는 것을 알고 있었다고 한다.

한편 밀레토스의 탈레스를 시작으로 하는 이오니아의 자연철학자들은 기원전 6세기경부터 지구의 형태와 크기, 우주 속에서의 지구의 위치 등에 관심이 있었다. 일반지리학의 창시자라고 할 수 있는 인물이 에라토스테네스Eratosthenes(BC 275~195?)였다. 당시 이미 피타고라스학파는 지구 구체설을 주창하고 있었으며, 에라토스테네스는 지구가 어느 정도 크기의 구체인지를 측정했다.

그리스·로마에서 지역지리학이 발전했던 것은 두말할 것 없이 알렉산드로스 대왕의 동방원정과 로마의 정복이 가져온 지리적 확대 덕분이었다. 한편 일반지리학의 발전은 천문학의 진보와도 이어졌다.

중세는 지리학 침체의 시대였다. 특히 일반지리학은 완전히 쇠퇴했다고 할 수 있었다. 지리학이 재생과 고양의 시대를 맞이한 것은 르네상스 시기였다. '지리상의 대발견 시대'라고도 불리는 15~16세기에는 많은 대항해가 벌어졌다. 그 선구자 역할을 한 것이 마르코 폴로Marco Polo(이탈리아 1254~1324)가 쓴 《동방견문록Il Milione》(1295?)이었다.

15세기에는 크리스토퍼 콜럼버스Christopher Columbus(이탈리아 1451?~1506)의 신대륙 발견과 함께 바스쿠 다 가마Vasco da Gama(포르투갈 1469?~1524)의 인도 항해가 있었고, 페르디난드 마젤란Ferdinand Magellan(포르투갈 1480~1521)의 인류 최초의 세계 일주가 있었다.

르네상스 시기 지리상의 발견은 인쇄술의 발명과 함께 지도학의 비약적 발전도 가져왔다. 이 시기 그때까지의 지지학 기술을 크게

지리학의 흐름

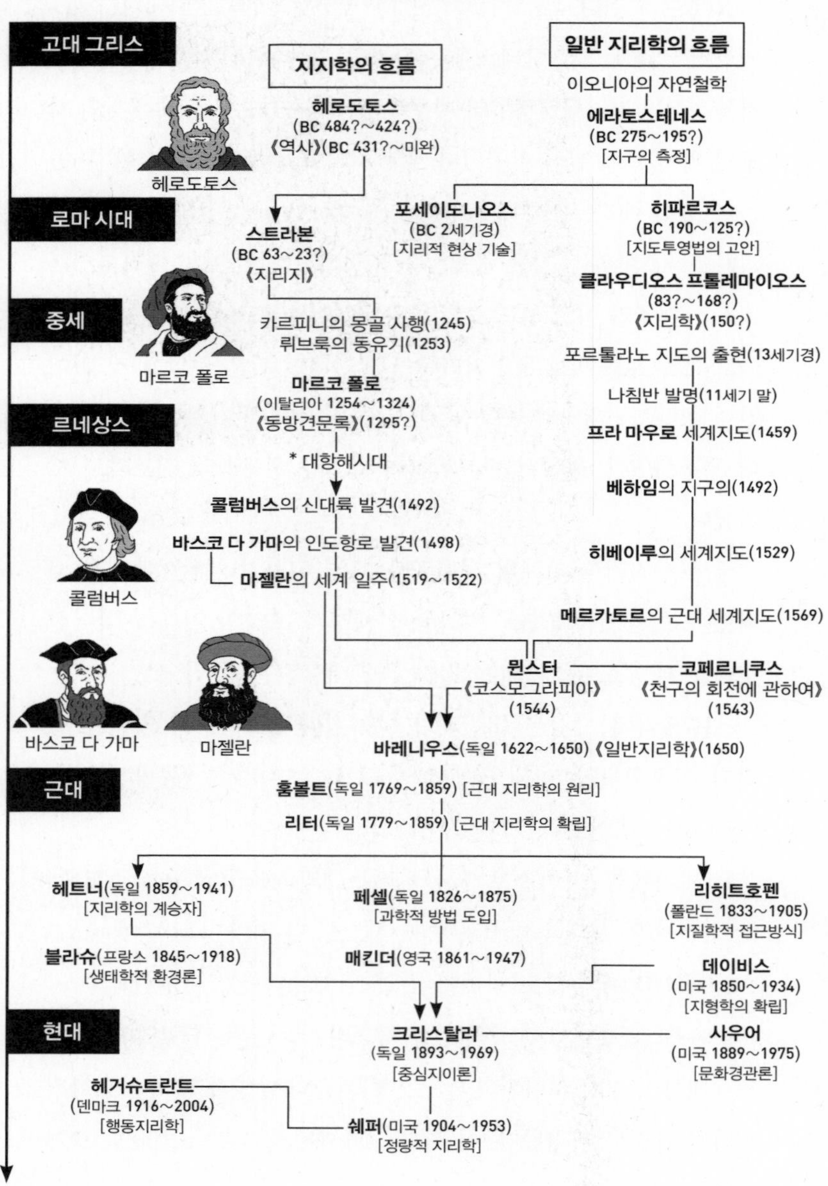

고대 그리스
로마 시대
중세
르네상스
근대
현대
헤로도토스
마르코 폴로
콜럼버스
바스코 다 가마
마젤란
지지학의 흐름
헤로도토스
(BC 484?~424?)
《역사》(BC 431?~미완)
스트라본
(BC 63~23?)
《지리지》
카르피니의 몽골 사행(1245)
뤼브룩의 동유기(1253)
마르코 폴로
(이탈리아 1254~1324)
《동방견문록》(1295?)
* 대항해시대
콜럼버스의 신대륙 발견(1492)
바스코 다 가마의 인도항로 발견(1498)
마젤란의 세계 일주(1519~1522)
일반 지리학의 흐름
이오니아의 자연철학
에라토스테네스
(BC 275~195?)
[지구의 측정]
포세이도니오스
(BC 2세기경)
[지리적 현상 기술]
히파르코스
(BC 190~125?)
[지도투영법의 고안]
클라우디오스 프톨레마이오스
(83?~168?)
《지리학》(150?)
포르톨라노 지도의 출현(13세기경)
나침반 발명(11세기 말)
프라 마우로 세계지도(1459)
베하임의 지구의(1492)
히베이루의 세계지도(1529)
메르카토르의 근대 세계지도(1569)
뮌스터
《코스모그라피아》
(1544)
코페르니쿠스
《천구의 회전에 관하여》
(1543)
바레니우스(독일 1622~1650) 《일반지리학》(1650)
훔볼트(독일 1769~1859) [근대 지리학의 원리]
리터(독일 1779~1859) [근대 지리학의 확립]
헤트너(독일 1859~1941)
[지리학의 계승자]
페셸(독일 1826~1875)
[과학적 방법 도입]
리히트호펜
(폴란드 1833~1905)
[지질학적 접근방식]
블라슈(프랑스 1845~1918)
[생태학적 환경론]
매킨더(영국 1861~1947)
데이비스
(미국 1850~1934)
[지형학의 확립]
크리스탈러
(독일 1893~1969)
[중심지이론]
사우어
(미국 1889~1975)
[문화경관론]
헤거슈트란트
(덴마크 1916~2004)
[행동지리학]
쉐퍼(미국 1904~1953)
[정량적 지리학]

웃도는 세계의 포괄적인 기록을 시도한 것이 제바스티안 뮌스터Sebastian Münster(독일 1489~1552)가 쓴 《코스모그라피아Cosmographia》(1544)였다.

근대 지리학의 성립

근대 지리학은 독일을 중심으로 18세기 중엽부터 19세기에 걸쳐서 확립됐다.

지리상 발견은 17~18세기에도 계속되나, 당시 대부분의 서적은 사람들의 호기심을 충족시키기 위한 이국의 이야기를 다루고 있을 뿐이었다. 그러던 중 근대 지리학의 선구적 작품이라고 할 수 있는 획기적인 서적이 나타난다. 베르나르두스 바레니우스Bernhardus Varenius(독일 1622~1650)의 《일반지리학Descriptio Regni Japoniae》(1650)이 그것이다. 바레니우스는 지리학을 일반지리학과 특수지리학(지지학)으로 나누고, 특히 일반지리학 분야에서 고대 이후로는 처음으로 체계적 기술을 했다. 하지만 바레니우스에 대한 정당한 평가가 이루어지려면 다음 시대까지 기다려야 했다.

또한 18세기에는 지질학이 탄생했고 뷔퐁과 제임스 허턴James Hutton(영국 1726~1797) 등 초기의 지질학자는 오늘날 자연지리학에서 다루는 현상을 연구하기 시작했다.

18세기 중반부터 과학적 지리학의 확립을 위한 혁신운동이 독일을 중심으로 일어났다. 이 운동은 19세기 후반까지 이어지며 근대 지리학의 원리를 세웠다. 그 중심인물이 알렉산더 폰 훔볼트Alexander von Humboldt(1769~1859)와 카를 리터Carl Ritter(1779~1859)였다.

이 두 위대한 지리학자는 '근대 지리학의 아버지'라 불린다. 박물학자이며 유명한 여행가였던 훔볼트는 지표의 여러 가지 현상을 각각 독립적으로 보는 것이 아니라 상호의 관련 속에서 관찰할 것을 주장했다. 또한 인문 현상이 토지와 기후, 식생과 밀접하게 연관되어 있음을 밝혀냈고, 지형의 특성을 파악하기 위한 등고선과 단면도의 도입 등 관찰법에 있어서도 여러 가지 공헌을 했다. 바레니우스의 업적을 최초로 평가한 사람도 훔볼트였다.

훔볼트가 명시한 근대 지리학의 원리를 정식화한 사람이 리터였다. 학문으로서 지리학의 논리적 틀을 제시한《일반 비교지리학 서설Comparative Geography》(1852)은 그 후 지리학의 기본적인 방향을 결정했다.

리터의 사후 모든 자연과학의 방법을 지리학에 도입한 페셸Oscar Peschel(1826~1875), 지리학자 출신인 리히트호펜Ferdinand von Richthofen(1833~1905), 그리고 독일 지리학의 전통을 계승한 알프레드 헤트너Alfred Hettner(1859~1941) 등이 근대 지리학의 기초를 확고하게 다졌다.

그밖에 프랑스에서는 생태학적 관점에서 환경론을 주장한 폴 비달 드 라 블라슈Paul Vidal de la Blache(1845~1918), 영국에서는 지정학을 확립한 핼퍼드 매킨더Halford Mackinder(1861~1947), 미국에서는 근대 지형학의 시조라고 불리는 윌리엄 모리스 데이비스William Morris Davis(1850~1934)와 문화경관을 논한 칼 사우어Carl O. Sauer(1889~1975) 등이 있다.

현대 지리학의 전개

공간이론과 계량적 분석으로 그때까지의 전통적 방법을 부정하면서 현대 지리학이 시작됐다.

1953년 미국의 지리학자 프레드 K. 쉐퍼Fred K. Schaefer(1904~1953)는 〈지리학에서의 예외주의Exceptionalism in geography〉라는 논문을 발표하고, 그때까지의 전통적인 지리학적 방법론에 이의를 제기했다. 쉐퍼는 지역의 특성을 경험주의적으로 기록하던 지금까지의 지리학 연구방법은 일반적 법칙을 추구하는 과학적 연구방법으로 적절치 않으며, 진정한 학문으로서의 지리학은 개별 사실의 기술보다도 각각의 현상이 나타내는 패턴을 명확히 해야 한다고 주장했다. 그리고 지리학의 목적을 '공간배열에 관한 지리법칙의 추구'로 파악하고, 정량적이고 과학적인 추론에 바탕을 둔 연구방법을 제시했다.

쉐퍼가 제시한 새로운 지리학 연구방법은 1950년대 후반에 워싱턴 대학의 지리학자들(워싱턴학파)이 본격적으로 실천했다. 그 중 한 사람인 윌리엄 번지William Bunge(1928~2013)는 《이론지리학Theoretical Geography》(1962)을 저술하고 지리학의 목표를 공간이론의 구축으로 두었다. 같은 워싱턴학파의 브라이언 베리Brian Berry(1934~)는 계량적 방식을 도입해서 지리상 데이터를 행렬로 표시했다. 베리는 각 장소의 특성을 변수로 파악하고, 변수 간의 기본적인 관계와 공간배치의 특징을 탐구하는 방법을 확립했다.

이런 새로운 지리학의 선구자 중 한 명으로 독일 지리학자 발터 크리스탈러Walter Christaller(1893~1969)가 있다. 크리스탈러는 도시적

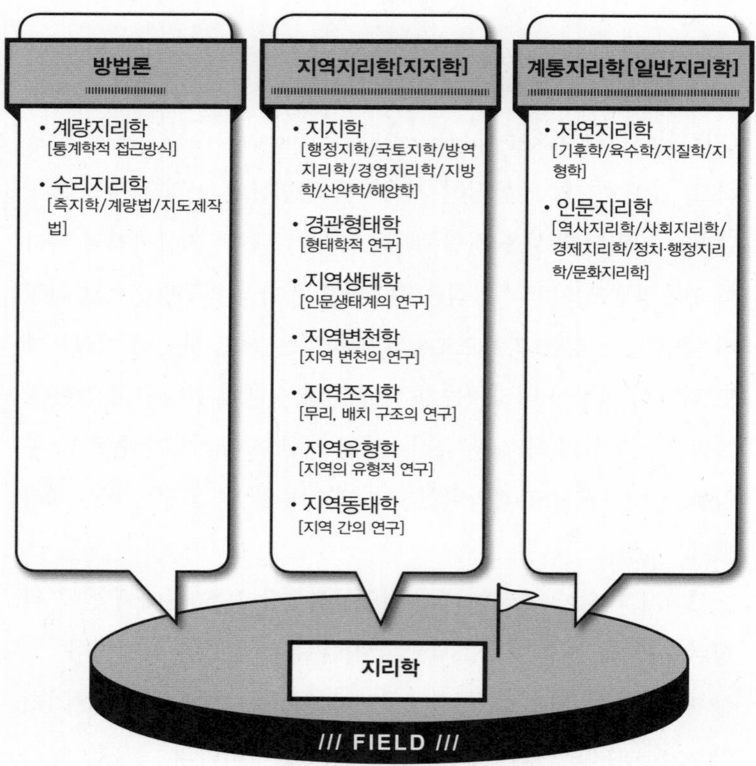

집락의 입지를 경제법칙에 따라서 설명하고자 했다. 이 이론은 '중심지이론'이라 불리며 새로운 지리학의 이상적 모델이 됐다. 현대 지리학에 커다란 영향을 준 또 한 사람이 스웨덴 지리학자 토르스텐 헤거슈트란트Torsten Hägerstrand(1916~2004)였다. 그는 문화의 전파를 이론적 · 수리적으로 고찰하고, 인간의 공간적 행동을 해명하려고 했다. 나중에 '행동지리학'의 선구자라고도 불렸다.

1960년대를 통틀어 공간이론과 계량적 방법(통계학적 · 수학적 방법)을 도입한 현대 지리학은 앵글로색슨계의 여러 나라에 머물지 않고 전 세계로 퍼져나갔다. 또한 컴퓨터 발달로 수학적 측정이 크게 발전하면서 '계량지리학'이라고도 불렸다. 이런 새로운 지리학은 인구지리학과 경제지리학, 사회지리학 등의 분야에서 특히 커다란 성과를 이루었다.

1970년대 이후에는 이런 계량주의, 논리실증주의, 공간주의에 대해서 '데이터의 수집 · 분석이 수단이 아니라 목적이 되었다'는 비판이 일어났으며, 개인의 주체적 관념에 착안한 '인문주의적 지리학' 등이 새롭게 검토되고 있다.

앞으로 지리학을 공부하고 싶은 사람이 알아야 할 기초 지식

계통지리학

계통지리학은 어느 토지공간의 지형과 인구, 농업, 교통, 도시라는 요소를 분석하고 하나의 나라, 대륙, 세계 전체에 걸친 분포 형태를 도식화하거나 분류 및 비교연구를 하는 학문이다. '일반지리학'으로도 불린다. 연구대상이 자연현상인지, 인문현상인지에 따라서 각각 자연지리학과 인문지리학으로 나뉜다.

계량지리학

'이론지리학' 또는 '수리지리학'으로도 불린다. 통계분석, 수학모델, 수치시뮬레이션, 비수치시뮬레이션 등 계량적 방식을 사용하여 지리적 현상을 분석·해석해서 하나의 법칙성을 밝히려 한다. 1960년대에 '계량혁명'으로 추진된 것으로서 계량지리학은 그때까지의 기술을 중심으로 한 지리학과 달리 '법칙성'을 도출하고자 했다.

지역지리학

지역지리학은 '지지학'으로도 불리며 특정한 지역의 다양한 현상과 요소를 연구대상으로 한다. 일반적으로 현지조사를 하고, 계통지리학적 연구 성과를 활용해서 각 지역과 비교 고찰을 통해 지역 특성을 밝혀나간다.

지정학

모든 지리적 조건을 바탕으로 한 나라의 외교정책을 이끌어내려는 학문이다. 원래는 국가의 해외진출을 위한 '국가전략론'에서 시작됐다. 지정학이라는 말을 최초로 사용한 사람은 스웨덴의 루돌프 쉘렌이었다. 지정학은 독일에서 크게 발전했는데, 카를 하우스호퍼의 팽창주의적 지정학은 나치 이데올로기의 기반이 됐다. 현대 지정학을 확립한 사람은 영국 지리학자 핼퍼드 매킨더였다.

경관분석

지형, 식생, 물, 집락, 산업, 토지이용 등의 차이 및 조합으로 각각의 경관은 변화한다. 이런 다양한 지리적 현상을 경관이라는 시점에서 과학적으로 분석하려는 것이 '경관분석'이다. 경관이라는 말은 주관적인 파악을 넘어서 객관적인 데이터를 바탕으로 고찰하는 지역의 특성을 의미한다. 경관분석은 단순히 자연경관을 파악하는 것만이 아니라 거기에 들어간 인간의 행위, 즉 문화적 영위도 연구대상으로 함으로써 자연과 문화 본연의 모습을 탐구할 수 있다.

관광지리학

관광지가 어떻게 형성되고, 현재 어떤 실태 아래 있는지 실지조사와 문헌, 통계, 지도, 경관 사진 등의 데이터를 바탕으로 연구하는 지리학. 지형과 식생 등의 자연조건, 교통시스템, 지역에 대한 공헌도 등을 주제로 한다. 그러나 단순히 관광개발의 관점뿐만이 아니라 자연과 역사, 환경보호도 시야에 넣은 연구가 진행된다.

지구지도

세계 각지의 환경 변화와 토지 이용의 현주소를 넓은 범위에 걸쳐서 기재한 지구 규모의 지도. 이런 지도가 가능해진 배경에는 물론 인공위성의 영상이 있다. 열대림 감소와 사막화 확대, 대기오염 실태, 산성비의 피해 상황 등 현재 지구 규모로 문제가 되는 환경문제를 글로벌 시점에서 파악할 수 있다. 그런 의미에서 앞으로 정확하고 세밀한 지구지도 작성의 중요성은 더욱 커질 것이다.

지리정보

지리상의 다양한 데이터를 일원화하여 지도학 분야뿐 아니라 정보학과 지역학, 도시학, 건축학, 경제학 등 많은 분야에 활용하려는 자료. 지형적 데이터부터 지지학이 연구대상으로 해온 자연, 인문학적 데이터, 나아가 기상 · 기후 데이터와 인구밀도, 산업구조, 경관, 환경문제 등 다양한 데이터를 일원화해서 축적하려는 시도이다.

환경지도

공해, 재해, 사고 등 여러 가지 환경문제에 관한 지도. 식생과 미관, 문화시설, 생활 편의시설 같은 생활환경에 대한 지도도 포함된다.

GIS(지리정보시스템)

'Geographic Information System'의 약자. 지리정보시스템이란 '지리학Geography+정보기술IT'이라고 말해도 좋다. 위치와 공간의 다양한 정보를 컴퓨터로 분석, 해석, 가공, 관리, 가시화, 공유하려는 기술이다. 지리정보와 합쳐져서 관련성을 한눈에 알 수 있으므로 재해시 대책을 종합적으로 세우는 등의 용도로 활용해볼 수 있다.

4부

문화예술

ART&CULTURE

문학 Literature

문학① 시학

아리스토텔레스에서 시작된 시학은 유럽 문학연구의 중심을 차지해왔다.

오늘날의 문학은 소설과 시, 수필과 희곡 등 언어로 표현한 작품을 가리킨다. 그러나 문학의 의미는 거기서 그치지 않는다. 문예학, 문예의 본질, 형식과 그 밖의 모든 것을 탐구하는 '학문으로서의 문학'은 고대 그리스로부터 출발하여 유럽의 중심까지 뻗어나가 있었다.

문예의 밑바탕에는 아리스토텔레스의 《시학Poetics》(BC 335)과 그로부터 성립된 '시학'이라는 분과영역이 있다. 시학은 오늘날에도 러시아 형식주의의 언어학자 등이 사용하는 용어이나, 본래 문예 중에서도 최고급으로 여겨지는 시(운문)의 표현기법을 연구하는 학문이었다. 로마의 호라티우스Horace(BC 65~8)가 쓴 《시론Ars Poetica》(BC 18?)과 함께 아리스토텔레스의 《시학》은 르네상스 시기부터 근대, 현대에 이르기까지 문학이론에 많은 영향을 주었다. 또한 아리스토텔레스 이후 중요한 과제였던 극문예(극작)는 고트홀트 에프라임 레싱Gotthold Ephraim Lessing(독일 1726~1781) 등이 완성했다.

고대 그리스의 문학이론에서 중요한 것으로 '수사학'이 있다. 현재는 수사학이 '레토릭rhetoric'이라 불리며 설득에 쓰이는 기교처럼 사용되고 있으나, 고대 그리스에서는 구전을 산문으로 표현하는 기법을 말했다. 시학과 마찬가지로 아리스토텔레스가 체계화했으며 ①구상, ②배치, ③구문, ④기억, ⑤행위 등 다섯 가지 요소가 변론술의 기본구조로 여겨졌다. 이들 수사학은 구전의 문예와 문장의 기술에도 응용되어 고대 그리스에서 확립된 '문체론' 등과 함께 유럽의 중세, 근대까지 계승됐다.

오늘날 유럽은 다양한 학문의 원류를 고대 그리스에서 구하려 하나, 실제로 그들이 찾아낸 그리스 학문은 이미 고대 로마의 영향을 받은 것이었다. 로마가 동서로 나뉘면서 콘스탄티노폴리스(현재의 이스탄불)를 차지한 동로마제국(비잔틴제국)을 통해 그리스 학문이 이슬람적인 아랍세계에 퍼지고, 르네상스 전기에 이탈리아 베네치아 등의 지역에서 상업·교통이 발달하면서 유럽이 다시 가져오게 된 것이다. 서로마 제국의 계승자인 유럽의 켈트·게르만 민족은 오랜 혼란의 시대를 거친 후 십자군 원정을 통해 아랍 학문을 알게 되었고, 르네상스 시대 이후 적극적으로 그들의 학문과 표현을 받아들였다. 시학, 수사학, 문체론도 이런 공백과 수용의 긴 시기를 거치면서 근대 유럽의 확고한 학문이 됐다. 문예학은 19세기가 되면서부터 미학이나 문예비평 같은 영역을 개척했다.

문학의 흐름 ①

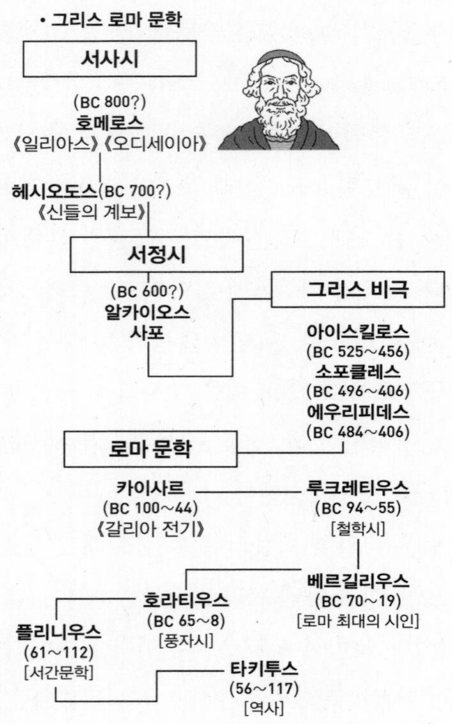

문학② 문헌학

문헌학은 근대에 들어와서 고전연구뿐만이 아니라 근대적 인간을 고찰하는 학문으로도 전개됐다.

문학이론 중 하나로 문헌학이 있으며 그리스 · 로마 이후 현대에 이르기까지 하나의 학문 영역을 형성하고 있다. 문헌학이란 유럽의 관점에서는 그리스 · 로마의 고문서를 교회와 도서관 등에서 발견 및 수집하고, 이것을 연구하려는 학문으로 고대 대도서관이 있었던 이집트의 알렉산드리아에서 시작됐다.

하지만 문헌학을 근대 학문으로 확립한 사람은 아우구스트 뵈크 August Böckh(독일 1785~1867)였으며, 르네상스 시대에 이르러서야 유럽인들의 문화적 정체성을 찾는 프로젝트로서 고대 그리스 · 로마 연구가 많은 학문 분야에서 성황을 이루었다.

문헌학자 중 한 명으로 프리드리히 니체가 있다. 그는 철학적인 혹은 윤리적인 작업으로 전 세계의 많은 지식인을 매료시켰으나 그 시작은 그리스 · 로마의 문헌연구였다. 그가 연구논문을 거쳐 처음 이룩한 커다란 성과는《비극의 탄생The Birth of Tragedy》(1872)이었다. 이 책에서 니체는 여러 가지 학설을 제시했으나(가령 기독교적 강권의 부정 등), 그리스의 신 디오니소스의 제의를 통해 인간이 근대적 개인에서 유기적으로 이어진 생명 전체로서의 인간존재로 환원될 수 있다는 생각을 핵심으로 제시하고는, 개인과 공동성에 대해서 고찰했다. 니체는 그리스적 지(이성)의 신 '아폴론'과 어둠 속의 빛이라고도 할 수 있는 명부의 신 '디오니소스'를 대비시키며, 문헌학 연구에서 근대 혹은 근대인에 대한 하나의 초상을 이 저작을 통해 제시했다.

문헌학의 개념은 현대에서 그리스 · 로마의 고전연구에 머물지 않고 다의적으로 사용된다. 고대부터 중세, 근대에 이르는 역사적 문건과 세계 각지의 성직자들이 보관해온 문서 등을 분석 · 연구했던 문헌학자들은 문헌학뿐 아니라 다른 학문 영역이 참고할 수 있는 자료를 제시했다. 가령 현장조사를 시작하기 이전의 문화인류

문학의 흐름 ②

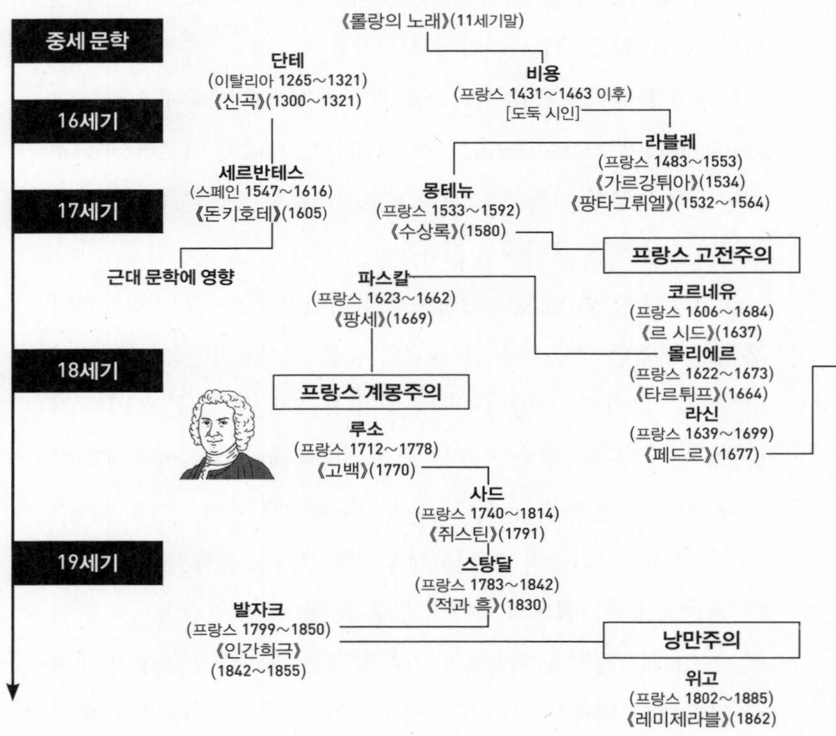

학은 문헌학이 발굴한 막대한 고문서 · 고사료를 읽는 것으로 성립됐으며, 역사학과 민속학도 문헌연구로부터 학문을 정립해나갔다고 할 수 있다.

문학③ 문학사

문학사의 연구대상은 문체 · 수사의 변화에서 정신사적 변천으로, 그리고 사회적 의미의 분석으로 이어졌다.

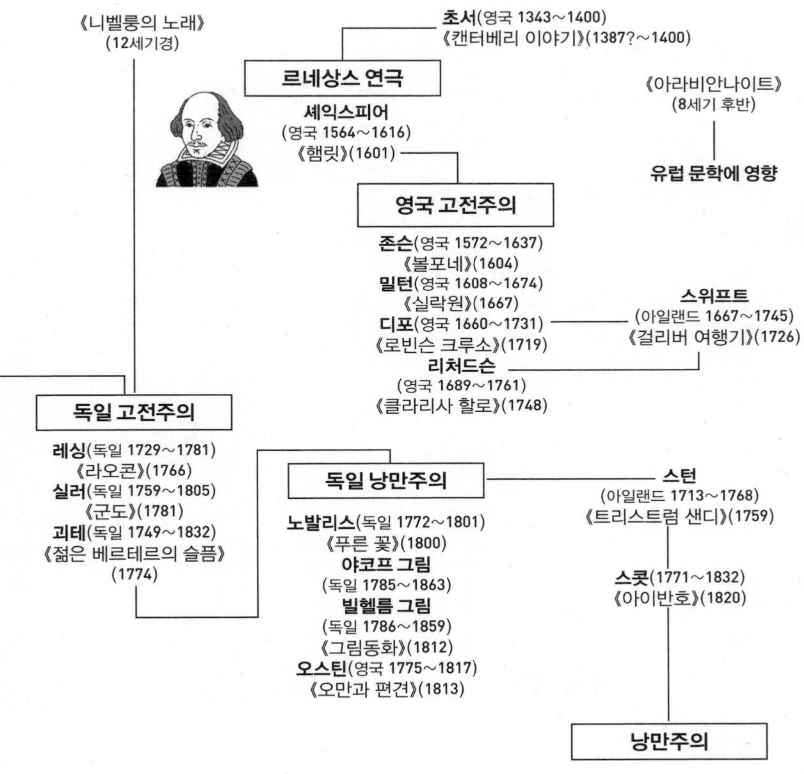

문예학 혹은 문학의 영역에 '문학사'가 있다. 문헌학과 인접한 학문 영역으로 역시 고대 알렉산드리아에서 시작됐다. '문학사'라는 개념을 최초로 확립한 사람은 프랜시스 베이컨이었다. 문학사란 문예의 역사적 전개를 꼼꼼하게 좇으면서 문체와 수사, 내용 그리고 그 밖의 변화를 관찰하는 것이다. 초기에는 문헌학과 마찬가지로 이야기와 소설 이외의 다양한 문헌이 대상이 됐으나, 현대 문학사는 문예(구전의 이야기, 고대 · 중세 · 근대의 소설과 희곡 등)를 대상으로 한다.

문학의 흐름 ③

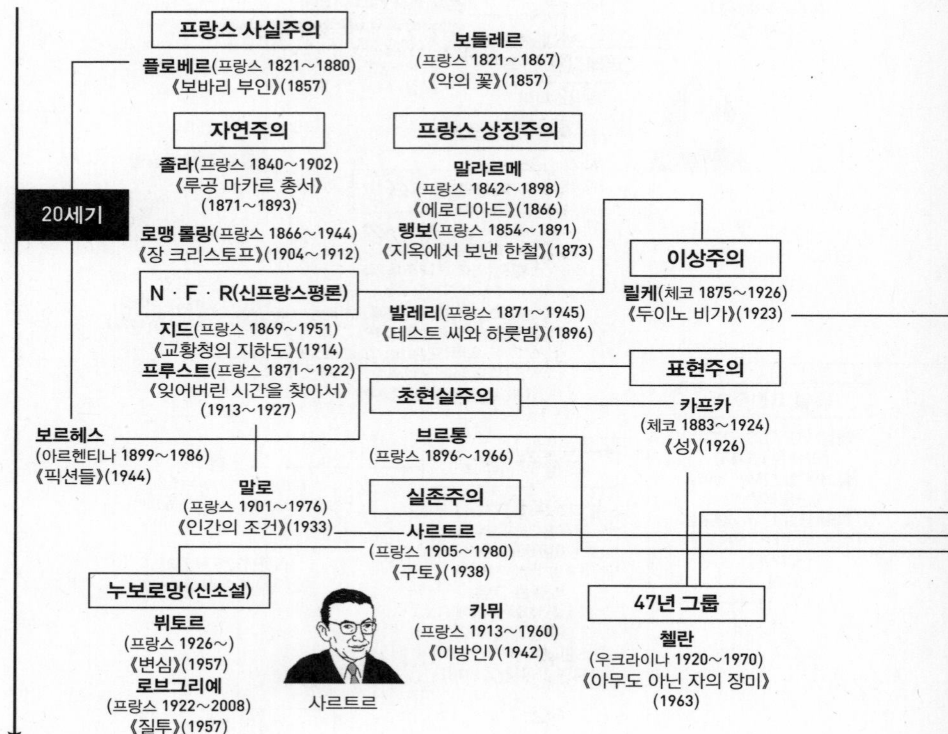

즉 '문예'가 오늘날의 문학적 개념으로 확립된 것은 근대에 이르러서였다. 가령 '소설'은 1800년대에 '신문'이라는 대량생산 인쇄물이 등장했을 때 만들어졌다. 따라서 '소설사'라는 분야 역시 근대 이후에 성립했다. 다만 '○○사'인 이상 문학의 생성과 전개를 고대부터 현대까지 짚어가며 어떻게 해서 근대의 문학이 성립했는지를 설명할 필요는 있다.

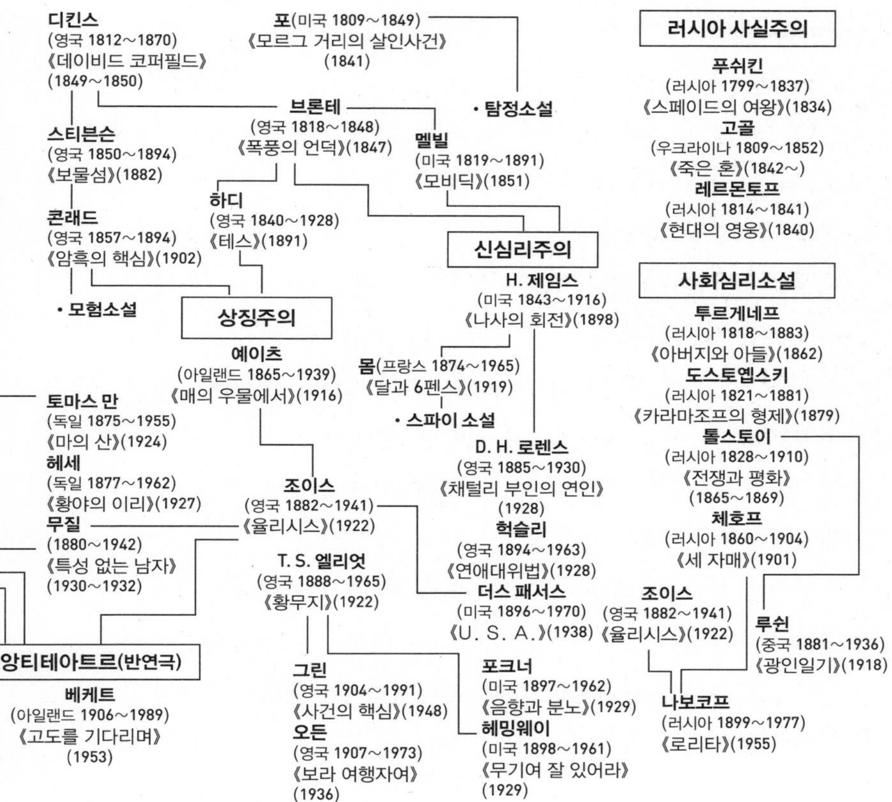

일본의 문학연구에서는 특정한 종류의 기호를 도입한 나쓰메 소세키夏目漱石(1867~1916)의 《문학론文学論》(1907)이 있는 것처럼, 문학사의 방법론에도 동시대의 과학적 · 철학적 사고가 들어있다. 19세기 프랑스의 이폴리트 텐Hippolyte Taine(1828~1893) 등은 실증주의와 자연과학적 방법을, 독일의 빌헬름 셰러Wilhelm Scherer(1841~1886)는 정신과학적 · 예술학적 방법을 받아들여서 단순하게 문학의 양식

과 내용 변천뿐만 아니라 문학에 내포된 정신사적 의미를 고찰했다. 마르크스주의의 성행 이후 문학의 사회학적 의미에 대한 분석도 진척을 보였다. 또한 비교문학사와 같은 영역도 있으나 일반적으로는 영국 문학사, 프랑스 문학사, 일본 문학사와 같이 '국민문학사'로 자리매김할 때가 많다.

오늘날에는 문예학의 세부 분야로 문예비평이 있다. 비평이란 어떤 작품을 읽은 감상자가 그 작품에 대해서 감상과 비판을 표명하는 것으로 소설이 활발히 쓰이고 읽히면서 소설을 평가하는 문학비평도 활발해졌다. 따라서 근대 이후 '비평가'라는 직함을 단 활동이 늘어났으며 소설가와 미술가 이상으로 해당 표현 영역에서 발언권을 가지는 경우도 많아졌다.

초현실주의의 앙드레 브르통André Breton(프랑스 1896~1966)과 텍스트론의 롤랑 바르트 등은 현대 문학에 많은 영향을 주었다. 하지만 소설이 쇠퇴하는 현대에는 문학비평도 마찬가지로 쇠퇴할 수밖에 없을지도 모른다.

앞으로 문학을 공부하고 싶은 사람이 알아야 할 기초 지식

시

세계에서 가장 오래된 시는 고대 그리스의 《일리아스》(BC 800?)와 《오디세이아》(BC 800?)라는 두 개의 서사시로 호메로스의 작품이다. 서사시는 영웅들의 전투를 운율에 맞춘 시 형식으로 쓴 것으로 작가의 내면적인 감정을 표출하는 서정시와 대비된다.
호메로스가 한 명의 개인이었는지, 음유시인의 집단을 일컬었는지에 대해서는 다양한 설이 있다. 이밖에도 인도의 《마하바라다》(320~550?) 등 세계 각지에서 대장편 서사시는 많이 발견되고 있다.

그리스 비극

오늘날에도 상영되는 고대 그리스 비극은 전쟁과 살인, 근친상간, 가족의 붕괴, 비련, 배신 등 생생하기 그지없는 인간의 실상을 그리고 있다. 또한 날카로운 풍자로 현대 희극을 능가하는 그리스 희극도 다수 남아 있다. 대표적 비극으로 아이스킬로스의 오레스테이아 3부작(《아가멤논》, 《제주를 바치는 여인들》, 《자비로운 여신들》), 소포클레스의 작품(《오이디푸스 왕》, 《엘렉트라》, 《안티고네》 등), 에우리피데스의 작품(《메데이아》, 《안드로마케》, 《엘렉트라》, 《트로이아 여인들》 등)을 들 수 있다.

기독교 설화

기독교의 경전인 신약성서의 주인공(예수)이 그 이전의 텍스트에서 인용하고 날조한 신화적 인물이라는 의견은 1800년대 유럽에서 활발히 전개됐다. 기독교적 신학자는 그런 이론은 모두 타파했다고 하고 있으나, 혹시 그렇지 않다면 신약성서는 일대 문학이라고 할 수 있다.

《황금전설》

무슨 이유로 '황금전설'과 같은 명칭이 쓰였는지는 알 수 없으나 초기 기독교의 신부와 신앙심이 깊고 신의 은총을 받은 여인들의 이야기다. 가령 어떤 여자는 많은 사람 앞에서 알몸이 되어야 했을 때 신의 은총으로 갑자기 머리카락이 자라서 전신을 덮어줬다는 이야기 등이 있다. 초기 기독교는 특히 성적인 것을 철저하게 부정하고 결혼한 여성에게도 성교 등을 금지시켰다.

모노가타리

근대 이후 모노가타리(헤이안 시대에서 무로마치 시대에 만들어진 일본의 산문 문학 작품-편집자 주)는 현대 문학과 다르게 취급되고 있다. 유럽에서는 글로 쓰인 소설과 로맨스를 구분하지만, 이 두 가지는 반드시 평행하지 않다. 가령 가라타니 고진과 하스미 시게히코의 《투쟁의 에티카》(1988)에서는 새로운 사건이 일어났을 때(뉴스, 소설), 사람들이 바로 이해할 수 없으므로 일반적으로 유통하고 있는 평범한 '모노가타리'로 번역해서 이야기한다고 했다. 즉 '모노가타리'는 잘 알려진 이야기이며, '소설'은 신기한 사건이라는 것이다.

신화

신화는 문학이라고 해도 좋을까? '문학'을 소유한 민족의 대부분이 기원전의 상당히 이른 시기부터 구전으로 전해진 신화 이야기를 '표기'의 세계로 옮겼다. 구전의 문예도 문학이나, 일단 문자로 옮겨진 신화란 문명 이전 사회의 사람들이 그들의 창세기를 소박한 그림으로 그린 것과는 전혀 다른 이지적인 세계이다. 말들로 난무하던 생생한 시공간에서 마치 곤충을 채집하여 핀으로 표본을 만드는 것처럼 '읽는' 것으로 만들어 버린 것이 '표기된 신화'였다.

소설

이토 세이의 《일본 문단사》(1953)에서는 메이지 초기에 신문의 간행이 활발해졌으며 '연속물'이라 칭하는 작품이 나타나고 그것이 소설이 됐다는 기술이 있다. 하지만 에도 말기에 교쿠테이 바킨과 다메나가 슌스이가 쓴 작품이나 유럽에서도 오노레 드 발자크 이전의 로맨스(사랑과 기사도를 그린 이야기)는 소설로 불려야 마땅하지 않을까? 게다가 《겐지이야기》(1001~1005)나 《돈키호테》(1605~1615)가 소설이 아니라면 어떤 카테고리에 들어가야 하는가? 소설의 탄생과 관련한 이런 의문은 오늘날에도 계속되고 있다.

메르헨

옛날이야기와 민화, 동화 등으로 번역되는 것으로 '전설'과 달리 등장인물들의 실재성에 대한 질문을 받는 일은 거의 없다. 1800년대의 민속학은 촌락 혹은 도시에서 전해지는 이야기를 채집했다. '그림동화'는 그중 하나이며 현실 공간과 초현실적인 이야기가 서로 섞이는 스타일에 사람들은 매료됐다. 하지만 메르헨이라는 단어의 울림과 달리 자신을 좋아하던 남자를 죽이는 발키리 등 즐거운 이야기만 있는 것은 아니다. 거기에는 힘든 현실 생활이 반영되어 있음이 분명하다.

전설

전설은 역사적인 어떤 종류의 근거를 가지고 지역적으로 구전되는 것으로 정의된다. 일정한 민족 또는 지방에서 민간에 의해 내려오는 설화로 신화가 신들이 중심이 되는 이야기라면 전설은 인간과 그 행위를 주제로 전해지는 이야기이다. 전설은 이야기의 사실성을 뒷받침하기 위해 특정한 사물이나 장소가 증거물처럼 제시되는 경우가 많지만 확고한 역사적 실재성을 논증하기에는 불충분한 것으로 여겨진다. 그럼에도 전설은 문자적 기록 없이 장대한 시간 동안 입으로만 전해지며 오늘날까지 살아남은 이야기로서 다른 문화현상과 구별되는 특별한 점이 있다.

텍스트론(《이야기의 구조분석》 중)

롤랑 바르트의 텍스트론을 요약하자면 다음과 같다. "작품(예술)은 그 창조자인 작가(예술가)를 가지고, 작가의 주제를 향한 의식과 표현을 독자와 감상자는 최상의 상태로 파악해야 한다. 하지만 작품을 텍스트(단순한 재료)로 본다면 오히려 독자와 감상자가 거기에서 다양한 발견을 할 수 있다." 이 텍스트론적인 비평을 한 것이 하스미 시게히코의《나쓰메 소세키론》(1978)이었다.

CLOSE UP!

일본 근대 문학 Japanese Modern Literature

자연주의 문학과 반자연주의 문학의 대립에서 3파 대립으로 나아갔다. 세계대전 이후 일본 근대 문학은 급격한 변화를 맞이했다.

에도 문학의 영향에서 벗어나 일본 근대 문학이 시작된 계기는 1885년에 발표된 쓰보우치 쇼요坪内逍遥(1859~1935)의 《소설신수小説神髄》(1885~1886)였다. 쇼요는 사실을 있는 그대로 쓴다는 '사실주의'를 제창하고, 그때까지의 권선징악 중심의 읽을거리와 다른 문학을 만들어냈다. 그런 쇼요의 영향을 받은 사람이 후타바테이 시메이二葉亭四迷(1864~1909)였다. 후타바테이는 문어체를 부정하고 일상적인 말을 사용한 작품《부운浮雲》(1877~1889)을 발표했다. 이렇게 일상어를 소설에서 사용하는 것을 '문언일체'라고 한다. 이어서 코다 로한幸田成行(1867~1947)의 이상주의 소설, 히구치 이치요樋口一葉(1872~1896)의 심리소설 등 여러 가지 표현스타일이 등장하나, 그중에서도 중요한 것이 '자연주의 문학'이었다. 서구의 자연주의 사조의 영향을 받아서 자연과 인생을 있는 그대로 그려내는 자연주의

문학은 쇼요의 '사실주의'의 연장선상에 있었다.

자연주의 문학의 초기

일본에서 자연주의 문학은 초기에는 시마자키 도손島崎藤村(1872~1943)의 《파계破戒》(1906)로 대표되듯이 사회성을 가지고 있었으나, 후기에는 사회성이 옅어지고 개인의 내면으로 눈길을 돌렸다. 그 대표적 인물이 다야마 가타이田山花袋(1872~1930)였다. 가타이의 등장으로 일본의 독자적인 '사소설'이 시작됐으며, 도쿠다 슈세이德田秋聲(1871~1943), 마사무네 하쿠초正宗白鳥(1879~1962), 이와노 호우메이岩野泡鳴(1873~1920) 등이 그 뒤를 이었다.

자연주의 문학은 한때 큰 세력을 이루었으나 메이지 후반에 들어서자 이것에 반대하는 세력이 나타난다. 바로 소설에서 픽션을 구축하자는 입장에 선 나쓰메 소세키와 모리 오가이森鷗外(1862~1922)라는 일본 문학사상 2대 문호였다. 이들로 인해 소설은 비로소 예술작품으로 평가받게 됐다.

오가이는 고고한 태도를 유지했던 반면 소세키는 문하생도 많아서 아쿠타가와 류노스케芥川龍之介(1892~1927), 우치다 핫겐內田百間(1889~1971), 노가미 야에코野上彌生子(1885~1985) 등을 배출했다. 그밖에 반자연주의의 입장에 선 세력으로 '탐미파'와 '백화파'가 있었다. 감각적인 미의 세계를 표현하려고 한 '탐미파'에는 이즈미 교카泉鏡花(1873~1939), 나가이 가후永井荷風(1879~1959), 다니자키 준이치로谷崎潤一郎(1886~1965) 등이 있었다. '백화파'는 자연주의가 절망과

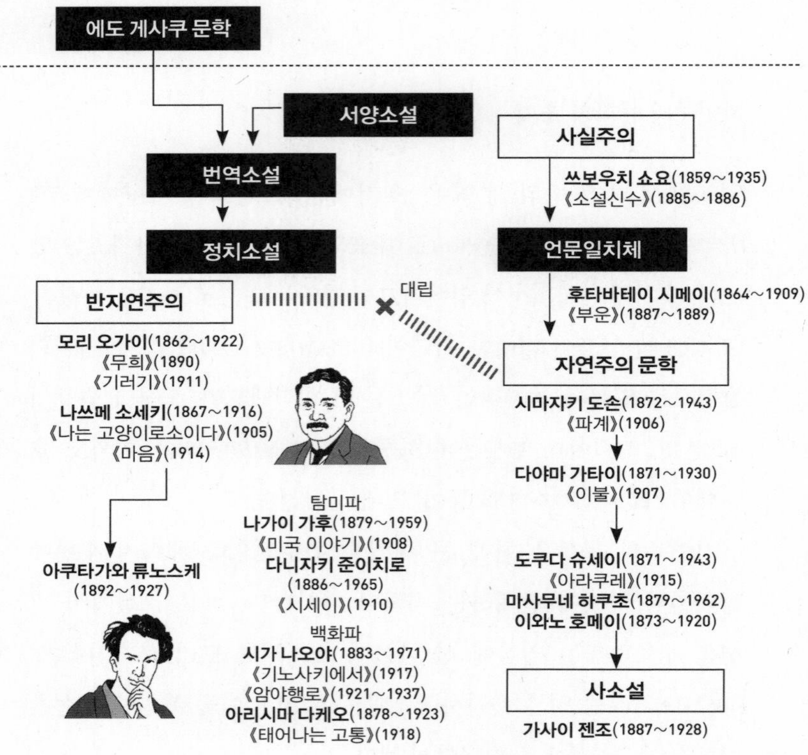

실망을 느끼게 하는 것과는 달리 이상을 좇았기 때문에 신이상주의, 인도주의라고도 불렸다. 여기에는 무샤노코지 사네아쓰武者小路実篤(1885~1976), 시가 나오야志賀直哉(1883~1971), 아리시마 다케오有島武郎(1878~1923) 등이 속해 있었다. 그 후 일본 문학은 오가이, 소세키의 흐름을 잇는 반자연주의 입장이 주류가 되어 제2차 세계대전 후에도 이어진다.

신현실주의파의 번성

다이쇼 시대(1912~1926)가 되자 소세키의 흐름을 잇는 반자연주의 입장에 선 '신현실주의파'가 번성한다. 신현실주의파에는 아쿠타가와 류노스케, 기쿠치 간菊池寬(1888~1948), 사토 하루오佐藤春夫(1892~1964), 무로 사이세이室生犀星(1889~1962) 등의 문호가 많았다. 그중에서도 아쿠타가와는 많은 명작을 남겼으며 오가이, 소세키에 버금가는 지위를 얻고 있다.

다이쇼 말기에는 신현실주의파를 계승한 '신감각파', 자연주의를 계승한 '사소설', 사회변혁을 추구하는 '프롤레타리아 문학' 3파가 대립했으며 그러한 구도는 제2차 세계대전까지 이어진다. 신감각파의 작가로는 가와바타 야스나리川端康成(1899~1972), 요코미쓰 리이치横光利一(1898~1947), 사소설에는 가사이 젠조葛西善藏(1887~1928), 프롤레타리아 문학에는 고바야시 다키지小林多喜二(1903~1933), 미야모토 유리코宮本百合子(1899~1951), 사타 이네코佐田稲子(1904~1998) 등이 있다.

쇼와 초기(1920년대 후반)에는 '프롤레타리아 문학'의 세력이 일시적으로 강해졌으나 정부의 탄압으로 점차 힘을 잃었고, 여기서 이반한 그룹은 '전향문학'이라고 불리며 나카노 시게하루中野重治(1902~1979), 다카미 준高見順(1907~1965) 등이 있었다. 또한 프롤레타리아 문학에 반대하는 세력으로 이부세 마스지井伏鱒二(1898~1993) 등의 '신흥문예파', 호리 다쓰오堀辰雄(1904~1953), 이토 세이伊藤整(1905~1969) 등의 '친심리파'가 있었다.

쇼와 10년(1935년 전후)에 들어서며 전쟁이 격렬해지자 일본적인

일본 근대 문학의 전개

신현실주의파

3파 대립

아쿠타가와 류노스케(1892~1927)
《라쇼몽》(1915)
기쿠치 간(1888~1948)
사토 하루오(1892~1964)

신감각파

가와바타 야스나리(1899~1972)
《이즈의 무희》(1926)
《설국》(1937)
요코미쓰 리이치(1898~1947)
《태양》(1923)

일본 낭만파

야스다 요주로(1910~1981)

반프롤레타리아 문학 세력

대립

신흥 예술파
이부세 마스지(1898~1993)
《산초어》(1929)

신심리파
호리 다쓰오(1904~1953)
《바람이 분다》(1936)

전쟁문학

히노 아시헤(1907~1960)
《보리와 병사》(1938)

프롤레타리아 소설

고바야시 다키지(1903~1933)
《게 공선》(1929)
미야모토 유리코(1899~1951)
사타 이네코(1904~1998)

전향문학

나카노 시게하루(1902~1979)

무뢰파

다자이 오사무(1909~1948)
《사양》(1947)
사카구치 안고(1906~1955)
《타락론》(1946)
오다 사쿠노스케(1913~1947)
《메오토젠자이》(1940)

제1차 전후파

노마 히로시(1915~1991)
《어두운 그림》(1946)
우메자키 하루오(1915~1965)
《사쿠라지마》(1946)
시이나 린조(1911~1973)

제3의 신인

요시유키 준노스케(1924~1994)
《취우》(1954)
야스오카 쇼타로(1920~2013)
《나쁜 친구들》(1953)
엔도 슈사쿠(1923~1996)
《하얀 사람》(1955)

제2차 전후파

다케다 다이준(1912~1976)
《마무시노스에》(1948)
오오카 쇼헤이(1909~1988)
《포로기》(1949)
홋타 요시에(1918~1998)
시마오 도시오(1917~1986)

미시마 유키오(1925~1970)
《가면의 고백》(1949)

가이코, 이시하라, 오에

가이코 다케시(1930~1989)
《벌거숭이 임금님》(1957)
이시하라 신타로(1932~)
《태양의 계절》(1955)
오에 겐자부로(1935~)
《사육》(1958)

것을 찬미하는 '일본 낭만파'와 전쟁문학 작가들이 나타났다. 전자로는 야스다 요주로保田與重郎(1910~1981), 카메이 가츠이치로亀井勝一郎(1907~1966), 후자로는 히노 아시헤火野葦平(1907~1960) 등이 있었다.

전쟁 이후 배출된 신인작가

전후가 되자 기성 대가들이 활동을 재개함과 동시에 많은 젊은 작가들이 작품을 선보이기 시작했다. 그 기수 중 하나가 '무뢰파'라 불리는 그룹으로 다자이 오사무太宰治(1906~1948), 사카구치 안고坂口安吳(1906~1955), 오다 사쿠노스케織田作之助(1913~1947) 등이 활약했다. 그들의 작품에서 전후의 혼란 중에 벌어지는 전통적인 도덕에 대한 저항과 자학적 태도를 엿볼 수 있다.

또한 전쟁 전 '전향문학'의 흐름을 이어받아 전후 시기를 자기부정의 어두운 시대로 묘사한 작가군을 '전후파'라 부른다. 그들은 연대별로 두 갈래로 나뉘어 제1차에는 노마 히로시野間宏(1915~1991), 우메자키 하루오梅崎春生(1915~1965), 시이나 린조椎名麟三(1911~1973) 등이, 제2차에는 다케다 다이준武田泰淳(1912~1976), 오오카 쇼헤이大岡昇平(1909~1988), 홋타 요시에堀田善衛(1918~1998), 시마오 도시오島尾敏雄(1917~1986), 미시마 유키오三島由紀夫(1925~1970) 등이 활약했다. 이어서 일상생활 속에서 소재를 구한 '제3의 신인'이라 불리는 그룹이 등장했다. 이 명칭은 제1차, 2차의 전후파를 잇는다는 의미였다.

전후의 문학 상황이 크게 변하는 것은 쇼와 30년대(1955~1964)에 들어서이며 가이코 다케시開高健(1930~1989), 이시하라 신타로石原慎太郎(1932~), 오에 겐자부로大江健三郎(1935~) 등이 출현한 뒤부터였다. 그들은 20세기 전반에 데뷔해서 종래에 없던 선명하고 강렬한 내용을 담아낼 뿐 아니라 사회적으로도 커다란 반향을 불러일으켰다. 특히 오에는 현대 일본을 대표하는 작가가 되어 노벨문학상을 받았다.

젊은이들의 눈이 다시 문학으로

쇼와 40년대(1965~1974)부터 문학에 있어서는 불우의 시대였다고 할 수 있을 것이다. 문단에서는 오가와 쿠니오小川国夫(1927~2008), 고토 메이세이後藤明生(1932~1999), 후루이 요시키치古井由吉(1937~) 등 '내향의 세대'라 불린 그룹이 존재했으나 일반적인 지명도와 관심이 낮았다. 이츠키 히로유키伍木寛之(1932~), 노사카 아키유키野坂昭如(1930~2015) 등 TV에서 연예인 같은 활약을 하던 인기작가도 있었으나 순문학의 세계는 혼돈의 상태였다. 그중에서는 나카가미 겐지中上健次(1946~1992)가 기슈 구마노를 무대로 독특하고 독창적인 세계를 만들어내어 기염을 토했다.

그런 시대에 갑자기 출현한 것이 무라카미 류村上龍(1952~)의《한없이 투명에 가까운 블루限りなく透明に近いブルー》(1976)였다. 당시 미대에 재학 중이던 무라카미가 쓴 소설이 군상 신인상, 아쿠타가와상을 연이어 받으며 매스컴의 주목을 받았고, 젊은 신인 작가가 섹

스와 마약에 물든 청춘을 그렸다는 점 등이 신선한 반향을 일으켰으며, 특히 젊은 독자층이 다시 문학으로 시선을 돌리게 했다. 그의 등장으로 일본의 문학계가 크게 움직였다는 사실은 부정할 수 없다.

무라카미 이후 유력한 젊은 작가가 차례차례 등장한다. 가령 지금은 일본에서뿐 아니라 해외에서 평가도 높은 《노르웨이의 숲ノルウェイの森》(1987), 《해변의 카프카海辺のカフカ》(2002), 《1Q84》(2009~2010)의 무라카미 하루키村上春樹(1949~), 《사요나라, 갱들이여さようなら´ギャングたち》(1981)의 다카하시 겐이치로高橋源一郎(1951~), 《부드러운 좌익을 위한 희유곡優しいサヨクのための嬉遊曲》(1983)의 시마다 마사히코島田雅彦(1961~), 《베드 타임 아이즈Bed Time Eyes》(1985)의 야마다 에이미山田詠美(1959~) 등 다양한 스타일의 작가가 활약을 이어가고 있다. 이런 젊은 작가 중에 한층 더 주목을 받은 사람이 요시모토 바나나吉本ばなな(1964~)였다. 요시모토는 《키친キッチン》(1987)으로 문단에 등장하자마자 중고생을 중심으로 한 젊은 세대에게 압도적인 지지를 받았다.

문학의 위기가 고조된 1990년대에 들어서자 새로운 세대가 등장한다. 아쿠타가와상 수상작들만 보아도 오가와 요코小川洋子(1962~)의 《임신 캘린더妊娠カレンダー》(1990), 다와다 요코多和田葉子(1960~)의 《이누무코이리犬婿入り》(1992년), 가와카미 히로미川上弘美(1958~)의 《뱀을 밟다蛇を踏む》(1996), 히라노 게이치로平野啓一郎(1975~)의 《일식日蝕》(1998) 등이 있다. 나아가 2000년대에는 가네하라 히토미金原ひとみ(1983~)의 《뱀에게 피어싱蛇にピアス》(2003), 와타야 리사綿矢りさ(1984~)의 《발로 차주고 싶은 등짝蹴りたい背中》(2003),

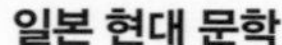

일본 현대 문학

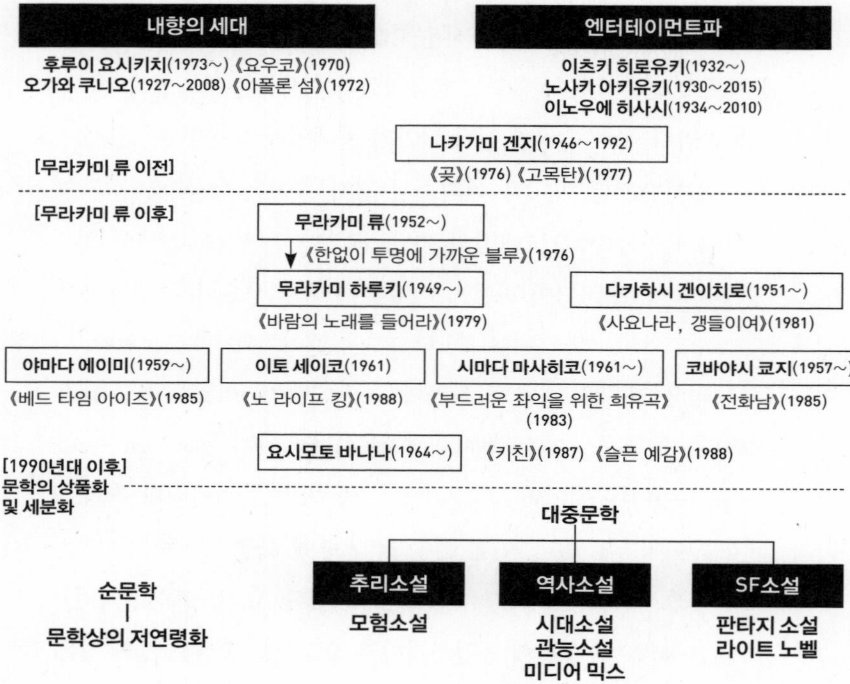

내향의 세대

후루이 요시키치(1973~) 《요우코》(1970)
오가와 쿠니오(1927~2008) 《아폴론 섬》(1972)

엔터테이먼트파

이츠키 히로유키(1932~)
노사카 아키유키(1930~2015)
이노우에 히사시(1934~2010)

나카가미 겐지(1946~1992)
《곶》(1976) 《고목탄》(1977)

[무라카미 류 이전]

[무라카미 류 이후]

무라카미 류(1952~)
《한없이 투명에 가까운 블루》(1976)

무라카미 하루키(1949~)
《바람의 노래를 들어라》(1979)

다카하시 겐이치로(1951~)
《사요나라, 갱들이여》(1981)

야마다 에이미(1959~)
《베드 타임 아이즈》(1985)

이토 세이코(1961)
《노 라이프 킹》(1988)

시마다 마사히코(1961~)
《부드러운 좌익을 위한 희유곡》(1983)

코바야시 쿄지(1957~)
《전화남》(1985)

요시모토 바나나(1964~)
《키친》(1987) 《슬픈 예감》(1988)

[1990년대 이후]
문학의 상품화 및 세분화

대중문학

추리소설
모험소설

역사소설
시대소설
관능소설
미디어 믹스

SF소설
판타지 소설
라이트 노벨

순문학
|
문학상의 저연령화

이토야마 아키코絲山秋子(1966~)의 《바다에서 기다릴게沖で待つ》(2006), 가와카미 미에코川上未映子(1976~)의 《젖과 알乳と卵》(2008)로 이어졌다.

그중에서도 작품이 번역되어 해외에도 알려진 오가와, 독일에서 머물며 독일어로도 작품 활동을 하는 다와다, 10대에 문단에 데뷔한 가네하라, 와타야 등 여러 이슈로 화제를 끌며 상업적으로도 성공한 작가들이 눈에 띈다. 또한 소설 외에도 사회적 발언으로 영향을 끼치는 여성작가의 다채로운 활동이 주목받고 있다.

앞으로 일본 근대 문학을 공부하고 싶은 사람이 알아야 할 기초 지식

사실주의

쓰보우치 쇼요는《소설신수》에서 에도 문학에 전개된 권선징악 패턴을 거부하고, 인정과 심리의 묘사를 중심으로 이야기를 구성한다는 입장을 제창했다. 이것을 사실주의realism라고 하며, 실제로 제시된 것이 소설《당세서생기질》(1855)이었다. 그 후 쇼요의 있는 그대로 그리라는 주장에 대해 모리 오가이가 이의를 제기, 두 사람 사이에 논쟁이 펼쳐진다.

자연주의

자연주의는 19세기 후반에 프랑스를 중심으로 한 유럽에서 융성한 사상으로 그 대표가 에밀 졸라였다. 인간을 결정하는 것은 체질이고 그 체질은 유전과 환경에 의해서 형성된다는 생각을 중심으로 실증적 혹은 실험적으로 인간과 사회를 파악한 자연주의는 유전과 환경에 대한 관찰과 분석을 바탕으로 인간과 사회를 병폐에서 구해야 한다고 주장했다. 일본에서는 메이지 30년대(1897~1906) 중기에 자연주의가 수입되어 일본 문화운동의 주류가 됐다.
일본의 자연주의는 전기, 후기로 크게 나뉘는데 전기의 대표가 시마자키 도손이며, 후기의 대표가 다야마 가타이였다. 전기에는 사회성을 띄고 있었으나 후기에 들어서 사회성이 옅어지고, 개인의 내면에 시선을 돌리게 된다. 이런 흐름이 오늘에까지 이르러 일본 문학의 큰 기둥이 되고 있다.

나쓰메 소세키

일본 문학사상 최고의 작가이며 국민 작가로 불리는 존재.《나는 고양이로소이다》(1905),《산시로》(1908),《그 후》(1909),《마음》(1914) 등 수많은 명작을 남겼다. 또한 스즈키 미에키치, 데라다 도라히코, 아쿠타가와 류노스케, 구메 마사오 등 문하생이 많은 것도 특징이다. 소세키는 근대인의 자아와 고독을 파고들며 어떻게 살아갈 것인가를 문제로 삼았다. 그 입장은 에고이즘의 집착에서 떨어져서 자연에 따르려고 하는 것으로 '칙천거사則天去私'라고 불린다.

신사조파

도쿄대학생을 중심으로 한 잡지 《신사조》(1907)에 모인 작가들을 말하며 이들은 현실의 모습을 이지적으로 그리고 기교적으로 표현하려 했다. 작가로는 정확한 문장과 기교보다 이지적인 작품을 많이 남긴 아쿠타가와 류노스케를 시작으로 기쿠치 간, 구메 마사오, 야마모토 유조, 도요시마 요시오 등이 있다.

프롤레타리아 문학

1917년 러시아 혁명의 영향을 받아 일본에서도 노동운동이 활발해졌다. 이에 따라 문학을 통해 노동운동을 전개하려는 '프롤레타리아 문학운동'도 융성하며 다이쇼 말기부터 쇼와 초기에 걸쳐 문학의 중심적인 지위를 얻는다. 고바야시 다키지, 미야모토 유리코, 도쿠나가 스나오 등이 활약했으나 치안유지법 등 정부의 탄압이 심해지면서 전향자가 속출했다. 결국 경찰의 고바야시 치사 사건으로 1935년 무렵에는 쇠퇴해 간다.

원폭문학

히로시마, 나가사키에 투하된 원폭 체험을 소재로 쓰인 문학작품의 총칭. 피폭 작가의 작품으로는 하라 다미키의 《여름 꽃》(1947)과 오타 요코의 《시체의 거리》(1948), 《인간 남루》(1951), 나가이 다카시의 《나가사키의 종》(1946), 도게 산키치의 《원폭시집》(1951) 등이 있다. 비피폭 작가의 작품으로는 이부세 마스지의 《검은 비》(1966)가 가장 유명하다. 또한 이노우에 히사시의 희곡 《아버지와 살면》(1994), 《가미야초 사쿠라 호텔》(1997), 《소년 구전대 1945》(2008) 등도 원폭을 그린 희곡으로 평가가 높다. 만화작품으로는 나카자와 케이지의 《맨발의 겐》(1973)이 유명하다. 일본어로 쓰인 원폭문학의 총서 《일본의 원폭문학(전 15권)》(1983)도 간행됐다.

순문학

일본의 근대 문학 속에서 사용되어온 독특한 용어. 일반적으로 오락을 목적으로 한 엔터테이먼트 소설의 대척점에 있다는 의미로 사용되며, '순수한 문학=예술'을 추구하는 소설 작품을 가리킨다. 하지만 대중문화가 발전하는 중에 그 본래의 의미를 잃고 있다. 애당초 순문학과 대중소설을 구별해야 했던 사태야말로 일본에서 '소설'이라는 개념을 왜곡시켰던 결과라고 해야 할 것이다.

중간소설

이것 역시 일본 근대 문학의 독톡한 용어로 1947년 무렵부터 사용되기 시작했다. 순문학과 대중소설의 중간에 위치한 소설을 말하나 그렇게 명확한 개념은 아니며 순문학 작가가 침체를 해결하기 위해 대중소설을 쓰는 방편으로 받아들여지기도 한다. 즉 순문학은 아니지만 대중소설로 치부될 수 없다고 변명하기 위해 만들어진 일종의 문단 저널리즘 용어라 할 수 있다.

사소설

자기 자신의 체험과 생활을 말함으로써 이야기를 만들어내는 일본 특유의 소설 스타일. 자연주의 작가인 다야마 가타이가《이불》에서 자기 내면을 고백한 것이 시작이라 여겨진다. 작가로는 가사이 젠조, 오자키 가즈오, 칸바야시 아카쓰키 등이 있다. 사회성을 가지지 않고 자기 자신이라는 좁은 세계를 대상으로 하는 것에 대한 비판은 있으나 사소설이 오늘날까지 끊임없이 이어지고 있는 것도 사실이다.

무뢰파

전후 혼란기에 등장한 일군의 작가들을 말한다. '신희작파'라고도 불린다. 다양한 가치가 붕괴하는 시대에서 기성의 것에 대한 안티적 자세와 자학적 태도가 특징으로 그 대표가 다자이 오사무이다. 다자이 오사무는 데뷔작《만년》(1936)에서 자신이 자살하는 것을 전제로 쓰고,《사양》(1947)에서 몰락의 미학을 그렸다. 그 외의 작가로는 오다 사쿠노스케, 사카구치 안고, 이시카와 준 등이 있다.

미시마 유키오

1949년《가면의 고백》으로 인정받은 미시마 유키오는 제2차 전후파에 속한다고 할 수 있으나, 그 후의 활동 이력을 보면 독특한 위치에 있는 존재라고 할 수 있다. 그는 전후라는 시대를 계속 부정했으나 최종적으로는 고도성장에 들뜬 일본의 모습을 혐오하고, 자위대에게 쿠데타를 주장했지만 받아들이지 않자 할복자살을 했다. 대표작으로는《킨카쿠지》(1956),《우국》(1961),《풍요의 바다》(1969~1971) 등 다수가 있다.

오에 겐자부로

도쿄대학 재학 시 발표한《사육》으로 1958년 아쿠타가와상을 수상했다. 이시하라 신타로와 함께 전혀 새로운 스타일의 작가로 일본 문학을 크게 변화시켰다. 그 후《개인적 체험》(1964),《만엔 원년의 풋볼》(1967),《홍수는 내 혼에 이르고》(1973) 등 문제작을 연속으로 출간하고, 현대인의 허무한 모습을 그려왔다. 1994년 노벨문학상을 수상, 현대 일본 문학을 대표하는 작가이다.

내향의 세대

평론가 히라노 켄이 쇼와 40년대(1965~1974) 고도성장기에 등장한 작가들의 자기 내면에 눈을 돌리는 내향적 자세를 비판하면서 이름 붙였다. 하지만 쇼와 40~50년대의 순문학 일익을 담당한 것은 그들 내향의 세대라는 것도 분명하다. 이 그룹에 속하는 이들은 후루이 요시키치, 고토 메이세이 등이 있다. 또한 내향의 세대 이후 무라카미 하루키, 무라카미 류 등 '전공투 세대'가 있으나 이 명칭은 문학에서만 한정된 것은 아니다.

제3의 신인

전후 문학 중에서 전후에 바로 문단에 등장한 히로시 노마, 시이나 린조 등을 '제1차 전후파'라고 부르고 약간 늦게 나온 아베 코보, 홋타 요시에 등을 '제2차 전후파'라고 불렀다. 그 후 1952년부터 등장한 코지마 노부오, 야스오카 쇼타로, 아가와 히로유키, 쇼노 준조, 엔도 슈사쿠, 요시유키 준노스케, 미우라 슈몬 등 일군의 작가를 '제3의 신인'이라고 불렀다. 이들은 전쟁기에 청춘 시대를 보냈다는 공통점이 있으나 제1차, 제2차 전후파처럼 직접 사상과 정치를 이야기하지 않고 자기 자신에 바탕을 둔 문학 세계를 그렸다.

"자기의 시대가 작가의 유일한 기회이다.
시대는 작가를 위해 만들어졌고,
작가는 시대를 위해 만들어졌다."
_사르트르 Jean-Paul Sartre

건축 Architecture

건축의 기원

도시화가 진행되면서 발전한 로마 건축은 근대 건축의 시초가 되었다.

근대 건축의 기원은 그리스 건축으로, 이전에 만들어졌던 이집트의 피라미드, 메소포타미아의 지구라트와 같은 종교건물과 달리 그리스는 주택과 궁전을 만들고, 지붕과 대들보를 사용한 구조와 상하수도, 욕실 등의 설비를 마련했다.

고대의 건축이 특히 발달한 때는 로마 시대였다. 특이한 점은 건축의 발전이 도시의 발달을 배경으로 하고, 예술적인 추구가 중심이 되어 이루어졌다는 것이다. 로마 건축은 뛰어난 계획성과 내구성을 갖춘 동시에 다양한 용도로 확장되어 궁전, 주택, 공동주택, 공동 목욕탕, 극장, 경기장 등 여러 가지 건물을 세워나갔다.

1세기에 들어서자 건축 소재에 있어서도 나무와 돌, 기와와 함께 콘크리트가 사용되면서 대규모 건축이 용이해졌다. 장식 면에서도 돔 천장, 아치, 원형 건축물 등이 1~2세기에 만들어지기 시작했으며 판테온, 콜로세움, 대목욕탕 등으로 대표되는 공공건축물을 많이 볼 수 있게 되었다.

초기 기독교 건축 및 비잔틴 건축은 장식 면에서 약간의 변화가 있었지만 로마 건축의 영향에서 크게 벗어나지 않았다. 초기 기독교 건축에서는 바실리카 교회당이 유명했고, 비잔틴 건축 양식은 바실리카에 돔을 걸친 것이 특징이었다. 기독교 건축은 11세기에 들어서자 '로마네스크 건축'으로 불리며 유럽 각지로 퍼져 그 지역의 특성과 결합하는 등 재료와 형태에 지방색이 강하게 나타났다. 특징으로는 두꺼운 벽, 굵은 기둥, 반원 아치 등을 꼽을 수 있다.

12세기 중반에는 프랑스에서 이상할 정도의 건축 붐이 일어났는데 새롭게 생겨난 건축 양식으로 '고딕 건축'이 있었다. 높은 천장, 상승지향을 느끼게 하는 실내 구성, 벽면 전체를 덮는 스탠드글래스 등이 특징으로 영국, 이탈리아, 독일 각국에 전파되어 서로에게 영향을 주고받으며 발전해나갔다.

건축 양식의 변천

르네상스 시대에 이르러 건축가가 탄생하고 독창성, 예술성을 갖춘 건축물이 등장한다.

15세기 이탈리아에서 일어난 르네상스는 건축에도 커다란 변혁을 가져왔다. 르네상스 건축은 다른 르네상스 문화와 마찬가지로 안

건축의 흐름 ①

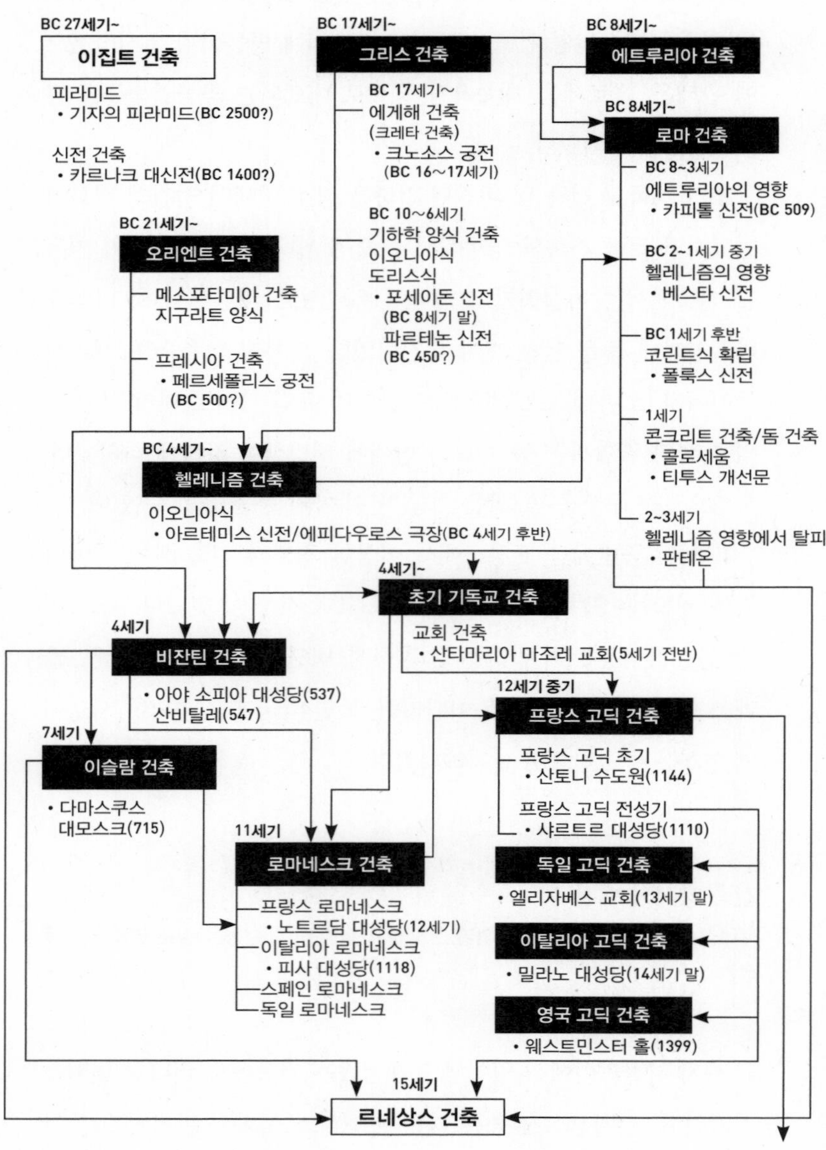
BC 27세기~
이집트 건축
피라미드
• 기자의 피라미드(BC 2500?)
신전 건축
• 카르나크 대신전(BC 1400?)
BC 21세기~
오리엔트 건축
메소포타미아 건축
지구라트 양식
프레시아 건축
• 페르세폴리스 궁전
(BC 500?)
BC 17세기~
그리스 건축
BC 17세기~
에게해 건축
(크레타 건축)
• 크노소스 궁전
(BC 16~17세기)
BC 10~6세기
기하학 양식 건축
이오니아식
도리스식
• 포세이돈 신전
(BC 8세기 말)
파르테논 신전
(BC 450?)
BC 8세기~
에트루리아 건축
BC 8세기~
로마 건축
BC 8~3세기
에트루리아의 영향
• 카피톨 신전(BC 509)
BC 2~1세기 중기
헬레니즘의 영향
• 베스타 신전
BC 1세기 후반
코린트식 확립
• 폴룩스 신전
1세기
콘크리트 건축/돔 건축
• 콜로세움
• 티투스 개선문
2~3세기
헬레니즘 영향에서 탈피
• 판테온
BC 4세기~
헬레니즘 건축
이오니아식
• 아르테미스 신전/에피다우로스 극장(BC 4세기 후반)
4세기~
초기 기독교 건축
교회 건축
• 산타마리아 마조레 교회(5세기 전반)
4세기
비잔틴 건축
• 아야 소피아 대성당(537)
산비탈레(547)
7세기
이슬람 건축
• 다마스쿠스
대모스크(715)
11세기
로마네스크 건축
프랑스 로마네스크
• 노트르담 대성당(12세기)
이탈리아 로마네스크
• 피사 대성당(1118)
스페인 로마네스크
독일 로마네스크
12세기 중기
프랑스 고딕 건축
프랑스 고딕 초기
• 산토니 수도원(1144)
프랑스 고딕 전성기
• 샤르트르 대성당(1110)
독일 고딕 건축
• 엘리자베스 교회(13세기 말)
이탈리아 고딕 건축
• 밀라노 대성당(14세기 말)
영국 고딕 건축
• 웨스트민스터 홀(1399)
15세기
르네상스 건축

건축의 흐름 ②

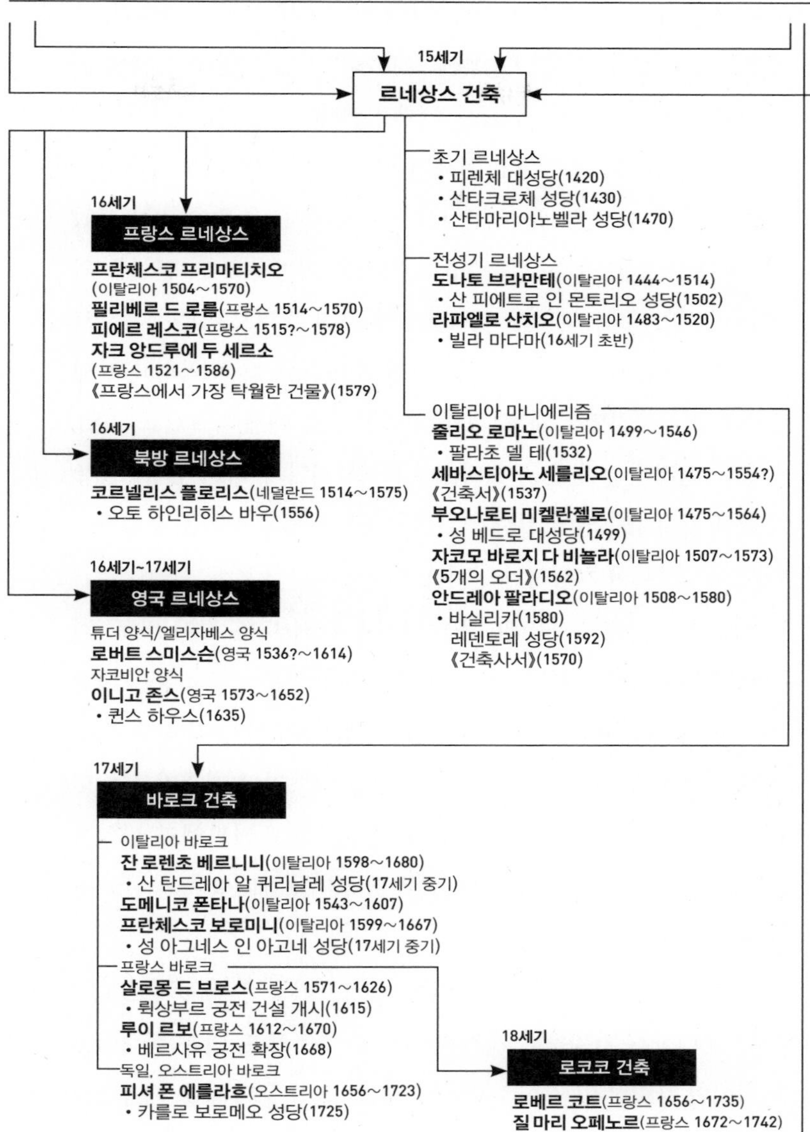
15세기
르네상스 건축
초기 르네상스
• 피렌체 대성당(1420)
• 산타크로체 성당(1430)
• 산타마리아노벨라 성당(1470)
전성기 르네상스
도나토 브라만테(이탈리아 1444~1514)
• 산 피에트로 인 몬토리오 성당(1502)
라파엘로 산치오(이탈리아 1483~1520)
• 빌라 마다마(16세기 초반)
이탈리아 마니에리즘
줄리오 로마노(이탈리아 1499~1546)
• 팔라초 델 테(1532)
세바스티아노 세를리오(이탈리아 1475~1554?)
《건축서》(1537)
부오나로티 미켈란젤로(이탈리아 1475~1564)
• 성 베드로 대성당(1499)
자코모 바로지 다 비뇰라(이탈리아 1507~1573)
《5개의 오더》(1562)
안드레아 팔라디오(이탈리아 1508~1580)
• 바실리카(1580)
레덴토레 성당(1592)
《건축사서》(1570)
16세기
프랑스 르네상스
프란체스코 프리마티치오
(이탈리아 1504~1570)
필리베르 드 로름(프랑스 1514~1570)
피에르 레스코(프랑스 1515?~1578)
자크 앙드루에 두 세르소
(프랑스 1521~1586)
《프랑스에서 가장 탁월한 건물》(1579)
16세기
북방 르네상스
코르넬리스 플로리스(네덜란드 1514~1575)
• 오토 하인리히스 바우(1556)
16세기~17세기
영국 르네상스
튜더 양식/엘리자베스 양식
로버트 스미스슨(영국 1536?~1614)
자코비안 양식
이니고 존스(영국 1573~1652)
• 퀸스 하우스(1635)
17세기
바로크 건축
이탈리아 바로크
잔 로렌초 베르니니(이탈리아 1598~1680)
• 산 탄드레아 알 퀴리날레 성당(17세기 중기)
도메니코 폰타나(이탈리아 1543~1607)
프란체스코 보로미니(이탈리아 1599~1667)
• 성 아그네스 인 아고네 성당(17세기 중기)
프랑스 바로크
살로몽 드 브로스(프랑스 1571~1626)
• 뤽상부르 궁전 건설 개시(1615)
루이 르보(프랑스 1612~1670)
• 베르사유 궁전 확장(1668)
독일, 오스트리아 바로크
피셔 폰 에를라흐(오스트리아 1656~1723)
• 카를로 보로메오 성당(1725)
18세기
로코코 건축
로베르 코트(프랑스 1656~1735)
질 마리 오페노르(프랑스 1672~1742)

정된 비례, 균형, 조화를 가진 '고전적 미'를 이상으로 하였으며, 건축물도 교회만을 중심으로 했던 그때까지의 건축 양식과 함께 공공시설, 궁전, 저택 등도 중요한 주제가 됐다.

르네상스는 15세기부터 16세기 말까지 약 200년간 계속되며 건축은 초기, 전성기, 매너리즘 시기 등 세 시기로 나누어 전개되었다. 초기 르네상스에는 단순, 명백, 경쾌를 표방하고 그 실현을 위해 독창적인 구조 연구를 진행했으며 고전 모티브를 장식용으로 사용했다. 전성기 르네상스에는 고전 모티브를 더욱 엄격하고 형식적으로 사용하면서 자유, 경쾌, 화려함 등을 배제하고 간소, 위엄, 중후한 성격에 초점을 두었다. 매너리즘 시기가 되면 긴장, 신기, 복잡한 것이 요구되어 전성기 르네상스에 완성된 양식을 부정하고 더욱 독창적이며 개성적인 양식을 추구했다.

르네상스 건축이 이전의 건축 양식과 크게 다른 점이 바로 '건축가의 탄생'이다. 그동안 장인이 만들던 건축물이 르네상스 시기가 되면서 다양한 지식과 교양, 미적 재능, 실무적 능력 등을 갖춘 전문 건축가에 의해 고안되었다. 르네상스 초기의 건축가로는 도나토 브라만테Donato Bramante(이탈리아 1444~1514), 라파엘로 산치오Raffaello Sanzio(이탈리아 1483~1520), 줄리오 로마노Giulio Romano(이탈리아 1499~1546) 등이 활약했다.

르네상스 건축에 이어서 일어난 '바로크 건축'은 정적이고 고전적인 르네상스 건축보다 시각적 효과를 추구하고, 더욱 동적이고 극적이며 강렬한 인상을 주기 위해 회화·조각 등의 예술 테크닉을 활용하는 등 보다 복잡하고 종합적인 건축 표현을 이루어냈다. 디자인적으로는 르네상스의 단정한 형태보다 타원, 일그러짐, 휘어진 곡선 등 움직임이 있는 것을 선호했고, 정돈한 상태를 이탈한 아름다움을 추구했다.

바로크를 대표하는 건축가는 잔 로렌초 베르니니Gian Lorenzo Bernini(이탈리아 1598~1680)이며, 대표작이 로마의 산 피에트로 대성당의 정면 주랑이다. 그 외에도 이탈리아 하원, 트레비 분수, 스페인 계단 등 현재 로마에 남겨진 건축물은 바로크 건축인 것이 많다.

근대의 건축

철, 유리, 콘크리트 사용과 함께 근대건축운동이 시작되었다.

19세기 후반에 들어서자 건축은 크게 변모하며 철, 유리, 콘크리트가 건축 소재로 사용됐다. 1850년 무렵에는 철강의 대량생산이 가능해지고 높이 300m의 에펠탑으로 대표되는 대규모 철골건축물이 만들어진다. 엘리베이터와 전기설비의 발달이 이러한 변화를 가능케 했다.

같은 시기에 '근대건축운동'이라는 움직임이 일어난다. 영국에서는 윌리엄 모리스William Morris(1834~1896)가 '아트 앤드 크래프트 운동Arts and Crafts Movement'이라 불리는 공예운동을 이끌었다. 이것은 기계 제작이 아니라 중세 장인의 성실한 수공예를 부활시키자는 움직임이었다.

프랑스에서는 전혀 새로운 미를 만드는 '아르누보'가, 독일에서는 새로운 곡선 양식을 선보인 '유겐트 양식'이라는 움직임이

건축의 흐름 ③

나타난 가운데 특히 중요한 사람이 오스트리아의 오토 와그너 Otto Wagner(1841~1918)였다. 그는 저서《근대 건축Modern Architecture》(1895)에서 건축의 공학적 · 경제적인 합리성에 주목할 것을 주장했고 이후 건축가들에게도 영향을 끼치며 '제체시온Sezession(빈 분리파)'이라는 예술운동을 만들어냈다. 또한 같은 무렵 루이스 설리번 Louis Sullivan(1856~1924)이 미국에서 장식을 억제한 고층 철골건축물

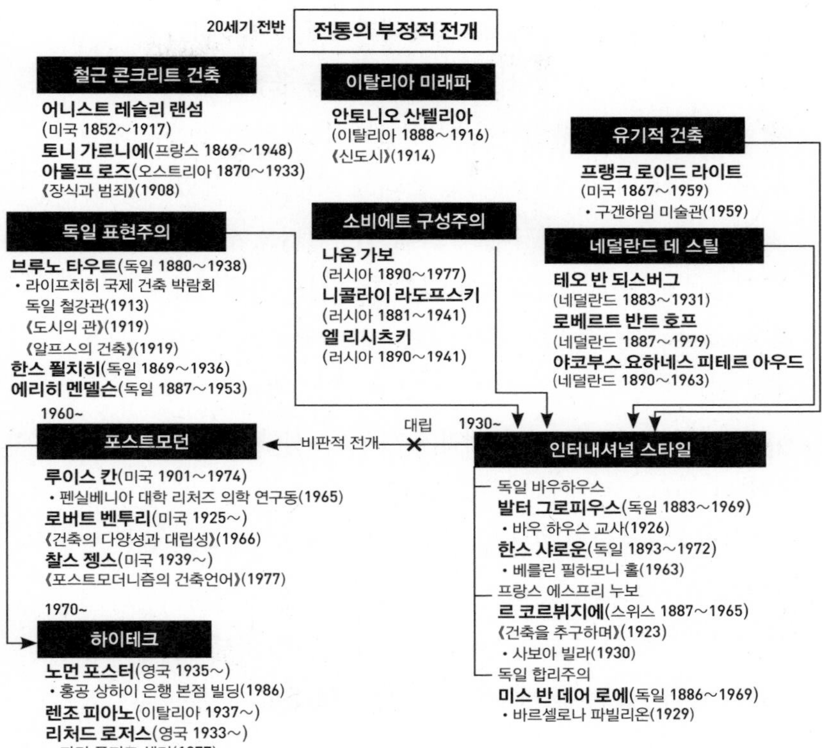

을 만들며 화제를 모았다.

근대건축운동이 더욱 크게 전개된 것은 20세기 전반이었다. 기존의 근대건축운동을 계승하는 동시에 그때까지의 전통에서 벗어났던 이 운동은 각국에서 다양한 형태를 보이게 된다. 특히 독일의 표현주의, 네덜란드의 데 스틸, 이탈리아의 미래파, 미국의 유기적 건축이 대표적이다. 각자마다 특색이 있으나 공통된 점은 의식적으로 전통을 부정하고 시대에 걸맞은 디자인을 목표로 했다는 것이다.

이런 움직임이 세계적으로 활발해지면서 표현주의는 경제적인 문제로 쇠퇴하고, 데 스틸·구성주의 등은 융합해서 하나가 됐다. 이윽고 그것은 유럽만이 아니라 미국, 일본을 휩쓰는 거대한 움직임이 되어 '인터내셔널 스타일'이라고도 불렸다. 철골과 철근 콘크리트로 바닥과 벽을 붙이는 방식을 사용하고, 장식을 부정하고 합리적인 양식을 선호하는 것이 특징이었다. 바우하우스를 이끄는 독일의 발터 그로피우스Walter Gropius(1883~1969), 독일 합리주의의 루트비히 미스 반 데어 로에Ludwig Mies van der Rohe(1886~1969), 스위스에서 태어나 프랑스에서 활약한 르 코르뷔지에Le Corbusier(1887~1965) 등이 선도했다.

바우하우스는 공예 양산 및 건축 모델의 창조를 목표로 했고, 루트비히 미스 반 데어 로에는 유럽적 고전주의와 근대적 합리주의를 결합했으며, 르 코르뷔지에는 구조가 단순한 정사각형을 기본으로 기둥과 대들보를 사용했다. 그 후 건축가의 대부분이 이 세 사람의 영향을 받았다고 해도 과언이 아니다. '프레리 양식Prairie Style(초원에 세운 집)'으로 알려진 미국의 프랭크 로이드 라이트Frank Lloyd Wright(1867~1959)와 함께 '근대 건축의 4대 거장'으로 불린다.

현대의 건축

기술혁신이 시작되면서 건축에도 새로운 비전이 생겨났다.

합리주의적인 건축 사상은 세계적으로 퍼지게 되나 제2차 세계대전 후에는 비판하는 움직임이 일어나며, 1960년대에 들어서자 건축 평론가인 찰스 젱스Charles Jencks(미국 1939~)가 전통적인 상징성의 부활, 고전적 장식의 건축을 목표로 하는 '포스트모더니즘'의 흐름을 제창했다. 20세기 후반 전 세계 건축에 강력한 영향을 준 한 명으로 근대 건축을 재정의한 미국의 건축가 루이스 칸Louis Kahn(1901~1974)과 그의 제자인 로버트 벤투리Robert Venturi(1925~) 역시 포스트모던을 선도했다 할 수 있다.

금욕적·합리적 모더니즘이 다양성과 개성을 잃은 것에 대한 반성으로, 포스트모던은 어떤 양식이든 받아들인다는 사고방식으로 다종다양한 표현의 작품을 만들어냈다. 또한 20세기 후반에는 과거 장인이라는 영역에 속하던 사람들이 '엔지니어'로 건축가와 마주하면서 건축 전체가 발전하는 시대가 되었고, 영국의 오브 아럽 Ove Arup(1895~1988) 같은 '구조가'가 탄생해서 영향력을 높여갔다. 그밖에도 신기술·신소재의 탄생과 더불어 고도의 공학기술을 바탕으로 한 전문 조각가가 엔지니어로 활동해 많은 기여를 하게 됐다. 현대건축을 한마디로 표현하면 '공학기술과 건축의 통합'이라고 할 수 있다.

최근에는 환경문제로 건축 전체에 대한 전면적인 재검토가 과제가 되었으며, 경제성과 함께 적응성·유연성 등도 중시되며 '지속가능한 디자인sustainable design'이라는 새로운 주제를 가지고 건축학은 계속 도전을 이어가고 있다.

앞으로 건축을 공부하고 싶은 사람이 알아야 할 기초 지식

로마 건축

로마 건축의 특징은 그리스 건축보다 다양하고 복잡하며 많은 대규모 건축물이 세워졌다는 점이다. 신전 등 종교적인 건축물뿐 아니라 주택, 극장 등 인간적·세속적인 건물이 있다는 것이 로마 건축의 큰 특징이었다. 기술적으로는 콘크리트 공법의 발달로 인해 건축의 질적·양적 확대가 가능해졌다. 또한 도시와 건축이 상호 영향을 주고받으며 발달해간 것도 특징이었다.

비잔틴 건축

6세기 동로마 제국에서 시작된 건축양식을 '비잔틴 건축'이라 한다. 로마의 양식과 오리엔트 건축기술의 통합을 통해 교회당 건축을 중심으로 정방형의 큰 방에 돔을 얹힌 것이 특징이었다. 그 대표적인 건물이 베네치아의 산 마르코 사원이다. 이 건축양식은 생긴 지 얼마 되지 않아 곧 완성되고, 그 후 커다란 발전을 하지 않았으나 동로마 제국 멸망 후에는 러시아에서 재탄생했다.

윌리엄 모리스

영국인 공예가. 예술이론가 존 러스킨의 사상에 공명해서 공예운동을 전개했다. 그는 기계를 사용한 대량생산의 조악한 질을 비판하고, 중세 장인들의 세계를 이상으로 삼아 실내장식, 가구 등 다양한 공예품에 손을 댔다. 그의 사상은 본국 영국만이 아니라 유럽 각지로 퍼져나가면서 기존 양식의 영향을 받지 않은 전혀 새로운 건축양식도 만들어냈다.

아르누보

모리스의 공예운동에 영향을 받아서 일어난 새로운 양식운동 중 하나. 19세기 말에 벨기에에서 생겨나 파리에서 발전했다. 흐르는 것 같은 곡선과 곡면의 화려한 장식이 특징으로 당시 크게 유행했던 자포니즘(일본식 장식과 공간구성)의 영향이 보였다. 또한 모리스의 공예운동과 달리 새로운 소재에도 흥미를 보였다. 특히 자유로운 곡선을 그리는 철의 사용이 아르누보를 크게 발전시키는 요인이 됐다.

제체시온

빈의 건축가 오토 와그너가 제창한 새로운 건축이론을 실천하기 위해 요제프 호프먼, 요제프 올브리히가 등이 제체시온(빈 분리파)를 결성했다. 제체시온이란 '분리'를 의미하는 라틴어로 과거의 양식에서 벗어난다는 의미가 담겨 있다. 이 그룹에는 건축가뿐만 아니라 화가인 클림트를 비롯하여 다양한 예술가가 소속되어 있었고, 사진계에도 제체시온이라고 불리는 일파가 존재했다.

르 코르뷔지에

프랑스인 건축가. 근대 건축을 완성한 한 명. 그의 건축은 철근 콘크리트를 사용한 보편적인 것으로 누구나 모방하기 쉬우며 인간성 및 개성적 특징이 두드러진다는 점에서 세계의 건축가에게 많은 영향을 주었다. 나아가 '기계의 미학'과 '빛나는 도시' 등을 제창하고, 잡지 《에스프리 누보》(1920)를 창간하는 등 이상적인 건축 지도자이기도 했다.

바우하우스

1919년 건축가 발터 그로피우스가 바이마르에 개교한 건축학교. 개교할 때 '건축으로 모든 조형 활동을 종합할 것', '조형 활동의 기본인 수공업으로 되돌아간다'는 두 가지 이념을 지도 원리로 삼았다. 바우하우스는 1925년부터 총서의 발행을 시작했는데 그 첫 번째가 《국제건축》이었다. 이 책은 '합리적 사고방식에서 생겨난 건축은 국제적으로 공통의 것'이라는 사고를 바탕으로 세계 공통의 소재 및 기술을 다루며 큰 반향을 불러일으켰다.

포스트모던

1964년 미국인 건축가 로버트 벤투리가 《건축의 다양성과 대립성》(1966) 에서 '가장 작은 것은 가장 지루하다'고 한 것이 포스트모던의 시작이라 여겨진다. 포스트모던이란 말이 최초로 나타난 것은 1977년 미국의 건축평론가 찰스 젱스가 저술한 《포스트모더니즘의 건축용어》였다. 포스트모던의 건축가들은 모더니스트들이 부정한 역사주의와 절충주의를 긍정하여 상징성과 개성, 그리고 장식을 부활시켰다.

음악 Music

음악의 기원

단성 음악의 시대에서 대위법을 통한 다성 성악의 시대로 나아갔다.

음악은 어떻게 출현했을까? 초기의 음악은 아마 커뮤니케이션의 한 수단으로 또는 자연계의 소리를 모방하는 시도로 탄생했을 것이라 생각된다. 친근한 소재가 내는 단순한 소리의 울림이 이윽고 단선율 음악(부가 성부 또는 반주가 없이 1개의 선율만으로 구성된 형식)이 되고, 복선율 음악(독립된 선율을 가지는 둘 이상의 성부로 이루어진 형식)으로 발전했다. 그중에서도 대위법과 관련된 복선율의 탄생은 음악의 역사에서 중요하다.

그럼 시대별로 성악 음악의 흐름을 살펴보자. 먼저 주목할 만한 두 가지 전통은 히브리 성가와 그리스 음악이다. 유대교회에서는 두 개의 합창단이 교차로 노래하는 '교창'과 한 명의 선창자와 합창단이 번갈아 노래하는 '응창'의 양식이 있었으며 이것이 중세 기독교 성가의 원형이었다. 고대 음악의 집결지이자 키타라(하프와 비슷한 고대 악기)와 아울로스(플루트와 비슷한 고대 악기) 등의 악기가 발달했던 그리스에서는 음악이 하나의 예술이자 인간의 도덕적 지주로서 존중받았으며, 기보법이 발명되면서 피타고라스는 음계 연구도 진행하였다. 특히 그리스 문화의 전성기에 이루어진 극음악의 발달은 나중에 오페라의 탄생과 불가분한 관계에 있었다.

중세에는 기독교가 공인되고 보급되면서 교회음악이 발달했다. 시편창(구약성서의 시편을 가사로 하는 로마 가톨릭 교회의 전례에서 사용되는 노래)에는 히브리 창법이 도입되어 각지에 퍼지게 되는데, 590년에서 604년까지 재위한 교황 그레고리우스 1세Pope Gregory I(538~604)는 이것들은 엄격하게 통일해서 '교회 시법'이라 불리는 선율을 사용한 라틴어의 단선율 성가를 완성했다. 9세기 무렵에는 정선율의 그레고리우스 성가 위에 대위법을 사용한 선율이 겹쳐졌으며, 이 복선율 음악은 당시 탄생한 오르간과 연관되며 '오르가눔organum'이라 불렸다. 이런 다성 성악이 11세기 무렵부터 활약하고 있던 음유시인들의 영향을 받아서 세속화한 것이 14세기의 '아르스 노바Ars Nova'였다.

르네상스 시기에는 교회 권력이 쇠퇴하면서 음악이 교회 밖으로 나갔다. 샹송과 마드리갈, 카논 형식을 낳은 플랑드르악파의 활약은 눈부셨으며 이 악파의 전성기를 대표하는 조스캥 데 프레Josquin des Prez(프랑스 1450?~1521)는 음악사를 빛낸 위대한 다성 성악 작곡가로 기억되고 있다.

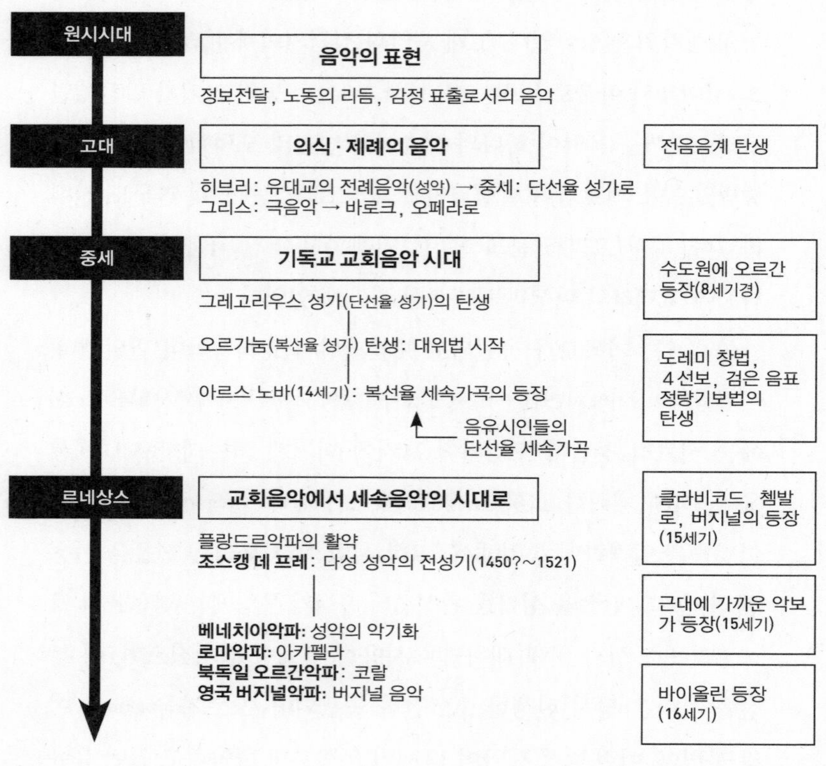

근대 음악으로의 전개

근대적 음악 양식이 탄생하면서 다양한 개성이 드러나는 시대로 나아갔다.

르네상스 후기에는 대위법을 통한 다성 성악 외에도 '칸초나 다 소나레canzona da sonare' 같은 성악의 악기화가 베네치아악파 등에서 이미 이루어졌다. 17~18세기에는 이런 움직임과 함께 순기악이 생겨난다. 또한 미술과 문예 르네상스 운동의 중심지 피렌체에서는 '카메라타'라 불리는 귀족들이 고대 그리스의 극음악을 부흥시키며, 화성적인 반주를 한 단성 음악인 오페라가 탄생했다. 이 무렵 반주는 아직 연주자가 즉흥적으로 연주하는 통주저음이었다.

소위 근대 음악은 요한 제바스티안 바흐Johann Sebastian Bach(독일 1685~1750), 게오르크 프리드리히 헨델George Frideric Handel(독일 1685~1759) 시대에 처음으로 성립됐다. 특히 대위법을 푸가fuga(둔주곡) 형식에서 확립하며, 전조할 때 어긋남이 생기지 않는 평균율을 처음으로 곡에 사용한 바흐의 이름은 음악의 역사에서 잊히지 않을 것이다.

바로크에 이어서 고전파의 시대에는 '소나타 형식'이라는 이상적인 기악 양식이 생겨나고, 이를 바탕으로 협주곡과 교향곡이라는 합리적 · 화성적 음악이 볼프강 아마데우스 모차르트Wolfgang Amadeus Mozart(오스트리아 1758~1791), 프란츠 요제프 하이든Franz Joseph Haydn(오스트리아 1732~1809), 루트비히 판 베토벤Ludwig van Beethoven(독일 1770~1827)이라는 3대 거장에 의해 발전했다. 그중에서도 베토벤은 다음의 낭만파 시대를 잇는 가교적 존재로 중요하다. 그리고 그때까지 특권계급의 것이었던 음악은 고전파 시대에 비로소 민중에게 개방됐다.

음악의 형식이 확립되자 이번에는 다양한 개성과 내면을 표현하는 음악이 작곡되기 시작했다. 낭만파 중에서는 여러 가지 예술 양식을 음악적 드라마로 종합함으로써 악극을 창시하고, 반음계를 다양하게 활용하여 현대 음악에 영향을 준 리하르트 바그너Richard

음악의 흐름 ②

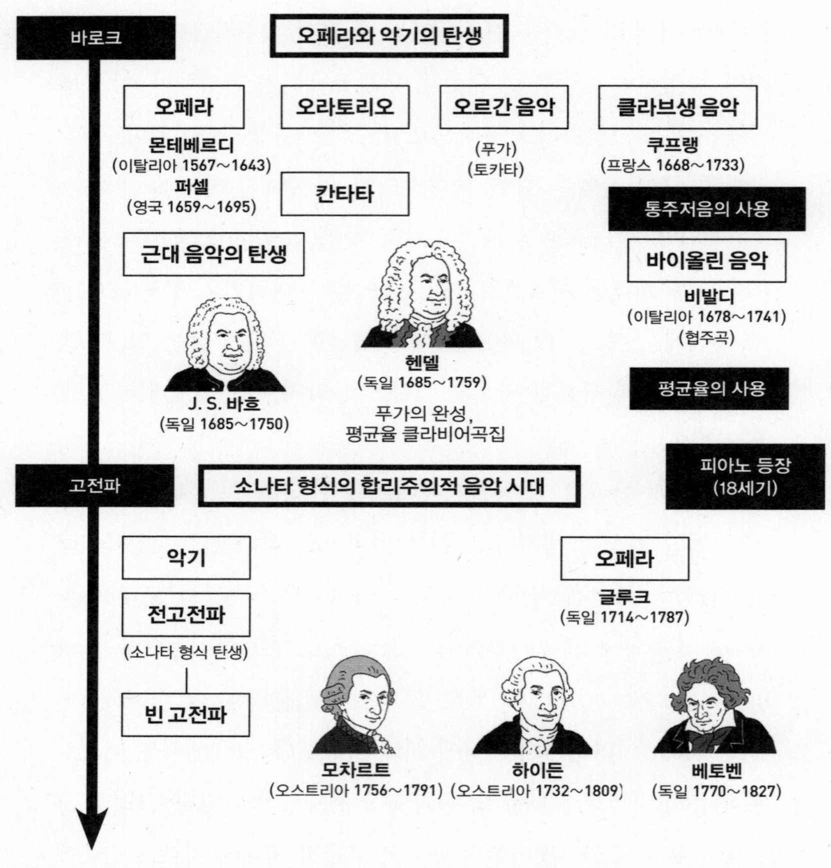

Wagner(독일 1813~1883)가 특히 중요하다. 어디까지를 낭만파라고 부를지는 의견이 나뉘고 있으나 이 책에서는 프랑스 혁명 이후 애국주의 음악이 탄생한 시대까지를 낭만파로 분류한다.

20세기부터 오늘날의 음악

기술의 발달로 기존 음악가와 음악이라는 개념은 뒤집어지고, 다양한 실험적 시도가 이루어지고 있다.

20세기의 음악은 스테판 말라르메Stéphane Mallarmé(프랑스 1842~1898) 등의 낭만파 문학 살롱에 출입하던 클로드 드뷔시Claude Debussy(프랑스 1862~1918)에서 시작됐다. '인상주의'라고도 불리는 안개가 감도는 듯한 그의 음악은 3도 화성에서의 해방과 전음음계, 오래된 교회 선법의 채용 등을 통해 기존의 음악적 법칙을 파괴함으로써 만들어졌다. 같은 무렵 빈의 아르놀트 쇤베르크Arnold Schoenberg(1874~1951)는 무조에 관심을 가지며 많은 음악가에게 영향을 준 '12음 기법'을 만들었고, 이것은 그의 제자 알반 베르크Alban Berg(오스트리아 1885~1935)와 안톤 베베른Anton Webern(오스트리아 1883~1945)에게도 계승됐다.

조성의 붕괴를 낳은 두 거장의 다음 시대에는 새로운 조성을 통해 고전적 이념을 재평가하려는 커다란 움직임이 생겼다. 작곡가와 연주가, 청중 사이의 벽을 없애기 위해 비공식 모임용으로 작곡되는 실용음악이 나타났고, 재즈의 영향으로 피아노 음악과 오페라가 이 시대에 탄생했다. 한편 반음보다 작은 음정을 사용한 미분음음악을 전용으로 하는 악기도 제작되어 연주됐다.

그밖에 드뷔시와 나란히 인상파를 대표하는 모리스 라벨Maurice Ravel(프랑스 1875~1937), 헝가리의 혁신적 작곡가 버르토크 벨러Bartók Béla(1881~1945), 러시아에서 태어나 프랑스 국적과 미국 국적을 가진 코스모폴리탄 작곡가 이고르 스트라빈스키Igor

인문과학 사회과학 자연과학 문화예술

음악의 흐름 ③

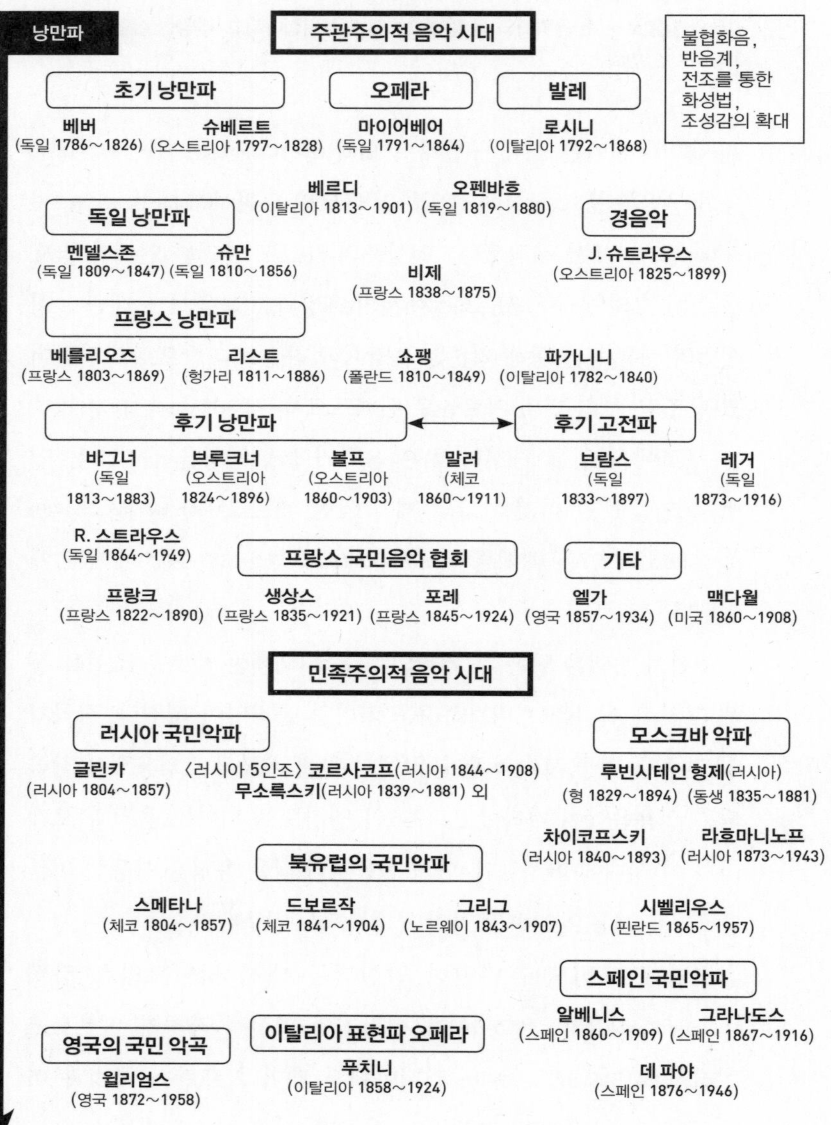
낭만파
주관주의적 음악 시대
불협화음, 반음계, 전조를 통한 화성법, 조성감의 확대
초기 낭만파
오페라
발레
베버 (독일 1786~1826)
슈베르트 (오스트리아 1797~1828)
마이어베어 (독일 1791~1864)
로시니 (이탈리아 1792~1868)
베르디 (이탈리아 1813~1901)
오펜바흐 (독일 1819~1880)
독일 낭만파
경음악
멘델스존 (독일 1809~1847)
슈만 (독일 1810~1856)
J. 슈트라우스 (오스트리아 1825~1899)
비제 (프랑스 1838~1875)
프랑스 낭만파
베를리오즈 (프랑스 1803~1869)
리스트 (헝가리 1811~1886)
쇼팽 (폴란드 1810~1849)
파가니니 (이탈리아 1782~1840)
후기 낭만파
후기 고전파
바그너 (독일 1813~1883)
브루크너 (오스트리아 1824~1896)
볼프 (오스트리아 1860~1903)
말러 (체코 1860~1911)
브람스 (독일 1833~1897)
레거 (독일 1873~1916)
R. 스트라우스 (독일 1864~1949)
프랑스 국민음악 협회
기타
프랑크 (프랑스 1822~1890)
생상스 (프랑스 1835~1921)
포레 (프랑스 1845~1924)
엘가 (영국 1857~1934)
맥다월 (미국 1860~1908)
민족주의적 음악 시대
러시아 국민악파
모스크바 악파
글린카 (러시아 1804~1857)
〈러시아 5인조〉 코르사코프(러시아 1844~1908)
무소륵스키(러시아 1839~1881) 외
루빈시테인 형제(러시아)
(형 1829~1894) (동생 1835~1881)
차이코프스키 (러시아 1840~1893)
라흐마니노프 (러시아 1873~1943)
북유럽의 국민악파
스메타나 (체코 1804~1857)
드보르작 (체코 1841~1904)
그리그 (노르웨이 1843~1907)
시벨리우스 (핀란드 1865~1957)
스페인 국민악파
알베니스 (스페인 1860~1909)
그라나도스 (스페인 1867~1916)
데 파야 (스페인 1876~1946)
영국의 국민 악곡
윌리엄스 (영국 1872~1958)
이탈리아 표현파 오페라
푸치니 (이탈리아 1858~1924)

음악의 흐름 ④

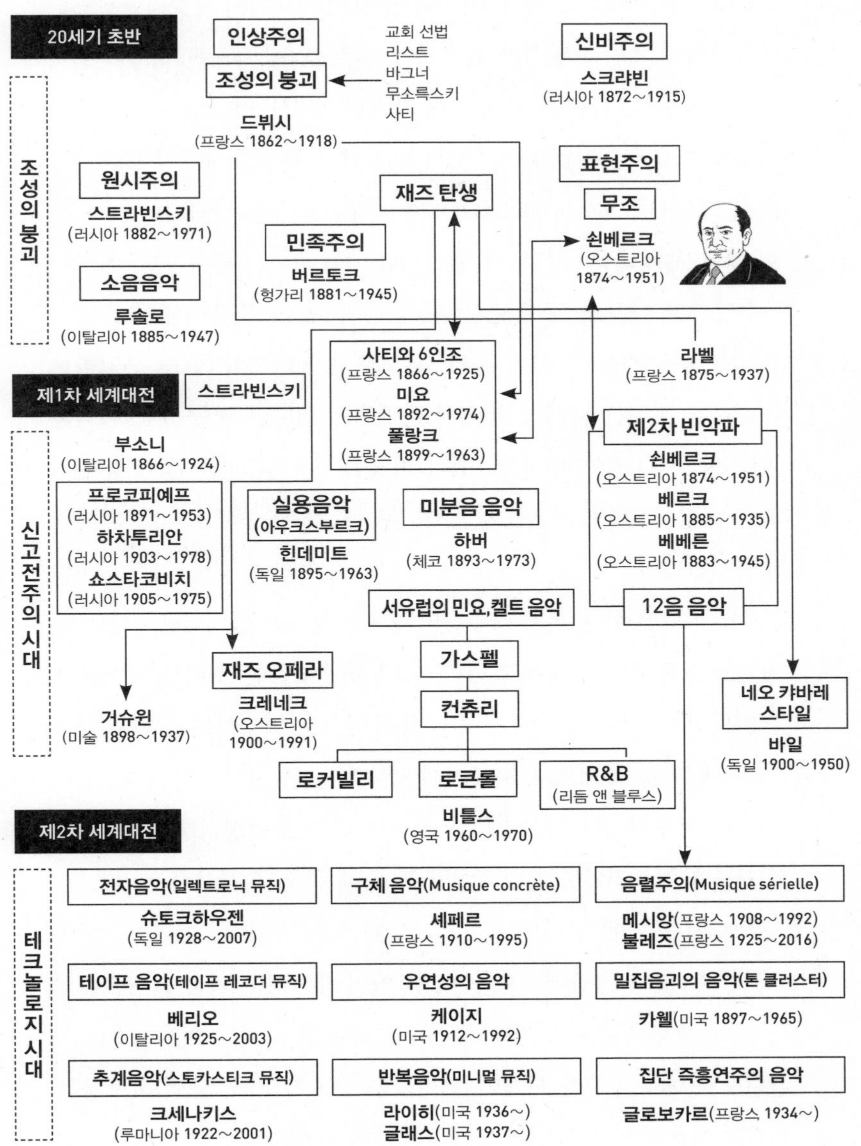
20세기 초반
조성의 붕괴
인상주의
조성의 붕괴
교회 선법
리스트
바그너
무소륵스키
사티
드뷔시
(프랑스 1862~1918)
신비주의
스크랴빈
(러시아 1872~1915)
원시주의
스트라빈스키
(러시아 1882~1971)
소음음악
루솔로
(이탈리아 1885~1947)
민족주의
버르토크
(헝가리 1881~1945)
재즈 탄생
표현주의
무조
쇤베르크
(오스트리아 1874~1951)
사티와 6인조
(프랑스 1866~1925)
미요
(프랑스 1892~1974)
풀랑크
(프랑스 1899~1963)
라벨
(프랑스 1875~1937)
제1차 세계대전
스트라빈스키
신고전주의 시대
부소니
(이탈리아 1866~1924)
프로코피예프
(러시아 1891~1953)
하차투리안
(러시아 1903~1978)
쇼스타코비치
(러시아 1905~1975)
실용음악
(아우크스부르크)
힌데미트
(독일 1895~1963)
미분음 음악
하버
(체코 1893~1973)
제2차 빈악파
쇤베르크
(오스트리아 1874~1951)
베르크
(오스트리아 1885~1935)
베베른
(오스트리아 1883~1945)
서유럽의 민요, 켈트 음악
12음 음악
가스펠
컨츄리
재즈 오페라
크레네크
(오스트리아 1900~1991)
거슈윈
(미술 1898~1937)
네오 캬바레 스타일
바일
(독일 1900~1950)
로커빌리
로큰롤
R&B
(리듬 앤 블루스)
비틀스
(영국 1960~1970)
제2차 세계대전
테크놀로지 시대
전자음악(일렉트로닉 뮤직)
슈토크하우젠
(독일 1928~2007)
구체 음악(Musique concrète)
셰페르
(프랑스 1910~1995)
음렬주의(Musique sérielle)
메시앙(프랑스 1908~1992)
불레즈(프랑스 1925~2016)
테이프 음악(테이프 레코더 뮤직)
베리오
(이탈리아 1925~2003)
우연성의 음악
케이지
(미국 1912~1992)
밀집음괴의 음악(톤 클러스터)
카웰(미국 1897~1965)
추계음악(스토카스티크 뮤직)
크세나키스
(루마니아 1922~2001)
반복음악(미니멀 뮤직)
라이히(미국 1936~)
글래스(미국 1937~)
집단 즉흥연주의 음악
글로보카르(프랑스 1934~)

Stravinsky(1882~1971), 러시아 혁명과 제1차 세계대전에 휩쓸리면서도 발레 음악에 재능을 발휘한 세르게이 프로코피예프Sergei Prokofiev(러시아 1891~1953), 15곡의 교향곡을 작곡한 드미트리 쇼스타코비치 Dmitri Shostakovich(러시아 1906~1975), 현대 영국 최대의 국제적 작곡가 벤저민 브리튼Benjamin Britten(1913~1976) 등이 이름을 남겼다.

제2차 세계대전 후에는 음렬주의Musique sérielle, 전자음악, 전자 음향기기를 사용한 구체 음악Musique concrète이 등장하면서 새로운 가능성을 개척한 '현대 음악'으로 무대가 바뀐다. 현대 음악이라고 해도 범위는 넓다. 드뷔시와 라벨에게 커다란 영향을 준 에릭 사티Erik Satie(프랑스 1866~1925)부터 실험음악의 시조 존 케이지John Cage(미국 1912~1992), 사카모토 류이치坂本龍一(일본 1952~)도 그 범주에 들어간다.

기술의 발달 이후로 기존의 음악가와 음악이라는 개념을 뒤집는 다양한 실험적 시도가 생겨났다. 테이프에 녹음한 소리를 테이프를 역회전시키거나 절단해서 하나의 음악으로 편집하는 구체 음악과 건반악기를 주먹으로 두드려서 연주하는 톤 클러스터 주법, 도표로 된 악보를 연주자의 해석으로 연주하는 우연성의 음악, 수학의 확률을 컴퓨터와 연결한 확률론적 음악 등 실로 각양각색이다.

1900년 무렵에 탄생한 재즈와 1900년대에 생겨난 록 앤 롤도 무시할 수 없다. 그중에서도 1962년 앨범 데뷔하고 영국 리버풀에서 일약 세계적 총아가 된 비틀스는 대중음악 자체도 변화시켰다. 한편으로 대중음악의 세계에 클래식의 요소가 다시 도입되는 등 음악은 다종다양한 혼합과 실험을 거치며 현재에 이르고 있다.

앞으로 음악을 공부하고 싶은 사람이 알아야 할 기초 지식

바로크 음악

16세기 말부터 18세기 중반에 걸친 1세기 반의 시대를 '바로크 시대'라고 부르며, 미학적인 이념이 음악뿐만 아니라 연극, 회화, 건축 등 유럽 문화 전체에 미친 시기를 이른다. 그 특징은 장대함, 명백한 대조성, 화려함 등이며 전체적으로 극장풍 성격을 띠고 있다. 음악상으로는 콘체르타토 concertato 양식 혹은 협주풍 양식으로도 불리며 악기, 성부, 합창 등이 동시에 교대하거나 서로 대립해가는 형식이다. 푸가를 확립한 바흐는 말할 것도 없이 바로크 모든 기간을 통틀어 최고의 작곡가이다.

고전주의

고전주의는 고대 그리스의 아폴론 숭배를 바탕으로 이성, 감정억제, 형식의 균형과 명쾌함을 지향했다. 이 말은 고대 그리스의 예술과 문학을 말하거나 낭만주의의 대조적 개념으로 사용되기도 하지만 대중음악과 대비되는 의미로 '고전주의음악(클래식)'으로 사용될 때도 있다. 하지만 음악사에서 고전주의라는 말은 '빈 고전파'를 가리키는 것이 일반적이다. 그 특징은 악기의 분야에 소나타 형식을 집어넣은 것이다. 고전주의 작곡가로 제일 잘 알려진 사람은 하이든, 모차르트, 베토벤 등이 있다.

낭만파

19세기의 시대를 일반적으로 낭만주의 시대라고 부른다. 미학적 이념은 고전주의가 표방하는 객관성, 합리주의, 아폴론적인 것과 대립하는 것으로 주관성, 주정주의, 디오니소스적인 것이라 할 수 있다. 이 시기의 작곡가로는 카를 마리아 폰 베버, 프란츠 페터 슈베르트, 로베르트 슈만, 프란츠 리스트, 안톤 브루크너, 요하네스 브람스, 구스타프 말러 등이 있으나 나중에 현대 음악에 가장 영향을 준 사람은 바그너였다. 고전주의에서 낭만주의를 잇는 가교로 베토벤도 낭만파로 추가할 때가 있다.

대위법

두 개 이상의 독립된 선율을 동시에 결합하는 작곡기술. 9세기 무렵 기독교의 단선율 성가를 정선율로 하고, 그 위에 다른 선율의 음을 1대1로 중복시킨 '오르가눔'이 등장했다. 그 후에는 미사와 모테트motets 등이 생기고, 14세기의 '아르스 노바'에서는 '모방 대위법'(주요한 악상이 다른 성부에서 그대로 또는 변화되어 반복되는 것)의 '카논'이, 르네상스 말에는 오르간 음악인 '리체르카레 ricercare'가 생겨나면서 '폴리포니(복선율 음악)'의 한 시대를 구축했다. 대위법은 바흐가 집대성했다.

통주저음

르네상스 말경부터 성악의 기악화가 나타났으나 대위법으로 성악을 대신해서 기악 반주와 순기악이 등장한 때가 바로크 시대였다. 이 때는 오페라 등에서 '통주저음'이라 불리는 반주가 사용됐다. 연주자가 기타와 쳄발로 등을 사용해서 즉흥적으로 화음을 만들어 연주하는 것으로 18세기 중반까지 자주 보였다. 바로크 시대는 '통주저음 시대'라고 불릴 때도 있다.

평균율

피타고라스 음계에 바탕을 둔 중음율에서는 먼 조성으로 전조할 때 극단적으로 울림의 순도가 저하해서 하모니에 지장을 준다. 그래서 8옥타브를 12등분해서 12의 반음을 만들어, 오차를 평균으로 분산시키는 평균율이 16세기경 만들어졌다. 이것을 통해서 모든 장조, 단조의 연주가 가능해졌으나 초기에는 불순한 울림이 생긴다고 생각해서 좀처럼 받아들여지지 않았다. 평균율의 보급은 바흐의 《평균율 클라비어Clavier곡집》 덕분이었다.

소나타 형식과 소나타 곡

소나타 형식은 18세기 중엽 고전파 시대에 탄생했다. 창시자는 바흐의 차남 엠마누엘 바흐이다. 소나타 형식은 제1부-제시부, 제2부-전개부, 제3부-재현부라는 3부 구성으로 제1부에는 제1주제(주조)와 제2주제(속조), 제2부에는 제시부 주제의 변주발전, 제3부에는 제1주제(주조로 재현)와 제2주제(주조에 전조해서 재현)가 놓인다. 교향곡, 협주곡, 실내악 등은 소나타 형식이므로 '소나타 곡'으로 불린다.

절대음악과 표제음악

절대음악은 음악의 미적 구성만으로 최고의 표현을 만들어내는 고전파의 친근하고도 합리적인 음악을 가리킨다. 이에 비해 표제음악은 낭만파의 엑토르 베를리오즈로 대표되는, 문학적이며 회화적인 내용을 주관적인 심정으로 표현한 음악이다. 이것은 고전파의 합리적 형식의 음악에 대한 반발로 생겨났다. 베를리오즈의 〈환상교향곡〉(1830)은 표제음악의 대표작이다.

악극

낭만파 후기에 활약한 바그너는 웨버, 베를리오즈 등의 관현악법을 활용하여 새로운 종합예술인 '악극'에서 결실을 보았다. 악극은 문학, 연극, 회화, 무대 등에서 사용되는 융합적 음악 표현으로 바그너 자신이 구상, 대본, 작곡, 무대장치, 연출, 감독을 담당했다. 쉼 없이 계속 이야기하는 듯 노래하는 '무한선율'과 반음계, 불협화음을 극도로 사용한 '트리스탄 화성'은 현대 음악에 많은 영향을 주었다.

신고전주의

바그너주의, 낭만파, 그 이후의 인상주의와 표현주의 음악 등 주관주의적인 음악과 모호한 음악에 대한 안티테제를 부르짖었던 양차 세계대전 사이의 음악을 가리킨다. 고전파와 바로크 시대의 객관적 음악미를 새로운 시선으로 재검토하고, 그것을 현대적 방식으로 재현하려는 움직임으로 페루치오 부조니가 사상적인 체계를 만들었고, 스트라빈스키는 '바흐에게 돌아가라'고 선언했다. 그밖에 프랑스 6인조Les Six와 파울 힌데미트가 지도적 작곡가로 거론된다.

조성의 붕괴

중심음이 선율과 화성에 종속적으로 관여하는 음악이 조성 음악이다. 특히 18~19세기의 유럽 음악은 조성(기능화성적 조성)에 의해 화음 연속의 법칙과 선율 진행 방식이 제약을 받았다. 하지만 음악 표현이 더욱 내면적이 된 19세기 낭만파 때부터 전조의 반복 등이 사용되어 조성을 불안정하게 하고, 드뷔시는 중심음을 남기면서도 기능화성에 의존하지 않는 인상주의 음악을 만들고, 쇤베르크에 이르러서는 중심음을 없앤 무조음악을 창출하면서 조성의 제약은 붕괴되었다.

12음 음악

무조음악을 밀고 나갔던 쇤베르크는 1921년에 독자적인 12음 방식에 도달했다. 옥타브의 12개의 반음을 모두 같은 가치로 다루는 것으로 이 옥타브 내의 12개의 소리에서 작품마다 특정의 음렬을 정하고, 이를 기본 형태로 했다. 기본 형태의 반행형, 역행형, 반행의 역행형, 각 음렬을 반음 높인 위치형을 가진다. 제자인 알반 베르크와 베베른에게 계승되어 제2차 세계대전 후의 음악에 커다란 영향을 주었다.

미술 Art

미술사의 기원

미술사는 먼저 동시대의 위대한 대가들의 전기를 쓰면서 시작됐다.

고대 그리스의 도기화 및 조각의 작가와 공방의 이름이 알려진 이유는 작품에 이름이 쓰여 있었기 때문이다. 파르테논과 같은 거대 건축물에는 쓰여 있지 않으나 고대 그리스는 당시 공예품 조각가들의 이름을 남겨뒀다. 당시 '미술사'라는 학문은 없었으나 미술가의 이름을 적거나 장인의 전기를 쓰면서 미술사가 시작됐다고 할 수 있다. 고대 그리스 플리니우스의 《박물지》를 읽어보면 그런 미술사에 관한 문헌이 꽤 있었던 것으로 보인다.

유명한 것은 공화제 로마 시대의 비트루비우스Vitruvius(BC 80?~15?)가 쓴 《건축의 서De architectura》(BC 25?)가 있으나, 미술 사료의 정확한 기술은 르네상스 시대부터 이루어졌다. 가령 건축가이자 조각가였던 로렌초 기베르티Lorenzo Ghiberti(이탈리아 1378~1455)의 《예술론 각서Commentarii》(1447?)와 조르조 바사리Giorgio Vasari(이탈리아 1511~1574)의 《미술가 열전Lives of the Most Excellent Painters, Sculptors, and Architects》(1550)은 르네상스 시기의 많은 화가, 조각가, 미술가, 건축가들의 장인적 예술 및 전기를 망라하고 있다.

고대 그리스에서 시작되어 로마, 초기 기독교, 비잔틴, 로마네스크에 이르기까지 수도사 등이 미술을 겸임했던 시대가 있었고, 고딕 미술에 이르러서는 따로 전문가가 등장했다. 하지만 이때까지도 화가와 미술가는 현재와 같은 예술가라기보다 회화와 조각, 건축의 '길드(장인조합 혹은 도제제도)'를 형성한 중세와 근세에 걸친 세계의 사람들이며, 동시대에 알려진 '마이스터(거장)'이기도 했다.

바사리 자신도 미술가였으나 《미술가 열전》에서는 르네상스 초기의 치마부에Cimabue(이탈리아 1240~1302)부터 동시대에 이르기까지 여러 독립적인 작가의 전기와 소식을 남겼다. 현대적인 입장에서 평가해본다면 그가 기술한 내용이 정확치 않다는 비판도 있으나 이탈리아 르네상스 시대를 그린 귀중한 사료라는 사실에는 변함이 없다. 그밖에도 알브레히트 뒤러Albrecht Dürer(독일 1471~1528) 이후의 독일 미술가는 요하힘 폰 산드라르트Joachim von Sandrart(독일 1606~1688)가 《독일의 아카데미Teutsche Academie》(1675)에서 자세히 저술하고, 네덜란드의 카렐 반 맨더Karel van Mander(1548~1606)는 1604년에 저지대 국가(벨기에, 네덜란드, 룩셈부르크) 출신 화가들의 전기인 《화가 열전Schilder-boeck》을 썼다.

미켈란젤로Michelangelo(이탈리아 1475~1564)와 레오나르도 다빈치

미술양식의 흐름 ①

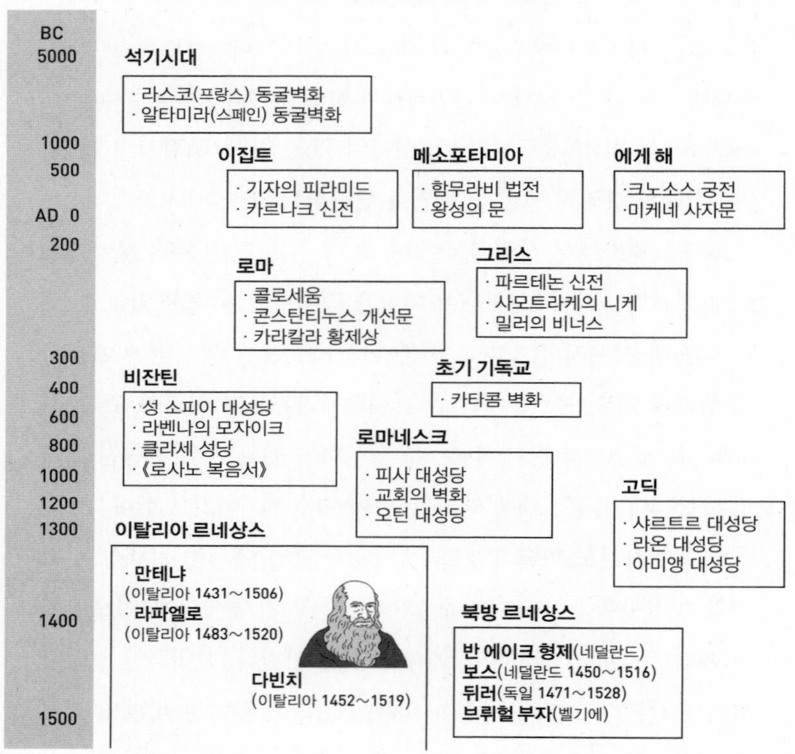

Leonardo da Vinci(이탈리아 1452~1519) 등의 발자취는 동시대의 사람들과 바로 뒤의 미술애호가들에게 인정받으며 기록으로 남겨졌으나 이는 천재적인 사람들에 대한 신화적 찬가였을 뿐 그들에 대한 진정한 평가와 위치 부여는 다음 세대에 이루어졌다.

미술사의 여명

미술 양식의 변천을 실증적으로 기술해가는 학문에서 미술의 본질 자체를 탐구하는 학문으로 발전했다.

미술사라는 학문을 최초로 떠맡은 사람은 《고대 미술사》를 쓴 요한 요아힘 빙켈만이었다. 1800년대에 들어서자 독일의 괴팅겐, 베를린 등의 대학에서 미술사 강좌를 열기 시작했고, 동시에 미술가의 전기적인 기술이 아니라 미술의 시대적 · 민족적 의미와 가치에 관한 연구가 진행됐다. 독일 미학자 피들러Konrad Fiedler(1841~1895)의 영향을 받은 조각가 힐데브란트Adolf von Hildebrand(독일 1847~1921)는 《조형예술의 형식 문제The Problem of Form in Painting and Sculpture》(1893)를 저술하고, 스위스의 미술사가 하인리히 뵐플린Heinrich Wölfflin(1864~1945)은 문화사적 평가에 머물러 있던 미술사에 순수한 미술적 가치를 추구하는 학문의 방향성을 주었다. 또한 오스트리아의 알로이스 리글Alois Riegl(1858~1905)은 예술 양식이 생겨난 시대정신을 탐구하고 미술사 각 시대의 역사적 사명을 분석해서 '예술적 의지' 또는 '예술적 의욕'이라는 개념을 도입했다.

미술사는 기본적으로는 시대별로 미술 양식의 변천을 파악해가는 것이다. 가령 고대 그리스의 미술에서는 추상적인 기하학 문양으로 그려진 도기화의 시대가, 다음에는 '아르카익 시기'라 불리는 미소 짓는 여자와 남자의 조각상의 시대가 있었고, 이후 근대적인 리얼리즘 시대를 맞이한 것처럼 각 시대의 주요 미술작품 양식을 좇는 것이 미술사 서술의 주류였다. 물론 여기에는 특정 예술적 사조에 대한 미술사가의 일정한 관점이 개입되어 있었다. 이를테면

미술양식의 흐름 ②

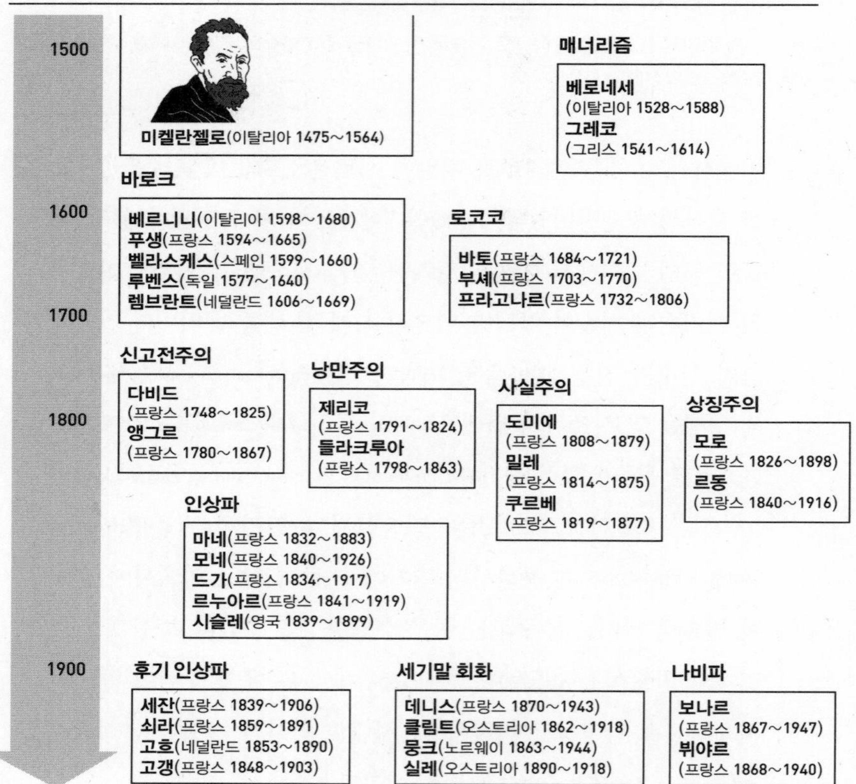

다윈의 진화론적 시각에서 로마 미술은 그리스 문화를 계승하였지만 진화 및 변화의 양상이 적어 높게 평가되지 않았다. 그러나 리글은 '예술적 의지', 즉 미술가의 밑바닥에 있는 의식을 탐구하는 방식으로 로마 미술을 재평가했다.

리글의 흐름을 이어받은 빌헬름 보링거Wilhelm Worringer(독일 1881~1965)는 '추상'이라는 개념에 주목했다. 이것은 미술사의 새로운 시각이었으며, 이 때문에 원시미술과 이집트 미술의 가치를 재발견하는 것이 가능해졌다. 보링거는《추상과 감정이입: 동양예술과 서양예술Abstraction and Empathy》(1907)에서 테오도어 립스Theodor Lipps(1851~1914)가 제창한 심리학적 미학의 '감정이입' 형태인 고전주의적 역사관에 '추상' 충동을 대비시켰다. 즉 그는 리글이 지적한 '예술 의욕의 역사'를 재인식하고, 고대 이집트부터 그리스 로마, 중세 고딕 등의 미술작품을 살펴보며 유럽 중심주의적 역사관의 상대화를 시도했다.

바로크, 로코코, 신고전주의, 낭만주의, 사실주의, 인상주의, 후기 인상주의의 시대를 거쳐 1900년대에 이르기까지 도상학과 복식학, 고문서학, 고고학, 미술해부학 등 주변의 학문과 다양하게 영향을 주고받으며 미술사는 예전의 양식 변천론에서 벗어나 복잡한 학문으로 전개됐으나, 한편에서는 '미'를 강조하는 인상비판의 측면도 생겨났다.

현대의 미술사

추상을 둘러싼 미술이론의 심화와 도상학적 접근방식이 특징이다.

회화는 점차 그 경향이 다양해지면서 신인상주의 이후 상징주의, 나비파, 소박파, 아르누보, 포비즘, 큐비즘 등이 발전했다. 20세기에 들어서자 '추상' 개념의 본격적인 회화적 적용이 활발해지고, 나아가 초현실주의와 다다이즘 등 새로운 미술운동이 발생했다.

오스트리아의 미술사가 한스 제들마이어Hans Sedlmayr(1896~1984)

20세기 미술

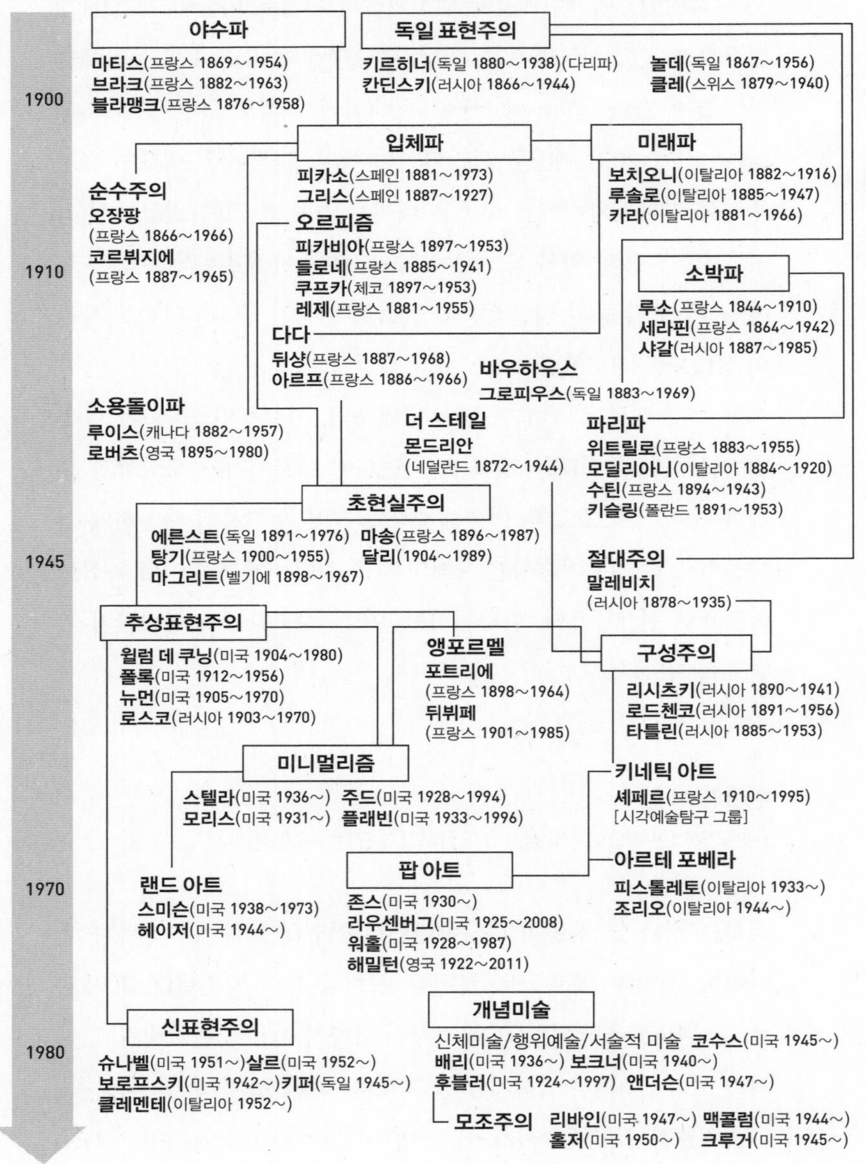

1900
1910
1945
1970
1980
야수파
마티스(프랑스 1869~1954)
브라크(프랑스 1882~1963)
블라맹크(프랑스 1876~1958)
독일 표현주의
키르히너(독일 1880~1938)(다리파)
칸딘스키(러시아 1866~1944)
놀데(독일 1867~1956)
클레(스위스 1879~1940)
입체파
미래파
순수주의
오장팡
(프랑스 1866~1966)
코르뷔지에
(프랑스 1887~1965)
피카소(스페인 1881~1973)
그리스(스페인 1887~1927)
보치오니(이탈리아 1882~1916)
루솔로(이탈리아 1885~1947)
카라(이탈리아 1881~1966)
오르피즘
피카비아(프랑스 1897~1953)
들로네(프랑스 1885~1941)
쿠프카(체코 1897~1953)
레제(프랑스 1881~1955)
소박파
루소(프랑스 1844~1910)
세라핀(프랑스 1864~1942)
샤갈(러시아 1887~1985)
다다
뒤샹(프랑스 1887~1968)
아르프(프랑스 1886~1966)
바우하우스
그로피우스(독일 1883~1969)
소용돌이파
루이스(캐나다 1882~1957)
로버츠(영국 1895~1980)
더 스테일
몬드리안
(네덜란드 1872~1944)
파리파
위트릴로(프랑스 1883~1955)
모딜리아니(이탈리아 1884~1920)
수틴(프랑스 1894~1943)
키슬링(폴란드 1891~1953)
초현실주의
에른스트(독일 1891~1976)
마송(프랑스 1896~1987)
탕기(프랑스 1900~1955)
달리(1904~1989)
마그리트(벨기에 1898~1967)
절대주의
말레비치
(러시아 1878~1935)
추상표현주의
윌럼 데 쿠닝(미국 1904~1980)
폴록(미국 1912~1956)
뉴먼(미국 1905~1970)
로스코(러시아 1903~1970)
앵포르멜
포트리에
(프랑스 1898~1964)
뒤뷔페
(프랑스 1901~1985)
구성주의
리시츠키(러시아 1890~1941)
로드첸코(러시아 1891~1956)
타틀린(러시아 1885~1953)
미니멀리즘
스텔라(미국 1936~)
주드(미국 1928~1994)
모리스(미국 1931~)
플래빈(미국 1933~1996)
키네틱 아트
셰페르(프랑스 1910~1995)
[시각예술탐구 그룹]
아르테 포베라
피스톨레토(이탈리아 1933~)
조리오(이탈리아 1944~)
랜드 아트
스미슨(미국 1938~1973)
헤이저(미국 1944~)
팝 아트
존스(미국 1930~)
라우센버그(미국 1925~2008)
워홀(미국 1928~1987)
해밀턴(영국 1922~2011)
개념미술
신체미술/행위예술/서술적 미술
코수스(미국 1945~)
배리(미국 1936~)
보크너(미국 1940~)
후블러(미국 1924~1997)
앤더슨(미국 1947~)
모조주의
리바인(미국 1947~)
맥콜럼(미국 1944~)
홀저(미국 1950~)
크루거(미국 1945~)
신표현주의
슈나벨(미국 1951~)
살르(미국 1952~)
보로프스키(미국 1942~)
키퍼(독일 1945~)
클레멘테(이탈리아 1952~)

는《중심의 상실Loss of the Center》(1948) 등에서 회화, 조각, 건축 등을 종합적으로 분석하여 근대 예술을 시대의 징후로 파악하고, 추상이라는 개념은 그 이전의 미술, 로마네스크나 바로크 혹은 기독교적인 것 등에 내재한 의식적 · 무의식적인 의미를 사상(유의할 필요가 있는 현상의 특징 이외의 다른 성질을 버리는 일)함으로써 성립하는 것이라고 했다. 그는 바실리 칸딘스키Wassily Kandinsky(러시아 1866~1944)를 추상화의 창시자라고 했다.

한편 전혀 반대 방향으로 과거의 '의미'를 고찰하고자 독일의 바르부르크 연구소에서 연구를 진행했던 에르빈 파노프스키Erwin Panofsky(독일 1892~1968)는 도상학iconography에 '해석학'이라는 새로운 의미를 부여하고 20세기의 미술사학에서 '양식론'과 나란히 하는 가장 중요한 방법론을 세워 새로운 지평을 열었다. 파노프스키는 도상이 가지고 있는 배경과 사고의 원천(사회적 상황, 사상, 역사, 전통 등)을 더듬어서, 가령 미켈란젤로가 만든 메디치가의 영묘 조각에 관해 날카로운 분석을 해서 그리스 및 기독교 신화의 전승을 풀어나갔다.

파노프스키 이후 미술사는 그 방향성을 문화인류학, 문학사, 심리학 등으로 확장해서 복잡해졌으나, 다른 한편으로 '추상'을 연구하는 보링거를 계승한 미술사가들도 많았다. 추상표현주의(뉴욕파)의 대표적 화가 잭슨 폴록Jackson Pollock(1912~1956) 등을 옹호한 미국의 클레멘트 그린버그Clement Greenberg(1909~1994)와 일본의 토노 요시아키東野芳明(1930~2005), 후지에다 테루오藤枝晃雄(1936~) 등의 비평은 의미를 잘라버리는 작업과 의미를 추구하는 도상학적인 작업 모두를 인정하며 미술사의 양방향성을 정립했다.

미술사학은 나아가 철학과 문학, 언어학적인 방법론을 배울 필요성을 느꼈다. 잭슨 폴록은 빌럼 데 쿠닝Willem de Kooning(네덜란드 1904~1997)과 함께 액션 페인팅을 만들어냄으로써 기존 회화의 제약을 완전히 벗어났다. 현대 아트의 범주는 앵포르멜, 색면파 Colorfield painting, 아메리칸 팝아트, 브리티시 팝, 누보 리얼리즘, 네오다다이즘, 개념미술, 미니멀리즘, 설치미술, 극사실주의, 시뮬레이션 아트 등으로 파생 · 전개되고, 현대적인 문제의식을 구상화 속에 되살린 데이비드 호크니David Hockney(영국 1937~) 등이 활약하는 시대가 됐다.

다카시나 슈지高階秀爾(1932~)가 "(서양)미술사를 공부한다는 것은 미술사 이외의 다양한 인문과학의 방식을 배우고, 동시에 인간의 문화를 배우고, 다른 전통 속에 살아가는 사람들의 달라진 점, 공통적인 점을 다시 살펴보는 것에 의의가 있다"라고 한 것처럼, 미술사는 현대 사회의 다종다양한 인종과 문화, 정치, 종교를 받아들이는 '거울'이 되는 학문이다.

앞으로 미술을 공부하고 싶은 사람이 알아야 할 기초 지식

빛

르네상스 이후의 미술에서 빛과 그로 인한 명암은 회화에서 가장 중요한 요소 중 하나였다. 물리학의 뉴턴과 색채에 관한 연구를 한 요한 볼프강 폰 괴테의 이론은 빛과 색의 관계를 표현하고자 했던 19세기 인상파에 커다란 영향을 주었다. 특히 인상파 화가들은 빛을 화구(그림을 그리는 데 쓰이는 도구)로 재현하려 했다.

색

빛의 삼원색과 색의 삼원색은 전혀 반대 의미를 가진다. 색, 가령 투명성의 화구(수채화 화구 등)는 중복해서 칠하면 점차 '흑색'에 가까워진다. 빛의 색은 중복시키면 하얗게 되어 태양 같은 백색이 된다. 르네상스 시대의 중후기는 배경에서 '청색'이 강조되었는데 청색은 하늘과 같은 빛의 색으로 투명감이 넘치는 특징이 있었다. 화구는 투명색이 아니므로 회화 속에서는 현실의 풍경보다 아무래도 더 수수해진다.

리얼리즘(사실주의)

그리스 미술을 미술사의 기원으로 보면 세계 전체의 미술은 마치 계통 발생도와 같이 보일 수 있다. 즉 원시미술과 같은 추상화된 동물상, 조몬 토기와 같은 기하학적인 문양, 동물과 인간 화상의 소박한 재현을 거쳐 르네상스 시대에 이르러 비로소 현실적 대상의 완전한 재현이 확립됐다는 것이다. 하지만 유럽의 회화사는 고대 그리스 미술사를 그대로 반복해서 실현해왔다. 비리얼리즘적인 인상파의 회화도 로마 미술에 확실히 존재했다.

원근법

멀리 있는 것은 작게 보이고, 가까이 있는 것은 크게 보인다. 평행선은 멀어져감에 따라서 좁아지고 이윽고 소실점에서 교차한다. 가령 '겐지모노가타리 두루마리 그림'이 그려지던 시대에 평행선은 언제까지나 평행한 채로 그려졌다. 원근법의 발견은 르네상스 회화의 시대에 이르러 진행된다. 풍경의 배후에 있는 평행선과 수직, 삼각형과 사다리꼴 등 눈에 보이지 않는 요소를 어떻게 발견했는지는 현재로서도 불명확하다.

마티에르 또는 질감

수채화는 투명하므로 중복해서 칠하면 전의 색과 뒤의 색이 합쳐진 다른 색이 된다. 가령 노란색을 칠하고 다음에 파란색을 칠하면 화면은 녹색이 된다. 이에 비해 유화는 불투명하므로 색을 겹쳐서 칠하면 나중에 칠한 색깔만이 남는다. 다만 색을 겹쳐서 바르면 화면상에 물감이 쌓여서 울퉁불퉁해지거나 붓의 사용방식에 따라 흔적이 남는다. 이런 울퉁불퉁함과 흔적을 '마티에르'라고 한다. 르네상스 이후의 회화는 마티에르를 중요시했다. 두껍게 칠하면 위엄 있게 보이는 회화적 특징을 표현하는 것이 가능했기 때문이다.

복제

발터 벤야민의 유명한 '복제 시대의 예술'이라는 개념이 있다. 근대 이후의 예술은 인쇄와 사진 및 그 밖의 다른 수단으로 하나의 작품을 복제할 수 있다. 그래서 단 하나의 작품이 가지고 있던 아우라(매혹적인 감정을 일으키는 원천이라는 의미)는 상실하는 것이 아닌가 하는 게 벤자민의 의문이었다. 그의 생각이 복제 시대에 대한 긍정인지 혹은 오리지널을 요구한 부정인지는 불명확하나 어느 쪽이든 복제 시대가 작품의 매력을 없애버린다고 생각할 수는 없다. 지금도 사진과 출판 그리고 인쇄물은 우리를 매료시키고 있다.

회화

미술이 양식적으로 어떤 종류의 완성을 거둔 고대 그리스 시대에서 소위 '회화예술'은 없었다. 하지만 회화가 아예 없었던 것은 아니며, 도기의 표면에 그려진 그림은 지금도 다량으로 남아 있다. 즉 벽화 혹은 근대의 액자에 들어간 그림인 '타블로tableau'가 없을 뿐이었다. 하지만 로마 시대가 되자 벽화가 성행했고 유명한 폼페이 유적 중에는 다양한 로마 회화가 지금도 남아 있다. 그리고 성적인 주제와 밀교적인 그림, 풍경화의 원류로 생각되는 그림이 다수 남겨져 있다.

조각

현실에 존재하는 것을 재현하는 수단으로 이차원적인 '회화'와 삼차원적인 '조각'이 있다. 인류는 회화와 조각 중 무엇을 먼저 시작했을까? 라스코의 벽화나 대지모신을 본뜬 것으로 여겨지는 토우 및 비너스와 같이 어떤 상을 그리거나 조각하는 행위가 종교적인 제의에서 시작됐다고 한다면, 빅팀(제물·희생)으로서 최초의 예술작품은 흙과 돌로 만들어진 사람이나 동물이 아니었을까 생각된다. 하지만 그런 기원론을 넘어서 회화와 조각은 인간이 영위하면서 끊임없이 발전시킨 미술 양식이다.

추상

고양이 그림을 그릴 때, 현실의 고양이를 있는 그대로 재현하는 것도 가능하나 선으로 간단하게 눈과 얼굴만 그려도 인지는 충분히 가능하다. 이렇게 존재를 가장 본질적인 특징으로 파악하는 것을 '추상'이라고 한다. 이런 자연소재를 추상해가면 원과 구, 선, 점, 삼각형 등이 추출된다. 추상화는 현실 존재를 그대로 재현하는 구상화보다 존재를 추상함으로써 성립한다. 하지만 추상이 극단적으로 나아가서 선과 면, 색으로 환원된 회화는 의미와 개념을 상실하고 만다.

나체

근대 회화와 조각이 나체를 모델로 삼는 이유는 인체의 골격과 근육의 움직임, 작용을 인식하기에는 나체가 가장 좋기 때문이라고 여겨지고 있으나, 이집트와 그리스의 조상 대부분이 나체로 그려진 것은 종교에서 기원했기 때문이다. 고대 그리스와 스파르타에서는 젊은 남녀가 알몸으로 스포츠 훈련을 했는데, 이는 나체의 신체성이 '미' 혹은 '거룩한 종교적 품성'의 은유metaphor라고 여겨지던 시대이기에 가능했으며 따라서 나체의 재현이 활발히 이루어졌을 것이라 생각된다.

도상학

유럽 도상학은 미술사에서 파생되었으나 그려진 도상의 깊은 의미를 해독한 제1인자로는 독일 태생의 파노프스키가 있다. 도상학을 통해서 일본의 중세사 연구가 쿠로타 히데오는 두루마리 그림 등 비주얼 사료를 해독하고 중세 역사의 행간을 보려고 했다. 이 작업은 민속학의 미야모토 츠네이치 등에 의해 시작되어, 역사학의 아미노 요시히코 등에게 계승되며 학문의 중요한 측면을 이어가고 있다.

양식론

정신적 · 내면적인 특성을 형상으로 나타내는 방식과 유형. 리글이 《로마 말기의 미술 공예》(1901)에서 이야기한 광범위한 지역과 시대에 미치는 장식 모티브의 분류법과 발전의 법칙.
뵐플린이 주요 저서 《미술사의 기초개념》(1915)에서 이론화했고 16세기의 르네상스 양식과 17세기의 바로크 양식을 다섯 가지의 대비 개념으로 정의했으며 현재도 미술사학의 기본적인 분석 시각으로 활용되고 있다.

추상표현주의

원래 1920년대에 칸딘스키의 추상회화를 나타내기 위해 사용한 말이었다. 하지만 세계대전 이후 잭슨 폴록과 마크 로스코 등의 회화에도 사용됐으며, '액션 페인팅', '아메리카 스타일 페인팅'으로도 불린 미국의 미술에만 적용되었다. 유럽에서 일어난 움직임은 '앵포르멜'이라고 부른다. 추상표현주의 스타일은 미술에 대한 자세에서 비롯되는 것으로서 폴록과 로스코 사이에 시각적인 공통성은 적다. 다만 그들의 공통된 자세는 회화를 통한 정신적인 자기실현의 추구에 있었다.

개념미술

작품의 대상이 되는 물체 자체보다 그 작품을 성립시키는 '개념'이 중요한 요소가 된다는 예술 사조로, 많은 작품은 종래의 미술 작품에서 크게 벗어나고 무척 난해하다.

"미술은 지식으로 전 세계의 모든 세대들과
소통하는 '과학의 여왕' 같은 존재이다."
_레오나르도 다빈치 Leonardo da Vinci

영화 Movie

영화의 기원

동시다발적으로 발명되어 이후 수년 만에 전 세계로 퍼져나갔다.

영화의 시작은 1895년에 프랑스의 뤼미에르 형제Auguste and Louis Lumière(형 1862~1954, 동생 1864~1948)가 발명한 '시네마토그래프cinématographe'로 알려졌으나, 당시에는 뤼미에르뿐만이 아니라 동시다발적으로 여러 사람이 발명을 시도하고 있었다.

가령 발명왕 에디슨은 연속해서 움직이는 사진을 상자를 통해 들여다보는 것에 성공했다. '키네토스코프kinetoscope'라는 이름의 이 장치는 그 원리가 현재의 영화와 같으나 혼자서만 볼 수 있어서 진정한 의미에서의 영화라고 생각할 수 없었다.

그밖에도 영국인 로버트 W. 폴Robert W. Paul(1869~1943)의 애니매토그래프animatograph, 독일인 막스 스클라다노프스키Max

Skladanowsky(1863~1939)의 비오스코프bioscope, 그리고 에디슨의 키네토스코프를 개량한 바이타스코프vitascope 등이 비슷한 무렵에 발명됐으나, 발표된 시간의 차이로 인해 뤼미에르의 시네마토그래프가 영화의 기원이 됐다. 또한 뤼미에르 형제는 장치를 발명했을 뿐만 아니라 세계 최초의 영화 〈뤼미에르 공장을 나서는 노동자들Employees Leaving the Lumiere Factory〉(1895) 등 1분 정도 길이의 작품을 12개나 남겼다.

영화(시네마토그래프, 바이타스코프)는 발명이 된 다음 해부터 세계 각국에서 여러 작품으로 발표됐다. 초기 작품은 사실을 있는 그대로 촬영한 것이었음에도 커다란 반향을 불러일으켰다. 1896년에는 프랑스인 조르주 멜리에스Georges Méliès(1861~1938)가 극장에서 영화를 상영하는 등 영화는 발명된 지 몇 년 만에 현재의 영화 시스템으로 자리 잡았다.

1900년대에 들어서자 창작으로서의 영화가 만들어진다. 먼저 프랑스에서 조르주 멜리에스가 1902년에 SF영화 〈달세계 여행A Trip to the Moon〉을, 미국의 에드윈 S. 포터Edwin S. Porter(1870~1941)가 1903년에 〈대열차 강도The Great Train Robbery〉를 제작했다. 스튜디오의 촬영과 로케의 촬영을 조합해서 구성된 이 작품은 보는 이의 상상력을 강하게 자극했다.

이후로 1910년대와 1920년대를 걸쳐 세계 각국에서 다양한 스타일 및 장르의 작품이 만들어졌다. 그중에서는 클로즈업 등의 영화기법을 발명하고 영화의 원형을 완성해서 '영화의 아버지'라고 불린 데이비드 와크 그리피스D. W. Griffith(미국 1875~1948)의 〈국가의

영화의 탄생

영화 제작방식의 탄생

시네마토그래프
(1895) **뤼미에르 형제**

키네토스코프
(1891) **에디슨**
(미국 1847~1931)

바이타스코프
(1897) **에디슨**
(아마드, 젱킨스 설도 있음)

애니매토그래프
(1895) **로버트 W. 폴**
(영국 1869~1943)

비오스코프
(1896) **스클라다노브스키**
(독일 1863~1939)

작품의 탄생

조르주 멜리에스(프랑스 1861~1938)
〈달세계 여행〉(1902)

에드윈 S. 포터(미국 1870~1941)
〈미국 소방관의 하루〉(1903)
〈대열차 강도〉(1903)

작품(무성)의 질적 · 양적 확대

스펙터클 영화

피에로 포스코(이탈리아 1882~1959)
〈카비리아〉(1914)

D. W. 그리피스(미국 1875~1948)
〈국가의 탄생〉(1915)
〈인톨러런스〉(1916)

예술영화

빅토르 셰스트룀(스웨덴 1879~1960)
〈영혼의 불사〉(1921)

F. W. 무르나우(독일 1888~1931)
〈마지막 웃음〉(1924)

아벨 강스 (프랑스 1889~1981)
〈철로의 백장미〉(1923)

에리히 폰 스트로하임(오스트리아 1885~1957)
〈어리석은 아내들〉(1921)

찰리 채플린(영국 1889~1977)
〈황금광 시대〉(1925)

아방가르드 영화

루이스 부뉴엘(스페인 1900~1983)
〈안달루시아의 개〉(1928)

장 엡스타인(프랑스 1897~1953)
〈어셔가의 몰락〉(1928)

프리츠 랑(오스트리아 1890~1976)
〈메트로폴리스〉(1927)

희극

맥 세네트(미국 1880~1960)

찰리 채플린(영국 1889~1977)
〈개의 삶〉(1918)
〈키드〉(1921)

버스터 키턴(미국 1895~1966)
〈제너럴〉(1926)

독일 표현주의

로버트 비네(독일 1873~1938)
〈칼리가리 박사의 밀실〉(1919)

프로파간다 영화

세르게이 예이젠시테인(러시아 1898~1948)
〈스트라이크〉(1925)
〈전함 포템킨〉(1925)

브세볼로드 푸도프킨(러시아 1893~1953)
〈어머니〉(1926)

기록 영화

지가 베르토프(러시아 1896~1954)
〈카메라를 든 사나이〉(1929)

로버트 플라어티(프랑스 1884~1951)
〈북극의 나누크〉(1922)

탄생The Birth of a Nation〉(1918), 로버트 비네Robert Wiene(독일 1873~1938)의 〈칼리가리 박사의 밀실The Cabinet Of Dr. Caligari〉(1919), 세르게이 예이젠시테인Sergei Eisenstein(러시아 1898~1948)의 〈전함 포템킨The Battleship Potemkin〉(1925), 루이스 부뉴엘Luis Buñuel(스페인 1900~1983)의 〈안달루시아의 개An Andalusian Dog〉(1929), 프리츠 랑Fritz Lang(오스트리아 1890~1976)의 〈메트로폴리스Metropolis〉(1927), 찰리 채플린Charlie Chaplin(영국 1889~1977)의 〈황금광 시대The Gold Rush〉(1925) 등 영화사에 남는 걸작도 많았다. 이어서 유성영화 시대에 들어서자 영화는 황금시대를 맞이한다.

영화의 전환

'소리'는 영화 표현을 혁신적으로 확대했고 시대는 황금기를 맞이한다.

1927년 뉴욕에서 세계 최초의 유성영화 작품 〈재즈 싱어The Jazz Singer〉가 공개된 후, 영화는 점차 무성에서 유성으로 이행하고, 1930년에는 거의 유성으로 교체됐다. 소리를 손에 넣음으로써 영화 표현은 혁신적으로 확대되며 다양한 장르의 작품이 만들어졌다.

또한 미국과 유럽에서는 작품의 방향성에서 차이가 보였다. 오락 작품이 중심이 된 미국에 비해 유럽에서는 예술성이 높은 것이 많아졌다. 이것은 오늘날까지 계속되는 경향이다. 미국에서는 대중성이 뛰어난 다종다양한 작품이 만들어졌는데, 주목할 만한 영화 인물으로는 '미국 생활파'라 불리는 드라마 장르의 프랭크 캐프라Frank Capra(미국 1897~1991), 갱 영화의 하워드 호크스Howard Hawks(미

영화의 전개(미국)

드라마(미국 생활파)

프랭크 카프라(미국 1897~1991)
〈어느 날 밤에 생긴 일〉(1934)

레오 맥캐리(미국 1898~1969)
〈레드 갭의 러글스〉(1935)

조지 큐커(미국 1899~1983)
〈작은 아씨들〉(1933)

뮤지컬

에른스트 루비치
(독일 1892~1947)
〈러브 퍼레이드〉(1929)

마크 샌드리치
(미국 1900~1945)
〈톱 햇〉(1935)
〈쉘 위 댄스〉(1937)

애니메이션

월트 디즈니
(미국 1901~1966)
〈백설공주〉(1937)
〈꽃과 나무〉(1932)
(최초의 컬러 애니메이션)
〈환타지아〉(1940)
(최초의 입체 음향)

서부극

존 포드(미국 1894~1973)
〈역마차〉(1939)
〈모호크족의 북소리〉(1939)

갱 영화

하워드 호크스(미국 1896~1977)
〈스카페이스〉(1932)

마이클 커티즈(헝가리 1888~1962)
〈더럽혀진 얼굴의 천사〉(1938)

리얼리즘

오손 웰스(미국 1915~1985)
〈시민 케인〉(1941)

전후 할리우드 대작 영화

1940년대

존 포드(미국) 〈황야의 결투〉(1946) 〈도망자〉(1947)
찰리 채플린(영국) 〈살인광 시대〉(1947)
스탠리 도넌(미국 1924~) 〈춤추는 대뉴욕〉(1949)

1950년대

조셉 L. 맨키비츠(미국 1909~1993) 〈이브의 모든 것〉(1950)
엘리아 카잔(미국 1909~2003) 〈에덴의 동쪽〉(1955)
스탠리 도넌, 진 켈리(미국 1912~1996) 〈사랑은 비를 타고〉(1952)
윌리엄 와일러(미국 1902~1981) 〈로마의 휴일〉(1953)
데이비드 린(영국 1908~1991) 〈콰이강의 다리〉(1957)
빌리 와일더(폴란드 1906~2002) 〈뜨거운 것이 좋아〉(1959)

1960년대

로버트 와이즈(미국 1914~2005) 〈웨스트 사이드 스토리〉(1961)
데이비드 린 〈아라비아의 로렌스〉(1962)
조지 큐커 〈마이 페어 레이디〉(1964)
스탠리 큐브릭(미국 1928~1999) 〈닥터 스트레인지러브〉(1964)

국 1896~1977), 뮤지컬의 마크 샌드리치Mark Sandrich(미국 1900~1945), 서부극의 존 포드John Ford(미국 1894~1973), 애니메이션의 월트 디즈니Walt Disney(미국 1901~1966) 등이 있다.

한편 유럽의 영화는 전반적으로 예술적 분위기를 가지고 있었으나 국가에 따라서 성격이 달랐다. 프랑스에서는 르네 클레르René Clair(1898~1981), 줄리앙 뒤비비에Julien Duvivier(1896~1967) 등

영화의 전개(유럽)

전후 유럽 영화

프랑스 순수예술영화

르네 클레르(프랑스 1898~1981)
〈파리의 지붕 밑〉(1930)

마르셀 카르네(프랑스 1906~1996)
〈안개 낀 부두〉(1938)

장 르누아르(프랑스 1894~1979)
〈지하 세계〉(1936)

서스펜스 스릴러

알프레드 히치콕(영국 1899~1980)
〈사라진 여인〉(1938)
〈레베카〉(1940)

독일 프로파간다 영화

레니 리펜슈탈(독일 1902~2003)
〈의지의 승리〉(1935)
〈올림피아〉〈민족의 제전〉〈미의 제전〉(1938)

프랑스 전후파

로베르 브레송(프랑스 1901~1999)
〈어느 시골 본당 신부의 일기〉(1950)

앙리 조르주 클루조(프랑스 1907~1977)
〈공포의 보수〉(1953)

누벨바그

프랑수아 트뤼포(프랑스 1932~1984)
〈400번의 구타〉(1959)

장 뤽 고다르(프랑스 1930~)
〈네 멋대로 해라〉(1959)

안티 낭만파

알랭 레네(프랑스 1922~2014)
〈지난 해 마리앙바드에서〉(1961)

헨리 콜피(스위스 1921~2006)
〈그토록 오랜 부재〉(1961)

필름 노와르

자크 베커(프랑스 1906~1960)
〈현금에 손대지 마라〉(1954)

이탈리아 네오레알리스모

로베르토 로셀리니(이탈리아 1906~1977)
〈무방비 도시〉(1945)

비토리오 데 시카(이탈리아 1901~1974)
〈자전거 도둑〉(1948)

영국 프리시네마(성난 젊은이들파)

린지 앤더슨(인도 1923~1994)
〈만약〉(1968)
토니 리처드슨(영국 1928~1991)
〈장거리 주자의 고독〉(1962)

이탈리아 리얼리즘파

페데리코 펠리니(이탈리아 1920~1993)
〈달콤한 생활〉(1959)

루키노 비스콘티(이탈리아 1906~1976)
〈로코와 그의 형제들〉(1960)

폴란드파 영화

안제이 바이다(폴란드 1926~)
〈카날〉(1957)
〈재와 다이아몬드〉(1958)

의 순수예술영화가 주류이며, 영국에서는 알프레드 히치콕Alfred Hitchcock(1899~1980)의 서스펜스 스릴러, 그리고 나치스가 지배한 독일에서는 레니 리펜슈탈Leni Riefenstahl(1902~2003) 등의 프로파간다 영화가 전성기를 달렸다. 또한 미국에서도 오락 일변도가 아닌 예술성이 높은 영화가 만들어졌는데 그 대표적 작품이 오손 웰스Orson Welles(미국 1915~1985)의 〈시민 케인Citizen Kane〉(1941)이었다.

전후가 되자 미국에서는 할리우드의 힘이 더욱 강해지고, 여러 차례 대작이 만들어진다. 프레드 진네만Fred Zinnemann(미국 1907~1997)의 〈하이 눈High Noon〉(1952), 존 휴스턴John Huston(미국 1906~1987)의 〈시에라 마드레의 황금The Treasure Of The Sierra Madre〉(1948), 스탠리 도넌Stanley Donen(미국 1924~)의 〈춤추는 대뉴욕On The Town〉(1949), 조셉 L. 맨키비츠Joseph L. Mankiewicz(미국 1909~1993)의 〈이브의 모든 것All About Eve〉(1950)이 발표됐다. 미국에서 할리우드의 독주는 1960년대 후반에 '뉴 시네마 운동'이 일어날 때까지 계속됐다.

전후 유럽에서 중요한 위치를 차지하고 있던 것이 이탈리아의 네오레알리스모Neorealismo와 프랑스의 누벨바그Nouvelle Vague였다. 전자는 로케이션 중심으로 다큐멘터리 풍으로 촬영했으며 전후 이탈리아의 혼란한 현실을 사실적으로 그린 작품들로 로베르토 로셀리니Roberto Rossellini(1906~1977)의 〈무방비 도시Open City〉(1945), 비토리오 데 시카Vittorio De Sica(1901~1974)의 〈자전거 도둑The Bicycle Thief〉(1948)이 대표적이다. 후자는 프랑수아 트뤼포François Truffaut(1932~1984), 장 뤽 고다르Jean-Luc Godard(1930~), 루이 말Louis Malle(1932~1995) 등 1950년대에 그때까지의 영화문법과는 다른 참신한 스타일의 걸작을 만든 프랑스의 젊은 감독들을 일컫는 말로 이들의 영화는 세계의 젊은 작가들에게 적잖은 충격과 영향을 남겼다.

현대의 영화사정

뉴 시네마 이후 미국 영화가 다양성을 보여주고 있으며 중국어권 감독들이 활약 중이다.

1960년대 후반 미국의 영화제작은 커다란 변화를 보이게 됐다. 그때까지는 대형 영화사가 제작에서 배급까지 담당하고 직업감독이 스타를 기용해서 영화를 찍는 것이 일반적이었으나, 기존의 방식에서 벗어난 스타일의 영화가 다수 만들어졌다. 제작 스타일만이 아니라 그 내용에 있어서도 마약, 섹스, 반전 등 당시 젊은이들의 반체제적 분위기를 짙게 내보이는 작품이 많았다. 아서 펜Arthur Penn(미국 1922~2010)의 〈우리에게 내일은 없다Bonnie And Clyde〉(1967), 데니스 호퍼Dennis Hopper(미국 1936~2010)의 〈이지 라이더Easy Rider〉(1969), 존 슐레진저John Schlesinger(영국 1926~2003)의 〈미드나잇 카우보이Midnight Cowboy〉(1969) 등 일련의 작품은 '아메리칸 뉴 시네마'라고 불리며 전 세계 작가와 관객에게 신선한 영향을 주었다.

뉴 시네마 이후 미국에서는 할리우드에서의 영화제작을 넘어 다양한 장소에서 제작이 이루어졌다. 할리우드의 대표적인 '새로운 세대'로는 프랜시스 포드 코폴라Francis Ford Coppola(1939~), 조지 루카스George Lucas(1944~), 스티븐 스필버그Steven Spielberg(1946~) 등이 있고, 그들은 '뉴 할리우드파'로도 불린다. 그밖에도 마틴 스콜세지Martin Scorsese(1942~)와 우디 앨런Woody Allen(1935~)등의 뉴욕파, 짐 자무쉬Jim Jarmusch(1953~) 등의 뉴욕 인디즈, 스파이크 리Spike Lee(1957~) 등의 인디펜던스파가 활약 중이다.

유럽 영화는 라이너 베르너 파스빈더Rainer Werner Fassbinder(독일

영화의 현재

미국 뉴 시네마

아서 펜(미국 1922~2010)
〈우리에게 내일은 없다〉(1967)
〈앨리스의 레스토랑〉(1969)

마이크 니컬스(독일 1931~2014)
〈졸업〉(1967)

프랭크 페리(미국 1930~1995)
〈스위머〉(1968)

데니스 호퍼(미국 1936~2010)
〈이지 라이더〉(1969)

존 슐레진저(영국 1926~2003)
〈미드나잇 카우보이〉(1969)

조지 로이 힐(미국 1922~2002)
〈내일을 향해서 쏴라〉(1969)

로버트 올트먼(미국 1925~2006)
〈매시〉(1970)

미국

뉴 할리우드파

프랜시스 포드 코폴라(미국 1939~)
〈대부〉(1972)

조지 루카스(미국 1944~)
〈청춘 낙서〉(1973)
〈스타워즈〉(1977)

스티븐 스필버그(미국 1946~)
〈미지와의 조우〉(1977)
〈E. T.〉(1982)

뉴욕파

우디 앨런(미국 1935~)
〈애니 홀〉(1977)
〈인테리어〉(1978)

마틴 스콜세지(미국 1942~)
〈택시 드라이버〉(1976)

뉴욕 인디즈

짐 자무쉬(미국 1953~)
〈천국보다 낯선〉(1984)

인디펜던트파

스파이크 리(미국 1957~)
〈똑바로 살아라〉(1989)
〈말콤 X〉(1992)

기타

올리버 스톤(미국 1946)
〈플래툰〉(1986)
〈JFK〉(1991)

쿠엔틴 타란티노(영국 1963~)
〈펄프픽션〉(1994)

1945~1982), 빔 벤더스Wim Wenders(독일 1945~) 등의 '뉴저먼 시네마'라 불린 감독 이외에는 오랫동안 부진했으나 1990년대에 들어서자 뤽 베송Luc Besson(1959~), 장 자크 베넥스Jean-Jacques Beineix(1946~), 레오 카락스Leos Carax(1960~) 등 프랑스의 젊은 감독들이 질과 양 모두에서 눈길을 끄는 활약을 보였다.

현재 영화계 상황을 보면 빼놓을 수 없는 이들이 중국어권 감독들이다. 그 대표는 장이머우張藝謀(1951~), 허우 샤오시엔侯孝贤(1947~), 천카이거陈凯歌(1952~) 등이며, 각각 국제적으로 높은 평가

영화의 현재

미국 뉴 시네마 이후 세계 영화상황

유럽

뉴 저먼 시네마파

베르너 헤어조크(독일 1942~)
〈아귀레, 신의 분노〉(1972)
〈노스페라투: 밤의 유령〉(1979)

라이너 베르너 파스빈더(독일 1945~1982)
〈마리아 브라운의 결혼〉(1979)
〈릴리 마를렌〉(1981)

폴커 슐뢴도르프(독일 1939~)
〈양철북〉(1979)

빔 벤더스(독일 1945~)
〈파리 텍사스〉(1984)
〈베를린 천사의 시〉(1987)

프랑스 신세대

뤽 베송(프랑스 1959~)
〈그랑블루〉(1988)
〈니키타〉(1990)
〈아틀란티스〉(1991)

장 자크 베넥스(프랑스 1946~)
〈디바〉(1981)
〈베티블루〉(1986)

레오 카락스(프랑스 1960~)
〈나쁜 피〉(1986)
〈퐁네프의 연인들〉(1991)

중국 · 대만 신세대 영화

장이머우(중국 1951~)
〈붉은 수수밭〉(1987)
〈귀주 이야기〉(1992)

허우 샤오시엔(중국 1947~)
〈동동의 여름방학〉(1984)
〈비정성시〉(1989)
〈희몽인생〉(1993)

천카이거(중국 1952~)
〈황토지〉(1984)
〈패왕별희〉(1993)

제3세계

테오 앙겔로풀로스(그리스 1935~2012)
〈구세주 알렉산더〉(1980)
〈시테라 섬으로의 여행〉(1984)

압바스 키아로스타미(이란 1940~)
〈그리고 삶은 계속된다〉(1992)
〈올리브 나무 사이로〉(1994)

일마즈 귀니(터키 1937~1984)
〈욜〉(1982)
〈벽〉(1983)

를 받고 있다.

중국뿐만이 아니라 아시아와 제3세계의 영화도 주목을 받는 중이다. 1996년부터 부산국제영화제가 개최되어 한국 영화도 활황을 보이고 있으며 세계 최고의 영화제작 편수와 관객 동원을 자랑하는 인도 영화도 오락작품만이 아니라 해외시장을 염두에 둔 질이 높은 작품을 선보이고 있다. 또한 라틴아메리카에서는 사회파 드라마의 진출이 눈부시며, 일본에서도 라틴 비트 영화제가 성황을 이루고 있다.

앞으로 영화를 공부하고 싶은 사람이 알아야 할 기초 지식

유성영화

영화는 1895년에 발명된 이후 오랫동안 영상만 나오는 소위 '무성영화'였으나 1926년에 워너 브러더스 사가 바이타폰vitaphone이라는 유성영화 시스템을 개발, 다음 해인 1927년 〈재즈 싱어〉를 첫 번째 유성영화로 공개하여 커다란 반향을 일으켰다. 초창기에는 채플린을 비롯한 여러 영화인들이 유성영화에 반대했으나 점차 무성영화는 자취를 감추고 1930년대에는 완전히 유성영화가 주류가 됐다.

아카데미상

1927년부터 시작한 미국 영화 최대의 상. 칸 영화제와 베를린 영화제 등의 국제영화제와는 달리 미국 국내의 상이지만 세계에서 가장 권위 있는 상이기도 하다. '영화예술과학아카데미'가 주최하고, 주최 측 회원이 선정하며, 수상자에게는 '오스카'라 불리는 상이 수여되나 상금은 없다. 최고의 상인 작품상은 예술적 가치가 중시되고, 아무리 흥행한 작품이라 해도 오락영화는 수상하기 어려운 경향이 있다.

찰리 채플린

1989년 영국 태생. 1910년 미국으로 진출하여 영화계에 들어간다. 감독과 주연을 맡은 〈개의 삶〉(1918), 〈키드〉(1921) 등 수많은 단편을 만든 후 1925년에 첫 장편 〈황금광시대〉를 발표했다. 이후 〈시티 라이트〉(1931), 〈모던 타임즈〉(1936), 〈위대한 독재자〉(1940), 〈살인광 시대〉(1947) 등 차례차례 걸작을 세상에 내놓았다.

네오리얼리즘

이탈리아에서 제2차 세계대전으로 억압됐던 감독들이 전후에 차례차례 반파시즘 영화를 발표했는데 이를 총칭해서 네오리얼리즘(이탈리아어로 네오레알리스모)이라고 부른다. 전쟁의 비참함과 전후 생활의 현실을 사실적으로 담아낸 이들 작품은 전 세계에 충격을 주었다. 주요 감독은 〈무방비 도시〉, 〈전화의 저편〉(1946)의 로베르토 로셀리니, 〈자전거 도둑〉의 비토리오 데 시카 등이 있다.

레드퍼지(공산주의자 축출)

미국에서는 1940년대 후반에 공산주의자에 대한 탄압이 심해지면서 영화관계자도 그 대상이 됐다. 대부분은 하원 비밀활동위원회에서 친구와 지인이 불리해지는 증언을 했으나, 감독 에드워드 드미트릭, 각본가 돌턴 트럼보 등 열 명은 증언을 거부, 의회 모욕죄로 1년간 투옥됐다(드미트릭은 그 후 협력하고 2개월 뒤 출옥). '할리우드 텐'이라고 불리는 이들은 그 후로도 오랫동안 미국 영화계에서 추방됐다.

누벨바그

1959년 프랑스에서 그때까지의 영화와는 전혀 다른 스타일의 영화가 세 편 연속해서 공개됐다. 장 뤽 고다르의 〈네 멋대로 해라〉, 프랑수아 트뤼포의 〈400번의 구타〉, 클로드 샤브롤의 〈사촌들〉은 카메라의 자유로운 이동, 숨은 촬영, 즉흥 연출 등을 활용한 참신한 기법으로 세계 영화인들에게 충격을 주었다. 이 움직임을 '누벨바그'라 부른다.

뉴 시네마

1970년 전후에 미국에서 일어난 새로운 영화적 흐름의 명칭. 아서 펜 감독의 1967년 작품 〈우리에게 내일은 없다〉를 특집으로 실었던 《라이프》 지가 '뉴 시네마'라고 이름 붙인 것이 그 시작이다. 주요 작품은 데니스 호퍼의 〈이지 라이더〉, 조지 로이 힐의 〈내일을 향해 쏴라〉(1969), 존 슐레진저의 〈미드나잇 카우보이〉 등으로 마약, 섹스, 범죄 등을 주제로 해서 베트남 전쟁으로 황폐해진 미국 사회를 사실적으로 그려낸 것이 특징이다.

CLOSE UP!

일본 영화 Japanese Movie

영화회사의 신설과 합병 등을 되풀이하며 황금기를 맞이하다가 붕괴. 다른 업종 출신 감독들이 나타났으나 현 상황은 어렵기만 하다.

뤼미에르 형제의 시네마토그래프가 발명된 후 영화의 역사가 시작된 다음 해인 1896년에는 고베에서 키네토스코프가 사람들의 관심을 샀다. 이어서 시네마토그래프, 바이타스코프가 일본 각지에서 크게 인기를 끌었다. 1899년에는 일본이 제작한 실사영화가 흥행하고 1903년에는 첫 상설영화관인 '아사쿠사 전기관'도 개설되는 등 일본인은 순식간에 영화를 받아들였다.

당시 영화를 수입하던 곳은 무역상사였으며 영화제작도 처음에는 자연스럽게 그들이 했다. 그리고 1912년에 주요 상사에서 본격적인 영화회사로 '일본 활동사진 주식회사'를 설립했다. 이것이 나중의 '닛카츠(일활)'이다. 이어서 1914년에 '천연색 활동사진(천활)'이, 1919년에 '국제활영(국활)'이 설립되었으며 1920년에는 가부키 흥행사인 쇼치쿠가 '쇼치쿠 키네마'를 설립하고 영화제작에 참가했다. 1910년대와 1920년대에는 대형 영화사가 몇 곳 탄생하고 합병과 매수를 되풀이했다.

독립 프로덕션의 눈부신 활약

1920년대에 들어서면 당시의 영화감독과 스타들이 영화회사를 떠나서 차례차례 프로덕션을 설립하고 자신의 손으로 영화를 제작했다. 1925년 영화의 아버지라고도 불리는 마키노 쇼조牧野省三(1878~1929)가 마키노 영화를, 반도 츠마사부로阪東妻三郎(1901~1953)가 반츠마 프로를, 1926년에 기누가사 데이노스케衣笠貞之助(1896~1982)가 기누가사 영화연맹을, 1927년에 이치카와 우테몬市川右太衛門(1907~1999)이 우테프로를, 1928년에 아라시 칸쥬로嵐寛寿郎(1902~1980)가 칸 프로를, 가다오카 치에조片岡千恵蔵(1903~1983)가 치에 프로를 설립했다.

영화사 초기에는 여러 대형 독립 프로가 세력 다툼을 하며 경쟁해서 빼어난 작품들이 만들어졌다. 그중에서도 기누가사 데이노스케와 미조구치 겐지溝口健二(1898~1956)는 다수의 명작을 만들어 현재도 세계적으로 높은 평가를 얻고 있다.

일본 영화계의 전환기

시대가 지나면서 영화회사의 신설과 합병 등이 반복되었으나 1940년대에는 쇼치쿠, 다이에이, 토호라는 3개사로 정리되어 갔다.

일본 영화의 탄생

외국 영화의 수입

1896년 고베에서 키네토스코프 최초 흥행

일본 영화의 탄생

1899년 최초의 극영화 제작 〈권총 강도 시미즈 사다키치〉
1903년 최초의 영화 상설관 아사쿠사 전기관 개설

영화회사 탄생

닛카츠 1912년 설립

(일본 활동사진)
미조구치 겐지(1898~1956)
〈피와 영〉(1923)

이토 다이스케(1898~1981)
〈추지의 여행 일기(3부작)〉(1927)
〈치케무리 타카다의 목장〉(1928)

코카츠 1919년 설립

(국제활동영화)

쇼치쿠 키네마 1920년 설립

헨리 코타니(1887~1972)
〈섬의 여자〉(1920)

무라타 미노루(1894~1937)
〈노상의 영귀〉(1921)

고쇼 헤이노스케(1902~1981)
〈마을의 신부〉(1928)

오즈 야스지로(1903~1963)
〈대학은 나왔지만〉(1929)

테코쿠 키네마 1920년 설립

(테코쿠 키네마 연예)
스즈키 시게요시(1900~1976)
〈무엇이 그녀를 그렇게 만들었나?〉(1930)

마키노 영화 1923년 설립 → 토아 키네마에 1924년 합병

마키노 쇼조(1878~1929)
〈추신구라〉(1922)

기누가사 데이노스케(1896~1982)
〈시라누이〉(1923)

토아 키네마 1923년 설립 1924년 합병

후타가와 분타로(1899~1966)
〈무뢰한〉(1925)

독립 프로덕션의 융성

마키노 프로 1925년 설립

마키노 쇼조, 기누가사 데이노스케
〈텐이치보와 이가노스케〉(1926)

↓

기누가사 영화연맹 1926년 설립

기누가사 데이노스케
〈미친 한 페이지〉(1926)
〈십자로〉(1928)

히로시 프로 1928년 설립

반츠마 프로 1925년 설립

이노우에 킨타로(1901~1954)
〈이방인 소녀와 무사〉(1925)

우타 프로 1927년 설립

이토 다이스케(1898~1981)
〈일살다생검〉(1929)

치에 프로 1928년 설립

이나가키 히로시(1905~1980)
〈천하태평기〉(1928)

그리고 전후에는 닛카츠의 부활, 토에이, 신토호의 설립 등으로 대형 6개사 체제가 됐다. 이중 신토호는 1961년에 도산하여 일본영화계는 쇼치쿠, 다이에이, 토호, 닛카츠, 토에이가 주도하는 5사 체제에 놓였다.

일본 영화는 1950년대와 1960년대에 황금기를 맞이하며 양적으로도, 질적으로도 충실해졌다. 기누가사, 미조구치, 오즈 야스지로小津安二郎(1903~1963) 등의 베테랑부터 신인까지 많은 감독이 명작, 걸작, 문제작을 계속 만들어냈다.

그중에서 큰 힘을 가지고 있던 사람이 구로사와 아키라黒澤明(1910~1998)와 오시마 나기사大島渚(1932~2013)라는 두 명의 거장이었다. 전쟁 전인 1943년에 데뷔한 구로사와는 전후가 되자 〈주정뱅이 천사酔いどれ天使〉(1948), 〈라쇼몽羅生門〉(1950), 〈7인의 사무라이七人の侍〉(1954), 〈츠바키 산주로椿三十郎〉(1962), 〈천국과 지옥天國と地獄〉(1963), 〈붉은 수염赤ひげ〉(1965) 등의 걸작을 매년 찍었다. 일본은 물론 해외에도 많은 영향을 주었고 '세계의 구로사와'라 불리며 1990년에는 아카데미 명예상을 수상, 《타임스》의 '금세기 가장 영향력 있던 아시아 20인'에도 선정됐다.

오시마는 1950년대에 등장한 소위 '쇼치쿠 누벨바그' 중 한 명이며, 1960년 이후 영화계의 일익을 담당해왔다. 1960년 학생운동의 어두운 부분을 그린 〈일본의 밤과 안개日本の夜と霧〉가 상영중단이 되면서 쇼치쿠를 퇴사, 이후 독립 프로덕션을 설립했다. 전쟁 중에 흑인 포로를 죽이는 마을 사람들을 그린 〈사육飼育〉(1961), 교통사고 자해공갈 일가의 생활을 소년의 눈으로 본 〈소년少年〉(1969),

일본 영화회사의 흐름

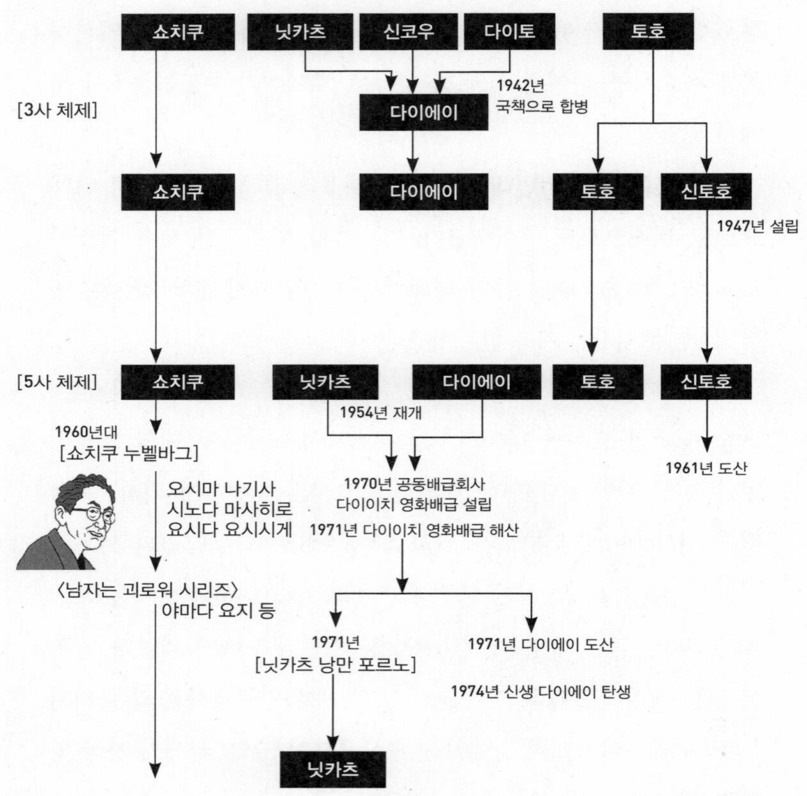

실존하는 재일한국인 사형수를 모델로 사형에 의문을 제기한 〈교사형絞死刑〉(1968) 등 문제작을 계속 찍었고, 1970년대에는 제작의 거점을 해외로 옮겨 〈감각의 제국愛のコリダ〉(1976), 〈열정의 제국愛の亡靈〉(1978), 〈전장의 크리스마스戰場のメリ クリスマス〉(1983) 등을 발표하며 일본을 대표하는 영화감독으로서 세계적 지위를 얻었다. 하지만 10년 만에 감독을 한 〈고하토御法度〉(1999)를 마지막으로

2013년에 세상을 떠났다.

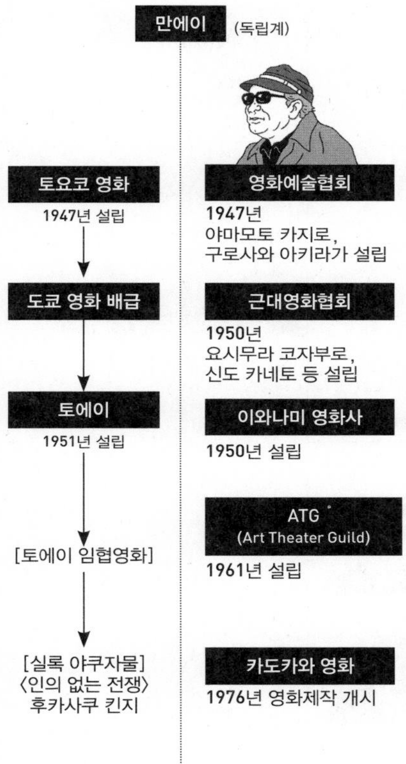

다른 업종 출신의 감독들

현재도 일본 영화계는 대형 영화사의 작품이 중심이라는 것에 변함은 없으나 다른 업종의 기업에서 제작된 영화도 상당수 차지하며, 거기에는 방송국과 출판사 등의 매스컴 이외에도 종합상사와 같은 의외의 업종도 찾아 볼 수 있다. 또한 일본 경제가 거품에 물들던 시기와 맞물려서 조감독 등 감독수행을 거치지 않고 다른 분야에서 이름을 얻은 사람들이 영화감독에 도전하는 사례도 많아졌다. 하지만 배우 출신의 이타미 주조伊丹十三(1933~1997), 기타노 타케시北野武(1947~), 타케나카 나오토竹中直人(1956~) 등 일부를 제외하고는 대부분이 실패로 끝났다.

일본 영화의 미래

일본 영화가 오랫동안 부진한 것에 비해 질적으로 높은 평가를 얻

일본 영화의 현주소

대형 영화사

쇼치쿠

〈남자는 괴로워〉 시리즈
〈낚시 바보 일지〉 시리즈

토호

〈젊은 대장〉 시리즈
〈고질라〉 시리즈

다이에이

토에이

〈야쿠자의 아내들〉 시리즈

닛카츠

1992년 영화제작에서 철수

➡ 제작 편수 삭감
제작 프로덕션에 제작의뢰

타업종 기업 영화

[매스컴] – 시리즈
후지TV 〈춤추는 대수사선〉〈HERO〉〈언페어〉
니혼TV 〈올웨이즈 3번가의 석양〉〈명탐정 코난〉
TV아사히 〈파트너〉
TBS 〈트릭〉〈SPEC〉

[타업종]
키노 필름스(키노시타 공무점) 〈인류자금〉(2013) 〈애도하는 사람〉(2015)

➡ TV 시리즈 영화화로 활로

타업종 출신 감독

[연예계]

이타미 주조 (1933~1997)
〈장례식〉(1984)
〈마루사의 여자〉(1987)
〈아게망〉(1990)

타케나카 나오토 (1956~)
〈무능한 사람〉(1991)
〈119〉(1994)
〈연탄 연주〉(2001)

기타노 타케시 (1947~)
〈그 남자, 흉폭하다〉(1989)
〈자토이치〉(2003)
〈아웃레이지〉(2010)

[CF 디렉터]

나카시마 테츠야
〈불량공주 모모코〉(2004)
〈혐오스런 마츠코의 일생〉(2006)
〈고백〉(2010)

이누도 잇신
〈구구는 고양이다〉(2008)
〈무사 노보우: 최후의 결전〉(2012)

[프로듀서]

오쿠야마 가즈요시
〈우나기〉(1997)
〈지뢰 위로 한걸음이면 인생은 끝이다〉(1999)

➡ 그 외 다수 참가하였으나 도태

애니메이션

미야자키 하야오 (1941~)
〈바람 계곡의 나우시카〉(1984)
〈원령공주〉(1997)
〈센과 치히로의 행방불명〉(2001)
〈바람이 분다〉(2013)

오시이 마모루 (1951~)
〈시끄러운 녀석들〉(1983, 1984)
〈기동경찰 패트레이버〉(1989, 1993)
〈공각기동대〉(1995)
〈이노센스〉(2004)

호소다 마모루 (1967~)
〈시간을 달리는 소녀〉(2006)
〈썸머 워즈〉(2009)
〈괴물의 아이〉(2015)

➡ 질 높은 작품 연속 배출

는 작품을 계속 만들고 있는 사람이 애니메이션계의 미야자키 하야오宮崎駿(1941~)이다. 흥행에 있어서도 미야자키의 애니메이션은 일반 영화를 능가하는 성적을 올리고 있다.

하지만 대형 영화사의 오랜 부진과는 상관없이 신인감독의 등장으로 일본 영화는 다시금 활기를 되찾고 있다. 거품이 붕괴한 1990년 이후 대작 지향을 벗어난 독립영화 작품이 번성하고 드라마성이 중시되면서 질적으로는 '제2의 일본 영화 황금기'라 해도 과언이 아닐 정도로 훌륭한 작품들이 만들어지고 있다.

옴진리교의 다큐멘터리 영화 〈A〉(1998)로 일약 주목을 받은 모리 테츠야森達也(1956~)를 시작으로 〈으랏차차 스모부しこふんじゃった〉(1992)의 수오 마사유키周防正行(1956~), 〈킨다이치 소년의 사건부金田一少年の事件簿〉(1995)의 츠츠미 유키히코堤幸彦(1955~), 〈환상의 빛幻の光〉(1995)의 고레에다 히로카즈是枝裕和(1962~) 등을 기폭제로 해서 아오야마 신지青山真治(1964~), 야마시타 노부히로山下敦弘(1976~), 오키타 슈이치沖田修一(1977~), 이시이 유야石井裕也(1983~) 등이 활약하고 있다. 또한 여성 감독의 진출도 활발해서 이미 각종 영화제의 단편으로 데뷔한 카와세 나오미河瀬直美(1969~), 오기가미 나오코荻上直子(1972~),니시카와 미와西川美和(1974~) 등이 그 영역을 넓혀가고 있다. TV와 영화의 울타리를 없애고 지명도에 의존하지 않는 신선한 캐스팅도 놓칠 수 없는 요소이다.

앞으로 일본 영화를 공부하고 싶은 사람이 알아야 할 기초 지식

닛카츠

1912년에 일본 활동사진 주식회사로 설립됐다. 전쟁 전에는 주로 시대극을 제작했으며 이토 다이스케, 야마나카 마사오, 이나가키 히로시 등의 명감독과 가다오카 치에조, 아라시 칸쥬로, 반도 츠마사부로 등의 스타 배우도 갖추고 있었다. 전시 중에는 국책으로 다이에이와 합병되었으나 1954년에 부활했다. 1956년에 〈태양의 계절〉로 데뷔한 이시하라 유지로가 대인기를 끌면서 히트작을 계속 내놓았다. 그 후 많은 스타와 함께 액션물, 청춘물의 명작 · 걸작을 남겼다. 1970년대에 들어서자 쇠락의 기운이 보이기 시작하며 낭만 포르노 노선으로 전향했다. 여기서도 걸작을 양산했으나 1980년대 후반에 추락을 시작해서 1993년에 도산했다. 현재는 비디오 제작 및 판매회사로 존속하고 있다.

쇼치쿠

1920년에 설립. 모던 분위기가 나는 작품이 많으며 청춘물, 도시물, 여성물 등에 특출하다. 전쟁 전에는 오즈 야스지로, 야스지로 시마즈, 시미즈 히로시 등의 감독이 있었고, 전후에는 요시무라 코자부로, 키노시타 케이스케 등이 활약했다. 1959년부터 오시마 나기사, 요시다 요시시게, 시노다 마사히로가 연이어서 데뷔, 참신한 내용을 선보여 '쇼치쿠 누벨바그'라고 불렀다. 쇼치쿠의 또 하나의 특색은 '희극'으로 야마다 요지, 모리사키 아즈마, 마에다 요이치 등이 많은 작품을 남겼다. 그중에서도 야마다 요지와 아츠미 키요시의 〈남자는 괴로워〉 시리즈는 26년 동안 모두 48편으로 이어진 세계에서 가장 긴 시리즈이다.

토에이

1951년에 토요코 영화, 오이즈미 영화, 도쿄 영화 배급 등 3사가 합병해서 만들어진 영화회사이다. 설립 당시 가다오카 치에조, 이치카와 우테몬의 2대 시대극 배우를 중심으로 시대극을 양산했다. 1960년대에 들어서자 임협물(시대극적인 야쿠자 영화)이 히트를 치며 츠루다 코지, 타카쿠라 켄 등이 스타가 된다. 1970년대에는 실록물로 이행해서 〈의리 없는 전쟁〉(1973)이 히트 시리즈가 됐다.

토호

1937년에 설립. 도시적이고 밝고 건전한 내용을 특징으로 하며 청춘물, 희극물의 명작이 많다. 설립 초기에는 구로사와 아키라, 야마모토 사츠오, 이마이 타다시 등이, 전후에는 스가와 에이조, 오카모토 키하치 등이 활약했다. 1960년대에 들어서자 크레이지 캐츠Crazy Cats가 출연한 〈고질라〉(1954)를 시작으로 특촬물이 유행하고, 카야마 유조의 〈와카다이쇼〉 시리즈 등이 히트하며 황금시대를 맞이했다. 최근에는 간판작품은 없으나 정상 회사의 지위를 유지하고 있다.

오즈 야스지로

결과적으로 유일한 시대극 작품의 됐던 〈참회의 칼날〉로 1927년에 감독 데뷔를 했다. 이후 소시민의 애환을 그리며 일본 영화에서 독자적인 리얼리즘을 구축했다. 전후에는 부자지간을 중심으로 조용하고 일상적인 어조로 일본의 인정과 일상생활 등을 정성껏 그린 〈초여름〉(1951), 〈동경이야기〉(1953) 등을 만들며 양식미에 가까운 완벽하고 독자적인 스타일을 완성했다. '키네마 순보 베스트 10'에서 제1위를 차지한 횟수가 가장 많은 감독이기도 하며 그의 작품은 국제적으로도 평가가 높아서 각국의 영화작가에게도 경애를 받고 있다. 〈꽁치의 맛〉(1962)을 유작으로 남기고 1963년에 세상을 떠났다.

쇼치쿠 누벨바그

1960년대 전후로 연이어서 쇼치쿠에서 데뷔한 오시마 나기사, 요시다 요시시게, 시노다 마사히로라는 세 명의 감독을 총칭해서 이렇게 부른다. 누벨바그란 당시 융성했던 프랑스의 젊은 감독들에게 붙여진 명칭에서 기인했다. 본가인 프랑스에서는 영상 표현상의 혁신이 돋보였지만 쇼치쿠 누벨바그는 당시 정치 상황에 호응하는 듯한 메시지 색이 강한 것이 특징이었다.

ATG(Art Theater Guild)

1961년 토호의 출자로 만들어진 영화회사. 원래는 외국의 예술영화 배급을 했었으나 1967년부터 제작에도 손을 댔다. 1960년대 후반부터 10년간 많은 작품을 세상에 선보이며 일본 영화계의 일익을 담당했다. 대표작으로는 이마무라 쇼헤이의 〈인간증발〉(1967), 오시마 나기사의 〈교사형〉, 시노다 마사히로의 〈동반자살〉(1969), 테라야마 슈지의 〈전원에 죽다〉(1974), 히가시 요이치의 〈써드〉(1978) 등이 있다.

닛카츠 낭만 포르노

영화의 성적 부진이 계속된 닛카츠가 1971년부터 시작한 포르노 노선의 명칭. 저예산에 소수 스태프로 스타도 나오지 않았으나 역작과 명작을 연속으로 발표해 폭넓은 층의 지지를 받았다. 쿠마시로 타츠미, 니시무라 쇼고로, 타나카 노보루 등의 베테랑 외에 네기시 기치타로, 이케다 토시하루, 소마이 신지 등 개성 있는 감독들도 많다. 닛카츠 낭만 포르노는 어덜트 비디오 등의 인기로 점차 부진하면서 1988년에 종료하나 일본의 전후 영화사에서 커다란 발자취를 남긴 것은 분명하다.

카도카와 영화

1976년부터 당시 카도카와 서점 사장이었던 카도카와 하루키가 제작한 영화들을 말한다. 자사의 출판물을 원작으로 하고, 책과 영화를 결합한 대규모 선전을 전개하며 〈이누가미가의 일족〉(1976), 〈인간의 증명〉(1977), 〈야성의 증명〉(1978) 등 대히트작을 연속해서 발표했다. 또한 일반 공모에서 야쿠시마루 히로코, 하라다 토모요 등 스타를 길러냈다. 카도카와 하루키는 마약 밀매 스캔들과 함께 체포되어 영화제작의 일선에서 물러났으나 정체되어 있던 일본 영화계에 활력을 준 공훈은 크다.

이타미 주조

1960년대 데뷔 이후 중후한 배우 및 개성적인 수필가로 활약하다가 1984년에 〈장례식〉의 감독으로 진출했다. 참신한 영상으로 쇼크를 주어서 일약 인기 감독이 된다. 이후 〈탐포포〉(1987), 〈마루사의 여자〉(1987), 〈아게망〉(1990), 〈민보의 여인〉(1992), 〈중병인〉(1993) 등 화제작을 계속 찍었다. 1997년에 세상을 떴다.

오쿠야마 가즈요시

1954년생. 아버지는 오쿠야마 토오루 전 쇼치쿠 사장. 쇼치쿠 경리부 등을 거쳐서 1982년에 프로듀서가 됐다. 〈하치이야기〉(1987), 〈226〉(1989), 〈먼 노을〉(1992) 등 히트작을 제작했을 뿐 아니라 기타노 타케시에게 〈그 남자, 흉악함에 관하여〉(1989)를, 타케나카 나오토에게 〈무능한 사람〉(1991)을 맡기며 감독으로 데뷔시키는 등 프로듀서로서 수완을 발휘했다. 〈RAMPO〉에서 감독으로 데뷔, 그 후로도 활발하게 영화를 제작하고 있다.

미야자키 하야오

토에이 동화 퇴사 후 〈미래소년 코난〉(1978), 〈루팡3세 카리오스트로의 성〉(1979)의 제작에 참여하며 애니메이션계에 데뷔했다. 1982년에 독립 후 〈바람 계곡의 나우시카〉(1984), 〈천공의 성 라퓨타〉(1986), 〈이웃집 토토로〉(1988), 〈마녀 배달부 키키〉(1989), 〈원령공주〉(1997), 〈센과 치히로의 행방불명〉(2001), 〈하울의 움직이는 성〉(2004), 〈벼랑 위의 포뇨〉(2008), 〈바람이 분다〉(2013) 등 화제작을 연이어 발표하며 각종 영화상에서 일반 영화와 경쟁하여 1위를 차지, 애니메이션의 평가를 높이고 세계에 그 이름을 알렸다.

사진 Photograph

사진의 기원

카메라 옵스큐라에서 시작하여 다게레오타입, 칼로타입으로 발전했다.

역사에 사진이 등장한 것은 1800년대이나 15세기 무렵부터 그 원리는 알려져 있었다. 레오나르도 다빈치 등의 화가들이 공간 표현의 모델로 참조하고, 17세기에는 정밀한 빛의 표현에 뛰어난 요하네스 페르메이르Johannes Vermeer(네덜란드 1632~1675)도 활용했다.

작은 구멍을 통해 들어온 빛이 벽에 닿으면 상이 뒤집힌다는 의미에서 '카메라 옵스큐라camera obscura(라틴어로 '어두운 방'을 의미한다)'로 불렸다. 이 카메라 옵스큐라의 상을 판에 새기자는 생각을 하게 되면서 사진 제판 기술을 실현한 사람이 조제프 니세포르 니엡스Joseph Nicéphore Niépce(프랑스 1765~1833)였다. 그는 1827년에 금속판을 장착하고 노광에 8시간을 걸쳐서 촬영한 〈르 그라의 창가에서

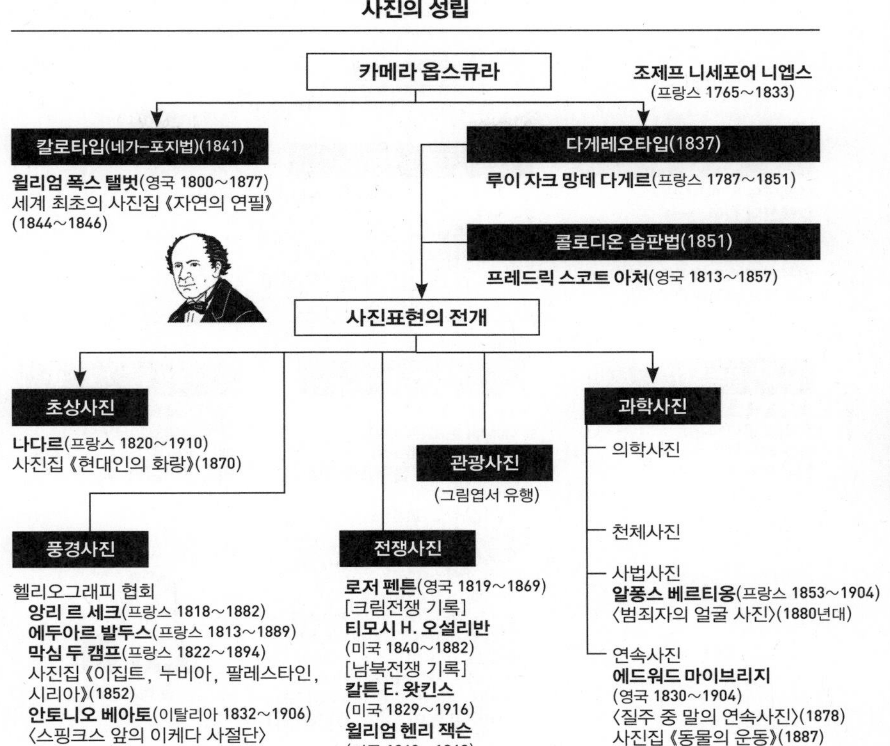

본 조망Point de vue du Gras〉으로 렌즈의 반대쪽 광경을 양화로 고정하는 데 성공했으며, 이것은 현존하는 가장 오래된 사진이 됐다.

그 후 공동연구자인 영국인 윌리엄 폭스 탤벗William Henry Fox Talbot(1800~1877)은 카메라 옵스큐라를 기반으로 네가-포지법을 완성해서 '칼로타입calotype'으로 이름 붙인 후 1841년에 특허를 취득했다. 그는 세계 최초의 사진집 《자연의 연필The Pencil of Nature(전 6권)》(1844~1846)을 발표, 포토그래피라는 말을 최초로 사용했다.

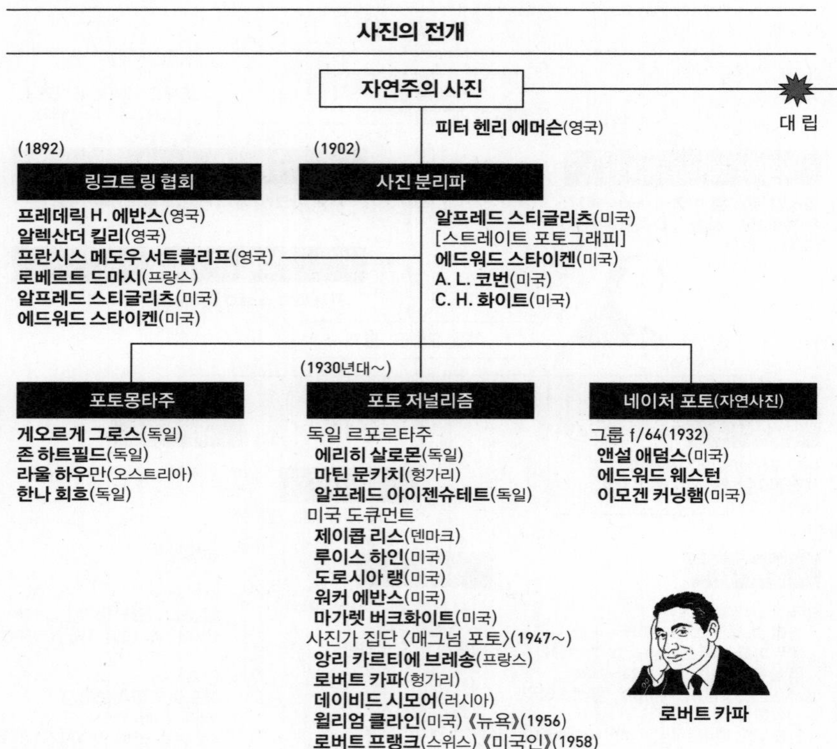

다게레오타입, 칼로타입의 발명 이후 사진술은 폭넓게 보급됐고 19세기 후반에는 많은 직업사진가가 출현했다. 당시 유행했던 것으로는 초상사진, 풍경사진, 전쟁사진, 과학사진 등이 있으나 표현적인 기법을 사용한 단계까지는 이르지 못했다. 이 시기의 사진사 중에서 주목해야 할 인물이 초상사진가 나다르Félix Nadar(프랑스 1820~1910)이다. 그의 촬영 대상은 작곡가 바그너와 시인 보들레르 등 유명인이 많았으며, 피사체에 따라 조명과 배경 등을 바꿔서 인물의 내면까지 표현하려고 시도한 점이 다른 사진가와 크게 달랐다.

그의 이름은 사진집 《현대인의 화랑Panthéon Nadar》(1870)과 함께 현재까지 기억되고 있다.

예술사진(아트그래픽)

오스카 구스타브 레일랜더(스웨덴)
헨리 피치 로빈슨(영국)
《사진의 회화적 효과》(1869)
줄리아 마가렛 카메론(인도)
데이비드 옥타비우스 힐 &로버트 애덤슨(영국)

(1920년대)

초현실주의

앙리 카르티에 브레송(프랑스)
맨 레이(미국)
안드레 케르테스(헝가리)

패션사진

조르주 회닝겐-휀(러시아)
마틴 문카치(헝가리)
어빙 펜(미국)
리처드 애버던(미국)
다이안 아버스(미국)

사진의 전환

예술사진과 리얼리즘의 대립을 계기로 사진 표현의 세계가 다양해졌다.

사진이 보급됨에 따라 사진을 비판하는 움직임이 보이기 시작했다. 그 대표적인 비판이 '사진은 예술이 아니다'라는 것이었다. 그리고 사진 비예술론에 맞서서 일어난 것이 '사진예술운동'이었다. 이것은 '사진은 자연을 재현하는 예술'이라는 생각을 바탕으로 하고 있었다. '픽토리얼리즘'이라고도 불린 이 운동은 단기간에 끝났지만 이후의 근대사진운동에 커다란 영향을 주게 된다.

한편 이 운동을 비판한 사람이 자연주의 사진의 제창자 영국의 피터 헨리 에머슨Peter Henry Emerson(1856~1936)이었다. 그는 "사진은 사진이다"라고 주장하고, 사진과 회화의 차이를 명확히 한 후에 예술성을 추구할 것을 주장했으며 이를 '자연주의 사진'이라고 이름 붙였다. 이후 '예술로서의 사진'과 '자연주의 사진' 사이의 대립을 축으로 19세기 사진의 흐름이 전개됐다.

에머슨의 자연주의 사진운동의 영향을 받은 사람이 알프레드 스티글리츠Alfred Stieglitz(미국 1864~1946)였다. 스티글리츠는 1902년에

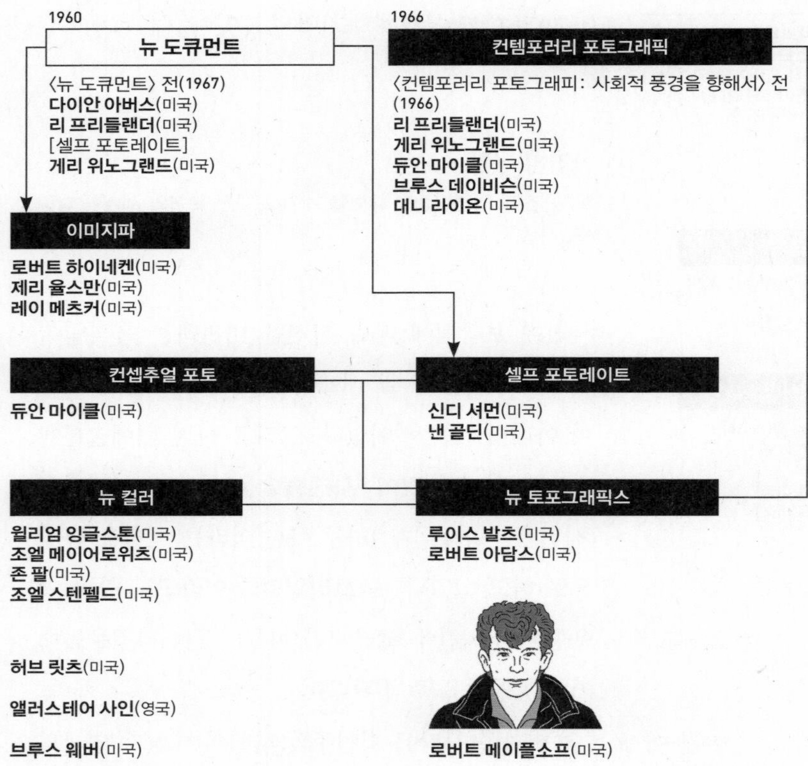

에드워드 스타이켄Edward Steichen(미국 1879~1973) 등과 뉴욕에서 사진 분리파Photo-Secession를 결성, 다음 해에 잡지 《카메라 워크Camera Work》를 창간하는 등 근대 사진의 중심적 인물로 활약했다. 사진과 회화의 차이를 명확하게 주장한 스티글리츠는 '스트레이트 포토그래피Straight Photography'를 제창하고 사진의 독자적인 표현을 계

속해서 추구했다.

스티글리츠의 생각을 이어받아서 근대 사진의 흐름을 발전시킨 사람이 에드워드 웨스턴Edward Weston(미국 1886~1958)과 앤설 애덤스Ansel Adams(미국 1902~1984)였다. 웨스턴은 과학과 미학의 결합을 통해 사진의 독자적 표현을 추구했고, 애덤스는 풍경사진의 대표적 작가로 그만의 세계를 확립하고자 했다. 그 후의 사진가는 이들의 영향을 받게 된다.

현대의 사진

사진은 예술 전반을 선도하는 존재가 됐으며 나아가 광고와 예술의 경계를 넘나들면서 디지털카메라와 인터넷 시대를 이끌어가고 있다.

1976년에 뉴욕 현대 미술관에서 열린 윌리엄 잉글스톤William Eggleston (미국 1939~)의 개인전은 '예술사진은 모노크롬'이라는 개념을 파괴했으며, 컬러사진의 예술적 가능성을 넓혔다. 1981년에 열린 사진평론가 샐리 오클레어Sally Eauclaire(미국 1950~)의 기획전과 같은 이름의 저서《더 뉴 컬러 포토그래피The New Color Photography》에서 본떠 이들은 '뉴 컬러'라고 불리게 되었다. 그밖에 스티븐 쇼어Stephen Shore(미국 1947~), 조엘 메이어로위츠Joel Meyerowitz(미국 1938~) 등도 같은 그룹으로 분류됐다.

같은 시기에 '뉴 토포그래픽스New topographics'라고 불린 그룹이 나타났다. 1976년에 열린 동명의 기획전을 계기로 인공적인 풍경을 잘라낸 사진가들이 화제를 불러일으켰다. 그들은 인간으로 인해 변해가는 풍경을 촬영함으로써 어딘지 모르게 세기말적인 분위기를 풍기는 것이 특징이었다.

구성 · 연출된 사진으로 '구성사진constructed photo'을 내세운 사진가들도 독자적인 지위를 차지했다. 자신을 모델로 삼는 신디 셔먼Cindy Sherman(미국 1954~), 의상을 입힌 애견 사진을 찍는 윌리엄 웨그먼Willam Wegman(미국 1943~) 등이 대표적인 인물로 사진을 단순히 '찍는 것'에서 '만드는 것'으로 전환하게 했다. 또한 흑인 남성의 누드와 꽃 등 다양한 표현 모티브를 만들어내며 현재 활약하는 세계 각국의 사진가에게 영향을 준 로버트 메이플소프Robert Mapplethorpe(미국 1946~1989)도 주목해야 할 이름이다.

그밖에 세계에 퍼져 있는 유능한 사진가들은 광고, 패션, 보도 등 다양한 영역에서 꾸준히 작품을 발표하고 있다. 유르겐 텔러Juergen Teller(독일 1964~), 볼프강 틸만스Wolfgang Tillmans(독일 1968~) 등의 작품과 같이 기존의 표현 영역을 넘어 광고와 아트의 경계를 오가는 사진에서 우리는 일종의 의장성(시각을 통해 얻는 미적 감각-편집자 주)을 느낄 수 있다. 그리고 디지털카메라의 진화와 인터넷의 발전은 사진 표현방법의 혁신은 물론 의사소통 도구로서의 다양함과 편리함도 가져왔으며 결과적으로 사진표현이라는 틀의 '일탈'과 '확대'를 폭발적으로 만들어냈다.

앞으로 사진을 공부하고 싶은 사람이 알아야 할 기초 지식

카메라 옵스큐라

어두운 방의 벽에 바늘구멍 정도 크기의 구멍을 뚫으면 그 반대쪽에 실외의 풍경이 거꾸로 비추는 구조를 말한다. 옵스큐라는 라틴어로 '어두운 방'이라는 의미. 그리스 시대부터 알려졌으며 아리스토텔레스의 문밖 관찰, 레오나르도 다빈치의 원근법 실험에 이용됐다고 한다. 16세기에는 구멍의 양쪽에 볼록렌즈를 장착하면 화상이 더욱 선명해진다는 것이 알려졌다. 이 원리를 응용해서 사진을 발명한 사람이 니엡스와 다게르였다.

칼로타입/다게레오타입

탤벗이 발명한 칼로타입은 한 장의 네가로 복수의 인화를 할 수 있는 소위 '사진의 원리'를 가지고 있었다. 이에 비해 다게레오타입은 한 장의 사진밖에 만들어내지 못했다.

스트레이트 포토그래피

사진 탄생 이후 네가 수정과 프린트 단계에서 손질하는 회화적 사진이 사진 표현의 주류를 차지했으며 20세기에 들어서 무척 활발해졌다. 이에 반해 사진의 독자성을 인식하고 있는 그대로 찍자며 본래의 표현을 지향한 운동 및 작품을 '스트레이트 포토그래피'라 한다.

초현실주의

사진에서 초현실주의는 '인간의 눈'이 아닌 '기계의 눈'으로 사진을 파악했으며 기계적 방법을 사용한 작품을 제작했다. 솔라리제이션(빛과 그림자의 부분을 반전시킨다), 디스토션(렌즈의 일그러짐을 이용해서 사진을 변형시킨다), 포토 몽타쥬(사진을 오려붙여서 구성한다)라는 기법이 사용됐으며, 앙리 카르티에 브레송, 안드레 케르테스 등이 대표적인 사진가이다.

포토 저널리즘

1920년대에 들어서자 소형 카메라와 필름 등이 발달하고 순간을 잘라내는 것이 가능해졌다. 그 결과 보도 사진(포토 저널리즘)이 질적으로도 양적으로도 확대되어 갔다. 법정사진과 국제회의 등의 촬영으로 유명한 에리히 살로몬, 히틀러와 무솔리니의 회담을 촬영한 알프레드 아이젠슈테트, 미국 남부의 농민 기록을 촬영한 워커 에반스 등이 활약했다. 1930년대는 '포토 저널리즘의 시대'라고도 불린다.

로버트 카파

1913년에 태어나 1936년 스페인 동란이 일어나자 인민전선 측의 보도사진가로 활약했으며 〈쓰러지는 군인〉이 《라이프》(1937)에 게재되어 세계적으로 유명해진다. 제2차 세계대전에서 연합군 측에 종군기자로 참여해 수많은 명작을 남겼다. 그중 한 장인 〈연합군 노르망디 상륙〉은 보도사진의 고전적 명작으로 명성이 높다. 1954년 베트남 전쟁 취재 중에 지뢰를 밟고 사망했다.

뉴 컬러

예술적 사진은 모노크롬이 중심이었으나 1970년대 후반에 컬러사진을 되돌아보자는 움직임이 시작됐다. 윌리엄 잉글스톤, 조엘 메이어로위츠 등의 사진가가 그 중심이었다. 그들은 과학적 방법으로 복잡한 색재현을 해서 미묘한 톤이나 빛과 그림자를 만들어내며 컬러사진으로 감정표현을 했다. 그들의 영향을 받아서 많은 젊은 사진가가 컬러사진을 찍게 되었으며 이런 움직임을 '뉴 컬러'라고 부른다.

컨템포러리 포토그래피

1966년 새로운 사진가 리 프리들랜더, 게리 위노그랜드, 듀안 마이클, 브루스 데이비슨, 대니 라이온 등 5명의 전시회 〈컨템포러리 포토그래피: 사회적 풍경을 향해서〉가 뉴욕에서 열렸고 이는 세계적으로 커다란 반향을 불러일으켰다. 그들은 사회적 풍경 혹은 인간의 환경에 맞서는 공통적인 자세가 있었고 그런 의미에서 새로운 세계를 창출해 냈다.

로버트 메이플소프

20세기 전반부터 사진을 시작해서 1973년 독특한 개인전으로 주목받았다. 그 후 흑인 남성의 누드, 여성 보디빌더인 리사 라이온의 포토레이트, 꽃 등을 중심 소재로 삼아 독자적 세계를 구축해냈다. 전 세계의 젊은 사진가에게 큰 영향을 주었으며 현대 사진의 중심인물이었지만 1989년에 에이즈로 사망했다.

옮긴이의 말

공부의 열정을 다독이는 보통의 교양

인생에서 가장 열심히 공부했던 때를 꼽자면 대부분 고3 수험생 시절을 떠올릴 것입니다. 그때는 적성에 맞지 않는 과목까지 공부하면서 다양한 지식 분야의 기초를 습득하고 종합적인 소양을 기르는 것이 학습의 목표였습니다. 하지만 학생들은 그러한 교과서적인 목표에 자극받기보다는 '대학 입시'라는 강제된 목표에 휩쓸려 피 터지는 경쟁 속에서 당장 '살아남기 위한' 공부를 했을 것입니다. 그러한 '시험공부'는 스스로 재미와 흥미를 느끼며 지식 세계를 찾아 탐험하는 자발적인 의미에서의 '공부'와는 매우 다른 것이었겠죠.

'입시지옥'과 '취업지옥'이라는 두 단계를 거치며 '자율'보다는 '타율'에 의존하는 공부를 강요해온 한국 사회에서 '교양'이 키워드로 떠오르고 있다는 건 의미심장한 일입니다. 여기서 '교양'이란 단순히 남들보다 더 많이 아는 것, 지식 자랑을 하는 것에 그치지 않습니다. 전문 지식을 넘어 폭넓은 가치관과 사고방식을 섭렵하고, 스스로 공부의 의미를 찾아가며 더 나은 삶의 단계에 도달하는 것이야말로 진정한 '교양의 매력'이라 할 수 있습니다.

하지만 그러한 교양을 갖추기 위해 '시간을 들여' '본격적으로' 공부한다는 건 바쁜 현대인들에게 있어 쉽지 않은 일입니다. 이로 인해 최근 '스낵 컬처Snack culture'라는 말이 떠오르고 있습니다. 이는 여가를 따로 투자하지 않고 자투리 시간을 활용해서 문화생활을 즐기는 것을 말합니다. 지식과 교양 분야에서도 이른바 '넓고 얕은 지식'이 유행하고 있습니다. 〈지식e채널〉과 〈알쓸신잡〉과 같은 TV 방송을 비롯하여 각종 팟캐스트, 카드뉴스, 유튜브 동영상 등 넓고 얕은 지식은 여러 매체로 파급되며 열풍을 일으키고 있습니다.

《보통의 교양》은 '보통'으로 살아가는 모든 이들을 위한 '교양'을 제공합니다. 이 교양은 스낵처럼 가볍고 부담이 없습니다. 빠르게 돌아가는 정보화 사회 속에서 그저 주어진 지식을 습득하기 바빴던 사람들에게 이 책은 공부하는 '의미'와 '재미'를 느끼게 해줍니다. 누가 시켜서 억지로 해야 하는 공부가 아니라 내가 스스로 흥미를 가지고 필요한 지식을 탐색할 수 있도록 방향을 잡아줍니다. 전공 지식에 한정되어 다른 분야에 종사하는 사람들과 소통하기 어려웠던 이들에게 '지적 대화'의 기초를 제공합니다. 남들에게 쉽게 휘둘리지 않는 삶의 가치와 목표를 정립하려는 이들에게 든든한 '지적 자존감'을 세워줍니다.

이 책의 원제는 《학문의 구조사전学問のしくみ事典》으로, 1996년

출간되어 일본의 교양서적 분야에서 꾸준한 인기를 끌다가 2016년 학문의 증보 및 새로운 동향을 추가해서 나온 개정판입니다. 처음 이 책의 번역을 맡았을 때 초판 발행 후 20년이라는 시간이 지난 것에 대한 불안한 마음도 있었지만 책을 펼치는 순간 그런 생각이 기우임을 알았습니다. 그동안 이루어진 학문의 진보, 새로운 내용, 인물 등을 착실하고 꼼꼼하게 추가하여 기존의 흐름을 그대로 이어가면서도 더욱 쉽게 읽고 이해할 수 있도록 구성했음을 알 수 있었습니다.

원제에서 느껴지는 대로, 이 책은 '지식의 얼개와 구조를 한눈에 보여주는 지도'라고 할 수 있습니다. 인류가 3,000년간 축적해온 모든 지식을 '인문과학', '사회과학', '자연과학', '문화예술'이라는 4가지 학문으로 압축하고, 철학에서 경영학까지, 물리학에서 사진까지 33개의 분야로 펼쳐 보입니다. 또한 100여 가지 상세한 계보도를 통해 복잡하게 얽혀 있는 지식의 체계를 그림을 그리듯 단숨에 정리해줍니다. 학문의 기원부터 전개, 최근의 흐름까지 지성의 흐름을 일목요연하게 풀어주면서 각 학문에서 사용되는 기초 개념과 용어를 알기 쉽게 해설합니다.

아쉽게도 이 책은 주로 서구의 학문을 다루고 있습니다. 거의 모든 학문의 기원이 고대 그리스 문명으로 제시되고, 중세의 침체기를 거쳐 근대의 학문을 성립한 서구 학자들이 등불처럼 등장하는 식입니다. 역사학 분야에서 고대 역사가로 중국의 사마천이 잠깐 등장하거나, 물리학과 수학 분야에서 뛰어난 성과를 보인 근동의 아라비아 학자들이 살짝 언급되지만 딱 그 정도입니다. 다만 일본에서 쓰인 책이다 보니 일본 특유의 문화와 관련한 지식은 별도의 장에서 충분히 소개됩니다. 이 책에서 동양과 서양을 아우르는 획기적 통찰이나 시각을 발견하기는 어렵습니다. 그러나 우리가 일상에서 접하고 배우고 공부하는 지식의 기초를 다지는 데 있어 이 책이 결코 부족하지는 않을 것입니다.

미래를 위한 선택을 앞둔 고등학생, 자신의 전공에 대한 종합적인 시야를 원하는 대학생, 지식에 목마르고 호기심이 왕성한 직장인 분들께 이 책은 안성맞춤일 것입니다. 퇴근길에 동료와 가볍게 술 한 잔 기울이며 나눌 수 있는 이야깃거리, 때로는 상대의 터무니없는 억지를 반박할 수 있는 좋은 논거가 될 것입니다. 인터넷에 범람하고 있는 가짜뉴스와 거짓 정보, 잘못된 정보를 파악하고 현명한 선택으로 이끄는 좋은 길잡이가 될 수 있을 것입니다. 그리고 무엇보다도, 학문 전체를 꿰어낸 살아 숨 쉬는 교양의 '힘'을 느끼고 싶다면 이 책이 바로 그 답이 되어줄 것입니다.

2017년 11월

김영택

보통의 교양

3,000년간 축적된 모든 지식을
짧지만 우아하게 말하는 법

1판 1쇄 발행 2017년 11월 20일
1판 2쇄 발행 2018년 01월 16일

지은이 니혼지츠교출판사 편집부
옮긴이 김영택
펴낸이 고병욱

기획편집1실장 김성수 **책임편집** 김경수 **기획편집** 허태영
마케팅 이일권, 송만석, 황호범, 김재욱, 김은지, 양지은 **디자인** 공희, 진미나, 백은주 **외서기획** 엄정빈
제작 김기창 **관리** 주동은, 조재언, 신현민 **총무** 문준기, 노재경, 송민진

펴낸곳 청림출판(주)
등록 제1989-000026호

본사 06048 서울시 강남구 도산대로 38길 11 청림출판(주)
제2사옥 10881 경기도 파주시 회동길 173 청림아트스페이스
전화 02-546-4341 **팩스** 02-546-8053

홈페이지 www.chungrim.com
이메일 cr2@chungrim.com
페이스북 https://www.facebook.com/chusubat

ISBN 979-11-5540-117-0 03100

* 책값은 뒤표지에 있습니다. 잘못된 책은 구입하신 서점에서 바꿔 드립니다.
* 추수밭은 청림출판(주)의 인문 교양도서 전문 브랜드입니다.
* 이 도서의 국립중앙도서관 출판예정도서목록(CIP)은 서지정보유통지원시스템 홈페이지(http://seoji.nl.go.kr)와 국가자료공동목록시스템(http://www.nl.go.kr/kolisnet)에서 이용하실 수 있습니다.
(CIP제어번호 : 2017027789)